中華古籍保護計劃
ZHONG HUA GU JI BAO HU JI HUA CHENG GUO

·成果·

# 瀋陽市圖書館古籍普查登記目録

全國古籍普查登記目録

國家圖書館出版社
National Library of China Publishing House

圖書在版編目（CIP）數據

瀋陽市圖書館古籍普查登記目録/瀋陽市圖書館編.—北京:國家圖書館出版社,
2019.11

（全國古籍普查登記目録）

ISBN 978 - 7 - 5013 - 6828 - 0

Ⅰ.①瀋…　Ⅱ.①瀋…　Ⅲ.①公共圖書館—古籍—圖書館目録—瀋陽　Ⅳ.①Z838

中國版本圖書館 CIP 數據核字（2019）第 154624 號

| | | |
|---|---|---|
| 書　　名 | 瀋陽市圖書館古籍普查登記目録 | |
| 著　　者 | 瀋陽市圖書館　編 | |
| 責任編輯 | 景　晶 | |

出版發行　國家圖書館出版社（北京市西城區文津街 7 號　　100034）
　　　　　（原書目文獻出版社 北京圖書館出版社）
　　　　　010 - 66114536　63802249　nlcpress@ nlc. cn（郵購）

網　　址　http://www. nlcpress. com
排　　版　凡華（北京）文化傳播有限公司
印　　裝　河北三河弘翰印務有限公司
版次印次　2019 年 11 月第 1 版　2019 年 11 月第 1 次印刷

開　　本　787×1092（毫米）　1/16
印　　張　20.5
字　　數　400 千字
書　　號　ISBN 978 - 7 - 5013 - 6828 - 0
定　　價　200.00 圓

# 《全國古籍普查登記目録》
# 工作委員會

# 《全國古籍普查登記目録》

# 序　言

　　全國古籍普查登記工作是"中華古籍保護計劃"的首要任務,是全面開展古籍搶救、保護和利用工作的基礎,也是有史以來第一次由政府組織、參加收藏單位最多的全國性古籍普查登記工作。

　　2007 年國務院辦公廳發布《關於進一步加強古籍保護工作的意見》(國辦發[2007]6 號),明確了古籍保護工作的首要任務是對全國公共圖書館、博物館和教育、宗教、民族、文物等系統的古籍收藏和保護狀況進行全面普查,建立中華古籍聯合目録和古籍數字資源庫。2011 年 12 月,文化部下發《文化部辦公廳關於加快推進全國古籍普查登記工作的通知》(文辦發[2011]518 號),進一步落實了全國古籍普查登記工作。根據文化部 2011 年 518 號文件精神,國家古籍保護中心擬訂了《全國古籍普查登記工作方案》,進一步規範了古籍普查登記工作的範圍、内容、原則、步驟、辦法、成果和經費。目前進行的全國古籍普查登記工作的中心任務是通過每部古籍的身份證——"古籍普查登記編號"和相關信息,建立古籍總臺賬,全面瞭解全國古籍存藏情況,開展全國古籍保護的基礎性工作,加強各級政府對古籍的管理、保護和利用。

　　《全國古籍普查登記工作方案》規定了全國古籍普查登記工作的三個主要步驟:一、開展古籍普查登記工作;二、在古籍普查登記基礎上,編纂出版館藏古籍普查登記目録,形成《全國古籍普查登記目録》;三、在古籍普查登記工作基本完成的前提下,由省級古籍保護中心負責編纂出版本省古籍分類聯合目録《中華古籍總目》分省卷,由國家古籍保護中心負責編纂出版《中華古籍總目》統編卷。

　　在黨和政府領導下,在各地區、各有關部門和全社會共同努力下,古籍普查登記工作得以扎實推進。古籍普查已在除臺、港、澳之外的全國各省級行政區域開展,普查内容除漢文古籍外,還包括各少數民族文字古籍,特別是於 2010 年分別啓動了新疆古籍保護和西藏古籍保護專項,因地制宜,開展古籍普查登記工作;國家古籍保護中心研製的"全國古籍普查登記平臺"已覆蓋到全國各省級古籍保護中心,并進一步研發了"中華古籍索引庫",爲及時展現古籍普查成果提供有力支持;截至目前,已有11375 部古籍進入《國家珍貴古籍名録》,浙江、江蘇、山東、河北等省公布了省級《珍貴古籍名録》,古籍分級保護機制初步形成。

　　《全國古籍普查登記目録》是古籍普查工作的階段性成果,旨在摸清家底,揭示館藏,反映古籍的基本信息。原則上每申報單位獨立成册,館藏量少不能獨立成册者,則在本省範圍内幾個館目合并成册。無論獨立成册還是合并成册,均編製獨立的書名筆畫索引附於書後。著録的必填基本項目有:古籍普查登記編號、索書號、題名卷數、著者(含著作方式)、版本、册數及存缺卷數。其他擴展項目有:分類、批校題跋、版式、裝幀形式、叢書子目、書影、破損狀況等。有條件的收藏單位多著録的一些擴展項目,也反映在《全國古籍普查登記目録》上。目録編排按古籍普查登記編號排序,内在順序給予各古籍收藏單位較大自由度,可按分類排列古籍普查登記編號,也可按排架號、按同書名等排列古籍普查登記編號,以反映各館特色。

　　此次全國古籍普查登記工作,克服了古籍數量多、普查人員少、普查難度大等各種困難,也得到了全國古籍保護工作者的極大支持。在古籍普查登記過程中,國家古籍保護中心、各省古籍保護中心爲此舉辦了多期古籍普查、古籍鑒定、古籍普查目録審校等培訓班,全國共 1600 餘家單位參加了培訓,爲古籍普查登記工作培養了大量人才。同時在古籍普查登記工作中,也鍛煉了普查員的實踐能力,爲將來古籍保護事業發展奠定了良好的基礎。

　　《全國古籍普查登記目録》的出版,將摸清我國古籍家底,爲古籍保護和利用工作提供依據,也將是古籍保護長期工作的一個里程碑。

國家古籍保護中心

2013 年 10 月

# 《全國古籍普查登記目録》

## 編纂凡例

一、收録範圍爲我國境内各收藏機構或個人所藏,産生於 1912 年以前,具有文物價值、學術價值和藝術價值的文獻典籍,包括漢文古籍和少數民族文字古籍以及甲骨、簡帛、敦煌遺書、碑帖拓本、古地圖等文獻。其中,部分文獻的收録年限適當延伸。

二、以各收藏機構爲分册依據,篇幅較小者,適當合并出版。

三、一部古籍一條款目,複本亦單獨著録。

四、著録基本要求爲客觀登記、規範描述。

五、著録款目包括古籍普查登記編號、索書號、題名卷數、著者、版本、册數、存缺卷等。古籍普查登記編號的組成方式是:省級行政區劃代碼—單位代碼—古籍普查登記順序號。

六、以古籍普查登記編號順序排序。

# 《瀋陽市圖書館古籍普查登記目録》

## 編委會

主　編：鄭慶偉

副主編：趙萍萍　范俊紅

# 《瀋陽市圖書館古籍普查登記目録》

# 前 言

瀋陽市圖書館始建於清光緒三十四年（1908），是我國最早建立的公共圖書館之一。清光緒三十二年（1906）十一月，奉天提學使張鶴齡提出建立"公共圖書館"的建議，得到了盛京將軍趙爾巽的支持。次年，在瀋陽城内小南門裏宗人府胡同程牛録官廳興建館舍，定館名爲"奉天省城圖書館"，但館舍還未及使用即改爲周左參贊公署。同年九月，在瀋陽城内大南門裏提學使署前另建新館，歷經一年，於清光緒三十四年七月建成。八月九日，奉天省城圖書館發售室（借閲室）首先對公衆開放。奉天省城圖書館成爲東北第一個公共圖書館，全國第五個公共圖書館。1953 年改稱瀋陽市圖書館。在黨和政府的關懷和支持下，瀋陽市圖書館得到巨大發展。自建館以來，瀋陽市圖書館收集收藏了大量的歷史文獻，爲遼寧乃至東北地區的文化建設做出了巨大貢獻，尤其在傳播知識、保存國粹方面，更起到了積極作用。

歷經 110 年發展的瀋陽市圖書館，現有藏書 600 餘萬册（件）。古籍是館藏基礎之一，現保存有綫裝古籍 10 萬餘册，其中善本 133 部 3038 册。古籍文獻多爲木刻綫裝，彙刻叢書占三分之一以上，還有一些石印本、鉛印本及寫本圖書。這部分文獻是建館之初接收的原提學使衙門的"原資料之書"。最早源於清光緒二十八年（1902）盛京將軍曾祺創辦的奉天大學堂（1903 年改爲盛京省學堂），1904 年停辦後交給當時的學務公所，這部分圖書構成了瀋陽市圖書館最早的藏書體系，亦成爲今天瀋陽市圖書館古籍書庫的藏書主體。

館藏最早刻本爲明隆慶六年（1572）的《杜工部詩通》十六卷，已入選《國家珍貴古籍名録》。此外，尚有《唐類函》二百卷、《唐詩品彙》九十卷、《大學衍義》四十三卷、《大慈恩寺三藏法師傳》十卷等明刻本十餘部，清内府所刻聖祖玄燁、世宗胤禛、高宗弘曆、仁宗顒琰、宣宗旻寧、穆宗載淳等御製詩文集。清末民初吳廷燮抄本《明實録》是國内尚存的唯一一部較完整的抄本明代史料長編，全書計 256 册，除《宣德別録》係以鉛印本補配外，皆係抄本。明代十六朝各有專録，皆抄自清内閣明清檔案，并經吳廷燮本人嚴格校勘，是一部近於内閣原本的罕見珍本。吳本《明實録》記録了從元順帝至正十二年至明崇禎十七年（1352—1644）近三百年有明一代各朝之史實故事、朝章國計，是現存抄本《明實録》中卷帙較爲完整的一部，具有較高的文獻價值和史料價值，對於研究明史彌足珍貴，爲瀋陽市圖書館的鎮館之寶。另有清光緒末年修纂，令呈繳給原奉天省城圖書館的稿本遼寧省各縣鄉土志，兼有少量吉、黑兩省鄉土志，是研究地方歷史的珍貴資料。

但是，瀋陽市圖書館一直没有一部全面系統介紹館藏古籍的文獻，也是一件憾事。

2007 年 1 月，國務院辦公廳頒布《關於進一步加强古籍保護工作的意見》，拉開了"中華古籍保護計劃"的序幕。《意見》如催化劑，促進并推動了瀋陽市圖書館的古籍保護工作。

上級主管部門和瀋陽市圖書館歷任館領導都十分重視古籍保護工作。建立了瀋陽市古籍保護中心，負責全市古籍普查登記和古籍普查成果彙總工作。增加經費投入，改善古籍存藏條件。館藏古籍全部采用密集書架存放，爲古籍善本訂製了樟木、楠木書匣。庫房添置了加濕機，降低了北方乾燥氣候對古籍的影響。制定并完善了相關古籍保護規章制度。建立古籍修復室，注重古籍保護專業人員的培養。2010 年，瀋陽市圖書館被授予"全國古籍重點保護單位""遼寧省古籍重點保護單位"稱號。

古籍普查是"中華古籍保護計劃"的首要工作。2013 年，瀋陽市圖書館全面展開了古籍普查工作。這項工作主要分爲兩個階段進行，第一階段是登録全國古籍普查登記平臺著録館藏古籍數據；第二階段是編製本館古籍普查登記目録。按照《全國古籍普查登記目録審校要求》統一著録格式和體例，著録館藏古籍的普查編號、索書號、題名卷數、著者、版本、册數、存卷等内容。

經過不懈的努力，瀋陽市圖書館終於完成了古籍普查登記目録的編製工作，使本書得以付梓。

通過這次古籍普查工作，瀋陽市圖書館不僅全面掌握了館藏古籍的存藏情况，摸清了"家底"，而且進一步加深了對古籍保護重要性和緊迫性的認識，爲今後的古籍保護工作提供了依據。

本書共收録瀋陽市圖書館藏古籍數據 4752 條，内容涵蓋經、史、子、集、叢五大類。凡清宣統三年（1911）以前的寫本、刻本、活字本、抄本、稿本等皆在收録之列，其中 1 部入選《國家珍貴古籍名録》，53 部入選《遼寧省珍貴古籍名録》。

《瀋陽市圖書館古籍普查登記目録》一書的出版，不僅能够全面準確地揭示館藏古籍資源，爲讀者閱覽和研究提供便利，更爲今後的古籍保護及開發利用打下一定的基礎。

　　本書的出版得到了國家古籍保護中心、遼寧省古籍保護中心的關心、指導和支持，在此致上誠摯謝意！

　　由於編者學識及編纂時間有限，工作量大，人員少，書中難免存在欠缺和謬誤，敬請各位方家批評指正。

瀋陽市圖書館館長　鄭慶偉

2019 年 3 月

# 目　　録

1

210000－0702－0000001　SB001

**易傳十七卷** （唐）李鼎祚集解　**音義一卷**
（唐）陸德明撰　清乾隆二十一年(1756)雅雨堂刻本　六冊

210000－0702－0000002　SB002

**周易觀象十二卷** （清）李光地註　清乾隆刻本　三冊

210000－0702－0000003　SB003

**易理蒙訓二卷** （清）陳濬撰　清抄本　四冊

210000－0702－0000004　SB004

**尚書十三卷** （漢）孔安國傳　清乾隆四十八年(1783)武英殿刻本　四冊

210000－0702－0000005　SB005

**毛詩二十卷** （漢）鄭玄箋　清乾隆四十八年(1783)武英殿刻本　八冊

210000－0702－0000006　SB006

**書經六卷** （宋）蔡沈集傳　清康熙四十一年(1702)雲間華氏敬業堂刻本　四冊

210000－0702－0000007　SB007

**周官精義十二卷** （清）連斗山編　清乾隆四十一年(1776)刻本　六冊

210000－0702－0000008　SB008

**周官精義十二卷** （清）連斗山編　清乾隆四十一年(1776)刻本　六冊

210000－0702－0000009　SB009

**欽定儀禮義疏四十八卷首二卷** （清）鄂爾泰等纂　清乾隆內府刻三禮義疏本　五十冊

210000－0702－0000010　SB010

**五禮通考二百六十二卷首四卷總目二卷**
（清）秦蕙田編輯　清乾隆刻本　九十冊

210000－0702－0000011　SB011

**春秋困學錄十二卷** （清）楊宏聲撰　清乾隆三十九年(1774)刻本　十二冊

210000－0702－0000012　SB012

**朱子四書或問三十九卷附中庸輯略二卷**
（宋）朱熹撰　清初刻本　十冊

210000－0702－0000013　SB013

**鄉黨圖考十卷** （清）江永撰　清乾隆三十九年(1774)刻本　六冊

210000－0702－0000014　SB014

**說文解字通釋四十卷附錄一卷** （五代）徐鍇撰　清乾隆四十七年(1782)新安汪啓淑刻本　八冊

210000－0702－0000015　SB015

**大廣益會玉篇三十卷** （南朝梁）顧野王撰
（宋）陳彭年等重修　清康熙四十五年(1706)揚州詩局刻楝亭五種本　十二冊

210000－0702－0000016　SB016

**類篇十五卷** （宋）司馬光等撰　清康熙四十五年(1706)揚州詩局刻楝亭五種本　二十五冊

210000－0702－0000017　SB017

**宋重修廣韻五卷** （宋）陳彭年等修　清康熙四十五年(1706)揚州詩局刻楝亭五種本　十冊

210000－0702－0000018　SB018

**附釋文互註禮部韻略五卷** （宋）丁度撰　清康熙四十五年(1706)揚州詩局刻楝亭五種本　五冊

210000－0702－0000019　SB019

**古今韻略五卷** （清）邵長蘅撰　清康熙三十五年(1696)宋犖刻本　五冊

210000－0702－0000020　SB020

**弘簡錄二百五十四卷目錄一卷** （明）邵經邦撰　（清）邵遠平重訂　清乾隆刻本　十冊
存三十四卷(一至三十四)

210000－0702－0000021　SB021

**古今全史一覽十卷附明末殉難錄一卷** （明）舒弘諤撰　清康熙元年至二年(1662－1663)晉陽鳳鳴吳氏抄本　十五冊　存十卷(一至三、五至十,明末殉難錄一卷)

210000－0702－0000022　SB022

**明實錄**　清宣統二年至民國十六年(1910－

1927)吳廷燮抄本(宣德別錄十卷配民國六年鉛印本) 二百五十六冊

210000－0702－0000023 SB023

三藩紀事本末四卷 （清）楊陸榮編 清康熙五十六年(1717)刻本 二冊

210000－0702－0000024 SB024

戰國策三十三卷 （漢）高誘注 清乾隆二十一年(1756)雅雨堂刻本 六冊

210000－0702－0000025 SB025

宋朱晦菴先生名臣言行錄前集十卷後集十四卷續集八卷別集十三卷 （宋）朱熹纂輯（明）張采評閱 明崇禎十一年(1638)刻本 十四冊

210000－0702－0000026 SB026

理學宗傳二十六卷 （清）孫奇逢輯 清康熙五年(1666)刻本 十六冊

210000－0702－0000027 SB027

大慈恩寺三藏法師傳十卷 （唐）釋慧立撰（唐）釋彥悰箋 明崇禎八年(1635)徑山化城寺刻本 二冊

210000－0702－0000028 SB028

讀史管見三十卷目錄二卷 （宋）胡寅撰（明）張溥閱 明崇禎八年(1635)刻本 十六冊

210000－0702－0000029 SB029

二十一史論贊輯要三十六卷 （明）彭以明輯（明）彭惟成校 明萬曆三十八年(1610)刻本 十冊

210000－0702－0000030 SB030

十七史商榷一百卷 （清）王鳴盛撰 清乾隆五十二年(1787)刻本 二十冊

210000－0702－0000031 SB031

摭言十五卷 （唐）王定保撰 清乾隆二十一年(1756)雅雨堂刻本 二冊

210000－0702－0000032 SB032

[雍正]陝西通志一百卷首一卷 （清）劉於義等纂修 清雍正十三年(1735)刻本 一百冊

210000－0702－0000033 SB033

欽定熱河志一百二十卷 （清）和珅等纂修 清末民初抄本 四十八冊

210000－0702－0000034 SB034

欽定滿洲源流考二十卷 （清）阿桂等纂修 清末抄本 八冊

210000－0702－0000035 SB035

兩漢金石記二十二卷 （清）翁方綱撰 清乾隆五十四年(1789)南昌使院刻本 八冊

210000－0702－0000036 SB036

亦政堂重修宣和博古圖錄三十卷 （宋）王黼等撰 清乾隆十七年(1752)刻本 六冊 存五卷(一至五)

210000－0702－0000037 SB037

經義考三百卷目錄二卷 （清）朱彝尊編 清乾隆四十二年(1777)胡爾滎刻本 四十八冊

210000－0702－0000038 SB038

大學衍義四十三卷 （宋）真德秀撰 （明）陳仁錫評閱 明崇禎五年(1632)陳仁錫刻本 八冊

210000－0702－0000039 SB039

大學衍義補一百六十卷首一卷 （明）邱濬撰（明）陳仁錫評閱 明崇禎五年(1632)陳仁錫刻本 三十二冊

210000－0702－0000040 SB040

性理標題綜要二十二卷 （明）詹淮纂輯（明）陳仁錫訂正 明崇禎五年(1632)南京翼聖堂刻本 十二冊

210000－0702－0000041 SB041

御纂性理精義十二卷 （清）李光地等纂修 清乾隆刻本 四冊

210000－0702－0000042 SB042

御纂性理精義十二卷 （清）李光地等纂修 清康熙刻本 六冊

210000－0702－0000043 SB043

治平勝筭全書十四卷 （清）年羹堯輯 清抄

本 十二冊

210000－0702－0000044　SB044
**居易録三十四卷** （清）王士禛撰　清康熙四十年（1701）刻本　八冊

210000－0702－0000045　SB045
**玉芝堂談薈三十六卷** （明）徐應秋輯　清乾隆三十八年（1773）刻本　十九冊　存十八卷（一至七、十、二十七至三十六）

210000－0702－0000046　SB046
**正修齊治録二種六卷** （清）于準纂　清康熙刻本　五冊　存五卷（正修録中下、齊治録上中下）

210000－0702－0000047　SB047
**世説新語補二十卷** （南朝宋）劉義慶撰（南朝梁）劉孝標注　（宋）劉應登評　清乾隆二十七年（1762）刻本　十冊

210000－0702－0000048　SB048
**異談可信録二十三卷** （清）鄧旼輯　清乾隆五十九年（1794）刻本　十冊

210000－0702－0000049　SB049
**陰陽五要奇書二十八卷附八宅明鏡二卷** （明）江之棟輯　清乾隆五十五年（1790）刻朱墨印本　八冊

210000－0702－0000050　SB050
**天玉經七卷附四十八局補穴法分受二卷** （唐）楊筠松撰　（清）黃越註　清康熙六十年（1721）光裕堂刻本　六冊

210000－0702－0000051　SB051
**天玉經説七卷** （清）黃越撰　清康熙六十年（1721）光裕堂刻本　六冊

210000－0702－0000052　SB052
**新編秘傳堪輿類纂人天共寶六卷** （明）黃慎編　清乾隆三十七年（1772）刻本　六冊

210000－0702－0000053　SB053
**地理六經註六卷** （清）葉泰撰　清康熙三十年（1691）刻本　二冊

210000－0702－0000054　SB054

**羅經指南撥霧集三卷附理氣三訣四卷** （清）葉泰撰　清康熙三十二年（1693）刻本　二冊

210000－0702－0000055　SB055
**陽宅大成四種十五卷** （清）魏青江撰　清乾隆三十八年（1773）刻本　十六冊

210000－0702－0000056　SB056
**增補地理直指原真四卷** （清）釋如玉撰　清乾隆四十八年（1783）刻本　八冊

210000－0702－0000057　SB057
**道書全集二十五種九十四卷** （明）閻鶴洲輯　清康熙二十一年（1682）刻本　二十六冊　缺九種二十六卷（金丹正理大全諸真玄奥集二卷、群仙珠玉集成四卷、中和集四卷、鍾呂二仙修真傳道集三卷、純陽呂真人文集八卷、文始真經言外經旨二卷、太上黃庭内景玉經一卷、太上黃庭外景玉經一卷、黃庭内景五臟六腑圖説一卷）

210000－0702－0000058　SB058
**六經同卷不分卷附佛經十一篇及大乘密嚴經三卷** （唐）釋不空等譯　清康熙三年（1664）浙江嘉興府楞嚴寺般若堂刻本　四冊

210000－0702－0000059　SB059
**唐類函二百卷目録二卷** （明）俞安期纂　明萬曆三十一年（1603）東吳俞氏刻本　四十冊

210000－0702－0000060　SB060
**廣事類賦四十卷** （清）華希閔撰　清康熙三十八年（1699）刻本　十冊

210000－0702－0000061　SB061
**重訂廣事類賦四十卷** （清）華希閔撰　（清）華希閔重訂　清乾隆二十九年（1764）刻本　十冊

210000－0702－0000062　SB062
**類林新咏三十六卷** （清）姚之駰譔注　清康熙四十七年（1708）錢塘姚之駰刻本　十六冊

210000－0702－0000063　SB063
**淵鑑類函四百五十卷目録四卷** （清）張英等纂　清康熙四十九年（1710）刻本　六冊　存

十七卷(一百九十三至二百五、目錄四卷)

210000－0702－0000064　SB064

**可儀堂古文選七種**　(清)俞長城評點　清乾隆二十四年(1759)金閶書業堂刻本　十六冊

210000－0702－0000065　SB065

**文選六十卷**　(南朝梁)蕭統輯　(唐)李善等注　明汲古閣刻清康熙二十五年(1686)錢士謐重校本　五冊　存二十五卷(一至十五、三十一至四十)

210000－0702－0000066　SB066

**梁昭明文選十二卷**　(南朝梁)蕭統輯　(明)張鳳翼纂註　明萬曆四十二年(1614)張氏刻本　十二冊

210000－0702－0000067　SB067

**瀛奎律髓刊誤四十九卷**　(宋)方虛谷編　(清)紀昀批點　清乾隆五十三年(1788)侯官李光垣刻本　八冊

210000－0702－0000068　SB068

**漢魏六朝一百三家集**　(明)張溥輯　清初刻本　八十冊

210000－0702－0000069　SB069

**古文淵鑒六十四卷**　(清)聖祖玄燁選　(清)徐乾學等輯注　清刻五色套印本　四十冊

210000－0702－0000070　SB070

**古文淵鑒六十四卷**　(清)聖祖玄燁選　(清)徐乾學等輯注　清刻五色套印本　四十冊

210000－0702－0000071　SB071

**五朝詩別裁八十一卷**　(清)沈德潛輯　清乾隆刻本　四十冊

210000－0702－0000072　SB072

**玉堂才調集三十一卷**　(清)于朋舉編　(清)于敏求評　清康熙得月樓刻本　十冊

210000－0702－0000073　SB073－1

**元詩選六卷補遺一卷**　(清)顧奎光輯　清乾隆十六年(1751)顧奎光刻本　四冊

210000－0702－0000074　SB073－2

**金詩選四卷**　(清)顧奎光輯　清乾隆十六年

(1751)顧奎光刻本　與210000－0702－0000073合冊

210000－0702－0000075　SB074

**唐詩品彙九十卷**　(明)高楝輯　明刻本　二十四冊

210000－0702－0000076　SB075

**欽定國朝詩別裁集三十二卷**　(清)沈德潛纂評　清乾隆二十六年(1761)刻本　八冊

210000－0702－0000077　SB076

**陶靖節詩集四卷**　(晉)陶潛撰　(清)蔣薰評閱　清乾隆二年(1737)最樂堂刻本　二冊

210000－0702－0000078　SB077

**杜工部詩通十六卷**　(唐)杜甫撰　(明)張綖注　明隆慶六年(1572)張守中刻本　四冊

210000－0702－0000079　SB078

**昌黎先生詩集注十一卷**　(唐)韓愈撰　(清)顧嗣立刪補　(清)朱彝尊　(清)何焯評　清道光十六年(1836)膺德堂刻朱墨印本　八冊

210000－0702－0000080　SB079

**溫飛卿詩集七卷別集一卷集外詩一卷**　(唐)溫庭筠撰　(明)曾益注　(清)顧予咸補注　(清)顧嗣立重校　清康熙三十六年(1697)顧氏秀野草堂刻本　二冊

210000－0702－0000081　SB080

**劍南詩彚八十五卷放翁逸彚二卷**　(宋)陸游撰　清初汲古閣刻本　二十九冊　存五十四卷(一至十四、十七至二十八、六十至八十五，放翁逸彚二卷)

210000－0702－0000082　SB081

**陸放翁全集一百五十六卷**　(宋)陸游撰　清初虞山張氏詩禮堂刻本　四十冊

210000－0702－0000083　SB082

**西山先生眞文忠公文集五十五卷目錄二卷年譜一卷**　(宋)眞德秀撰　清乾隆刻本　九十五冊

210000－0702－0000084　SB083

**太史升菴全集八十一卷目錄二卷**　(明)楊慎

撰 清乾隆六十年(1795)新都周參元刻本
六十四冊

210000－0702－0000085 SB084
御製文集一集四十卷總目五卷二集五十卷總
目六卷三集五十卷總目六卷四集三十六卷總
目四卷 （清）聖祖玄燁撰 清康熙五十三年
至雍正十年(1714－1732)內府刻本 四十
四冊

210000－0702－0000086 SB085
御製詩集十卷二集十卷 （清）聖祖玄燁撰
（清）高士奇等編 清康熙四十二年(1703)揚
州詩局刻本 四冊

210000－0702－0000087 SB086
世宗憲皇帝御製文集三十卷總目四卷 （清）
世宗胤禛撰 交輝園遺稿一卷 （清）允祥撰
清乾隆三年(1738)武英殿刻本 十八冊

210000－0702－0000088 SB087
樂善堂全集四十卷目錄四卷 （清）高宗弘曆
撰 清乾隆二年(1737)武英殿刻本 二十
三冊

210000－0702－0000089 SB088
御製文二集四十四卷目錄二卷 （清）高宗弘
曆撰 清乾隆五十一年(1786)內府刻本
八冊

210000－0702－0000090 SB089
御製詩初集四十四卷目錄四卷二集九十卷目
錄十卷 （清）高宗弘曆撰 （清）蔣溥等編
清乾隆十四年(1749)武英殿刻本 三十六冊
存一百二十八卷(初集四十四卷、目錄四
卷;二集一至八、二十九至九十,目錄十卷)

210000－0702－0000091 SB090
御製詩餘集二十卷目錄三卷 （清）高宗弘曆
撰 清嘉慶五年(1800)武英殿刻本 十二冊

210000－0702－0000092 SB091
王遵巖集十卷 （明）王慎中撰 （清）張汝瑚
選 清康熙二十一年(1682)郢雪書林刻本
六冊

210000－0702－0000093 SB092
邵子湘全集三十卷附錄二卷 （清）邵長蘅撰
清康熙四十四年(1705)刻本 十二冊

210000－0702－0000094 SB093
帶經堂集九十二卷 （清）王士禛撰 （清）程
哲校編 清康熙七略書堂刻乾隆重修本 五
冊 存二十六卷(一至二十二、三十九至四十
二)

210000－0702－0000095 SB094
白田草堂存稿二十四卷附錄一卷 （清）王懋
竑撰 清乾隆刻本 六冊

210000－0702－0000096 SB095
蓮洋集十二卷補遺一卷附錄一卷 （清）吳雯
撰 （清）王士禛評定 清乾隆五十五年
(1790)張鋐心刻本 六冊

210000－0702－0000097 SB096
鹿洲全集四十三卷 （清）藍鼎元撰 （清）曠
敏本 （清）王輔評 清雍正十年(1732)刻本
二十冊

210000－0702－0000098 SB097
板橋集詩鈔二卷詞鈔一卷題畫一卷小唱一卷
（清）鄭燮撰 清乾隆司徒文膏刻本 四冊

210000－0702－0000099 SB098
梅崖居士文集三十卷外集八卷 （清）朱仕琇
撰 清乾隆四十七年(1782)刻本 十二冊

210000－0702－0000100 SB099
甘莊恪公全集十六卷 （清）甘汝來撰 （清）
甘禾敬輯 清乾隆五十六年(1791)刻本
四冊

210000－0702－0000101 SB100
銅鼓書堂遺彙三十二卷 （清）查禮撰 清乾
隆五十七年(1792)刻本 四冊

210000－0702－0000102 SB100－1
銅鼓書堂遺彙三十二卷 （清）查禮撰 清乾
隆五十七年(1792)刻本 六冊

210000－0702－0000103 SB101
尹文端公詩集十卷 （清）尹繼善撰 清乾隆

刻本　四冊

210000 – 0702 – 0000104　SB102

六十種曲十二集　（明）毛晉輯　明末虞山毛氏汲古閣刻本　一百二十冊

210000 – 0702 – 0000105　SB103

六十種曲十二集　（明）毛晉輯　明末虞山毛氏汲古閣刻本　五十冊　存二十五種五十卷（紅拂記二卷、繡襦記二卷、投梭記二卷、邯鄲記二卷、紫釵記二卷、明珠記二卷、紅梨記二卷、錦箋記二卷、八義記二卷、尋親記二卷、飛丸記二卷、三元記二卷、鳴鳳記二卷、西樓記二卷、幽閨記二卷、還魂記二卷、玉合記二卷、玉簪記二卷、鸞鎞記二卷、運甓記二卷、金釵記二卷、金雀記二卷、金蓮記二卷、千金記二卷、南柯記二卷）

210000 – 0702 – 0000106　SB104

楊升菴先生批點文心雕龍十卷　（南朝梁）劉勰撰　（明）梅慶生音註　明天啓二年(1622)聚錦堂刻本　四冊

210000 – 0702 – 0000107　SB105

百川學海一百十二種　（宋）左圭輯　清初刻本　四十八冊

210000 – 0702 – 0000108　SB106

說郛一百二十卷說郛續四十六卷　（明）陶宗儀輯　（明）陶珽重校並輯續　清初刻本　一百六十八冊

210000 – 0702 – 0000109　SB107

增訂漢魏叢書八十六種　（清）王謨輯　清乾隆五十六年(1791)刻本　九十六冊

210000 – 0702 – 0000110　SB108

雅雨堂叢書十三種　（清）盧見曾輯　清乾隆二十一年(1756)盧氏雅雨堂刻本　二十八冊

210000 – 0702 – 0000111　SB109

知不足齋叢書三十集　（清）鮑廷博輯　（清）鮑志祖續輯　清乾隆至道光鮑氏刻本　二百四十冊

210000 – 0702 – 0000112　SB110

經訓堂叢書二十一種　（清）畢沅輯　清乾隆畢氏刻本　三十二冊

210000 – 0702 – 0000113　SB111

燕禧堂五種十五卷　（清）任大椿撰　清乾隆刻本　四冊

210000 – 0702 – 0000114　SB114

金剛般若波羅蜜經二卷　（後秦）釋鳩摩羅什譯　清至民國十三年(1924)抄本　二冊

210000 – 0702 – 0000115　SB115

欽定授時通考七十八卷　（清）蔣溥等纂修　清乾隆七年(1742)刻本　二十冊

210000 – 0702 – 0000116　SB116 – 1

封氏聞見記十卷　（唐）封演撰　清乾隆二十一年(1756)雅雨堂刻本　一冊

210000 – 0702 – 0000117　SB116 – 2

匡謬正俗八卷　（唐）顏師古撰　清乾隆二十一年(1756)雅雨堂刻本　一冊

210000 – 0702 – 0000118　SB117

孔子家語十卷　（三國魏）王肅注　清乾隆八年(1743)刻本　四冊

210000 – 0702 – 0000119　SB118

陽宅傳心四集四卷　（清）許明輯　清雍正十年(1732)刻本　四冊

210000 – 0702 – 0000120　SB119

張宗道先生地理全書不分卷　（明）張互撰　清康熙三十四年(1695)刻本　二冊

210000 – 0702 – 0000121　SB120

堪輿經二卷　（明）蕭克撰　（清）鍾之模訂　清雍正七年(1729)刻本　四冊

210000 – 0702 – 0000122　SB121

地學答問三卷　（清）魏青江撰　清乾隆四十九年(1784)刻本　三冊

210000 – 0702 – 0000123　SB122

大般涅槃經四十卷後分二卷　（北涼）釋曇無讖譯　清雍正十三年(1735)內府刻本　八冊

210000 – 0702 – 0000124　SB123

赤水玄珠三十卷　（明）孫一奎撰　明萬曆孫
氏刻清初印本　二十冊

210000－0702－0000125　SB124

重刊許氏說文解字五音韻譜十二卷　（宋）李
燾撰　明天啓七年(1627)世裕堂刻本　六冊

210000－0702－0000126　SB125

六書分類十二卷首一卷　（清）傅世垚撰　清
康熙四十四年(1705)聽松閣刻本　十四冊

210000－0702－0000127　SB126

類篇十五卷　（宋）司馬光等撰　清康熙四十
五年(1706)揚州詩局刻本　十三冊　存十四
卷(一至六、八至十五)

210000－0702－0000128　SB127

精選古今詩餘醉十五卷首一卷　（明）潘游龍
選　（明）陳珽訂　明崇禎九年(1636)刻本
十冊

210000－0702－0000129　SB128

戰國策三十三卷　（漢）高誘注　清乾隆二十
一年(1756)雅雨堂刻本　四冊

210000－0702－0000130　SB129

古文眉詮七十九卷　（清）浦起龍評選　清乾
隆九年(1744)三吳書院刻本　二十六冊　存
七十八卷(二至七十九)

210000－0702－0000131　SB130

中晚唐詩叩彈集十二卷續集三卷　（清）杜詔
（清）杜庭珠輯　清康熙采山亭刻本　七冊
存十三卷(三至十二、續集三卷)

210000－0702－0000132　SB131

樂善堂全集四十卷目錄四卷　（清）高宗弘曆
撰　清乾隆二年(1737)武英殿刻本　二十
四冊

210000－0702－0000133　SB132

武備志二百四十卷　（明）茅元儀輯　清初刻
本　一百冊

210000－0702－0000134　011/434

皕宋樓藏書志一百二十卷續志四卷　（清）陸
心源編　清光緒八年(1882)十萬卷樓刻本

三十二冊

210000－0702－0000135　011.4/21

欽定四庫全書考證一百卷　（清）王太岳等編
清道光十年(1830)木活字印本　九十六冊

210000－0702－0000136　011.4/98

經義考三百卷目錄二卷　（清）朱彝尊編　清
光緒二十三年(1897)浙江書局刻本　五十冊

210000－0702－0000137　011.4/406

隋經籍志考證十三卷　（清）章宗源撰　清光
緒三年(1877)湖北崇文書局刻本　四冊

210000－0702－0000138　011.9/740

藝風藏書記八卷　繆荃孫撰　清光緒二十六
年至二十七年(1900－1901)刻本　五冊

210000－0702－0000139　012.19/248－1

版權考三篇　（英國）斯克羅敦　（英國）普南
（美國）羅白孫撰　（清）周儀君譯　清光緒
二十九年(1903)上海商務印書館鉛印本
一冊

210000－0702－0000140　012.19/248－2

版權考三篇　（英國）斯克羅敦　（英國）普南
（美國）羅白孫撰　（清）周儀君譯　清光緒
二十九年(1903)上海商務印書館鉛印本
一冊

210000－0702－0000141　013/393

東西學書錄二卷附錄一卷　徐維則編　清光
緒二十五年(1899)石印本　三冊

210000－0702－0000142　013.1/2

補晉書藝文志四卷補遺一卷附錄一卷　丁國
鈞撰　刊誤一卷　（清）丁辰注併撰　清光緒
廣雅書局刻本　二冊

210000－0702－0000143　013.1/21－1

皇清經解續編二百九卷　王先謙輯　清光緒
十五年(1889)上海蜚英館石印本　三十二冊

210000－0702－0000144　013.1/21－2

皇清經解續編二百九卷　王先謙輯　清光緒
十五年(1889)上海蜚英館石印本　三十二冊

210000－0702－0000145　013.1/84

江刻書目三種十卷 （清）江標輯 清光緒元和江氏刻本 四冊

210000 – 0702 – 0000146 013.1/98

行素草堂目睹書錄十卷 （清）朱記榮輯訂 清光緒十年(1884)槐盧刻本 十冊

210000 – 0702 – 0000147 013.1/306

九通提要十二卷 （清）柴紹炳撰 清光緒二十八年(1902)鴻寶齋石印本 六冊

210000 – 0702 – 0000148 013.1/311 – 1

補後漢書藝文志四卷 （清）侯康撰 清光緒十七年(1891)廣雅書局刻本 一冊

210000 – 0702 – 0000149 013.1/311 – 2

補三國藝文志四卷 （清）侯康撰 清光緒十三年(1887)廣雅書局刻本 一冊

210000 – 0702 – 0000150 013.1/391

補遼金元藝文志一卷 （清）倪燦撰 清光緒十七年(1891)廣雅書局刻本 一冊

210000 – 0702 – 0000151 013.1/428 – 1

書目答問不分卷 （清）張之洞撰 清光緒鉛印本 二冊

210000 – 0702 – 0000152 013.1/428 – 2

書目答問不分卷 （清）張之洞撰 清宣統元年(1909)石印本 二冊

210000 – 0702 – 0000153 013.1/705 – 1

補元史藝文志四卷 （清）錢大昕撰 清光緒十九年(1893)廣雅書局刻本 一冊

210000 – 0702 – 0000154 013.1/705 – 2

元史藝文志四卷 （清）錢大昕撰 清江蘇書局刻本 一冊

210000 – 0702 – 0000155 013.1/705 – 3

補續漢書藝文志一卷 （清）錢大昭撰 清光緒十三年(1887)廣雅書局刻本 一冊

210000 – 0702 – 0000156 013.1/791 – 1

補五代史藝文志一卷 （清）顧櫰三撰 清光緒十七年(1891)廣雅書局刻本 一冊

210000 – 0702 – 0000157 013.1/791 – 2

彙刻書目二十卷 （清）顧修編 清光緒十二年至十五年(1886 – 1889)上海福瀛書局刻本 二十冊

210000 – 0702 – 0000158 013.1/791 – 3

彙刻書目二十卷 （清）顧修編 清光緒十二年至十五年(1886 – 1889)上海福瀛書局刻本 二十冊

210000 – 0702 – 0000159 013.1/863 – 1

皇清經解縮本編目十六卷 （清）凌忠照編輯 清光緒十三年(1887)上海書局石印本 四冊

210000 – 0702 – 0000160 013.1/863 – 2

皇清經解縮本編目十六卷 （清）凌忠照編輯 清光緒十三年(1887)上海書局石印本 四冊

210000 – 0702 – 0000161 013.1/863 – 3

皇清經解續編目錄十七卷 （清）上海蜚英書局編 清光緒上海蜚英書局石印本 四冊

210000 – 0702 – 0000162 013.1/863 – 4

皇清經解續編目錄十七卷 （清）上海蜚英書局編 清光緒上海蜚英書局石印本 四冊

210000 – 0702 – 0000163 013.1/863 – 5

皇清經解續編目錄十七卷 （清）上海蜚英書局編 清光緒上海蜚英書局石印本 二冊 存四卷(一至四)

210000 – 0702 – 0000164 013.1/879

八史經籍志十種三十卷 （日本）□□輯 清光緒九年(1883)鎮江張壽榮刻本 十六冊

210000 – 0702 – 0000165 013.1/968

明通鑑目錄二十卷 （清）夏燮編輯 清光緒二十五年(1899)湖北官書處刻本 八冊

210000 – 0702 – 0000166 014.11/359

袁氏藝文金石錄二卷 （清）袁渭漁撰 清光緒漸西村舍刻本 一冊

210000 – 0702 – 0000167 014.2/674

食舊惪齋雜箸二卷 劉嶽雲撰 清光緒二十二年(1896)四川尊經書院刻本 二冊

210000－0702－0000168　016.3/868

**學部第一次審定初等小學暫用書目表一卷**
（清）學部編　清光緒三十二年（1906）奉天學
務公所鉛印本　一冊

210000－0702－0000169　018.2/84

**國朝漢學師承記八卷附錄一卷**　（清）江藩撰
清咸豐四年（1854）刻本　三冊

210000－0702－0000170　018.3/441

**直齋書錄解題二十二卷**　（宋）陳振孫撰　清
光緒九年（1883）江蘇書局刻本　六冊

210000－0702－0000171　018.3/848

**六通訂誤六卷**　（清）席裕福撰　清光緒上海
圖書集成局鉛印本　二冊

210000－0702－0000172　018.3/944

**經籍訪古志六卷補遺一卷**　（日本）森立之撰
清光緒十一年（1885）鉛印本　八冊

210000－0702－0000173　019.1/804

**理化器械圖說不分卷**　（清）山東高等學堂編
清光緒三十四年（1908）山東高等學堂石印
本　一冊

210000－0702－0000174　019.31/320－1

**欽定四庫全書簡明目錄二十卷首二卷**　（清）
紀昀等編　清末刻本　二十冊

210000－0702－0000175　019.31/320－2

**欽定四庫全書簡明目錄二十卷**　（清）紀昀等
編　清光緒五年（1879）墨潤堂鉛印本　十
二冊

210000－0702－0000176　019.31/320－3

**欽定四庫全書簡明目錄二十卷**　（清）紀昀等
編　清光緒十四年（1888）暢懷書屋鉛印本
四冊

210000－0702－0000177　019.31/320－4

**欽定四庫全書簡明目錄二十卷**　（清）紀昀等
編　清刻本　十八冊

210000－0702－0000178　019.31/320－5

**欽定四庫全書簡明目錄二十卷**　（清）紀昀等
編　清同治七年（1868）廣東書局刻本　二

十冊

210000－0702－0000179　019.31/320－6

**欽定四庫全書總目二百卷**　（清）紀昀等編
清同治七年（1868）廣東書局刻本　一百二
十冊

210000－0702－0000180　019.31/320－7

**欽定四庫全書總目二百卷**　（清）紀昀等編
清同治七年（1868）廣東書局刻本　十冊　存
十二卷（一百六十二至一百七十三）

210000－0702－0000181　021.1/808

**奉天圖書館暫定章程**　（清）奉天圖書館編
清光緒三十四年（1908）奉天仁和山房鉛印本
一冊

210000－0702－0000182　028.1/21－1

**讀書雜志十種八十二卷餘編二卷**　（清）王念
孫撰　清同治九年（1870）金陵書局刻本　二
十四冊

210000－0702－0000183　028.1/21－2

**讀書雜志十種八十二卷餘編二卷**　（清）王念
孫撰　清嘉慶十七年至道光十二年（1812－
1832）刻本　二十四冊

210000－0702－0000184　028.2/248

**鄭堂讀書記七十一卷**　（清）周中孚撰　清同
治八年（1869）吳興劉氏嘉業堂刻本　二十
四冊

210000－0702－0000185　029.6/434

**羣書校補一百卷**　（清）陸心源輯　清咸豐至
光緒刻本　二十四冊

210000－0702－0000186　030/248－1

**最新經世文編一百三十卷**　（清）鄒王賓輯
清光緒二十八年（1902）上海寶善齋石印本
三十二冊

210000－0702－0000187　030/248－2

**最新經世文編一百三十卷**　（清）鄒王賓輯
清光緒二十八年（1902）上海寶善齋石印本
三十二冊

210000－0702－0000188　030/248－3

最新經世文編一百三十卷 （清）鄒王賓輯
清光緒二十八年（1902）上海寶善齋石印本
三十二冊

210000 – 0702 – 0000189　030/942 – 1
西學須知 （英國）傅蘭雅撰　清光緒八年至
二十四年（1882 – 1898）上海格致書室刻本
二十七冊

210000 – 0702 – 0000190　030/942 – 2
西學須知 （英國）傅蘭雅撰　清光緒八年至
二十四年（1882 – 1898）上海格致書室刻本
二十七冊

210000 – 0702 – 0000191　030/942 – 3
西學須知 （英國）傅蘭雅撰　清光緒八年至
二十四年（1882 – 1898）上海格致書室刻本
二十七冊

210000 – 0702 – 0000192　030/967 – 1
西學時務總纂大成九十一卷　題（清）求志齋
主人纂輯　清光緒二十三年（1897）上海鴻文
書局石印本　二十四冊

210000 – 0702 – 0000193　030/967 – 2
西學時務總纂大成九十一卷　題（清）求志齋
主人纂輯　清光緒二十三年（1897）上海鴻文
書局石印本　二十四冊

210000 – 0702 – 0000194　030/967 – 3
中西新學大全十九卷　題（清）求志齋主人纂
輯　清光緒二十三年（1897）上海鴻文書局石
印本　二十四冊

210000 – 0702 – 0000195　030.1/15 – 1
古事比五十二卷 （清）方中德撰　清光緒三
十年（1904）上海點石齋石印本　六冊

210000 – 0702 – 0000196　030.1/15 – 2
古事比五十二卷 （清）方中德撰　清光緒三
十年（1904）上海通時書局石印本　六冊

210000 – 0702 – 0000197　030.1/48 – 1
子史精華一百六十卷 （清）允祿等撰　清光
緒二十二年（1896）上海匯海書局石印本
八冊

210000 – 0702 – 0000198　030.1/48 – 2
子史精華一百六十卷 （清）允祿等撰　清光
緒二十二年（1896）上海匯海書局石印本
八冊

210000 – 0702 – 0000199　030.1/94 – 1
西學啓蒙十六種 （英國）艾約瑟譯　清光緒
二十四年（1898）上海圖書集成印書局鉛印本
十六冊

210000 – 0702 – 0000200　030.1/94 – 2
西學十六種啓蒙 （英國）艾約瑟譯　清光緒
二十四年（1898）石印本　十六冊

210000 – 0702 – 0000201　030.1/164 – 1
策學備纂三十二卷首一卷 （清）蔡啟盛
（清）吳穎炎輯　清光緒二十六年（1900）上海
點石齋石印本　四十八冊

210000 – 0702 – 0000202　030.1/164 – 2
策學備纂三十二卷首一卷 （清）蔡啟盛
（清）吳穎炎輯　清光緒二十六年（1900）上海
點石齋石印本　四十八冊

210000 – 0702 – 0000203　030.1/164 – 3
重訂事類賦三十卷 （宋）吳淑撰並注　清刻
本　六冊

210000 – 0702 – 0000204　030.1/164 – 4
事類賦三十卷 （宋）吳淑撰並注　清刻本
六冊

210000 – 0702 – 0000205　030.1/164 – 5
事類賦三十卷 （宋）吳淑撰並注　清刻本
六冊

210000 – 0702 – 0000206　030.1/300 – 1
普通百科全書一百卷首一卷目錄二卷 范迪
吉譯　黃朝鑒等編　清光緒二十九年（1903）
上海會文學社石印本　一百冊

210000 – 0702 – 0000207　030.1/300 – 2
普通百科全書一百卷首一卷目錄二卷 范迪
吉譯　黃朝鑒等編　清光緒二十九年（1903）
上海會文學社石印本　一百冊

210000 – 0702 – 0000208　030.1/375 – 1

新義錄一百卷首一卷 （清）孫璧文撰 清光緒二十七年(1901)兩湖譯書學堂刻本 四十八冊

210000－0702－0000209 030.1/375－2

新義錄一百卷首一卷 （清）孫璧文撰 清光緒二十七年(1901)兩湖譯書學堂刻本 四十八冊

210000－0702－0000210 030.1/375－3

五洲事物采新十卷 （清）孫子慕輯 清光緒二十八年(1902)上海書局石印本 四冊

210000－0702－0000211 030.1/375－4

分類時務精華八卷首一卷 （清）□□輯 清光緒二十七年(1901)上海廣益書室石印本 八冊

210000－0702－0000212 030.1/375－5

分類時務精華八卷首一卷 （清）□□輯 清光緒二十七年(1901)上海廣益書室石印本 八冊

210000－0702－0000213 030.1/393

初學記三十卷 （唐）徐堅等撰 清光緒十四年(1888)黃氏蘊石齋刻蘊石齋叢書本 十六冊

210000－0702－0000214 030.1/428－1

淵鑑類函四百五十卷 （清）張英等撰 清刻本 三十五冊 存一百二十一卷(一百十八至一百六十四、二百九十三至三百十二、三百七十三至四百二十六)

210000－0702－0000215 030.1/428－2

古香齋新刻袖珍淵鑑類函四百五十卷目錄四卷 （清）張英等撰 清刻本 一百四十冊

210000－0702－0000216 030.1/428－3

古香齋新刻袖珍淵鑑類函四百五十卷目錄四卷 （清）張英等撰 清刻本 八冊 存二十五卷(二百四十四至二百六十八)

210000－0702－0000217 030.1/428－4

淵鑑類函四百五十卷目錄四卷 （清）張英等撰 清光緒十八年(1892)上海同文書局石印本 六十冊

210000－0702－0000218 030.1/428－5

淵鑑類函四百五十卷目錄四卷 （清）張英等撰 清光緒十八年(1892)上海同文書局石印本 六十冊

210000－0702－0000219 030.1/428－6

淵鑑類函四百五十卷目錄四卷 （清）張英等撰 清光緒十八年(1892)上海同文書局石印本 四十八冊

210000－0702－0000220 030.1/491－1

普通百科新大詞典 黃摩西編 清宣統三年(1911)上海中國詞典公司鉛印本 十五冊

210000－0702－0000221 030.1/491－2

錦字箋四卷 （清）黃澐撰 清光緒六年(1880)刻本 四冊

210000－0702－0000222 030.1/509－1

重訂廣事類賦四十卷 （清）華希閔撰 （清）華希閔重訂 清光緒十四年(1888)刻本 十冊

210000－0702－0000223 030.1/509－2

廣事類賦四十卷 （清）華希閔撰 清刻本 十冊

210000－0702－0000224 030.1/568

廣博物志五十卷 （明）董斯張撰 清光緒五年(1879)學海堂刻本 二十四冊

210000－0702－0000225 030.1/570－1

北堂書鈔一百六十卷 （唐）虞世南撰 清光緒十四年(1888)南海孔氏三十三萬卷堂刻本 二十冊

210000－0702－0000226 030.1/570－2

北堂書鈔一百六十卷 （唐）虞世南撰 清光緒十四年(1888)南海孔氏三十三萬卷堂刻本 二十冊

210000－0702－0000227 030.1/575

酹世錦囊全書四集十九卷 （清）鄒景揚輯 清末刻本 十六冊

210000－0702－0000228 030.1/636

藝文類聚一百卷 （唐）歐陽詢撰 （明）王元貞校 清光緒五年(1879)華陽宏達堂刻本 三十二冊

210000－0702－0000229 030.1/698

角山樓增補類腋六十七卷 （清）趙克宜增輯 清光緒十二年(1886)上海同文書局石印本 六冊

210000－0702－0000230 030.1/710

太平御覽一千卷目錄十五卷 （宋）李昉等撰 清光緒十八年(1892)南海李氏刻本 一百二十冊

210000－0702－0000231 030.1/791－1

時務策府統宗十四卷目錄一卷 （清）顧其義 （清）吳文藻輯 清光緒二十四年(1898)上海書局石印本 二十冊

210000－0702－0000232 030.1/791－2

時務策府統宗十四卷目錄一卷 （清）顧其義 （清）吳文藻輯 清光緒二十四年(1898)上海書局石印本 二十冊

210000－0702－0000233 030.1/838－1

時務新策四十卷 題（清）求是齋主人輯 清光緒二十三年(1897)石印本 八冊

210000－0702－0000234 030.1/838－2

時務新策四十卷 題（清）求是齋主人輯 清光緒二十三年(1897)石印本 八冊

210000－0702－0000235 030.1/838－3

時務新策四十卷 題（清）求是齋主人輯 清光緒二十三年(1897)石印本 八冊

210000－0702－0000236 030.1/846

廣治平畧三十六卷 （清）蔡方炳編 清光緒十四年(1888)上海點石齋石印本 三冊

210000－0702－0000237 030.1/849

五大洲政藝全書一百一十二卷 題（清）寶善齋主人輯 清光緒二十九年(1903)上海寶善齋石印本 五十二冊

210000－0702－0000238 030.1/935－1

科學叢書第一集八種十一卷 （清）教育世界出版所編 清光緒二十七年(1901)教育世界出版所石印本 十冊

210000－0702－0000239 030.1/935－2

科學叢書第一集八種十一卷 （清）教育世界出版所編 清光緒二十七年(1901)教育世界出版所石印本 十冊

210000－0702－0000240 030.1/935－3

科學叢書第一集八種十一卷 （清）教育世界出版所編 清光緒二十七年(1901)教育世界出版所石印本 十冊

210000－0702－0000241 030.1/935－4

科學叢書第一集八種十一卷 （清）教育世界出版所編 清光緒二十七年(1901)教育世界出版所石印本 十冊

210000－0702－0000242 030.1/935－5

科學叢書第一集八種十一卷 （清）教育世界出版所編 清光緒二十七年(1901)教育世界出版所石印本 十冊

210000－0702－0000243 030.1/935－6

科學叢書第一集八種十一卷 （清）教育世界出版所編 清光緒二十七年(1901)教育世界出版所石印本 十冊

210000－0702－0000244 030.1/935－7

科學叢書第二集六種十卷 （清）教育世界出版所編 清光緒二十九年(1903)教育世界出版所石印本 六冊

210000－0702－0000245 030.1/940

廣學類編十二卷 （英國）唐蘭孟編輯 （英國）李提摩太鑒定 （清）任保羅譯 清光緒二十九年(1903)上海廣學會鉛印本 六冊

210000－0702－0000246 030.1/967－1

時務通攷三十一卷 題（清）杞廬主人編 清光緒二十三年(1897)上海點石齋石印本 二十四冊

210000－0702－0000247 030.1/967－2

時務通攷三十一卷 題（清）杞廬主人編 清光緒二十三年(1897)上海點石齋石印本 二

十三冊　存二十八卷(一至十三、十七至三十一)

210000－0702－0000248　030.1/969
**新編分門古今類事二十卷**　(宋)委心子輯
清刻本　六冊

210000－0702－0000249　030.7/391
**倭文端公遺書十一卷首二卷**　(清)倭仁撰
清同治元年(1862)刻本　八冊

210000－0702－0000250　041.2/21
**玉海二百卷附錄四卷**　(宋)王應麟撰　清光緒九年(1883)浙江書局刻本　一百二十二冊

210000－0702－0000251　041.2/441
**掌錄二卷**　(清)陳祖范撰　清光緒十七年(1891)廣雅書局刻本　一冊

210000－0702－0000252　041.41/412
**宣講集要十五卷首一卷**　(清)郭嵩燾撰　清光緒三十三年(1907)上海德本堂石印本　八冊

210000－0702－0000253　041.41/968－1
**近五十科條對試策十卷**　題(清)西峯書室主人輯　清光緒十二年(1886)西峯書室刻本　十五冊

210000－0702－0000254　041.41/968－2
**近十科條對進呈試策五卷**　題(清)西峯書室主人輯　清光緒十二年(1886)西峯書室刻本　與210000－0702－0000253合冊

210000－0702－0000255　070.2/938－1
**新聞學**　(日本)松本君平撰　清光緒二十九年(1903)上海商務印書館鉛印本　一冊

210000－0702－0000256　070.2/938－2
**新聞學**　(日本)松本君平撰　清光緒二十九年(1903)上海商務印書館鉛印本　一冊

210000－0702－0000257　081.1/151－1
**欽定篆文六經四書十種四十五卷**　(清)李光地等編　清光緒九年(1883)上海同文書局石印本　十冊

210000－0702－0000258　081.1/151－2

210000－0702－0000259　081.1/151－3
**欽定篆文六經四書十種四十五卷**　(清)李光地等編　清光緒九年(1883)上海同文書局石印本　十冊

210000－0702－0000260　081.1/164
**青照堂叢書三編**　(清)李元春輯　清道光十五年(1835)朝邑劉氏刻本　九十六冊

210000－0702－0000261　081.1/556
**經學輯要二十四卷首一卷**　(清)吳穎炎輯　清光緒二十六年(1900)上海點石齋石印本　三十二冊

210000－0702－0000262　081.1/661
**留真譜十二卷**　楊守敬編　清光緒二十七年(1901)宜都楊氏刻本　十二冊

210000－0702－0000263　081.1/865
**周禮十二卷**　(漢)鄭玄注　(唐)陸德明音義　清光緒十二年(1886)湖北官書處刻本　六冊

210000－0702－0000264　081.1/866
**袖珍十三經注一百六十五卷**　(□)□□輯　清同治十二年(1873)稽古樓刻木　十五冊　存八卷(周禮一至六、春秋公羊傳一卷、春秋穀梁傳一卷)

210000－0702－0000265　081.2/21－1
**五經合纂大成四十四卷**　(清)同文書局編　清光緒二十年(1894)文海雨記書局石印本　二十八冊

210000－0702－0000266　081.2/21－2
**十三經策案二十二卷**　(清)王謨輯　清光緒十一年(1885)上海同文書局石印本　二冊

210000－0702－0000267　081.2/162－1
**十三經策案二十二卷**　(清)王謨輯　清光緒十一年(1885)上海同文書局石印本　二冊

210000－0702－0000268　081.2/162－2
**皇清經解一千四百卷**　(清)阮元輯　清光緒十三年至十四年(1887－1888)上海書局石印本　六十四冊

皇清經解一千四百卷 （清）阮元輯 清光緒
十三年至十四年(1887－1888)上海書局石印
本 六十四冊

210000－0702－0000269 081.2/207

授堂遺書八種 （清）武億撰 清道光二十三
年(1843)偃師武氏刻本 八冊

210000－0702－0000270 081.2/340

心經政經合編二卷 （宋）眞德秀輯 清末江
蘇書局刻本 一冊

210000－0702－0000271 081.2/370

皇清經解分經合纂十六卷 （清）阮元輯 清
光緒二十一年(1895)上洋鴻寶齋石印本 三
十二冊

210000－0702－0000272 081.2/700

經典釋文三十卷攷證三十卷 （唐）陸德明撰
（清）盧文弨撰攷證 清同治八年(1869)湖
北崇文書局刻本 十二冊

210000－0702－0000273 081.2/735

古經解彙函十七種 （清）鍾謙鈞等輯 清光
緒十五年(1889)湘南書局刻本 六十四冊

210000－0702－0000274 081.2/906

經訓貫講類編六卷 （清）□□編 清光緒三
十二年(1906)石印本 二冊

210000－0702－0000275 081.2/971－1

四書五經義策論初編不分卷 （清）崇實學社
編 清光緒二十七年(1901)文彙書局鉛印本
六冊

210000－0702－0000276 081.2/971－2

四書五經義策論初編不分卷 （清）崇實學社
編 清光緒二十七年(1901)文彙書局鉛印本
六冊

210000－0702－0000277 081.2/971－3

四書五經義策論初編不分卷 （清）崇實學社
編 清光緒二十七年(1901)文彙書局鉛印本
六冊

210000－0702－0000278 081.3/21－1

子書二十五種 上海育文書局編 清光緒三

十年(1904)上海育文書局石印本 三十二冊

210000－0702－0000279 081.3/21－2

二十二子 （清）浙江書局輯 清光緒浙江書
局刻本 八十三冊

210000－0702－0000280 081.3/135

述學內篇三卷外篇一卷補遺一卷別錄一卷
（清）汪中撰 清同治八年(1869)揚州書局刻
本 二冊

210000－0702－0000281 081.3/164

點勘諸子 （清）吳汝綸點勘 清宣統二年
(1910)衍星社鉛印本 十二冊

210000－0702－0000282 081.3/359

西學富強叢書八十一種 題(清)富強齋主人
輯 清光緒二十七年(1901)上海寶善齋石印
本 六十四冊

210000－0702－0000283 081.3/471

質學叢書初集三十種八十卷 湯壽潛輯 清
光緒二十三年(1897)質學會刻本 四十二冊

210000－0702－0000284 081.3/835

世德堂六子六十卷 （明）顧春輯 清刻本
四十二冊

210000－0702－0000285 081.3/841

子書百家 （清）崇文書局輯 清光緒元年
(1875)湖北崇文書局刻本 一百十冊

210000－0702－0000286 081.3/842

諸子百家 （清）崇文書局輯 清光緒元年
(1875)湖北崇文書局刻本 一百十冊

210000－0702－0000287 081.3/963

子書百家 （清）崇文書局輯 清光緒元年
(1875)湖北崇文書局刻本 一百十冊

210000－0702－0000288 081.4/9－1

皇朝蓄艾文編八十卷 于寶軒輯 清光緒二
十九年(1903)上海官書局鉛印本 四十冊

210000－0702－0000289 081.4/9－2

皇朝蓄艾文編八十卷 于寶軒輯 清光緒二
十九年(1903)上海官書局鉛印本 四十冊

210000－0702－0000290　081.4/21

**王臨川文集四卷**　（宋）王安石撰　清宣統二年（1910）上海會文堂書局石印本　四冊

210000－0702－0000291　081.4/98

**槐廬叢書五編**　（清）朱記榮輯　清光緒吳縣朱氏槐廬家塾刻本　六十八冊　缺五種三十四卷（芳茂山人文集十至十二、四禮榷疑一至八、爾雅漢注一至三、歷代帝王宅京記一至十五、鍼炎甲乙經八至十二）

210000－0702－0000292　081.4/151

**函海**　（清）李調元輯　清嘉慶十四年（1809）李鼎元刻本　一百二十二冊　存一百四種六百四十一卷（華陽國志十二卷，郭子翼莊一卷，古今同姓名錄二卷，說文解字韻譜五卷，緝古算經一卷，主客圖一卷，續孟子二卷，伸蒙子三卷，素履子三卷，廣成子解一卷，蜀檮杌二卷，金華子雜編二卷，心要經一卷，寶藏論一卷，易傳燈四卷，孟子外書四篇四卷，蘇氏演義二卷，唐史論斷三卷，東坡烏臺詩案一卷，藏海詩話一卷，益州名畫錄三卷，韓氏山水純全集一卷，月波洞中記一卷，采石瓜洲斃亮記一卷，產育寶慶集二卷，顧頊經一卷，出行寶鏡一卷、圖一卷，翼玄十二卷，靖康傳信錄三卷，淳熙薦士錄一卷，江南餘載二卷，江淮異人錄二卷，青溪弄兵錄一卷，張氏可書一卷，珍席放談二卷，鶴山筆錄一卷，建炎筆錄三卷，辯誣筆錄三卷，家訓筆錄一卷，舊聞證誤四卷，建炎以來朝野雜記甲集二十卷、乙集二十卷，州縣提綱四卷，諸蕃志二卷，省心雜言一卷，三國雜事二卷，龍龕手鑑四卷，卮辭一卷，中麓畫品一卷，蜀語一卷，升菴經說九卷，石鼓文音釋三卷，古雋八卷，譚苑醍醐八卷，秋林伐山二十卷，哲匠金桴五卷，謝華啓秀八卷，均藻四卷，轉注古音略五卷、古音後語一卷，古音叢目五卷，古音獵要五卷，古音附錄一卷，古音餘五卷，奇字韻五卷，古音略例一卷，古音駢字五卷，古音複字五卷，希姓錄五卷，升菴詩話十二卷、補遺二卷，詞品六卷、補遺一卷，書品一卷，畫品一卷，法帖神品目一卷，名畫神品目一卷，墨池瑣錄二卷，金石古文十四卷，古文韻語一卷，風雅逸篇十

卷，金石存十五卷，粵風四卷，鄭氏古文尚書證訛十一卷，然犀志二卷，出口程記一卷，南越筆記十卷，雨村詩話二卷，賦話十卷，雨村詞話四卷，樂府侍兒小名錄二卷，方言藻二卷，制義科瑣記四卷，奇字名十二卷，淡墨錄十六卷，尾蔗叢談二卷，古音合二卷，六書分毫三卷，通詁二卷，勦說四卷，蜀雅二十卷，全五代詩一百卷、補遺一卷，粵東皇華集四卷，羅江縣志五卷，萬善堂集詩集十卷、文集六卷，四家選集四卷，童山詩集四十二卷、附錄二卷，童山文集二十卷、補遺二卷）

210000－0702－0000293　081.4/164

**綏寇紀略十二卷補遺三卷**　（清）吳偉業撰　清光緒三年（1877）上海申報館鉛印本　八冊

210000－0702－0000294　081.4/352－1

**意林五卷補遺一卷**　（唐）馬總撰　（清）張海鵬增訂補遺　清光緒三年（1877）湖北崇文書局刻本　二冊

210000－0702－0000295　081.4/352－2

**玉函山房輯佚書四編**　（清）馬國翰輯　清光緒九年（1883）長沙娜嬛館刻本　五十冊　存三百三十四種

210000－0702－0000296　081.4/375

**平津館叢書十集**　（清）孫星衍輯　清光緒十一年（1885）吳縣朱氏槐廬家塾刻本　四十九冊　缺一種五卷（說文解字六至十）

210000－0702－0000297　081.4/393－1

**懷豳雜俎十二種**　徐乃昌輯　清光緒至宣統南陵徐乃昌刻本　八冊

210000－0702－0000298　081.4/393－2

**懷豳雜俎十二種**　徐乃昌輯　清光緒至宣統南陵徐乃昌刻本　八冊

210000－0702－0000299　081.4/407－1

**榆園叢刻十五種附娛園叢刻十種**　（清）許增輯　清同治至光緒刻本　十六冊

210000－0702－0000300　081.4/407－2

**榆園叢刻十五種附娛園叢刻十種**　（清）許增輯　清同治至光緒刻本　十六冊

210000－0702－0000301　　081.4/428－1

**正誼堂全書六十六種**　（清）張伯行輯　（清）楊浚重輯　清同治五年至八年（1866－1869）福州正誼書院刻本　一百九十六冊　缺二種十一卷（韓魏公集十六至二十、司馬溫公文集一至六）

210000－0702－0000302　　081.4/428－2

**正誼堂全書六十三種**　（清）張伯行輯　清同治五年（1866）福州正誼書院刻本　七十六冊　存四十五種三百十五卷（周濂溪先生全集十三卷，二程文集十二卷，張橫渠先生文集十二卷，朱子文集十八卷，楊龜山先生集六卷，尹和靖先生集一卷，羅豫章先生文集十卷，李延平先生文集四卷，張南軒先生文集七卷，黃勉齋先生文集八卷，陳克齋先生集五卷，許魯齋先生集六卷，薛敬軒先生文集十卷，胡敬齋先生文集三卷，諸葛武侯文集四卷，唐陸宣公文集四卷、首一卷，韓魏公集二十卷，司馬溫公文集一至九，伊洛淵源錄七至十四，上蔡先生語錄三卷，程氏家塾讀書分年日程三卷，朱子學的二卷，陳清瀾先生學蔀通辯十二卷，薛文清公讀書錄八卷，胡敬齋先生居業錄八卷，道南源委六卷，羅整庵先生困知記四卷，陸桴亭思辨錄輯要二十二卷，王學質疑五卷、附錄一卷，讀禮志疑六卷，讀朱隨筆四卷，陸稼書先生問學錄四卷，陸稼書先生松陽鈔存一卷，石守道先生集二卷，高東溪先生遺集二卷，真西山先生集八卷，熊勿軒先生文集六卷，吳朝宗先生聞過齋集四卷，魏莊渠先生集二卷，羅整庵先生存稿二卷，陳剩夫先生集四卷，張陽和文選三卷，二程語錄十四至十八，朱子語類輯略八卷，濂洛關閩書十九卷）

210000－0702－0000303　　081.4/505－1

**廣漢魏叢書八十種**　（明）何允中輯　清嘉慶刻本　七十七冊　存五十五種三百十七卷（易傳三卷，焦氏易林四卷，周易略例一卷，古三墳一卷，詩傳孔氏傳一卷，詩說一卷，韓詩外傳十卷，大戴禮記十三卷，鄴中記一卷，元經薛氏傳十卷，竹書紀年二卷，穆天子傳六卷，漢武帝內傳一卷，飛燕外傳一卷，雜事秘辛一卷，羣輔錄一卷，神僊傳十卷，高士傳三卷，英雄記鈔一卷，吳越春秋六卷，越絕書十五卷，十六國春秋十六卷，參同契一卷，陰符經一卷，素書一卷，心書一卷，孫子二卷，新語二卷，新書十卷，新序十卷，新論十卷，淮南鴻烈解二十一卷，孔叢二卷，附詰墨一卷，法言十卷，抱朴子內篇四卷、外篇四卷，申鑒五卷，中論二卷，中說二卷，枕中書一卷，潛夫論十卷，天祿閣外史八卷，說苑二十卷，論衡三十卷，述異記二卷，鹽鐵論十二卷，三輔黃圖六卷、補遺一卷，華陽國志十四卷，伽藍記五卷，水經二卷，星經二卷，荊楚歲時記一卷，南方草木狀三卷，竹譜一卷，古今刀劍錄一卷，鼎錄一卷）

210000－0702－0000304　　081.4/505－2

**漢魏叢書八十六種**　（清）王謨輯　清乾隆五十六年（1791）金谿王氏刻本　三十二冊　存三十八種一百九十八卷（焦氏易林四卷、易傳三卷、關氏易傳一卷、周易略例一卷、古三墳一卷、汲塚周書十卷、詩傳孔氏傳一卷、詩說一卷、韓詩外傳十卷、毛詩草木鳥獸蟲魚疏二卷、越絕書十五卷、吳越春秋六卷、西京雜記六卷、漢武帝內傳一卷、華陽國志十四卷、十六國春秋十六卷、元經薛氏傳五卷、說苑十三卷、淮南鴻烈解二十一卷、鹽鐵論十二卷、拾遺記十卷、述異記二卷、續齊諧記一卷、搜神記八卷、搜神後記二卷、還冤記一卷、神異經一卷、海內十洲記一卷、別國洞冥記四卷、三輔黃圖六卷、水經二卷、星經二卷、荊楚歲時記一卷、南方草木狀三卷、竹譜一卷、禽經一卷、古今刀劍錄一卷、天祿閣外史八卷）

210000－0702－0000305　　081.4/505－3

**漢魏叢書九十六種**　（清）王謨輯　清光緒二十一年（1895）石印本　十五冊　缺一種二十卷（說苑一至二十）

210000－0702－0000306　　081.4/622

**海山僊館叢書五十六種**　（清）潘仕成輯　清道光至咸豐刻光緒番禺潘氏增刻本　一百二十冊

210000－0702－0000307　　081.4/654－1

**書經六卷**　（宋）蔡沈集傳　清光緒十二年

（1886）刻本　四冊

210000－0702－0000308　081.4/654－2
**書經六卷**　（宋）蔡沈集傳　清光緒三十四年（1908）學部圖書局石印本　六冊

210000－0702－0000309　081.4/654－3
**書經六卷**　（宋）蔡沈集傳　清光緒三十四年（1908）學部圖書局石印本　六冊

210000－0702－0000310　081.4/654－4
**書經六卷**　（宋）蔡沈集傳　清光緒三十四年（1908）學部圖書局石印本　六冊

210000－0702－0000311　081.4/671－1
**古逸叢書二十六種**　（清）黎庶昌輯　清光緒八年至十年（1882－1884）遵義黎氏日本東京使署影刻本　三十九冊　缺八種四十卷（雕玉集十五卷、姓解三卷、韻鏡一卷、日本國見在書目錄一卷、史略六卷、漢書食貨志一卷、急救篇一卷、杜工部草堂詩箋一至十二）

210000－0702－0000312　081.4/671－2
**古逸叢書二十六種**　（清）黎庶昌輯　清光緒八年至十年（1882－1884）遵義黎氏日本東京使署影刻本　四十五冊　存十種一百三十六卷（老子道德經二卷，荀子二十卷，南華真經注疏十卷，廣韻五卷，校劄一卷，廣韻五卷，玉燭寶典十二卷，文館詞林殘十四卷，珊玉集十五卷，姓解三卷，杜工部草堂詩箋四十卷、外集一卷、補遺一卷、傳序碑銘一卷、目錄二卷、年譜二卷、詩話二卷）

210000－0702－0000313　081.4/671－3
**古逸叢書二十六種**　（清）黎庶昌輯　清光緒八年至十年（1882－1884）遵義黎氏日本東京使署影刻本　四十二冊

210000－0702－0000314　081.4/871
**宋本十三經注疏附校勘記不分卷**　（清）阮元撰　（清）盧宣旬摘錄　清光緒十三年（1887）上海脈望仙館石印本　八冊　存尚書、周禮、易經、毛詩

210000－0702－0000315　081.4/970
**便蒙叢書初集五卷**　（清）□□輯　清光緒二

十七年（1901）刻本　五冊

210000－0702－0000316　081.5/375
**古微書三十六卷**　（明）孫瑴輯　清光緒二十一年（1895）鴻文書局石印本　四冊

210000－0702－0000317　081.5/523
**湖北叢書三十種**　（清）趙尚輔輯　清光緒十七年（1891）刻本　一百冊

210000－0702－0000318　081.6/21－1
**船山遺書**　（清）王夫之撰　清同治四年（1865）湘鄉曾氏金陵節署刻本　一百十一冊
　　存五十一種二百四十三卷（周易內傳六卷、發例一卷；周易大象解一卷；周易稗疏四卷；周易考異一卷；周易外傳七卷；書經稗疏四卷；尚書引義六卷；詩經稗疏四卷；詩經考異一卷；詩經葉韻辯一卷；詩廣傳五卷；禮記章句四十九卷；春秋家說三卷；春秋稗疏二卷；春秋世論五卷；續春秋左氏傳博議二卷；讀四書大全說十卷；四書稗疏一卷；四書考異一卷；說文廣義三卷；讀通鑑論一至十四、十七至三十、末一卷；宋論一至十；俟解一卷；噩夢一卷；黃書一卷；老子衍一卷；莊子解三十三卷；莊子通一卷；楚辭通釋十四卷、末一卷；姜齋文集十卷；姜齋五十自定稿一卷；姜齋六十自定稿一卷；姜齋七十自定稿一卷；柳岸吟一卷；落花詩一卷；遣興詩一卷；和梅花百詠一卷；洞庭秋一卷；雁字詩一卷；仿體一卷；岳餘集一卷、附姜齋詩賸稿一卷；船山鼓棹初集一卷；船山鼓棹二集一卷；瀟湘怨一卷；詩譯一卷；夕堂永日緒論內編一卷；夕堂永日緒論外編一卷；南窗漫記一卷；龍舟會雜劇二卷；船山經義一卷；王船山叢書校勘記二卷）

210000－0702－0000319　081.6/21－2
**王氏四種五十四卷**　（清）王念孫　（清）王引之撰　清刻本　六十冊

210000－0702－0000320　081.6/21－3
**王氏四種六十六卷**　（清）王念孫　（清）王引之撰　清光緒二十一年（1895）上海鴻文書局石印本　十四冊

210000－0702－0000321　081.6/21－4

王氏四種六十六卷　（清）王念孫　（清）王引之撰　清光緒二十一年（1895）上海鴻文書局石印本　十四冊

210000－0702－0000322　081.6/21－5
困學紀聞注二十卷首一卷　（宋）王應麟撰　（清）翁元圻注　清光緒十三年（1887）上海同文書局石印本　六冊

210000－0702－0000323　081.6/21－6
困學紀聞注二十卷首一卷　（宋）王應麟撰　（清）翁元圻注　清光緒十三年（1887）上海同文書局石印本　六冊

210000－0702－0000324　081.6/21－7
困學紀聞注二十卷首一卷　（宋）王應麟撰　（清）翁元圻注　清光緒二十五年（1899）上海煥文局石印本　六冊

210000－0702－0000325　081.6/77
安吳四種三十六卷　（清）包世臣撰　清光緒十四年（1888）刻本　十六冊

210000－0702－0000326　081.6/210
杭氏七種　（清）杭世駿撰　清咸豐元年（1851）長沙小嫏嬛山館刻本　四冊

210000－0702－0000327　081.6/312
春在堂全書三十四種　（清）俞樾撰　清同治至光緒刻本　七十九冊　存二十三種二百九十二卷（羣經平議三十五卷,諸子平議三十五卷,第一樓叢書三十卷,曲園雜纂五十卷,俞樓雜纂五十卷,賓萌集六卷、外集四卷,春在堂雜文二卷、續編五卷、三編四卷、四編八卷,春在堂詩編存十三卷,春在堂尺牘六卷,楹聯錄存五卷、附錄一卷,四書文一卷,茶香室經說十六卷,金剛般若波羅蜜經注二卷,太上感應篇纘義二卷,游藝錄六卷,小蓬萊謠一卷,袖中書二卷,東瀛詩記二卷,慧福樓幸草一卷,曲園自述詩一卷、補一卷,春在堂全書錄要一卷,春在堂全書校勘記一卷,新定牙牌數一卷）

210000－0702－0000328　081.6/393－1
隨庵徐氏叢書十種　徐乃昌輯　清光緒至民

國南陵徐氏刻本　十二冊

210000－0702－0000329　081.6/393－2
邵武徐氏叢書初刻十四種　（清）徐幹輯　清光緒邵武徐氏刻本　二十冊

210000－0702－0000330　081.6/454
味經齋遺書　（清）莊存與撰　清光緒八年（1882）陽湖莊氏刻本　十冊　缺四種十三卷（周官記一至五,周官說一至二、補一至三,樂說一至二,四書說一卷）

210000－0702－0000331　081.6/491－1
梨洲遺著彙刊二十九種　（清）黃宗羲撰　（清）薛鳳昌輯　清宣統二年（1910）上海時中書局鉛印本　二十冊

210000－0702－0000332　081.6/491－2
梨洲遺著彙刊二十九種　（清）黃宗羲撰　（清）薛鳳昌輯　清宣統二年（1910）上海時中書局鉛印本　二十冊

210000－0702－0000333　081.6/562
觀古堂所著書二集十六種　葉德輝撰　清光緒湘潭葉氏刻本（消夏百一詩配鉛印本）　十六冊

210000－0702－0000334　081.6/575
鄒徵君遺書六種附刻二種　（清）鄒伯奇撰　清同治十三年（1874）鄒氏刻本　五冊

210000－0702－0000335　081.6/650
涉聞梓舊二十五種　（清）蔣光煦輯　清咸豐元年（1851）海昌蔣氏宜年堂刻本　十六冊　缺七種三十九卷（金石錄補八至二十七,續跋一至七,鐵函齋書跋一至六,砥齋題跋一,湛園題跋一,義門題跋一,隱綠軒題識一,蘇齋題跋一至二）

210000－0702－0000336　081.6/674
愈愚錄六卷　（清）劉寶楠撰　清光緒十五年（1889）廣雅書局刻本　二冊

210000－0702－0000337　081.6/705
履園叢話二十四卷　（清）錢泳輯　清同治九年（1870）述德堂刻本　十二冊

210000 - 0702 - 0000338　081.6/791

**亭林先生遺書彙輯二十三種**　（清）顧炎武撰　（清）席威　（清）朱記榮輯　清光緒十四年（1888）刻本　二十四冊

210000 - 0702 - 0000339　081.9/18

**純常子枝語四十卷**　（清）文廷式撰　清光緒九年（1883）刻本　二十四冊

210000 - 0702 - 0000340　081.9/316

**竹葉亭雜記八卷**　（清）姚元之撰　清光緒十九年（1893）刻本　二冊

210000 - 0702 - 0000341　081.9/375 - 1

**北夢瑣言二十卷**　（宋）孫光憲撰　清乾隆二十一年（1756）德州盧氏刻雅雨堂叢書本　二冊

210000 - 0702 - 0000342　081.9/375 - 2

**畚塘芻論二卷**　（清）孫鼎臣撰　清刻本　一冊

210000 - 0702 - 0000343　081.9/441 - 1

**東塾讀書記十五卷**　（清）陳澧撰　清光緒刻本　五冊

210000 - 0702 - 0000344　081.9/441 - 2

**句溪襍著四卷**　（清）陳立撰　清光緒十六年（1890）思賢講舍刻本　一冊

210000 - 0702 - 0000345　081.9/441 - 3

**句溪雜著六卷**　（清）陳立撰　清光緒十四年（1888）廣雅書局刻本　一冊

210000 - 0702 - 0000346　081.9/505

**鴻苞節錄十卷**　（明）屠隆撰　（明）屠繼烈編　清咸豐七年（1857）章邱縣署刻本　十冊

210000 - 0702 - 0000347　081.9/540

**內則衍義十六卷**　（清）世祖福臨纂　清刻本　八冊

210000 - 0702 - 0000348　081.9/550

**學古堂日記四十種**　（清）雷浚　（清）汪之昌輯　清光緒十六年至二十二年（1890 - 1896）刻本　二十六冊

210000 - 0702 - 0000349　081.9/575 - 1

**萬國近政考略十六卷**　（清）鄒弢編　清光緒二十七年（1901）三借廬鉛印本　四冊

210000 - 0702 - 0000350　081.9/575 - 2

**萬國近政考略十六卷**　（清）鄒弢編　清光緒二十四年（1898）愼記書莊石印本　四冊

210000 - 0702 - 0000351　081.9/740

**藕香零拾三十九種**　繆荃孫輯　清光緒至宣統刻本　三十二冊

210000 - 0702 - 0000352　081.9/845

**無邪堂答問五卷**　（清）朱一新撰　清光緒二十一年（1895）廣雅書局刻本　五冊

210000 - 0702 - 0000353　081.9/976

**劇談錄二卷**　（唐）康駢撰　清光緒三十年（1904）貴池劉氏刻本　一冊

210000 - 0702 - 0000354　082.4/936 - 1

**西學十六種啓蒙**　（英國）艾約瑟譯　清光緒二十四年（1898）石印本　十六冊

210000 - 0702 - 0000355　082.4/936 - 2

**西學十六種啓蒙**　（英國）艾約瑟譯　清光緒二十四年（1898）石印本　十四冊　存十四種（地志啓蒙、地理質學啓蒙、地學啓蒙、格致質學啓蒙、身理啓蒙、動物學啓蒙、化學啓蒙、植物學啓蒙、天文啓蒙、富國養民策、辨學啓蒙、希臘志畧、羅馬志畧、歐洲史略）

210000 - 0702 - 0000356　082.4/936 - 3

**西學啓蒙十六種**　（英國）艾約瑟譯　清光緒二十四年（1898）上海圖書集成印書局鉛印本　十六冊

210000 - 0702 - 0000357　101/934

**哲學新詮十章**　（日本）中島力撰　田吳炤譯　清光緒三十一年（1905）上海商務印書館鉛印本　一冊

210000 - 0702 - 0000358　121/21

**周易兼義九卷音義一卷注疏校勘記九卷釋文校勘記一卷**　（三國魏）王弼　（晉）韓康伯注　（唐）孔穎達正義　（唐）陸德明音義　清道光六年（1826）刻本　五冊

210000－0702－0000359　121/98－1

**監本易經四卷**　（宋）朱熹本義　清光緒六年(1880)刻本　二冊

210000－0702－0000360　121/98－2

**監本易經四卷**　（宋）朱熹本義　清道光十二年(1832)掃葉山房刻本　三冊

210000－0702－0000361　121/151－1

**易經體註大全會解四卷**　（清）來爾繩纂輯　清光緒六年(1880)刻本　三冊

210000－0702－0000362　121/151－2

**易經體註圖考不分卷**　（清）李兆賢輯　清光緒善成堂刻本　四冊

210000－0702－0000363　121/151－3

**御纂周易折中二十二卷首一卷**　（清）李光地等撰　清同治六年(1867)馬新貽刻本　十冊

210000－0702－0000364　121/151－4

**御纂周易折中二十二卷首一卷**　（清）李光地等撰　清同治六年(1867)馬新貽刻本　十冊

210000－0702－0000365　121/151－5

**御纂周易折中二十二卷首一卷**　（清）李光地等撰　清同治六年(1867)馬新貽刻本　十冊

210000－0702－0000366　121/151－6

**御纂周易折中二十二卷首一卷**　（清）李光地等撰　清同治六年(1867)馬新貽刻本　十冊

210000－0702－0000367　121/151－7

**御纂周易折中二十二卷首一卷**　（清）李光地等撰　清同治六年(1867)馬新貽刻本　九冊　存二十一卷(一至十、十三至二十二,首一卷)

210000－0702－0000368　121/151－8

**御纂周易折中二十二卷首一卷**　（清）李光地等撰　清光緒十四年(1888)江南書局刻本　十冊

210000－0702－0000369　121/151－9

**御纂周易折中二十二卷首一卷**　（清）李光地等撰　清同治十年(1871)湖北崇文書局刻本　十二冊

210000－0702－0000370　121/151－10

**御纂周易折中二十二卷首一卷**　（清）李光地等撰　清刻本　四冊　存十一卷(一至十、首一卷)

210000－0702－0000371　121/151－11

**御纂周易折中二十二卷首一卷**　（清）李光地等撰　清刻本　五冊　存十三卷(十至二十二)

210000－0702－0000372　121/151－12

**御纂周易折中二十二卷首一卷**　（清）李光地等撰　清刻本　五冊　存十二卷(十一至二十二)

210000－0702－0000373　121/178

**西夏全書十二種**　（清）何志高撰　清道光十三年(1833)刻本　十二冊

210000－0702－0000374　121/213－1

**新刻來瞿唐先生易註十五卷首一卷末一卷圖像一卷**　（明）來知德撰　清同治十年(1871)刻本　十二冊

210000－0702－0000375　121/213－2

**來瞿唐先生易註十五卷圖像一卷首一卷末一卷**　（明）來知德撰　清嘉慶十四年(1809)寧遠堂刻本　二十冊

210000－0702－0000376　121/300

**易經大全會解四卷**　（清）來爾繩纂輯　清道光十七年(1837)姑蘇老桐石山房刻本　四冊

210000－0702－0000377　121/428

**易林補遺四卷**　（明）張世寶撰　清刻本　四冊

210000－0702－0000378　121/535－1

**易經八卷**　（宋）程頤傳　清宣統元年(1909)學部圖書局石印本　六冊

210000－0702－0000379　121/535－2

**易經八卷**　（宋）程頤傳　清宣統元年(1909)學部圖書局石印本　六冊

210000－0702－0000380　121/535－3

**易經八卷**　（宋）程頤傳　清宣統元年(1909)

學部圖書局石印本　六冊

210000－0702－0000381　121/535－4
**易經八卷**　(宋)程頤傳　清宣統元年(1909)
學部圖書局石印本　六冊

210000－0702－0000382　121/535－5
**易經八卷**　(宋)程頤傳　清宣統元年(1909)
學部圖書局石印本　五冊　存五卷(一至五)

210000－0702－0000383　121/535－6
**易經八卷**　(宋)程頤傳　清光緒九年(1883)
江南書局刻本　三冊

210000－0702－0000384　121/535－7
**易經八卷**　(宋)程頤傳　清光緒九年(1883)
江南書局刻本　三冊

210000－0702－0000385　121/535－8
**易經八卷**　(宋)程頤傳　清光緒九年(1883)
江南書局刻本　三冊

210000－0702－0000386　121/535－9
**易經八卷**　(宋)程頤傳　清光緒九年(1883)
江南書局刻本　三冊

210000－0702－0000387　121/535－10
**易經八卷**　(宋)程頤傳　清光緒九年(1883)
江南書局刻本　三冊

210000－0702－0000388　121/556
**楊氏誠齋先生易傳二十卷首一卷**　(宋)楊萬
里撰　清光緒二十五年(1899)刻本　四冊

210000－0702－0000389　122/21－1
**四書朱子本義匯參四十三卷首四卷**　(清)王
步青輯　清敦復堂刻本　二十二冊　存三十
一卷(中庸章句本義匯參一至六、首一卷;論
語集註本義匯參一至三、十六至二十,首一
卷;孟子集註本義匯參一至十四、首一卷)

210000－0702－0000390　122/21－2
**四書朱子本義匯參四十三卷首四卷**　(清)王
步青輯　清光緒三十一年(1905)上海宏文閣
鉛印本　十二冊

210000－0702－0000391　122/21－3
**四書朱子本義匯參四十三卷首四卷**　(清)王

步青輯　清光緒三十一年(1905)上海宏文閣
鉛印本　十二冊

210000－0702－0000392　122/21－4
**四書朱子本義匯參四十三卷首四卷**　(清)王
步青輯　清敦復堂刻本　三十冊　存四十三
卷(論語集註本義匯參一至二十、首一卷,中
庸章句本義匯參一至六、首一卷,孟子集註本
義匯參一至十四、首一卷)

210000－0702－0000393　122/21－5
**圖畫四書白話解二十卷**　施崇恩撰　清光緒
三十二年(1906)上海彪蒙書室石印本　十
四冊

210000－0702－0000394　122/21－6
**欽定詩經傳説彙纂二十一卷首二卷詩序二卷**
　(清)王鴻緒等撰　清同治七年(1868)馬新
貽刻本　十四冊　存十八卷(三、五至二十
一)

210000－0702－0000395　122/21－7
**孔子家語十卷**　(三國魏)王肅注　清刻本
四冊

210000－0702－0000396　122/37－1
**附釋音禮記注疏六十三卷校勘記六十三卷**
(唐)孔穎達疏　(唐)陸德明音義　(清)阮
元撰校勘記　(清)盧宣旬摘錄　清嘉慶二十
年(1815)江西南昌府學刻本　二十七冊

210000－0702－0000397　122/37－2
**附釋音禮記注疏六十三卷校勘記六十三卷**
(唐)孔穎達疏　(唐)陸德明音義　(清)阮
元撰校勘記　(清)盧宣旬摘錄　清嘉慶二十
年(1815)江西南昌府學刻本　二十七冊

210000－0702－0000398　122/71
**荊園小語集證四卷**　(清)申涵光撰　(清)張
子覺輯　清同治八年(1869)刻本　二冊

210000－0702－0000399　122/98－1
**四子書十九卷附四書句辨疑字辨四書圖一卷**
　(宋)朱熹集注　清光緒五年(1879)上海掃
葉山房刻本　五冊

210000－0702－0000400　122/98－2

禮記訓纂四十九卷　（清）朱彬輯　清宣統元年(1909)學部圖書局石印本　十冊

210000－0702－0000401　122/98－3

禮記訓纂四十九卷　（清）朱彬輯　清宣統元年(1909)學部圖書局石印本　十冊

210000－0702－0000402　122/98－4

禮記訓纂四十九卷　（清）朱彬輯　清宣統元年(1909)學部圖書局石印本　十冊

210000－0702－0000403　122/98－5

四書章句集注十九卷　（宋）朱熹撰　清同治十三年(1874)湖南書局刻本　六冊

210000－0702－0000404　122/98－6

四書十九卷　（宋）朱熹集注　清刻本　十冊

210000－0702－0000405　122/98－7

類考典故四書便蒙十九卷　（宋）朱熹集注　清光緒善成堂刻本　六冊

210000－0702－0000406　122/98－8

監本四書十九卷　（宋）朱熹集注　清刻本六冊

210000－0702－0000407　122/98－9

四書集注正蒙十九卷附四書集字音義辨（宋）朱熹集注　清光緒十四年(1888)八旗官學刻本　六冊

210000－0702－0000408　122/135

節本禮記十卷　（清）汪基輯　（清）江永校纂清光緒三十三年(1907)南洋官書局石印本二冊　存三卷(一至三)

210000－0702－0000409　122/151－1

聖經學規纂二卷附論學二卷　（清）李塨撰清光緒刻畿輔叢書本　一冊

210000－0702－0000410　122/151－2

御纂性理精義十二卷　（清）李光地等纂修清刻本　六冊

210000－0702－0000411　122/151－3

四書讀十九卷　（清）李嵩崙撰　（清）李中培編　清嘉慶十四年(1809)刻本　十冊

210000－0702－0000412　122/151－4

新鐫四書釋義旁訓不分卷　（清）李沛霖參訂清道光四年(1824)刻本　六冊

210000－0702－0000413　122/211

新訂四書補註備旨十卷　（明）鄧林撰　（清）杜定基增訂　清末李光明莊刻本　六冊

210000－0702－0000414　122/242－1

四書味根錄三十七卷　（清）金澄撰　清道光十六年(1836)兩儀山房刻本　十六冊

210000－0702－0000415　122/242－2

四書味根錄三十七卷　（清）金澄撰　清光緒十一年(1885)上海掃葉山房刻本　十六冊

210000－0702－0000416　122/242－3

四書味根錄三十七卷　（清）金澄撰　清道光十七年(1837)青雲樓刻本　八冊　存二十三卷(大學一、中庸一至二、論語一至二十)

210000－0702－0000417　122/300

禮記體註四卷　（清）范翔輯　清刻本　四冊

210000－0702－0000418　122/329

四書闡註附攷不分卷　（清）浦泰輯　清乾隆五十九年(1794)刻本　六冊

210000－0702－0000419　122/402－1

夏小正通釋一卷　（清）梁章鉅輯　清光緒十三年(1887)浙江書局刻本　一冊

210000－0702－0000420　122/402－2

夏小正通釋一卷　（清）梁章鉅輯　清光緒十三年(1887)浙江書局刻本　一冊

210000－0702－0000421　122/402－3

四書古註九種羣義彙解九十五卷　（清）上海同文書局編　清光緒十九年(1893)上海同文書局石印本　八冊　存三種四十九卷(論語集解義疏一至十、四書改錯一至二十二、論語正義一至十七)

210000－0702－0000422　122/412

禮記質疑四十九卷　（清）郭嵩燾撰　清光緒十六年(1890)思賢講舍刻本　十冊

210000－0702－0000423　122/441－1

禮記十卷 （元）陳澔集說 清光緒刻本
十冊

210000－0702－0000424 122/441－2
禮記十卷 （元）陳澔集說 清咸豐元年
（1851）刻本 十冊

210000－0702－0000425 122/441－3
禮記十卷 （元）陳澔集說 清末刻本 十冊

210000－0702－0000426 122/441－4
禮記十卷 （元）陳澔集說 清光緒十九年
（1893）江南書局刻本 十冊

210000－0702－0000427 122/441－5
禮記十卷 （元）陳澔集說 清刻本 十冊

210000－0702－0000428 122/486－1
儒門法語一卷 （清）彭定求編 清宣統元年
（1909）奉天太古山房鉛印本 一冊

210000－0702－0000429 122/486－2
儒門法語一卷 （清）彭定求編 清宣統元年
（1909）奉天太古山房鉛印本 一冊

210000－0702－0000430 122/486－3
儒門法語一卷 （清）彭定求編 清宣統元年
（1909）奉天太古山房鉛印本 一冊

210000－0702－0000431 122/486－4
儒門法語一卷 （清）彭定求編 清宣統元年
（1909）奉天太古山房鉛印本 一冊

210000－0702－0000432 122/486－5
儒門法語一卷 （清）彭定求編 清宣統元年
（1909）奉天太古山房鉛印本 一冊

210000－0702－0000433 122/486－6
儒門法語一卷 （清）彭定求編 清宣統元年
（1909）奉天太古山房鉛印本 一冊

210000－0702－0000434 122/513－1
欽定禮記義疏八十二卷首一卷 （清）鄂爾泰
等撰 清同治十年（1871）湖北崇文書局刻本
四十八冊

210000－0702－0000435 122/513－2
欽定禮記義疏八十二卷首一卷 （清）鄂爾泰

等撰 清刻本 三十二冊

210000－0702－0000436 122/513－3
欽定禮記義疏八十二卷首一卷 （清）鄂爾泰
等撰 清刻本 三十二冊

210000－0702－0000437 122/513－4
欽定禮記義疏八十二卷首一卷 （清）鄂爾泰
等撰 清刻本 三十二冊

210000－0702－0000438 122/513－5
欽定禮記義疏八十二卷首一卷 （清）鄂爾泰
等撰 清刻本 三十二冊

210000－0702－0000439 122/513－6
欽定禮記義疏八十二卷首一卷 （清）鄂爾泰
等撰 清刻本 四十冊

210000－0702－0000440 122/513－7
欽定禮記義疏八十二卷首一卷 （清）鄂爾泰
等撰 清刻本 二十冊 存五十一卷（一至
五十一）

210000－0702－0000441 122/535－1
程氏家塾讀書分年日程三卷綱領一卷 （元）
程端禮撰 清同治七年（1868）湖北崇文書局
刻本 二冊

210000－0702－0000442 122/535－2
程氏家塾讀書分年日程三卷綱領一卷 （元）
程端禮撰 清同治七年（1868）湖北崇文書局
刻本 二冊

210000－0702－0000443 122/535－3
程氏家塾讀書分年日程三卷綱領一卷 （元）
程端禮撰 清同治七年（1868）湖北崇文書局
刻本 二冊

210000－0702－0000444 122/535－4
程氏家塾讀書分年日程三卷綱領一卷 （元）
程端禮撰 清同治七年（1868）湖北崇文書局
刻本 二冊

210000－0702－0000445 122/535－5
程氏家塾讀書分年日程三卷綱領一卷 （元）
程端禮撰 清同治七年（1868）湖北崇文書局
刻本 一冊 存二卷（一至二）

210000－0702－0000446　122/551

**儀禮疏五十卷附校勘記五十卷**　（唐）賈公彥
等撰　（清）阮元撰校勘記　（清）盧宜旬摘錄
清嘉慶二十年(1815)江西南昌府學刻本
十八冊

210000－0702－0000447　122/645－1

**新訂四書補註備旨十卷**　（明）鄧林撰　（清）
杜定基增訂　清光緒十八年(1892)江左書林
昌記刻本　八冊

210000－0702－0000448　122/645－2

**新訂四書補註備旨十卷**　（明）鄧林撰　（清）
杜定基增訂　清光緒十年(1884)刻本　八冊

210000－0702－0000449　122/645－3

**新訂四書補註備旨十卷**　（明）鄧林撰　（清）
杜定基增訂　清光緒十九年至三十三年
(1893－1907)上海申昌書局石印本　八冊

210000－0702－0000450　122/645－4

**新訂四書補註備旨十卷**　（明）鄧林撰　（清）
杜定基增訂　清光緒十九年(1893)刻本
八冊

210000－0702－0000451　122/645－5

**新訂四書補註備旨十卷**　（明）鄧林撰　（清）
杜定基增訂　清光緒二十二年(1896)刻本
四冊　存五卷(大學一、中庸一、孟子二至三、
論語四)

210000－0702－0000452　122/645－6

**新訂四書補註備旨十卷**　（明）鄧林撰　（清）
杜定基增訂　清末刻本　六冊

210000－0702－0000453　122/661

**禮記四十九卷**　（漢）鄭玄注　（明）金蟠校
清永懷堂刻光緒浙江書局補刻本　八冊

210000－0702－0000454　122.1/21

**孔子家語十卷**　（三國魏）王肅注　清光緒十
四年(1888)刻本　四冊

210000－0702－0000455　122.1/178

**論語注疏解經二十卷附校勘記二十卷**　（三
國魏）何晏集解　（宋）邢昺疏　（清）阮元撰

校勘記　（清）盧宜旬摘錄　清嘉慶二十年
(1815)南昌府學刻同治十二年(1873)江西書
局重修本　六冊

210000－0702－0000456　122.1/441－1

**論語古訓十卷**　（清）陳鱣撰　清光緒九年
(1883)浙江書局刻本　二冊

210000－0702－0000457　122.1/441－2

**論語古訓十卷**　（清）陳鱣撰　清光緒九年
(1883)浙江書局刻本　二冊

210000－0702－0000458　122.1/491

**論語後案二十卷**　（清）黃式三撰　清光緒九
年(1883)浙江書局刻本　十冊

210000－0702－0000459　122.1/622

**朱子論語集注訓詁攷二卷**　（清）潘衍桐輯
清光緒十七年(1891)浙江書局刻本　一冊

210000－0702－0000460　122.3/21－1

**孟子集註本義匯參十四卷首一卷**　（清）王步
青輯　清敦復堂刻本　十四冊

210000－0702－0000461　122.3/21－2

**論語集註本義匯參二十卷**　（清）王步青輯
清敦復堂刻本　二冊　存四卷(十七至二十)

210000－0702－0000462　122.3/598－1

**增補蘇批孟子二卷年譜一卷**　（宋）蘇洵撰
（清）趙大浣增補　清咸豐六年(1856)刻朱墨
印本　二冊

210000－0702－0000463　122.3/598－2

**爾雅疏十卷附校勘記十卷**　（宋）邢昺撰
（清）阮元撰校勘記　（清）盧宜旬摘錄　清嘉
慶二十年(1815)江西南昌府學刻本　五冊

210000－0702－0000464　122.3/598－3

**孟子注疏解經十四卷附校勘記十四卷**　（漢）
趙岐注　（宋）孫奭疏　（清）阮元撰校勘記
（清）盧宜旬摘錄　清嘉慶二十年(1815)江西
南昌府學刻本　七冊

210000－0702－0000465　122.4/556

**荀子二十卷首一卷**　（唐）楊倞注　王先謙集
解　清光緒十七年(1891)思賢講舍刻本

六冊

210000－0702－0000466　122.9/21－1
**潛夫論十卷**　（漢）王符撰　（清）汪繼培箋
清光緒十七年(1891)思賢講舍刻本　四冊

210000－0702－0000467　122.9/21－2
**潛夫論十卷**　（漢）王符撰　清光緒元年
(1875)湖北崇文書局刻本　二冊

210000－0702－0000468　122.9/84
**近思錄十四卷附錄一卷**　（清）江永集注　清
道光二十四年(1844)刻本　四冊

210000－0702－0000469　122.9/98－1
**禮記訓纂四十九卷**　（清）朱彬輯　清宣統元
年(1909)學部圖書局石印本　十冊

210000－0702－0000470　122.9/98－2
**禮記訓纂四十九卷**　（清）朱彬輯　清宣統
年(1909)學部圖書局石印本　五冊　存三十
六卷(十四至四十九)

210000－0702－0000471　122.9/162
**中說十卷**　（隨）王通撰　（宋）阮逸注　清光
緒十六年(1890)貴陽陳氏刻本　二冊

210000－0702－0000472　122.9/300
**禮記體註四卷**　（清）范翔輯　清刻本　四冊

210000－0702－0000473　122.9/674
**說苑二十卷**　（漢）劉向撰　清光緒元年
(1875)湖北崇文書局刻本　四冊

210000－0702－0000474　122.9/845
**御纂朱子全書六十六卷**　（宋）朱熹撰　（清）
李光地等輯　清刻本　十冊　存十五卷(十
八至三十二)

210000－0702－0000475　123.1/151
**太上道德眞經集註不分卷**　（宋）彭耜纂集
清刻本　八冊

210000－0702－0000476　123.2/491
**朱子語類一百四十卷**　（宋）朱熹撰　（宋）黎
靖德輯　清同治十一年(1872)刻本　四十
八冊

210000－0702－0000477　123.4/21－1
**莊子集解八卷**　王先謙撰　清宣統元年
(1909)上海掃葉山房石印本　四冊

210000－0702－0000478　123.4/21－2
**莊子集解八卷**　王先謙撰　清宣統元年
(1909)上海掃葉山房石印本　四冊

210000－0702－0000479　123.4/412－1
**莊子南華眞經十卷**　（戰國）莊周撰　（晉）郭
象注　清刻本　九冊　存九卷(二至十)

210000－0702－0000480　123.4/412－2
**莊子集釋十卷**　（清）郭慶藩輯　清光緒二十
年(1894)思賢講舍刻本　八冊

210000－0702－0000481　126/21
**論衡三十卷**　（漢）王充撰　清光緒元年
(1875)湖北崇文書局刻本　六冊

210000－0702－0000482　126/791－1
**日知錄三十二卷**　（清）顧炎武撰　清同治十
一年(1872)湖北崇文書局刻本　十六冊

210000－0702－0000483　126/791－2
**日知錄三十二卷**　（清）顧炎武撰　清同治十
一年(1872)湖北崇文書局刻本　十六冊

210000－0702－0000484　126/791－3
**日知錄集釋三十二卷之餘四卷刊誤二卷續刊
誤二卷**　（清）顧炎武撰　清同治八年(1869)
廣州述古堂刻本　十八冊　存二十九卷(八
至三十二、刊誤二卷、續刊誤二卷)

210000－0702－0000485　126/791－4
**日知錄三十二卷**　（清）顧炎武撰　清光緒三
年(1877)刻本　十六冊

210000－0702－0000486　127.1/98－1
**近思錄十四卷**　（清）江永集注　清同治七年
(1868)湖北崇文書局刻本　四冊

210000－0702－0000487　127.1/98－2
**近思錄十四卷**　（清）江永集注　清同治七年
(1868)湖北崇文書局刻本　四冊

210000－0702－0000488　127.1/98－3
**近思錄十四卷校勘記一卷附錄一卷**　（清）江

永集注並撰考訂　清光緒二十七年(1901)上海文瑞樓石印本　四冊

210000－0702－0000489　127.1/98－4

近思錄十四卷校勘記一卷附錄一卷　(清)江永集注並撰考訂　清光緒上海文瑞樓石印本　四冊

210000－0702－0000490　127.1/225

皇極經世緒言九卷首二卷　(宋)邵雍撰(明)黃畿洲註釋　(清)劉斯組輯　清嘉慶四年(1799)錢塘徐樹堂刻本　十冊

210000－0702－0000491　127.1/491－1

宋元學案一百卷首一卷攷異一卷　(清)黃宗羲撰　(清)全祖望修定　清光緒五年(1879)長沙寄廬刻本　四十八冊

210000－0702－0000492　127.1/491－2

慈溪黃氏日鈔分類九十七卷　(宋)黃震撰清耕餘樓刻本　二十四冊

210000－0702－0000493　127.3/271－1

繹志十九卷　(清)胡承諾撰　清同治十一年(1872)浙江書局刻本　八冊

210000－0702－0000494　127.3/271－2

繹志十九卷　(清)胡承諾撰　清同治十一年(1872)浙江書局刻本　八冊

210000－0702－0000495　127.3/441

呂子節錄四卷補遺二卷　(明)呂坤撰　(清)陳宏謀評輯　清光緒十三年(1887)江西書局刻本　四冊

210000－0702－0000496　128.1/128－1

沈端恪公遺書[沈近思]年譜二卷勵志錄二卷　(清)沈日富　(清)沈近思撰　清同治十二年(1873)浙江書局刻本　二冊

210000－0702－0000497　128.1/128－2

沈端恪公遺書[沈近思]年譜二卷勵志錄二卷　(清)沈日富　(清)沈近思撰　清同治十二年(1873)浙江書局刻本　二冊

210000－0702－0000498　128.1/312

癸巳類稿十五卷　(清)俞正燮撰　清道光十

三年(1833)求日益齋刻本　十二冊

210000－0702－0000499　128.1/337

學案小識十四卷首一卷末一卷　(清)唐鑑撰清光緒十年(1884)刻本　十二冊

210000－0702－0000500　128.1/407

及將子一卷　(清)許雨田撰　清宣統元年(1909)鉛印本　一冊

210000－0702－0000501　128.1/428－1

勸學篇二卷　(清)張之洞撰　清光緒二十四年(1898)慎始基齋刻本　二冊

210000－0702－0000502　128.1/428－2

勸學篇二卷　(清)張之洞撰　清光緒二十四年(1898)慎始基齋刻本　二冊

210000－0702－0000503　128.1/428－3

勸學篇二卷　(清)張之洞撰　清光緒二十四年(1898)慎始基齋刻本　二冊

210000－0702－0000504　128.1/471

浮邱子十二卷　(清)湯鵬撰　清宣統二年(1910)上海掃葉山房石印本　六冊

210000－0702－0000505　128.1/674

正譌八卷　(清)劉沅撰　清咸豐四年(1854)刻本　四冊

210000－0702－0000506　128.1/791－1

日知錄集釋三十二卷首一卷刊誤二卷續刊誤二卷　(清)顧炎武撰　清光緒二十九年(1903)石印本　一冊　存七卷(一至六、首一卷)

210000－0702－0000507　128.1/791－2

日知錄集釋三十二卷首一卷刊誤二卷續刊誤二卷　(清)顧炎武撰　清光緒二十九年(1903)石印本　五冊　存三十三卷(日知錄集釋三十二卷、首一卷)

210000－0702－0000508　128.4/178

義門讀書記五十八卷　(清)何焯撰　(清)蔣維鈞編　清乾隆十六年(1751)刻光緒六年(1880)重修本　十二冊

210000－0702－0000509　129.3/556－1

抱樸子内篇二十卷外篇五十卷附篇十卷
(晉)葛洪撰 (清)繼昌輯附篇 清光緒十一年(1885)吳縣朱氏槐廬家塾刻本 八冊

210000－0702－0000510 129.3/556－2
抱樸子内篇二十卷外篇五十卷附篇十卷
(晉)葛洪撰 (清)繼昌輯附篇 清光緒十一年(1885)吳縣朱氏槐廬家塾刻本 八冊

210000－0702－0000511 131/551
周禮註疏刪翼三十卷 (明)王志長撰 清刻本 八冊 存十六卷(十五至三十)

210000－0702－0000512 140/837
論理學初步不分卷 上海均益圖書公司編 清光緒三十三年(1907)上海均益圖書公司鉛印本 一冊

210000－0702－0000513 140/841－1
論理學教科書不分卷 商務印書館編譯所編 清光緒三十二年(1906)上海商務印書館鉛印本 一冊

210000－0702－0000514 140/841－2
論理學教科書不分卷 商務印書館編譯所編 清光緒三十二年(1906)上海商務印書館鉛印本 一冊

210000－0702－0000515 140/932－1
論理學綱要 (日本)十時彌撰 清光緒三十一年(1905)上海商務印書館鉛印本 一冊

210000－0702－0000516 140/932－2
論理學綱要 (日本)十時彌撰 清光緒三十二年(1906)上海商務印書館鉛印本 一冊

210000－0702－0000517 180.11/21
宣講集要十五卷首一卷 (清)郭嵩燾撰 清光緒三十三年(1907)上海德本堂石印本 八冊

210000－0702－0000518 180.11/98－1
小學集註六卷附忠經一卷孝經一卷 (宋)朱熹撰 (明)陳選集註 清光緒三十二年(1906)上海鴻寶齋石印本 四冊

210000－0702－0000519 180.11/98－2
小學集註六卷附忠經一卷孝經一卷 (宋)朱熹撰 (明)陳選集註 清光緒三十二年(1906)上海鴻寶齋石印本 四冊

210000－0702－0000520 180.11/98－3
小學集註六卷 (宋)朱熹撰 (明)陳選集註 清光緒至民國京都琉璃廠龍文閣石印本 三冊 存五卷(一至五)

210000－0702－0000521 180.11/98－4
小學集註六卷 (宋)朱熹撰 (明)陳選集註 清光緒二十三年(1897)金陵書局刻本 二冊

210000－0702－0000522 180.11/98－5
小學集註六卷 (宋)朱熹撰 (明)陳選集註 清光緒二十三年(1897)金陵書局刻本 二冊

210000－0702－0000523 180.11/98－6
小學集註六卷 (宋)朱熹撰 (明)陳選集註 清光緒三十三年(1907)學部圖書局石印本 二冊

210000－0702－0000524 180.11/98－7
小學集註六卷 (宋)朱熹撰 (明)陳選集註 清光緒三十三年(1907)學部圖書局石印本 二冊

210000－0702－0000525 180.11/98－8
小學集註六卷 (宋)朱熹撰 (明)陳選集註 清光緒三十三年(1907)學部圖書局石印本 二冊

210000－0702－0000526 180.11/98－9
小學集註六卷 (宋)朱熹撰 (明)陳選集註 清光緒三十三年(1907)學部圖書局石印本 二冊

210000－0702－0000527 180.11/98－10
小學集註六卷 (宋)朱熹撰 (明)陳選集註 清光緒三十三年(1907)學部圖書局石印本 二冊

210000－0702－0000528 180.11/98－11
小學集註六卷 (宋)朱熹撰 (明)陳選集註

清光緒三十三年(1907)學部圖書局石印本
二冊

210000 - 0702 - 0000529　180.11/98 - 12
**小學集註六卷**　(宋)朱熹撰　(明)陳選集註
清光緒三十三年(1907)學部圖書局石印本
二冊

210000 - 0702 - 0000530　180.11/98 - 13
**小學集註六卷**　(宋)朱熹撰　(明)陳選集註
清光緒三十三年(1907)學部圖書局石印本
二冊

210000 - 0702 - 0000531　180.11/98 - 14
**小學集註六卷**　(宋)朱熹撰　(明)陳選集註
清光緒三十三年(1907)學部圖書局石印本
二冊

210000 - 0702 - 0000532　180.11/98 - 15
**小學集註六卷**　(宋)朱熹撰　(明)陳選集註
清光緒三十三年(1907)學部圖書局石印本
二冊

210000 - 0702 - 0000533　180.11/98 - 16
**小學集註六卷**　(宋)朱熹撰　(明)陳選集註
清光緒三十三年(1907)學部圖書局石印本
二冊

210000 - 0702 - 0000534　180.11/98 - 17
**小學集註六卷**　(宋)朱熹撰　(明)陳選集註
清光緒三十三年(1907)學部圖書局石印本
二冊

210000 - 0702 - 0000535　180.11/98 - 18
**小學集註六卷**　(宋)朱熹撰　(明)陳選集註
清光緒三十三年(1907)學部圖書局石印本
二冊

210000 - 0702 - 0000536　180.11/98 - 19
**小學集註六卷**　(宋)朱熹撰　(明)陳選集註
清光緒三十三年(1907)學部圖書局石印本
二冊

210000 - 0702 - 0000537　180.11/98 - 20
**小學集註六卷**　(宋)朱熹撰　(明)陳選集註
清光緒三十三年(1907)學部圖書局石印本

二冊

210000 - 0702 - 0000538　180.11/98 - 21
**小學集註六卷**　(宋)朱熹撰　(明)陳選集註
清光緒三十三年(1907)學部圖書局石印本
二冊

210000 - 0702 - 0000539　180.11/98 - 22
**小學集註六卷**　(宋)朱熹撰　(明)陳選集註
清光緒三十三年(1907)學部圖書局石印本
二冊

210000 - 0702 - 0000540　180.11/98 - 23
**小學集註六卷**　(宋)朱熹撰　(明)陳選集註
清光緒三十三年(1907)學部圖書局石印本
二冊

210000 - 0702 - 0000541　180.11/98 - 24
**小學集註六卷**　(宋)朱熹撰　(明)陳選集註
清光緒三十三年(1907)學部圖書局石印本
二冊

210000 - 0702 - 0000542　180.11/98 - 25
**小學集註六卷**　(宋)朱熹撰　(明)陳選集註
清光緒三十三年(1907)學部圖書局石印本
二冊

210000 - 0702 - 0000543　180.11/98 - 26
**小學集註六卷**　(宋)朱熹撰　(明)陳選集註
清光緒三十三年(1907)學部圖書局石印本
二冊

210000 - 0702 - 0000544　180.11/98 - 27
**小學集註六卷**　(宋)朱熹撰　(明)陳選集註
清光緒三十三年(1907)學部圖書局石印本
二冊

210000 - 0702 - 0000545　180.11/141
**宣講拾遺六卷首一卷**　(清)冷德馨　(清)莊
跛仙輯　清光緒十九年(1893)刻本　六冊

210000 - 0702 - 0000546　180.11/332 - 1
**小學六卷**　(清)高愈纂註　清同治十一年
(1872)浙江書局刻本　二冊

210000 - 0702 - 0000547　180.11/332 - 2
**小學集註六卷附忠經一卷孝經一卷**　(宋)朱

熹撰 （明）陳選集註 清光緒至民國石印本
四冊

210000－0702－0000548　180.11/332－3
**小學六卷總論一卷文公朱夫子[熹]年譜一卷**
（清）高愈纂註 清咸豐七年(1857)古邳唐
氏職思堂刻本 三冊

210000－0702－0000549　180.11/337－1
**孝經一卷** （唐）玄宗李隆基注 （唐）陸德明
音義 清光緒十七年(1891)湖南思賢書局刻
本 一冊

210000－0702－0000550　180.11/337－2
**孝經一卷** （唐）玄宗李隆基注 （唐）陸德明
音義 清光緒十二年(1886)湖北官書處刻本
一冊

210000－0702－0000551　180.11/428－1
**小學集解六卷** （宋）朱熹撰 （清）張伯行輯
注 （清）李蘭汀校訂 清同治五年(1866)福
州正誼書院刻本 一冊 存四卷(一至四)

210000－0702－0000552　180.11/428－2
**小學集解六卷** （宋）朱熹撰 （清）張伯行輯
注 （清）李蘭汀校訂 清同治六年(1867)湖
北崇文書局刻本 四冊

210000－0702－0000553　180.11/428－3
**小學集解六卷** （宋）朱熹撰 （清）張伯行輯
注 （清）李蘭汀校訂 清光緒八年(1882)湖
南書局刻本 五冊

210000－0702－0000554　180.11/428－4
**京師大學堂講義初編** 張鶴齡 王舟瑤編
清光緒鉛印本 一冊 存倫理學講義、經學
講義

210000－0702－0000555　180.11/441－1
**訓俗遺規四卷補編一卷** （清）陳宏謀輯 清
光緒三十四年(1908)學部圖書局石印本
四冊

210000－0702－0000556　180.11/441－2
**訓俗遺規四卷補編一卷** （清）陳宏謀輯 清
光緒三十四年(1908)學部圖書局石印本
四冊

210000－0702－0000557　180.11/441－3
**訓俗遺規四卷補編一卷** （清）陳宏謀輯 清
光緒三十四年(1908)學部圖書局石印本
四冊

210000－0702－0000558　180.11/441－4
**訓俗遺規四卷補編一卷** （清）陳宏謀輯 清
光緒三十四年(1908)學部圖書局石印本
四冊

210000－0702－0000559　180.11/441－5
**訓俗遺規四卷補編一卷** （清）陳宏謀輯 清
光緒三十四年(1908)學部圖書局石印本
四冊

210000－0702－0000560　180.11/441－6
**訓俗遺規四卷補編一卷** （清）陳宏謀輯 清
光緒三十四年(1908)學部圖書局石印本
四冊

210000－0702－0000561　180.11/441－7
**訓俗遺規四卷補編一卷** （清）陳宏謀輯 清
光緒三十四年(1908)學部圖書局石印本
四冊

210000－0702－0000562　180.11/441－8
**訓俗遺規四卷補編一卷** （清）陳宏謀輯 清
光緒三十四年(1908)學部圖書局石印本
四冊

210000－0702－0000563　180.11/441－9
**訓俗遺規四卷補編一卷** （清）陳宏謀輯 清
光緒三十四年(1908)學部圖書局石印本
四冊

210000－0702－0000564　180.11/441－10
**訓俗遺規四卷補編一卷** （清）陳宏謀輯 清
光緒三十四年(1908)學部圖書局石印本
四冊

210000－0702－0000565　180.11/441－11
**訓俗遺規四卷補編一卷** （清）陳宏謀輯 清
光緒三十四年(1908)學部圖書局石印本
四冊

210000－0702－0000566　180.11/441－12

**訓俗遺規四卷補編一卷**　（清）陳宏謀輯　清光緒三十四年（1908）學部圖書局石印本四冊

210000－0702－0000567　180.11/441－13

**訓俗遺規摘鈔四卷**　（清）陳宏謀輯　清同治七年（1868）楚北崇文書局刻本　二冊

210000－0702－0000568　180.11/441－14

**訓俗遺規摘鈔四卷**　（清）陳宏謀輯　清同治七年（1868）楚北崇文書局刻本　二冊

210000－0702－0000569　180.11/441－15

**訓俗遺規摘鈔四卷**　（清）陳宏謀輯　清同治七年（1868）楚北崇文書局刻本　二冊

210000－0702－0000570　180.11/441－16

**訓俗遺規摘鈔四卷**　（清）陳宏謀輯　清同治七年（1868）楚北崇文書局刻本　二冊

210000－0702－0000571　180.11/441－17

**訓俗遺規摘鈔四卷**　（清）陳宏謀輯　清同治七年（1868）楚北崇文書局刻本　二冊

210000－0702－0000572　180.11/441－18

**訓俗遺規摘鈔四卷**　（清）陳宏謀輯　清同治七年（1868）楚北崇文書局刻本　二冊

210000－0702－0000573　180.11/441－19

**訓俗遺規摘鈔四卷**　（清）陳宏謀輯　清同治七年（1868）楚北崇文書局刻本　二冊

210000－0702－0000574　180.11/441－20

**朱子小學白話解六卷附忠經孝經白話解各一卷**　（宋）朱熹撰　陳善勗等編　清光緒三十三年（1907）上海彪蒙書室石印本　六冊

210000－0702－0000575　180.11/441－21

**朱子小學白話解六卷附忠經孝經白話解各一卷**　（宋）朱熹撰　陳善勗等編　清光緒三十三年（1907）上海彪蒙書室石印本　六冊

210000－0702－0000576　180.11/441－22

**朱子小學白話解六卷附忠經孝經白話解各一卷**　（宋）朱熹撰　陳善勗等編　清光緒三十三年（1907）上海彪蒙書室石印本　六冊

210000－0702－0000577　180.11/650

**宣講拾遺六卷首一卷**　（清）冷德馨　（清）莊跛仙輯　清光緒三十一年（1905）上海章福記石印本　三冊

210000－0702－0000578　180.11/971

**小學節本二卷**　（宋）朱熹撰　清光緒三十一年（1905）河北保定學務處排印局鉛印本二冊

210000－0702－0000579　183/968－1

**御製勸善要言一卷**　（清）世祖福臨撰　清刻本　一冊

210000－0702－0000580　183/968－2

**御製勸善要言一卷**　（清）世祖福臨撰　清刻本　一冊

210000－0702－0000581　183/968－3

**御製勸善要言一卷**　（清）世祖福臨撰　清刻本　一冊

210000－0702－0000582　183.3/15

**平平言四卷**　（清）方大湜撰　清光緒十三年（1887）常德府署刻本　四冊

210000－0702－0000583　183.3/98

**國民讀本二卷**　朱樹人編　清光緒三十二年（1906）上海文明書局鉛印本　二冊

210000－0702－0000584　183.3/135－1

**學治臆說二卷學治續說一卷說贅一卷**　（清）汪輝祖撰　清末刻本　一冊

210000－0702－0000585　183.3/135－2

**學治臆說二卷**　（清）汪輝祖撰　清同治七年（1868）湖北崇文書局刻本　一冊

210000－0702－0000586　183.3/135－3

**學治續說一卷說贅一卷**　（清）汪輝祖撰　清同治七年（1868）湖北崇文書局刻本　一冊

210000－0702－0000587　183.3/135－4

**佐治藥言一卷續一卷**　（清）汪輝祖撰　清同治七年（1868）湖北崇文書局刻本　一冊

210000－0702－0000588　183.3/135－5

**龍莊遺書七種十五卷**　（清）汪輝祖撰　清光

緒江蘇書局刻本　六冊

210000－0702－0000589　183.3/151
**司牧寶鑑一卷**　（清）李顒撰　清光緒元年
(1875)湖南荷池書局刻本　一冊

210000－0702－0000590　183.3/178
**學治一得編一卷附錄一卷**　（清）何耿繩輯
清同治十三年(1874)湖北崇文書局刻本
一冊

210000－0702－0000591　183.3/359－1
**圖民錄四卷**　（清）袁守定撰　清光緒五年
(1879)江蘇書局刻本　二冊

210000－0702－0000592　183.3/359－2
**圖民錄四卷**　（清）袁守定撰　清同治十一年
(1872)江西書局刻本　二冊

210000－0702－0000593　183.3/393－1
**牧令書輯要十卷**　（清）徐棟輯　（清）丁日昌
重編　清同治八年(1869)湖北崇文書局刻本
十冊

210000－0702－0000594　183.3/393－2
**牧令書輯要十卷**　（清）徐棟輯　（清）丁日昌
重編　清光緒二十二年(1896)上海圖書集成
印書局鉛印本　八冊

210000－0702－0000595　183.3/393－3
**牧令書輯要十卷**　（清）徐棟輯　（清）丁日昌
重編　清光緒二十二年(1896)上海圖書集成
印書局鉛印本　八冊

210000－0702－0000596　183.3/441－1
**從政遺規二卷**　（清）陳宏謀輯　清同治七年
(1868)楚北崇文書局刻本　二冊

210000－0702－0000597　183.3/441－2
**從政遺規二卷**　（清）陳宏謀輯　清同治七年
(1868)楚北崇文書局刻本　二冊

210000－0702－0000598　183.3/441－3
**從政遺規二卷**　（清）陳宏謀輯　清同治七年
(1868)楚北崇文書局刻本　二冊

210000－0702－0000599　183.3/441－4
**從政遺規二卷**　（清）陳宏謀輯　清同治七年

(1868)楚北崇文書局刻本　二冊

210000－0702－0000600　183.3/441－5
**從政遺規二卷**　（清）陳宏謀輯　清同治七年
(1868)楚北崇文書局刻本　二冊

210000－0702－0000601　183.3/441－6
**在官法戒錄四卷**　（清）陳宏謀輯　清同治七
年(1868)楚北崇文書局刻本　二冊

210000－0702－0000602　183.3/441－7
**在官法戒錄四卷**　（清）陳宏謀輯　清同治七
年(1868)楚北崇文書局刻本　二冊

210000－0702－0000603　183.3/441－8
**在官法戒錄四卷**　（清）陳宏謀輯　清同治七
年(1868)楚北崇文書局刻本　二冊

210000－0702－0000604　183.3/441－9
**從政遺規二卷**　（清）陳宏謀輯　清光緒三十
四年(1908)學部圖書局鉛印本　二冊

210000－0702－0000605　183.3/441－10
**從政遺規二卷**　（清）陳宏謀輯　清光緒三十
四年(1908)學部圖書局鉛印本　二冊

210000－0702－0000606　183.3/441－11
**從政遺規二卷**　（清）陳宏謀輯　清光緒三十
四年(1908)學部圖書局鉛印本　二冊

210000－0702－0000607　183.3/441－12
**從政遺規二卷**　（清）陳宏謀輯　清光緒三十
四年(1908)學部圖書局鉛印本　二冊

210000－0702－0000608　183.3/441－13
**從政遺規二卷**　（清）陳宏謀輯　清光緒三十
四年(1908)學部圖書局鉛印本　二冊

210000－0702－0000609　183.3/441－14
**從政遺規二卷**　（清）陳宏謀輯　清光緒三十
四年(1908)學部圖書局鉛印本　二冊

210000－0702－0000610　183.3/441－15
**從政遺規二卷**　（清）陳宏謀輯　清光緒三十
四年(1908)學部圖書局鉛印本　二冊

210000－0702－0000611　183.3/441－16
**從政遺規二卷**　（清）陳宏謀輯　清光緒三十

四年(1908)學部圖書局鉛印本　二冊

210000－0702－0000612　183.3/441－17

**從政遺規二卷**　（清）陳宏謀輯　清光緒三十四年(1908)學部圖書局鉛印本　二冊

210000－0702－0000613　183.3/441－18

**從政遺規二卷**　（清）陳宏謀輯　清光緒三十四年(1908)學部圖書局鉛印本　二冊

210000－0702－0000614　183.3/441－19

**從政遺規二卷**　（清）陳宏謀輯　清光緒三十四年(1908)學部圖書局鉛印本　二冊

210000－0702－0000615　183.3/441－20

**從政遺規二卷**　（清）陳宏謀輯　清光緒三十四年(1908)學部圖書局鉛印本　二冊

210000－0702－0000616　183.3/441－21

**從政遺規二卷**　（清）陳宏謀輯　清光緒三十四年(1908)學部圖書局鉛印本　二冊

210000－0702－0000617　183.3/441－22

**從政遺規二卷**　（清）陳宏謀輯　清光緒三十四年(1908)學部圖書局鉛印本　二冊

210000－0702－0000618　183.3/441－23

**從政遺規二卷**　（清）陳宏謀輯　清光緒三十四年(1908)學部圖書局鉛印本　二冊

210000－0702－0000619　183.3/441－24

**從政遺規二卷**　（清）陳宏謀輯　清光緒三十四年(1908)學部圖書局鉛印本　二冊

210000－0702－0000620　183.3/441－25

**從政遺規二卷**　（清）陳宏謀輯　清光緒三十四年(1908)學部圖書局鉛印本　二冊

210000－0702－0000621　183.3/441－26

**從政遺規二卷**　（清）陳宏謀輯　清光緒三十四年(1908)學部圖書局鉛印本　二冊

210000－0702－0000622　183.3/441－27

**學仕遺規四卷補四卷**　（清）陳宏謀輯　清光緒五年(1879)江蘇書局刻本　五冊

210000－0702－0000623　183.3/674

**庸吏庸言二卷餘談一卷**　（清）劉衡撰　清同治七年(1868)楚北崇文書局刻本　二冊

210000－0702－0000624　183.3/973－1

**御製人臣儆心錄一卷**　（清）世祖福臨撰　清光緒二十二年(1896)徐桐刻本　一冊

210000－0702－0000625　183.3/973－2

**御製人臣儆心錄一卷**　（清）世祖福臨撰　清光緒二十二年(1896)徐桐刻本　一冊

210000－0702－0000626　185/375

**女學修身古詩歌**　（清）孫振麒編　清光緒三十二年(1906)上海新學會社鉛印本　二冊

210000－0702－0000627　185/441－1

**教女遺規三卷**　（清）陳宏謀輯　清光緒三十四年(1908)學部圖書局鉛印本　一冊

210000－0702－0000628　185/441－2

**教女遺規三卷**　（清）陳宏謀輯　清光緒三十四年(1908)學部圖書局鉛印本　一冊

210000－0702－0000629　185/441－3

**教女遺規三卷**　（清）陳宏謀輯　清光緒三十四年(1908)學部圖書局鉛印本　一冊

210000－0702－0000630　185/441－4

**教女遺規三卷**　（清）陳宏謀輯　清光緒三十四年(1908)學部圖書局鉛印本　一冊

210000－0702－0000631　185/441－5

**教女遺規三卷**　（清）陳宏謀輯　清光緒三十四年(1908)學部圖書局鉛印本　一冊

210000－0702－0000632　185/441－6

**教女遺規三卷**　（清）陳宏謀輯　清光緒三十四年(1908)學部圖書局鉛印本　一冊

210000－0702－0000633　185/441－7

**教女遺規三卷**　（清）陳宏謀輯　清光緒三十四年(1908)學部圖書局鉛印本　一冊

210000－0702－0000634　185/441－8

**教女遺規三卷**　（清）陳宏謀輯　清光緒三十四年(1908)學部圖書局鉛印本　一冊

210000－0702－0000635　185/441－9

**教女遺規三卷**　（清）陳宏謀輯　清光緒三十

四年(1908)學部圖書局鉛印本　一冊

210000－0702－0000636　185/441－10
**教女遺規摘鈔一卷**　(清)陳宏謀輯　清同治
七年(1868)楚北崇文書局刻本　一冊

210000－0702－0000637　185/441－11
**教女遺規摘鈔一卷**　(清)陳宏謀輯　清同治
七年(1868)楚北崇文書局刻本　一冊

210000－0702－0000638　185/441－12
**教女遺規摘鈔一卷**　(清)陳宏謀輯　清同治
七年(1868)楚北崇文書局刻本　一冊

210000－0702－0000639　185/441－13
**教女遺規摘鈔一卷**　(清)陳宏謀輯　清同治
七年(1868)楚北崇文書局刻本　一冊

210000－0702－0000640　185/441－14
**教女遺規摘鈔一卷**　(清)陳宏謀輯　清同治
七年(1868)楚北崇文書局刻本　一冊

210000－0702－0000641　185/441－15
**五種遺規十六卷**　(清)陳宏謀輯　清同治七
年(1868)楚北崇文書局刻本　五冊　存三種
九卷(在官法戒錄一至四、從政遺規一至二、
教女遺規一至三)

210000－0702－0000642　185/846－1
**家庭談話不分卷**　(清)學部圖書局編　清光
緒三十三年(1907)學部圖書局石印本　一冊

210000－0702－0000643　185/846－2
**家庭談話不分卷**　(清)學部圖書局編　清光
緒三十三年(1907)學部圖書局石印本　一冊

210000－0702－0000644　185/846－3
**家庭談話不分卷**　(清)學部圖書局編　清光
緒三十三年(1907)學部圖書局石印本　一冊

210000－0702－0000645　185/846－4
**家庭談話不分卷**　(清)學部圖書局編　清光
緒三十三年(1907)學部圖書局石印本　一冊

210000－0702－0000646　185/846－5
**家庭談話不分卷**　(清)學部圖書局編　清光
緒三十三年(1907)學部圖書局石印本　一冊

210000－0702－0000647　185/846－6
**家庭談話不分卷**　(清)學部圖書局編　清光
緒三十三年(1907)學部圖書局石印本　一冊

210000－0702－0000648　185/846－7
**家庭談話不分卷**　(清)學部圖書局編　清光
緒三十三年(1907)學部圖書局石印本　一冊

210000－0702－0000649　185/846－8
**家庭談話不分卷**　(清)學部圖書局編　清光
緒三十三年(1907)學部圖書局石印本　一冊

210000－0702－0000650　185/846－9
**家庭談話不分卷**　(清)學部圖書局編　清光
緒三十三年(1907)學部圖書局石印本　一冊

210000－0702－0000651　185/846－10
**家庭談話不分卷**　(清)學部圖書局編　清光
緒三十三年(1907)學部圖書局石印本　一冊

210000－0702－0000652　185/846－11
**家庭談話不分卷**　(清)學部圖書局編　清光
緒三十三年(1907)學部圖書局石印本　一冊

210000－0702－0000653　185/846－12
**家庭談話不分卷**　(清)學部圖書局編　清光
緒三十三年(1907)學部圖書局石印本　一冊

210000－0702－0000654　185/846－13
**家庭談話不分卷**　(清)學部圖書局編　清光
緒三十三年(1907)學部圖書局石印本　一冊

210000－0702－0000655　188/62－1
**傳家寶全集**　(清)石成金撰　清刻本　二十
四冊　存二十四卷(二集一至八、三集一至
八、四集一至八)

210000－0702－0000656　188/62－2
**傳家寶三集八卷**　(清)石成金撰　清刻本
八冊

210000－0702－0000657　188/128－1
**最新高等小學修身教科書詳解不分卷**　(清)
沈秉鈞編纂　清光緒三十三年(1907)上海商
務印書館鉛印本　三冊　存三冊(二至四)

210000－0702－0000658　188/128－2
**最新高等小學修身教科書詳解不分卷**　(清)

沈秉鈞編纂　清宣統元年（1909）上海商務印書館鉛印本　四冊

210000－0702－0000659　188/151

**蒙學修身教科書**　（清）李嘉穀編　清光緒三十三年（1907）上海文明書局鉛印本　一冊

210000－0702－0000660　188/225

**初級官話修身教科書不分卷**　（清）邵希雍編輯　清光緒三十二年（1906）上海會文學社石印本　一冊　存一冊（二）

210000－0702－0000661　188/400

**聖諭像解二十卷**　（清）梁延年編　清光緒二十八年（1902）江蘇撫署石印本　十冊

210000－0702－0000662　188/407

**最新女子修身教科書**　許家惺編輯　清光緒三十三年（1907）上海羣學社石印本　三冊

210000－0702－0000663　188/491

**經訓教科書教授法不分卷**　黃展雲等編纂　清光緒三十三年（1907）上海商務印書館鉛印本　三冊

210000－0702－0000664　188/556

**自鏡編四卷**　（清）楊其烈編輯　清道光二十八年（1848）刻本　二冊

210000－0702－0000665　188/674－1

**高等小學修身教科書八卷**　（清）劉宗彝編　清宣統元年（1909）上海文明書局鉛印本　四冊

210000－0702－0000666　188/674－2

**高等小學修身教科書八卷**　（清）劉宗彝編　清宣統元年（1909）上海文明書局鉛印本　四冊

210000－0702－0000667　188/842

**高等小學修身三卷**　（清）達人書館編　清光緒三十四年（1908）達人書館鉛印本　三冊

210000－0702－0000668　188/873

**最新初等小學修身教科書**　會文學社編譯所編　清光緒三十二年（1906）上海會文學社石印本　四冊

210000－0702－0000669　188/965

**繪圖女子修身教科書**　題（清）冰心女史編　清光緒三十二年（1906）上海南洋官書局石印本　二冊

210000－0702－0000670　188/970－1

**修身學講義不分卷**　書銘撰　清光緒三十二年（1906）奉天石印本　七冊

210000－0702－0000671　188/970－2

**修身學講義不分卷**　書銘撰　清光緒三十二年（1906）奉天石印本　七冊

210000－0702－0000672　188/970－3

**修身學講義不分卷**　書銘撰　清光緒三十二年（1906）奉天石印本　七冊

210000－0702－0000673　188/970－4

**修身學講義不分卷**　書銘撰　清光緒三十二年（1906）奉天石印本　七冊

210000－0702－0000674　188/970－5

**修身學講義不分卷**　書銘撰　清光緒三十二年（1906）奉天石印本　三冊　存衛生、治生上下

210000－0702－0000675　188/970－6

**修身學講義不分卷**　書銘撰　清光緒三十二年（1906）奉天石印本　六冊　存治心養氣正威儀、自立、治生上下、衛生、處境

210000－0702－0000676　188/970－7

**修身學講義不分卷**　書銘撰　清光緒三十二年（1906）奉天石印本　四冊　存治心養氣正威儀、自立、衛生、處境

210000－0702－0000677　188/973－1

**聖諭廣訓直解二卷**　（清）聖祖玄燁撰　（清）世宗胤禛廣訓　（清）宣宗旻寧直解　清刻本　二冊

210000－0702－0000678　188/973－2

**聖諭廣訓直解二卷**　（清）聖祖玄燁撰　（清）世宗胤禛廣訓　（清）宣宗旻寧直解　清刻本　二冊

210000－0702－0000679　188/973－3

聖諭廣訓直解二卷 （清）聖祖玄燁撰 （清）世宗胤禛廣訓 （清）宣宗旻寧直解 清刻本 二冊

210000－0702－0000680 188/974

福壽要言四種五卷 （清）永聚刻字局輯 清同治至光緒盛京永聚刻字局刻本 四冊

210000－0702－0000681 188.1/441－1

養正遺規摘鈔一卷 （清）陳宏謀編輯 清同治七年(1868)楚北崇文書局刻本 一冊

210000－0702－0000682 188.1/441－2

養正遺規摘鈔一卷 （清）陳宏謀編輯 清同治七年(1868)楚北崇文書局刻本 一冊

210000－0702－0000683 188.1/441－3

養正遺規摘鈔一卷 （清）陳宏謀編輯 清同治七年(1868)楚北崇文書局刻本 一冊

210000－0702－0000684 188.1/441－4

養正遺規二卷補編一卷 （清）陳宏謀編輯 清光緒三十四年(1908)學部圖書局石印本 二冊

210000－0702－0000685 188.1/441－5

養正遺規二卷補編一卷 （清）陳宏謀編輯 清光緒三十四年(1908)學部圖書局石印本 二冊

210000－0702－0000686 188.1/441－6

養正遺規二卷補編一卷 （清）陳宏謀編輯 清光緒三十四年(1908)學部圖書局石印本 二冊

210000－0702－0000687 188.1/441－7

養正遺規二卷補編一卷 （清）陳宏謀編輯 清光緒三十四年(1908)學部圖書局石印本 二冊

210000－0702－0000688 188.1/441－8

養正遺規二卷補編一卷 （清）陳宏謀編輯 清光緒三十四年(1908)學部圖書局石印本 二冊

210000－0702－0000689 188.1/441－9

養正遺規二卷補編一卷 （清）陳宏謀編輯

清光緒三十四年(1908)學部圖書局石印本 二冊

210000－0702－0000690 188.1/441－10

養正遺規二卷補編一卷 （清）陳宏謀編輯 清光緒三十四年(1908)學部圖書局石印本 二冊

210000－0702－0000691 188.1/441－11

養正遺規二卷補編一卷 （清）陳宏謀編輯 清光緒三十四年(1908)學部圖書局石印本 二冊

210000－0702－0000692 188.1/441－12

養正遺規二卷補編一卷 （清）陳宏謀編輯 清光緒三十四年(1908)學部圖書局石印本 二冊

210000－0702－0000693 188.1/441－13

養正遺規二卷補編一卷 （清）陳宏謀編輯 清光緒三十四年(1908)學部圖書局石印本 二冊

210000－0702－0000694 188.1/441－14

養正遺規二卷補編一卷 （清）陳宏謀編輯 清光緒三十四年(1908)學部圖書局石印本 二冊

210000－0702－0000695 188.1/441－15

養正遺規二卷補編一卷 （清）陳宏謀編輯 清光緒三十四年(1908)學部圖書局石印本 二冊

210000－0702－0000696 188.1/441－16

養正遺規二卷補編一卷 （清）陳宏謀編輯 清光緒三十四年(1908)學部圖書局石印本 二冊

210000－0702－0000697 188.1/441－17

養正遺規二卷補編一卷 （清）陳宏謀編輯 清光緒三十四年(1908)學部圖書局石印本 二冊

210000－0702－0000698 188.1/441－18

養正遺規二卷補編一卷 （清）陳宏謀編輯 清光緒三十四年(1908)學部圖書局石印本

二冊

210000－0702－0000699　188.1/441－19
**養正遺規二卷補編一卷**　（清）陳宏謀編輯
清光緒三十四年（1908）學部圖書局石印本
二冊

210000－0702－0000700　188.1/441－20
**養正遺規二卷補編一卷**　（清）陳宏謀編輯
清光緒三十四年（1908）學部圖書局石印本
二冊

210000－0702－0000701　188.1/441－21
**養正遺規二卷補編一卷**　（清）陳宏謀編輯
清光緒三十四年（1908）學部圖書局石印本
二冊

210000－0702－0000702　188.1/441－22
**養正遺規二卷補編一卷**　（清）陳宏謀編輯
清光緒三十四年（1908）學部圖書局石印本
二冊

210000－0702－0000703　188.1/441－23
**養正遺規二卷補編一卷**　（清）陳宏謀編輯
清光緒三十四年（1908）學部圖書局石印本
二冊

210000－0702－0000704　188.1/441－24
**養正遺規二卷補編一卷**　（清）陳宏謀編輯
清光緒三十四年（1908）學部圖書局石印本
一冊　存一卷（補編一卷）

210000－0702－0000705　188.1/556－1
**中等修身教科書**　（清）楊志洵編　清光緒三
十二年（1906）上海文明書局鉛印本　一冊

210000－0702－0000706　188.1/556－2
**簡易修身課本**　楊天驥編輯　清光緒三十二
年（1906）上海商務印書館鉛印本　一冊

210000－0702－0000707　188.2/242
**格言聯璧一卷附錄一卷**　（清）金纓撰　清光
緒十六年（1890）刻本　二冊

210000－0702－0000708　188.2/965－1
**庭訓格言一卷**　（清）聖祖玄燁撰　（清）世宗
胤禛編　清刻本　一冊

210000－0702－0000709　188.2/965－2
**庭訓格言一卷**　（清）聖祖玄燁撰　（清）世宗
胤禛編　清刻本　一冊

210000－0702－0000710　188.2/970－1
**格言聯璧一卷附錄一卷**　（清）金纓撰　清宣
統三年（1911）石印本　二冊

210000－0702－0000711　188.2/970－2
**格言聯璧一卷附錄一卷**　（清）金纓撰　清宣
統三年（1911）石印本　二冊

210000－0702－0000712　188.2/971
**尋常語一卷**　（清）劉沅撰　清光緒十七年
（1891）平遙李氏刻本　一冊

210000－0702－0000713　188.3/135
**雙節堂庸訓六卷**　（清）汪輝祖撰　清同治七
年（1868）楚北崇文書局刻本　二冊

210000－0702－0000714　188.3/402－1
**勸戒錄九錄六十三卷**　（清）梁恭辰撰　清光
緒二十四年（1898）順成書局石印本　八冊

210000－0702－0000715　188.3/402－2
**勸戒錄九錄六十三卷**　（清）梁恭辰撰　清光
緒二十四年（1898）順成書局石印本　八冊

210000－0702－0000716　188.3/402－3
**勸戒錄四錄二十四卷**　（清）梁恭辰撰　清光
緒六年（1880）盛京彩盛刻字鋪刻本　八冊

210000－0702－0000717　188.3/970－1
**閨門學史不分卷**　書銘纂輯　清末石印本
四冊

210000－0702－0000718　188.3/970－2
**閨門學史不分卷**　書銘纂輯　清末石印本
四冊

210000－0702－0000719　188.4/21
**女子四書讀本二卷**　（清）王相箋註　清光緒
二年（1876）上海錦章書局石印本　二冊

210000－0702－0000720　188.4/128
**繪圖女四書白話解四卷**　沈朱坤演義　清光
緒三十四年（1908）上海圖書學社石印本　三
冊　存三卷（一至二、四）

210000－0702－0000721　190.7/86

**京師大學堂心理學講義不分卷**　（日本）服部宇之吉撰　清光緒鉛印本　一冊

210000－0702－0000722　191.4/945

**知識五門不分卷**　（英國）慕維廉撰　清光緒十三年(1887)益智書會刻本　一冊

210000－0702－0000723　199/7－1

**雪心賦正解四卷辯論三十篇一卷**　（唐）卜應天撰　（清）孟浩註　清末至民國上海錦章書局石印本　二冊

210000－0702－0000724　199/7－2

**雪心賦正解四卷辯論三十篇一卷**　（唐）卜應天撰　（清）孟浩註　清末至民國上海錦章書局石印本　二冊

210000－0702－0000725　199/35

**性命圭旨四卷**　（明）尹眞人撰　清刻本四冊

210000－0702－0000726　199/194

**新刻搜集諸家卜筮源流斷易大全四卷**　（清）余興國編輯　清掃葉山房刻本　四冊

210000－0702－0000727　199/225－1

**新增梅花數五卷**　（宋）邵雍撰　清聚益堂刻本　五冊

210000－0702－0000728　199/225－2

**神機妙算鐵板數十四卷**　（宋）邵雍撰　清刻本　十三冊

210000－0702－0000729　199/225－3

**神機妙算鐵板數十四卷**　（宋）邵雍撰　清刻本　七冊　存八卷(乾、坤、子、丑、寅、卯、辰、巳)

210000－0702－0000730　199/674－1

**石函平砂玉尺經全書前集六卷後集四卷**　（元）劉秉忠撰　（明）劉基解　（明）賴從謙發揮　清宏道堂刻本　四冊

210000－0702－0000731　199/674－2

**新刻石函平砂玉尺經全書十卷**　（元）劉秉忠撰　（明）劉基解　（明）賴從謙發揮　清遺經堂刻本　二冊

210000－0702－0000732　199/761－1

**新鐫曆法便覽象吉備要通書大全二十九卷內附三元甲子未來曆**　（清）魏鑑輯　清末至民國上海錦章圖書局石印本　六冊　存十一卷(一至十一)

210000－0702－0000733　199/761－2

**新鐫曆法便覽象吉備要通書大全二十九卷**　（清）魏鑑輯　清刻本　六冊　存十一卷(一至十一)

210000－0702－0000734　199/863－1

**參星秘要諏吉便覽一卷**　（清）俞榮寬輯　清末至民國上海校經山房石印本　四冊

210000－0702－0000735　199/863－2

**諏吉便覽寶鏡圖一卷**　（清）梁學禮輯　清末至民國上海校經山房石印本　一冊

210000－0702－0000736　199/863－3

**陽宅都天發用全書一卷**　（清）瞿天賚校　清末至民國上海校經山房石印本　一冊

210000－0702－0000737　199.1/56－1

**羅經秘竅十卷**　（明）甘霖撰　清刻本　五冊

210000－0702－0000738　199.1/56－2

**甘氏奇門一得二卷**　（明）甘霖撰　清刻本二冊

210000－0702－0000739　199.1/56－3

**地理秘竅一卷**　（明）甘霖撰　清刻本　一冊

210000－0702－0000740　199.1/128

**通德類情十三卷**　（清）沈重華輯　清刻本八冊

210000－0702－0000741　199.1/428

**嚴陵張九儀地理穿山透地眞傳一卷**　（清）張九儀撰　清刻本　二冊

210000－0702－0000742　199.3/151

**新刻萬法歸宗五卷**　（唐）李淳風撰　（唐）袁天罡補　清刻本　五冊

210000－0702－0000743　199.3/688－1

奇門遁甲統宗十二卷　（三國蜀）諸葛亮撰　清刻本　六冊

210000－0702－0000744　199.3/688－2
奇門遁甲統宗十二卷　（三國蜀）諸葛亮撰　清刻本　六冊

210000－0702－0000745　199.3/970
軒轅碑記醫學祝由十三科二卷　（□）□□撰　清刻朱墨印本　二冊

210000－0702－0000746　199.4/248
六壬神課金口訣三卷　（清）周儆弦重訂　清光緒六年(1880)刻本　六冊

210000－0702－0000747　199.4/502－1
諏吉便覽一卷　（清）俞榮寬輯　清嘉慶二年(1797)刻朱墨印本　三冊

210000－0702－0000748　199.4/502－2
參星祕要諏吉便覽一卷增附寶鏡圖一卷　（清）俞榮寬輯　（清）梁學禮輯寶鏡圖　清光緒三年(1877)刻朱墨印本　二冊

210000－0702－0000749　199.4/556
六壬神課金口訣三卷　（□）陶中輔重訂　清光緒十三年(1887)刻本　六冊

210000－0702－0000750　199.4/839
靈棋經二卷　（漢）東方朔撰　（晉）顏幼明（南朝宋）何承天註　（元）陳師凱　（明）劉基解　清光緒十九年(1893)思賢書局刻本　二冊

210000－0702－0000751　199.4/968
三命通會十二卷　（明）萬民英撰　清金陵李氏刻本　十二冊

210000－0702－0000752　199.4/971－1
增刪卜易四卷　（清）丁耀亢撰　（清）李文輝增刪　清光緒六年(1880)刻本　四冊

210000－0702－0000753　199.4/971－2
增刪卜易六卷　（清）丁耀亢撰　（清）李文輝增刪　清同治九年(1870)刻本　六冊

210000－0702－0000754　199.5/491
管窺輯要八十卷　（清）黃鼎撰　清刻本　八冊　存十八卷(十八至三十五)

210000－0702－0000755　199.5/502
諏吉便覽一卷附寶鏡圖一卷陽宅都天發用全書一卷　（清）俞榮寬輯　清光緒八年(1882)刻朱墨印本　六冊

210000－0702－0000756　199.9/7
重鐫官板地理天機會元三十五卷　（唐）卜則巍撰　（唐）顧乃德集　（明）徐之鏌重編　清光緒十六年(1890)學庫山房刻本　二十冊

210000－0702－0000757　199.9/21－1
新訂王氏羅經透解二卷　（清）王道亨輯　清宣統元年(1909)刻本　四冊

210000－0702－0000758　199.9/21－2
新刻東海王先生纂輯陽宅十書四卷　（明）王君榮纂輯　清光緒八年(1882)刻本　四冊

210000－0702－0000759　199.9/65
司馬頭陀鐵案五卷　（唐）司馬潛撰　（清）郭錫疇輯註　清光緒五年(1879)刻本　二冊

210000－0702－0000760　199.9/81－1
玉函銅函真經陰陽剪裁圖說七卷　（清）黃涅槃輯　清刻本　六冊

210000－0702－0000761　199.9/81－2
玉函銅函真經陰陽剪裁圖說七卷　（清）黃涅槃輯　清刻本　四冊

210000－0702－0000762　199.9/98
地理辨正補六卷　（清）朱蕁撰　清道光十年(1830)刻本　四冊

210000－0702－0000763　199.9/128－1
心眼指要四卷　題（清）無心道人輯　清道光十六年(1836)刻本　二冊

210000－0702－0000764　199.9/128－2
地學二卷　（清）沈鎬撰　清同治七年(1868)刻本　二冊

210000－0702－0000765　199.9/128－3
地學二卷　（清）沈鎬撰　清刻本　二冊

210000－0702－0000766　199.9/148

地理圖説八卷　（清）杜奇英撰　清咸豐四年(1854)刻本　四冊

210000－0702－0000767　199.9/151－1
天機貫旨紅囊經四卷　（清）李三素撰　清末刻本　四冊

210000－0702－0000768　199.9/151－2
闢徑集二集　（明）李默齋撰　清道光十四年(1834)刻本　二冊

210000－0702－0000769　199.9/228－1
雪心賦正解四卷辯論三十篇一卷　（唐）卜應天撰　（清）孟浩註　清刻本　四冊

210000－0702－0000770　199.9/228－2
雪心賦正解四卷辯論三十篇一卷　（唐）卜應天撰　（清）孟浩註　清刻本　四冊

210000－0702－0000771　199.9/228－3
雪心賦正解四卷辯論三十篇一卷　（唐）卜應天撰　（清）孟浩註　清掃葉山房刻本　四冊

210000－0702－0000772　199.9/248
山羊指迷原本四卷　（明）周景一撰　（清）俞歸璞　（清）吳卿瞻增註　清光緒九年(1883)刻本　四冊

210000－0702－0000773　199.9/320－1
地理水法要訣五卷　（清）紀大奎撰　清咸豐二年(1852)刻本　一冊

210000－0702－0000774　199.9/320－2
地理末學二卷　（清）紀大奎撰　清刻本　四冊

210000－0702－0000775　199.9/393－1
新鐫徐氏家藏羅經頂門針二卷　（明）徐之鏌撰　清末至民國石印本　二冊

210000－0702－0000776　199.9/393－2
新鐫徐氏家藏羅經頂門針二卷　（明）徐之鏌撰　清末至民國石印本　一冊　存一卷(下)

210000－0702－0000777　199.9/393－3
新鐫徐氏家藏羅經頂門針二卷　（明）徐之鏌撰　清文奎堂刻本　四冊

210000－0702－0000778　199.9/393－4
新刊合併官板音義評註淵海子平五卷　（宋）徐升編　（明）楊淙增校　清刻本　四冊

210000－0702－0000779　199.9/420
玄空妙訣二卷　題（清）丹陽子撰　清光緒三十三年(1907)吉林印書館鉛印本　二冊

210000－0702－0000780　199.9/428－1
張宗道先生地理全書二卷　（明）張亙撰　清華西草堂刻本　二冊

210000－0702－0000781　199.9/428－2
重校刊官板地理玉髓眞經二十八卷後卷一卷　（宋）張洞玄撰　清刻本　十二冊

210000－0702－0000782　199.9/428－3
地理四彈子四卷　（清）張鳳藻輯　清嘉慶九年(1804)刻本　四冊

210000－0702－0000783　199.9/428－4
嚴陵張九儀增釋地理琢玉斧巒頭歌括不分卷　（清）張鳳藻撰　清道光八年(1828)刻本　四冊

210000－0702－0000784　199.9/428－5
嚴陵張九儀增釋地理琢玉斧巒頭歌括不分卷　（清）張鳳藻撰　清光緒二十年(1894)刻本　四冊

210000－0702－0000785　199.9/428－6
陽宅愛眾篇四卷　（清）張覺正撰　清光緒六年(1880)掃葉山房刻本　四冊

210000－0702－0000786　199.9/428－7
重鐫神峯張先生通考闢謬命理正宗大全六卷　（明）張楠撰　清金閶綠蔭堂刻本　六冊

210000－0702－0000787　199.9/428－8
地理三會集三卷　（明）張亙撰　清道光十四年(1834)華西草堂刻本　三冊

210000－0702－0000788　199.9/428－9
張宗道先生地理全書　（明）張亙撰　清英華堂刻本　四冊

210000－0702－0000789　199.9/491－1
秘傳堪輿類纂人天共寶十二卷　（明）黃慎撰

清刻本　六冊　存六卷(七至十二)

210000－0702－0000790　199.9/491－2

**重刊選擇集要六卷續補一卷**　（明）黃一鳳編
（清）余子欽撰續補　清刻本　二冊

210000－0702－0000791　199.9/522－1

**地理孝思集四種十五卷首一卷**　（清）舒鳳儀
輯　清善成堂刻本　六冊

210000－0702－0000792　199.9/522－2

**青囊玉尺度金鍼集六卷**　（清）舒鳳儀撰　清
光緒十六年(1890)徐州道署刻本　六冊

210000－0702－0000793　199.9/526

**地理大全四集三十五卷**　（清）許榮等編　清
金陵懷德堂刻本　二十冊

210000－0702－0000794　199.9/530

**地理精微集六卷**　（清）盛廷謨撰　清光緒二
十四年(1898)江寧藩署刻本　四冊

210000－0702－0000795　199.9/556－1

**撼龍經疑龍經批注校補**　（唐）楊益撰　（清）
高其倬批點　（清）寇宗集注　清光緒十八年
(1892)巴蜀善成堂刻本　六冊

210000－0702－0000796　199.9/556－2

**新刻重校秘傳四先生鬼靈經通天竅十卷**
(唐)楊益撰　清末刻本　二冊

210000－0702－0000797　199.9/562

**山法全書十九卷首二卷**　（清）葉泰輯　清三
德堂刻本　十二冊

210000－0702－0000798　199.9/565－1

**入地眼全書十卷**　（宋）釋靜道撰　（清）萬樹
華編　清光緒十三年(1887)刻本　六冊

210000－0702－0000799　199.9/565－2

**入地眼全書十卷**　（宋）釋靜道撰　（清）萬樹
華編　清光緒十四年(1888)刻本　六冊

210000－0702－0000800　199.9/586

**楊曾地理元文四卷附地理辨正圖説一卷**
(唐)楊益撰　（清）端木國瑚注　清刻本
四冊

210000－0702－0000801　199.9/590

**金精廖公秘授地學心法正傳畫筴扒砂經四卷
補遺一卷**　（宋）廖禹撰　（明）江之棟輯　清
嘉慶二十五年(1820)刻本　四冊

210000－0702－0000802　199.9/598－1

**地理五訣八卷陽宅三要四卷**　（清）趙廷棟撰
清光緒善成堂刻本　六冊

210000－0702－0000803　199.9/598－2

**陽宅三要四卷**　（清）趙廷棟撰　清光緒六年
(1880)刻本　二冊

210000－0702－0000804　199.9/636

**風水二書形氣類則四卷**　（清）歐陽純撰　清
光緒十九年(1893)金谿三讓堂信記刻本
四冊

210000－0702－0000805　199.9/650－1

**地理辨正疏五卷首一卷末一卷**　（清）張心言
撰　清道光七年(1827)刻本　六冊

210000－0702－0000806　199.9/650－2

**地理正宗十二卷**　（清）蔣國撰　清嘉慶十九
年(1814)刻本　八冊

210000－0702－0000807　199.9/650－3

**地理辨正五卷**　（清）蔣平階撰　（清）姜垚辨
正　題（清）無心道人直解　清道光元年
(1821)刻本　三冊

210000－0702－0000808　199.9/671

**地理青鳥心傳眞訣全書六卷首一卷**　（清）黎
瑤光撰　清刻本　六冊

210000－0702－0000809　199.9/674－1

**劉氏家藏闡微通書八卷**　（清）劉春沂撰　清
刻本　十二冊

210000－0702－0000810　199.9/674－2

**地理河洛精義十卷**　（清）孟浩撰　（清）劉步
青編　清道光十一年(1831)枕松樓刻本
六冊

210000－0702－0000811　199.9/674－3

**陰陽二宅全書十二卷**　（清）姚廷鑾輯　清宣
統元年(1909)上海江左書林石印本　十二冊

210000－0702－0000812　199.9/722

**地理三書四卷**　（清）韓起芝註　清嘉慶七年(1802)桂軒刻本　四冊

210000－0702－0000813　199.9/727

**地理正宗三卷**　（明）蕭克撰　清刻本　三冊

210000－0702－0000814　199.9/776

**相山撮要六卷**　（清）曠學至編　清道光十八年(1838)叙府儒興堂刻本　十冊

210000－0702－0000815　199.9/961

**重鐫官板陽宅大全六種十卷**　（明）周繼撰　清同治八年(1869)善成堂刻本　六冊

210000－0702－0000816　199.9/972

**搜地靈二卷**　（□）□□撰　清刻本　二冊

210000－0702－0000817　199.9/982

**命學玄通一卷**　題(清)讀易老人撰　清光緒十七年(1891)德化有福讀書屋刻本　一冊

210000－0702－0000818　204/971

**竹窗隨筆一卷二筆一卷三筆一卷直道録一卷**　（明）釋袾宏撰　清刻本　三冊

210000－0702－0000819　223/674－1

**繪像列仙傳四卷**　（明）洪應明撰　清光緒十三年(1887)掃葉山房刻本　四冊

210000－0702－0000820　223/674－2

**繪像列仙傳四卷**　（明）洪應明撰　清光緒十三年(1887)掃葉山房刻本　四冊

210000－0702－0000821　223/972

**續哲學妖怪百談**　（日本）井上圓了輯　（清）徐渭臣譯　清光緒二十九年(1903)上海文明書局鉛印本　一冊

210000－0702－0000822　224/942

**西方歸道三卷**　（英國）華立熙撰　清光緒二十六年(1900)上海廣學會鉛印本　三冊

210000－0702－0000823　230.1/211

**事類統編九十三卷首一卷**　（清）黃葆眞增輯　清咸豐元年(1851)句吳崇德書院刻本　四十冊

210000－0702－0000824　240/248

**佛爾雅八卷**　（清）周春撰　清宣統三年(1911)上海國學扶輪社鉛印本　二冊

210000－0702－0000825　241/151

**國朝耆獻類徵初編四百八十四卷**　（清）李桓輯　清末刻本　二十四冊　存四十八卷(三百二十七至三百七十四)

210000－0702－0000826　241.2/971

**大乘起信論一卷**　（南朝陳）釋眞諦譯　清光緒三十年(1904)廬陵黃氏武昌刻本　一冊

210000－0702－0000827　243/281

**伍柳仙宗四種五卷**　（清）程德燦輯　清光緒二十三年(1897)刻本　六冊

210000－0702－0000828　243/589－1

**諸經要集二十卷**　（唐）釋道世輯　清末刻本　十冊

210000－0702－0000829　243/589－2

**諸經要集二十卷**　（唐）釋道世輯　清末刻本　十冊

210000－0702－0000830　243/868

**地藏菩薩本願經三卷**　（唐）釋實叉難陀譯　清奉天同仁山房刻本　三冊

210000－0702－0000831　243/966

**大佛頂首楞嚴經正脈疏四十卷**　（明）釋眞鑑撰　清光緒二十二年(1896)金陵刻經處刻本　十四冊

210000－0702－0000832　243/972

**釋氏十三經註疏**　（□）佚名輯　清光緒金陵刻經處刻本　九冊　存三種二十卷(無量壽經義疏六卷、觀經四帖疏四卷、楞嚴經纂註十卷)

210000－0702－0000833　243.1/142

**楞伽阿跋多羅寶經會譯四卷**　（南朝宋）釋求那跋陀羅　（北魏）釋菩提流支　（唐）釋實叉難陀譯　（明）釋員珂會譯　清光緒三十四年(1908)金陵刻經處刻本　四冊

210000－0702－0000834　243.1/705

大佛頂首楞嚴經疏解蒙鈔六十卷首一卷
(清)錢謙益撰　清光緒十五年(1889)蘇州瑪瑙經房刻本　十五冊　存四十五卷(一至十八、三十五至六十,首一卷)

210000－0702－0000835　243.1/943

維摩詰所說經三卷　(後秦)釋鳩摩羅什譯　清同治九年(1870)金陵刻經處刻本　一冊

210000－0702－0000836　243.1/963

大乘本生心地觀經八卷　(唐)釋般若等譯　清末刻本　二冊

210000－0702－0000837　243.1/964－1

佛說貝多樹下思惟十二因緣經一卷　(三國吳)釋支謙譯　清光緒三年(1877)金陵刻經處刻本　一冊

210000－0702－0000838　243.1/964－2

佛說緣起聖道經一卷　(唐)釋玄奘譯　清光緒三年(1877)金陵刻經處刻本　與210000－0702－0000837合冊

210000－0702－0000839　243.1/964－3

大乘舍黎娑擔摩經一卷　(宋)釋施護譯　清光緒三年(1877)金陵刻經處刻本　與210000－0702－0000837合冊

210000－0702－0000840　243.1/968

地藏菩薩本願經三卷　(唐)釋實叉難陀譯　清道光八年(1828)正醫沐抄本　三冊

210000－0702－0000841　243.1/973

佛說觀無量壽佛經疏四卷　(唐)釋善導集記　清光緒二十年(1894)金陵刻經處刻本　二冊

210000－0702－0000842　243.1/978

佛說阿彌陀經二卷　(三國吳)釋支謙譯　清光緒五年(1879)常熟刻經處刻本　一冊

210000－0702－0000843　243.11/945

大方廣佛華嚴經八十卷附錄一卷　(唐)釋實叉難陀譯　清刻本　二十冊

210000－0702－0000844　243.11/969

大方廣佛華嚴經入不思議解脫境界普賢行願

品一卷　(唐)釋般若譯　清武進劉翰清刻本　一冊

210000－0702－0000845　243.12/967

勝鬘師子吼一乘大方便方廣經一卷　(南朝宋)釋求那跋陀羅譯　清光緒二十二年(1896)金陵刻經處刻本　一冊

210000－0702－0000846　243.14/976

淨土四經四卷　(清)魏源輯　清同治五年(1866)金陵書局刻本　一冊

210000－0702－0000847　243.17/782

妙法蓮華經科註七卷首一卷　(後秦)釋鳩摩羅什譯　(明)釋一如集註　清同治十一年(1872)刻本　八冊

210000－0702－0000848　243.17/968－1

法華經安樂行義一卷　(南朝陳)釋慧思撰　清光緒二十三年(1897)金陵刻經處刻本　一冊

210000－0702－0000849　243.17/968－2

法華龍女成佛權實義一卷　(宋)釋源清述　清光緒二十三年(1897)金陵刻經處刻本　與210000－0702－0000848合冊

210000－0702－0000850　243.17/974

妙法蓮華經七卷　(後秦)釋鳩摩羅什譯　清同治十年(1871)金陵刻經處刻本　三冊

210000－0702－0000851　243.19/200

樂邦文類五卷　(宋)釋宗曉編　清刻本　五冊

210000－0702－0000852　243.19/841－1

御製大雲輪請雨經一卷　(清)高宗弘曆撰　清同治九年(1870)湖北崇文書局刻本　一冊

210000－0702－0000853　243.19/841－2

太上祈雨龍王眞經三卷　(清)陳宸書撰　清同治九年(1870)湖北崇文書局刻本　與210000－0702－0000852合冊

210000－0702－0000854　243.2/782－1

佛說四分戒本一卷　(後秦)釋佛陀耶舍(後秦)釋竺佛念譯　清潭柘寺監院來琳刻本

一冊

210000－0702－0000855　243.2/782－2
**沙彌律儀要畧一卷**　（明）釋袾宏輯　（清）釋源諒補校　清潭柘寺監院來琳刻本　一冊

210000－0702－0000856　243.2/982
**佛說梵綱經直解二卷附錄一卷**　（後秦）釋鳩摩羅什譯　（明）釋寂光直解　清乾隆五年（1740）刻本　四冊

210000－0702－0000857　243.3/963
**大智度論一百卷**　（後秦）釋鳩摩羅什譯　清刻本　六冊　存二十四卷（四十九至七十二）

210000－0702－0000858　243.3/964
**佛說阿彌陀經義疏一卷**　（宋）釋元照撰　清光緒二十四年（1898）金陵刻經處刻本　一冊

210000－0702－0000859　244.1/966
**成唯識論述記十八卷**　（唐）釋窺基撰　清光緒二十七年（1901）刻本　六冊

210000－0702－0000860　245/128
**五燈會元二十卷**　（宋）釋普濟撰　清光緒二十八年至三十二年（1902－1906）貴池劉世珩玉海堂影宋叢書本　十六冊

210000－0702－0000861　245/486
**淨土聖賢錄九卷續錄四卷**　（清）彭希涑撰　清末刻本　六冊

210000－0702－0000862　245/685
**憨山老人夢遊集五十五卷**　（明）釋德清撰（明）釋福善錄　（明）釋通炯輯　清光緒五年（1879）江北刻經處刻本　二十冊

210000－0702－0000863　245/972－1
**宗鏡錄一百卷**　（宋）釋延壽撰　清光緒二十五年（1899）江北刻經處刻本　二十冊

210000－0702－0000864　245/972－2
**宗鏡錄一百卷**　（宋）釋延壽撰　清光緒二十五年（1899）江北刻經處刻本　二十冊

210000－0702－0000865　249/782
**釋氏稽古略四卷**　（元）釋覺岸撰　清刻本　四冊

210000－0702－0000866　250/428
**頂批參同契悟真三註七卷**　（清）俞慕純輯　清道光二十一年（1841）善成堂刻本　六冊

210000－0702－0000867　250/674
**道書十二種**　（清）劉一明撰　清光緒六年（1880）刻本　十一冊　存五種十四卷（周易闡真一至四、孔易闡真一至二、會心集一至四、象言破疑一至二、通關文一至二）

210000－0702－0000868　250/966
**有福讀書堂叢刻後編四種十二卷**　吳引孫輯　清光緒二十七年（1901）刻本　四冊

210000－0702－0000869　253/18
**道藏輯要**　（清）彭定求輯　清刻本　十四冊存七種（真誥，道樞，易說上經一卷、下經一卷、圖解一卷，三寶心鐙一卷，微言摘要一卷，呂帝聖蹟紀要一卷，天仙金丹心法二卷）

210000－0702－0000870　255/645
**道書一貫十四種**　題（清）溪橋道人輯　清醉仙亭刻本　十六冊

210000－0702－0000871　259/674
**道教源流八種**　（清）劉一明撰　清刻本　六冊　缺一種一卷（悟道錄下）

210000－0702－0000872　275/741
**迪吉錄八卷首一卷**　（明）顏茂猷輯　清道光二十三年（1843）刻本　八冊

210000－0702－0000873　300/942
**格致讀本二卷**　（英國）莫爾頓撰　南洋公學譯書院譯　清光緒二十八年（1902）南洋公學譯書院鉛印本　二冊

210000－0702－0000874　310.1/942－1
**羣學肄言**　（英國）斯賓塞爾撰　嚴復譯　清光緒二十九年（1903）上海文明書局鉛印本　四冊

210000－0702－0000875　310.1/942－2
**羣學肄言**　（英國）斯賓塞爾撰　嚴復譯　清光緒二十九年（1903）上海文明書局鉛印本　四冊

210000－0702－0000876　310.1/942－3
羣學肄言　（英國）斯賓塞爾撰　嚴復譯　清
光緒二十九年(1903)上海文明書局鉛印本
四冊

210000－0702－0000877　310.1/942－4
羣學肄言　（英國）斯賓塞爾撰　嚴復譯　清
光緒二十九年(1903)上海文明編譯書局鉛印
本　四冊

210000－0702－0000878　310.1/942－5
羣學肄言　（英國）斯賓塞爾撰　嚴復譯　清
光緒二十九年(1903)上海文明編譯書局鉛印
本　四冊

210000－0702－0000879　310.1/942－6
羣學肄言　（英國）斯賓塞爾撰　嚴復譯　清
光緒二十九年(1903)上海文明編譯書局鉛印
本　四冊

210000－0702－0000880　313.1/211
合數述二卷　（英國）白爾尼撰　清末石印本
二冊

210000－0702－0000881　315.31/942
精神之教育二卷　（日本）隅谷已三郎編輯
趙必振譯　清光緒二十八年(1902)上海廣智
書局鉛印本　二冊

210000－0702－0000882　320.1/428－1
節本原富不分卷　（英國）亞丹斯密撰　嚴復
譯　張鵬一節　清光緒三十三年(1907)奉天
學務公所圖書課印刷部鉛印本　二冊

210000－0702－0000883　320.1/428－2
節本原富不分卷　（英國）亞丹斯密撰　嚴復
譯　張鵬一節　清光緒三十三年(1907)奉天
學務公所圖書課印刷部鉛印本　二冊

210000－0702－0000884　320.1/428－3
節本原富不分卷　（英國）亞丹斯密撰　嚴復
譯　張鵬一節　清光緒三十三年(1907)奉天
學務公所圖書課印刷部鉛印本　二冊

210000－0702－0000885　320.1/941－1
經濟原論　（美國）麥喀梵撰　朱寶綬譯　清

光緒三十四年(1908)中國圖書公司鉛印本
一冊

210000－0702－0000886　320.1/941－2
經濟原論　（美國）麥喀梵撰　朱寶綬譯　清
光緒三十四年(1908)中國圖書公司鉛印本
一冊

210000－0702－0000887　320.1/942－1
原富五卷　（英國）斯密亞丹撰　嚴復譯　清
光緒二十七年(1901)鉛印本　八冊

210000－0702－0000888　320.1/942－2
原富五卷　（英國）斯密亞丹撰　嚴復譯　清
光緒二十七年(1901)鉛印本　八冊

210000－0702－0000889　320.1/942－3
原富五卷　（英國）斯密亞丹撰　嚴復譯　清
光緒二十七年(1901)鉛印本　八冊

210000－0702－0000890　320.7/837
經濟學教科書釋義不分卷　均益圖書公司編
清光緒三十三年(1907)上海均益圖書公司
鉛印本　一冊

210000－0702－0000891　320.7/968
經濟教科書不分卷　（日本）和田垣謙三撰
清光緒二十八年(1902)上海廣智書局鉛印本
一冊

210000－0702－0000892　322.7/622－1
中國之金融不分卷　潘承鍔編譯　清光緒三
十四年(1908)上海中國圖書公司鉛印本
二冊

210000－0702－0000893　322.7/622－2
中國之金融不分卷　潘承鍔編譯　清光緒三
十四年(1908)上海中國圖書公司鉛印本
二冊

210000－0702－0000894　322.71/935－1
保富述要不分卷　（英國）布萊德撰　（英國）
傅蘭雅口譯　清光緒江南製造總局刻本
二冊

210000－0702－0000895　322.71/935－2
保富述要不分卷　（英國）布萊德撰　（英國）

傅蘭雅口譯　清光緒江南製造總局刻本
二冊

210000－0702－0000896　322.71/935－3
**保富述要不分卷**　（英國）布萊德撰　（英國）
傅蘭雅口譯　清光緒江南製造總局刻本
二冊

210000－0702－0000897　322.781/969
**奏定國幣則例不分卷附籌擬舊幣辦法摺**
（清）度支部編　清宣統二年（1910）上海中國
圖書公司鉛印本　一冊

210000－0702－0000898　322.791/228
**泉布統誌九卷首一卷附錄一卷**　（清）孟麟撰
清嘉慶至道光刻本　三十二冊

210000－0702－0000899　324/868－1
**財政叢書二十一種三十一卷**　（清）昌言報館
輯　清光緒二十九年（1903）上海會文學社石
印本　十二冊

210000－0702－0000900　324/868－2
**財政叢書二十一種三十一卷**　（清）昌言報館
輯　清光緒二十九年（1903）上海會文學社石
印本　十二冊

210000－0702－0000901　324/868－3
**財政叢書二十一種三十一卷**　（清）昌言報館
輯　清光緒二十九年（1903）上海會文學社石
印本　十二冊

210000－0702－0000902　324/941－1
**列國歲計政要十二卷首一卷**　（英國）麥丁富
得力編纂　（美國）林樂知口譯　（清）鄭昌棪
筆述　清光緒元年（1875）江南製造總局刻本
六冊

210000－0702－0000903　324/941－2
**列國歲計政要十二卷首一卷**　（英國）麥丁富
得力編纂　（美國）林樂知口譯　（清）鄭昌棪
筆述　清光緒元年（1875）江南製造總局刻本
六冊

210000－0702－0000904　324.1/366－1
**鹽鐵論十卷校勘小識一卷**　（漢）桓寬撰　清

光緒十七年（1891）思賢講舍刻本　二冊

210000－0702－0000905　324.1/366－2
**鹽鐵論十二卷**　（漢）桓寬撰　清刻本　三冊
存九卷（一至九）

210000－0702－0000906　324.1/969－1
**度支部奏定調查財政條款**　（清）度支部編
清光緒三十四年（1908）鉛印本　一冊

210000－0702－0000907　324.1/969－2
**度支部奏定調查財政條款**　（清）度支部編
清光緒三十四年（1908）鉛印本　一冊

210000－0702－0000908　324.1/969－3
**度支部頒行試辦全國預算暫行章程**　（清）清
理財政局編　清宣統三年（1911）鉛印本
一冊

210000－0702－0000909　324.1/969－4
**覆陳妥酌清理財政章程摺不分卷**　（清）度支
部纂　清光緒三十四年（1908）鉛印本　一冊

210000－0702－0000910　324.1/969－5
**覆陳妥酌清理財政章程摺不分卷**　（清）度支
部纂　清光緒三十四年（1908）鉛印本　一冊

210000－0702－0000911　324.1/969－6
**覆陳妥酌清理財政章程摺不分卷**　（清）度支
部纂　清光緒三十四年（1908）鉛印本　一冊

210000－0702－0000912　324.14/949
**英國財政志七卷**　（英國）懷爾森撰　（清）南
洋公學師範院譯　清光緒二十九年（1903）南
洋公學譯書院鉛印本　二冊

210000－0702－0000913　324.2/969－1
**度支部議奏整理財政章程**　（清）度支部纂
清光緒三十二年（1906）鉛印本　一冊

210000－0702－0000914　324.2/969－2
**度支部議奏整理財政章程**　（清）度支部纂
清光緒三十二年（1906）鉛印本　一冊

210000－0702－0000915　324.21/806－1
**西安縣原呈詳細報告冊式**　（清）□□編　清
光緒三十四年（1908）鉛印本　一冊

210000 - 0702 - 0000916　324.21/806 - 2

**西安縣原呈詳細報告冊式**　（清）□□編　清光緒三十四年（1908）鉛印本　一冊

210000 - 0702 - 0000917　324.21/806 - 3

**西安縣原呈詳細報告冊式**　（清）□□編　清光緒三十四年（1908）鉛印本　一冊

210000 - 0702 - 0000918　324.21/806 - 4

**改定西安縣光緒三十四年歲出經費決算冊**（清）□□編　清宣統鉛印本　一冊

210000 - 0702 - 0000919　324.21/806 - 5

**改定西安縣光緒三十四年歲出經費決算冊**（清）□□編　清宣統鉛印本　一冊

210000 - 0702 - 0000920　324.21/806 - 6

**改定西安縣光緒三十四年歲入經費決算冊**（清）□□編　清宣統鉛印本　一冊

210000 - 0702 - 0000921　324.21/940

**中國度支考不分卷**　（英國）哲美森編輯（美國）林樂知譯　清光緒二十三年（1897）圖書集成局鉛印本　三冊

210000 - 0702 - 0000922　324.21/968

**奉天省某府州廳縣出入款項月報冊**　（清）奉天清丈局編　清宣統元年（1909）鉛印本一冊

210000 - 0702 - 0000923　324.4/705 - 1

**財政四綱不分卷**　錢恂撰　清光緒二十七年（1901）鉛印本　二冊

210000 - 0702 - 0000924　324.4/705 - 2

**財政四綱不分卷**　錢恂撰　清光緒二十七年（1901）鉛印本　二冊

210000 - 0702 - 0000925　324.4/705 - 3

**財政四綱不分卷**　錢恂撰　清光緒二十七年（1901）鉛印本　二冊

210000 - 0702 - 0000926　324.45/21

**錢穀備要十卷**　（清）王又槐編輯　清光緒十九年（1893）上海古香閣石印本　二冊

210000 - 0702 - 0000927　324.91/938 - 1

**滿洲財力論不分卷**　（日本）松本敬之撰

（清）施爾常譯　清光緒三十二年（1906）京師學部官書局鉛印本　一冊

210000 - 0702 - 0000928　324.91/938 - 2

**滿洲財力論不分卷**　（日本）松本敬之撰（清）施爾常譯　清光緒三十二年（1906）京師學部官書局鉛印本　一冊

210000 - 0702 - 0000929　325/428 - 1

**商學四卷**　張相文編譯　清光緒三十一年（1905）上海商學公會鉛印本　四冊

210000 - 0702 - 0000930　325/428 - 2

**商學四卷**　張相文編譯　清光緒三十一年（1905）上海商學公會鉛印本　二冊　存二卷（二至三）

210000 - 0702 - 0000931　325.3/946

**歐洲商業史三卷**　（英國）器賓撰　（日本）永田健助譯補　（清）沈紘重譯　清光緒二十二年（1896）南洋公學譯書院鉛印本　四冊

210000 - 0702 - 0000932　325.31/21 - 1

**各國通商始末記二十卷**　（清）王之春編　清光緒二十一年（1895）寶善書局石印本　六冊

210000 - 0702 - 0000933　325.31/21 - 2

**通商始末記二十卷**　（清）王之春編　清光緒二十七年（1901）上海申昌社石印本　六冊

210000 - 0702 - 0000934　325.55/968 - 1

**奉天華產商品陳列所章程**　（清）奉天商務會編　清宣統元年（1909）奉天工藝傳習所鉛印本　四冊

210000 - 0702 - 0000935　325.55/968 - 2

**奉天華產商品陳列所章程**　（清）奉天商務會編　清宣統元年（1909）奉天工藝傳習所鉛印本　四冊

210000 - 0702 - 0000936　325.55/968 - 3

**奉天華產商品陳列所章程**　（清）奉天商務會編　清宣統元年（1909）奉天工藝傳習所鉛印本　四冊

210000 - 0702 - 0000937　325.6/968 - 1

**奉省各屬商會章程**　（清）奉天商務會編　清

光緒至民國鉛印本　一冊

210000－0702－0000938　325.6/968－2
奉省各屬商會章程　（清）奉天商務會編　清
光緒至民國鉛印本　一冊

210000－0702－0000939　325.61/969
奏定商會簡明章程　（清）商部編　清光緒二
十九年（1903）刻本　一冊

210000－0702－0000940　325.731/972－1
裕蒙殖業銀行稟准公牘暨章程　（清）陳運海
編　清末石印本　一冊

210000－0702－0000941　325.731/972－2
裕蒙殖業銀行稟准公牘暨章程　（清）陳運海
編　清末石印本　一冊

210000－0702－0000942　325.731/972－3
裕蒙殖業銀行稟准公牘暨章程　（清）陳運海
編　清末石印本　一冊

210000－0702－0000943　325.9/935
亞東貿易地理　（日本）永野耕造撰　清光緒
二十九年（1903）南洋公學譯書院鉛印本
四冊

210000－0702－0000944　325.93/70－1
中外交涉類要表光緒通商綜覈表　（清）錢學
嘉輯　清光緒二十年（1894）上海醉六堂刻本
一冊

210000－0702－0000945　325.93/70－2
中外交涉類要表光緒通商綜覈表　（清）錢學
嘉輯　清光緒二十年（1894）上海醉六堂刻本
一冊

210000－0702－0000946　325.93/70－3
中外交涉類要表光緒通商綜覈表　（清）錢學
嘉輯　清光緒二十年（1894）上海醉六堂刻本
一冊

210000－0702－0000947　325.93/70－4
中外交涉類要表光緒通商綜覈表　（清）錢學
嘉輯　清光緒二十年（1894）上海醉六堂刻本
一冊

210000－0702－0000948　325.96/933

中國通商物產字典　（日本）上野專一編纂
清光緒二十八年（1902）上海科學儀器館鉛印
本　二冊

210000－0702－0000949　326/428
通州興辦實業章程　張謇撰　清光緒三十一
年（1905）江蘇翰墨林編譯印書局鉛印本
二冊

210000－0702－0000950　326/841
南洋勸業會審查得獎名冊　（清）農工商部輯
清宣統二年（1910）上海商務印書館鉛印本
一冊

210000－0702－0000951　326.31/966
奉天調查全省實業報告　（清）吏悠壯等撰
清末鉛印本　一冊

210000－0702－0000952　326.8/963－1
大清鑛務章程不分卷　（清）農工商部編　清
光緒三十三年（1907）鉛印本　二冊

210000－0702－0000953　326.8/963－2
大清鑛務章程不分卷　（清）農工商部編　清
光緒三十三年（1907）鉛印本　二冊

210000－0702－0000954　326.8/963－3
大清鑛務章程不分卷　（清）農工商部編　清
光緒三十三年（1907）鉛印本　二冊

210000－0702－0000955　327.21/968
奉天農事演說會章程　（清）奉天農事演說會
編　清末奉天工藝傳習所鉛印本　一冊

210000－0702－0000956　327.47/135
荒政輯要九卷首一卷　（清）汪志伊撰　清道
光二十九年（1849）刻本　三冊

210000－0702－0000957　327.47/390
欽定康濟錄四卷　（清）陸曾禹撰　（清）倪國
璉編　清同治八年（1869）楚北崇文書局刻本
四冊

210000－0702－0000958　327.47/556
籌濟編三十二卷首一卷　（清）楊景仁輯　清
光緒九年（1883）武昌書局刻本　八冊

210000－0702－0000959　327.47/568

重刊救荒補遺書二卷　（宋）董煟撰　（元）張光大增補　（明）朱熊補遺　清同治八年（1869）楚北崇文書局刻本　二冊

210000－0702－0000960　327.48/775

奉天全省農業試驗場報告　羅振方編纂　清光緒三十二年（1906）奉天工藝傳習所鉛印本　一冊

210000－0702－0000961　327.7/441

奉天全省農業調查書　馬維垣　奎壁等編　清宣統元年（1909）奉天農業試驗場鉛印本　四冊

210000－0702－0000962　327.821/808

奉天種樹公所章程　（清）奉天種樹公所編　清光緒三十四年（1908）奉天工藝傳習所鉛印本　一冊

210000－0702－0000963　328.1/328－1

奉省漁業總局章程　（清）奉省漁業總局編　清光緒三十四年（1908）奉天工藝傳習所鉛印本　一冊

210000－0702－0000964　328.1/328－2

奉省漁業總局章程　（清）奉省漁業總局編　清光緒三十四年（1908）奉天工藝傳習所鉛印本　一冊

210000－0702－0000965　328.522/170

日本鹽專賣法規　呂嘉榮編譯　清宣統二年（1910）奉天東三省鹽務總局鉛印本　一冊

210000－0702－0000966　329.32/674－1

星軺考轍四卷　（清）劉啓彤譯述　清光緒十五年（1889）同文書局石印本　四冊

210000－0702－0000967　329.32/674－2

星軺考轍四卷　（清）劉啓彤譯述　清光緒十五年（1889）同文書局石印本　四冊

210000－0702－0000968　329.32/674－3

星軺考轍四卷　（清）劉啓彤譯述　清末至民國石印本　四冊

210000－0702－0000969　329.511/21

鄂省丁漕指掌十卷　（清）林遠村輯　（清）潘

霖重輯　清光緒元年（1875）刻本　十冊

210000－0702－0000970　330/178－1

中外政治策論彙編二十四卷　應祖錫輯　清光緒二十七年（1901）鴻寶書局石印本　二十四冊

210000－0702－0000971　330/178－2

中外政治策論彙編二十四卷　應祖錫輯　清光緒二十七年（1901）鴻寶書局石印本　二十四冊

210000－0702－0000972　330.1/939－1

政治汎論四卷　（美國）威爾遜撰　（日本）高田早苗原譯　清光緒二十九年（1903）上海商務印書館鉛印本　二冊

210000－0702－0000973　330.1/939－2

政治汎論二卷　（美國）威爾遜撰　（清）麥鼎華譯　清光緒二十九年（1903）上海廣智書局鉛印本　二冊

210000－0702－0000974　330.1/941

政治汎論後編二卷　（美國）威爾遜撰　（清）麥鼎華譯　清光緒二十九年（1903）上海廣智書局鉛印本　二冊

210000－0702－0000975　330.141/21

韓非子集解二十卷首一卷　（清）王先慎撰　清光緒二十二年（1896）刻本　六冊

210000－0702－0000976　330.141/388

子書百家　（清）崇文書局輯　清光緒元年（1875）湖北崇文書局刻本　二十一冊　存十七種六十六卷（晏子春秋八卷，管子二十四卷，胡子知言六卷、附錄一卷，薛子道論三卷，海樵子一卷，伸蒙子三卷，素履子三卷，孫子三卷，吳子二卷，司馬瀍一卷，尉繚子二卷，素書一卷，心書一卷，何博士備論二卷，宋丞相李忠定公輔政本末一卷，風后握奇經一卷，六韜三卷）

210000－0702－0000977　330.141/613－1

管子二十四卷　清光緒元年（1875）湖北崇文書局刻本　四冊

210000－0702－0000978　330.141/613－2

管子二十四卷　清光緒元年(1875)湖北崇文書局刻本　四冊

210000－0702－0000979　330.2/749－1
歐美政治要義　（清）戴鴻慈等編　清光緒三十四年(1908)上海商務印書館石印本　四冊

210000－0702－0000980　330.2/749－2
歐美政治要義　（清）戴鴻慈等編　清光緒三十四年(1908)上海商務印書館石印本　四冊

210000－0702－0000981　330.2/749－3
歐美政治要義　（清）戴鴻慈等編　清光緒三十四年(1908)上海商務印書館石印本　四冊

210000－0702－0000982　330.42/128－1
沈文肅公政書七卷首一卷　（清）沈葆楨撰　清光緒六年(1880)吳門節署刻本　十二冊

210000－0702－0000983　330.42/128－2
沈文肅公政書七卷首一卷　（清）沈葆楨撰　清光緒六年(1880)吳門節署刻本　十冊

210000－0702－0000984　330.42/128－3
沈文肅公政書七卷首一卷　（清）沈葆楨撰　清光緒六年(1880)吳門節署刻本　十二冊

210000－0702－0000985　330.42/406
李文忠公奏議二十卷　（清）李鴻章撰　（清）章洪鈞　（清）吳汝綸輯　清末石印本　二十冊

210000－0702－0000986　330.42/527
曾文正公奏稿三十六卷　（清）曾國藩撰　清末刻本　五冊　存七卷(三十至三十六)

210000－0702－0000987　330.42/749
學仕錄十六卷　（清）戴肇辰撰　清同治六年(1867)刻本　八冊

210000－0702－0000988　330.8/645
政藝叢書　鄧實編　清光緒二十八年至三十三年(1902－1907)上海政藝通報館石印本暨鉛印本　四十冊　存四種(壬寅叢書、癸卯叢書、丙午叢書、丁未叢書)

210000－0702－0000989　330.9/842
歐洲最近政治史　（日本）森山守次撰　商務

印書館譯　清光緒二十九年(1903)上海商務印書館鉛印本　一冊

210000－0702－0000990　331.42/151
新增資治新書全集十四卷首一卷二集二十卷　（清）李漁輯　清刻本　二十四冊

210000－0702－0000991　332/94
重學二十卷附曲線說三卷　（英國）艾約瑟口譯　（清）李善蘭筆述　清光緒二十二年(1896)上海積山書局石印本　二冊

210000－0702－0000992　332.21/976－1
諮議局章程及選舉章程解釋彙鈔（清光緒三十四年六月至宣統二年三月）　（清）諮議局編　清宣統鉛印本　七冊

210000－0702－0000993　332.21/976－2
諮議廳議案十卷　（清）諮議廳編　清光緒三十四年(1908)鉛印本　二冊

210000－0702－0000994　332.212/964－1
日本議會詁法六卷　（清）考察政治大臣編　清光緒三十三年(1907)政治官報局鉛印本　二冊

210000－0702－0000995　332.212/964－2
日本議會詁法六卷　（清）考察政治大臣編　清光緒三十三年(1907)政治官報局鉛印本　二冊

210000－0702－0000996　332.221/228－1
公民必讀初編不分卷　孟昭常撰　清光緒三十三年(1907)上海中新書局鉛印本　一冊

210000－0702－0000997　332.221/228－2
公民必讀初編不分卷　孟昭常撰　清光緒三十三年(1907)上海中新書局鉛印本　一冊

210000－0702－0000998　332.221/228－3
公民必讀初編不分卷　孟昭常撰　清光緒三十三年(1907)上海中新書局鉛印本　一冊

210000－0702－0000999　332.221/228－4
公民必讀初編不分卷　孟昭常撰　清光緒三十三年(1907)上海中新書局鉛印本　一冊

210000－0702－0001000　332.221/228－5

公民必讀初編不分卷　孟昭常撰　清光緒三十三年(1907)上海中新書局鉛印本　一冊

210000－0702－0001001　332.221/228－6

公民必讀二編不分卷　孟昭常撰　清光緒三十四年(1908)上海中新書局鉛印本　一冊

210000－0702－0001002　332.221/228－7

公民必讀二編不分卷　孟昭常撰　清光緒三十四年(1908)上海中新書局鉛印本　一冊

210000－0702－0001003　332.221/228－8

公民必讀二編不分卷　孟昭常撰　清光緒三十四年(1908)上海中新書局鉛印本　一冊

210000－0702－0001004　337.1/977－1

星軺指掌三卷續一卷　(清)聯芳　(清)慶常譯　清光緒二年(1876)鉛印本　四冊

210000－0702－0001005　337.1/977－2

星軺指掌三卷續一卷　(清)聯芳　(清)慶常譯　清光緒二年(1876)鉛印本　四冊

210000－0702－0001006　337.19/735

西疆交涉志要六卷　(清)鍾鏞撰　清宣統三年(1911)鉛印本　二冊

210000－0702－0001007　337.19/741

光緒乙巳年交涉要覽二編五卷　(清)北洋洋務局纂輯　清光緒三十三年(1907)北洋官報局鉛印本　五冊

210000－0702－0001008　337.3/556

中俄交涉記四卷　(清)楊楷撰　清光緒二十二年(1896)積山書局石印本　四冊

210000－0702－0001009　337.7/935－1

十九世紀外交史十七章　(日本)平田久撰　張相譯　清光緒二十八年(1902)杭州史學齋刻本　四冊

210000－0702－0001010　337.7/935－2

十九世紀外交史十七章　(日本)平田久撰　張相譯　清光緒二十八年(1902)杭州史學齋刻本　四冊

210000－0702－0001011　337.7/935－3

十九世紀外交史十七章　(日本)平田久撰

張相譯　清光緒二十八年(1902)杭州史學齋刻本　四冊

210000－0702－0001012　338/705

五洲各國政治攷八卷　錢恂輯　清光緒二十七年(1901)石印本　六冊

210000－0702－0001013　338/941

列國歲計政要十二卷首一卷　(英國)麥丁富得力編纂　(美國)林樂知口譯　(清)鄭昌棪筆述　清光緒元年(1875)江南製造總局刻本　六冊

210000－0702－0001014　338.2/964

日本政治要覽十編　(清)考察政治大臣編　清光緒三十三年(1907)政治官報局鉛印本　一冊

210000－0702－0001015　340.1/128

自強軍西法類編十八卷附創制公言二卷　沈敦和撰　清光緒二十四年(1898)上海順成書局石印本　二十冊

210000－0702－0001016　340.2/506

軍事初階四卷　(清)賀忠良撰　清宣統元年(1909)北洋陸軍編譯局鉛印本　四冊

210000－0702－0001017　340.21/21

湘軍記二十卷　(清)王定安撰　清光緒十五年(1889)江南書局刻本　十二冊

210000－0702－0001018　340.8/312－1

中西武備兵書廿一種　(清)武備學堂輯　清光緒二十九年(1903)石印本　十六冊

210000－0702－0001019　340.8/312－2

中西武備兵書廿一種　(清)武備學堂輯　清光緒二十九年(1903)石印本　十六冊

210000－0702－0001020　340.8/312－3

中西武備兵書廿一種　(清)武備學堂輯　清光緒二十九年(1903)石印本　十六冊

210000－0702－0001021　340.8/428

西洋兵書五種　(清)張之洞編　清光緒江南製造總局石印本　六冊

210000－0702－0001022　342/106

混成諸隊戰鬭指揮法三章　（清）伍士修編
清光緒三十二年（1906）北洋武備研究所鉛印
本　一冊

210000－0702－0001023　342/428－1

自強兵法通攷十一種　（清）張之洞編　清光
緒二十六年（1900）隴西譯學公會刻本　十
六冊

210000－0702－0001024　342/428－2

自強兵法通攷十一種　（清）張之洞編　清光
緒二十六年（1900）隴西譯學公會刻本　十
六冊

210000－0702－0001025　342/428－3

杭州八旗駐防營志略二十五卷　（清）張大昌
輯　清光緒十九年（1893）浙江書局刻本
六冊

210000－0702－0001026　342/700

野外要務令二編　盧永銘譯述　清光緒二十
八年（1902）南洋公學譯書院鉛印本　四冊

210000－0702－0001027　342/937－1

前敵須知四卷　（英國）克利賴撰　（清）舒高
第　（清）鄭昌棪譯　清末江南製造總局鉛印
本　四冊

210000－0702－0001028　342/937－2

前敵須知四卷　（英國）克利賴撰　（清）舒高
第　（清）鄭昌棪譯　清末江南製造總局鉛印
本　四冊

210000－0702－0001029　342/937－3

營壘圖說一卷　（比利時）伯里牙芒撰　（美
國）金楷理口譯　（清）李鳳苞筆述　清末江
南製造總局刻本　一冊

210000－0702－0001030　342/937－4

營城揭要二卷　（英國）儲意比撰　（英國）傅
蘭雅口譯　（清）徐壽筆述　清末刻本　一冊
存一卷（下）

210000－0702－0001031　342/942

戰術學三卷　（日本）細田謙藏譯述　（日本）
稻村新六參訂　清末南洋公學譯書院鉛印本

四冊

210000－0702－0001032　342/943－1

最新夜間戰鬭論二卷　（日本）奧田昇撰
（清）中國陸軍留學生武學編譯社譯　清光緒
三十四年（1908）北洋陸軍編譯局鉛印本
一冊

210000－0702－0001033　342/943－2

洴澼百金方十四卷　題（清）惠麓酒民編　清
刻本　八冊

210000－0702－0001034　342.2/506

應用戰法二卷　（清）賀忠良撰　清光緒三十
二年（1906）北洋陸軍學堂印書局鉛印本
二冊

210000－0702－0001035　342.2/941－1

戰術學三卷　（日本）細田謙藏譯述　（日本）
稻村新六參訂　清末南洋公學譯書院鉛印本
三冊　缺五篇（卷一之四至五、卷二之六至
八）

210000－0702－0001036　342.2/941－2

湖北武學二十五種　（清）武備學堂輯　清光
緒二十六年（1900）湖北官書處刻本　三十
一冊

210000－0702－0001037　343.4/427－1

戚大將軍紀練合刻二種三十四卷　（明）戚繼
光撰　清京都寶林堂刻本　十二冊

210000－0702－0001038　343.4/427－2

練兵實紀九卷雜集六卷　（明）戚繼光撰　清
道光元年（1821）刻本　七冊

210000－0702－0001039　343.4/462

最新地形學教程二卷　（清）武備編譯社譯
清宣統二年（1910）北洋陸軍編譯局鉛印本
二冊

210000－0702－0001040　343.4/833

自強軍洋操課程十卷附德國軍制述要一卷
（清）□□編　清光緒二十三年（1897）上海書
局石印本　四冊

210000－0702－0001041　344.1/941

日東軍政要略三卷　（日本）細田謙藏譯述
（日本）稻村新六校訂　清光緒至宣統南洋公
學譯書院鉛印本　二冊

210000－0702－0001042　344.5/973

經理須知三卷　（清）□□編　清光緒三十二
年（1906）北洋武備繙譯局鉛印本　一冊　存
一卷（一）

210000－0702－0001043　344.51/945－1

作戰糧食給養法　楊志洵譯述　清末南洋公
學譯書院鉛印本　一冊

210000－0702－0001044　344.51/945－2

日本軍隊給與法　孟森　楊志洵譯述　清光
緒二十八年（1902）南洋公學譯書院鉛印本
一冊

210000－0702－0001045　344.51/945－3

日本軍隊給與法　孟森　楊志洵譯述　清光
緒南洋公學譯書院鉛印本　一冊

210000－0702－0001046　344.53/698

子藥準則一卷　（清）丁友雲撰　清光緒十四
年（1888）江南製造局刻本　一冊

210000－0702－0001047　344.53/869

兵器學教程不分卷　（清）武備編譯社譯　清
宣統二年（1910）北洋陸軍編譯局鉛印本
二冊

210000－0702－0001048　344.53/968

奉天巡防隊保存槍械簡明章程　（清）奉天巡
防營務處編　清末奉天中和印書館鉛印本
一冊

210000－0702－0001049　344.53/969

軍器學課程不分卷　（清）□□編　清光緒三
十二年（1906）北洋武備研究所石印本　二冊

210000－0702－0001050　344.53/971

陸軍軍刀詳晰圖說不分卷　（清）□□編　清
末中東石印局石印本　一冊

210000－0702－0001051　345/947

營城揭要二卷　（英國）儲意比撰　（英國）傅
蘭雅口譯　（清）徐壽筆述　清末江南製造總

局刻本　二冊

210000－0702－0001052　345.07/228－1

日本陸軍學校章程彙編　孟森譯述　清光緒
二十八年（1902）南洋公學譯書院鉛印本
四冊

210000－0702－0001053　345.07/228－2

日本陸軍學校章程彙編　孟森譯述　清光緒
二十八年（1902）南洋公學譯書院鉛印本
四冊

210000－0702－0001054　345.07/228－3

日本陸軍學校章程彙編　孟森譯述　清光緒
二十八年（1902）南洋公學譯書院鉛印本
四冊

210000－0702－0001055　345.07/228－4

日本陸軍學校章程彙編　孟森譯述　清光緒
二十八年（1902）南洋公學譯書院鉛印本
四冊

210000－0702－0001056　345.07/228－5

日本陸軍學校章程彙編　孟森譯述　清光緒
二十八年（1902）南洋公學譯書院鉛印本
四冊

210000－0702－0001057　345.07/228－6

日本陸軍學校章程彙編　孟森譯述　清末南
洋公學譯書院鉛印本　四冊

210000－0702－0001058　345.07/700

陸軍教育摘要　盧永銘譯述　清光緒二十八
年（1902）南洋公學譯書院鉛印本　二冊

210000－0702－0001059　345.07/705

江南陸師學堂武備課程二十九卷　（清）錢德
培編　清光緒二十五年（1899）江南陸師學堂
刻本　十六冊

210000－0702－0001060　345.1/805

憲兵教程纂要　（清）北洋陸軍編　清光緒三
十四年（1908）北洋陸軍編譯局鉛印本　一冊

210000－0702－0001061　345.1/945－1

列國陸軍制　（美國）歐潑登撰　（美國）林樂
知　（清）瞿昂來譯　清光緒刻本　三冊

210000 – 0702 – 0001062　345.1/945 – 2

**列國陸軍制**　（美國）歐潑登撰　（美國）林樂知　（清）瞿昂來譯　清光緒刻本　三冊

210000 – 0702 – 0001063　345.15/566 – 1

**美國陸軍制**　（清）葛勝芳譯述　清光緒南洋公學譯書院鉛印本　一冊

210000 – 0702 – 0001064　345.15/566 – 2

**美國陸軍制**　（清）葛勝芳譯述　清光緒南洋公學譯書院鉛印本　一冊

210000 – 0702 – 0001065　345.21/228 – 1

**步兵操典**　孟森譯述　清光緒三十年（1904）南洋公學譯書院鉛印本　二冊

210000 – 0702 – 0001066　345.21/228 – 2

**步兵操典**　孟森譯述　清光緒二十七年（1901）南洋公學譯書院鉛印本　二冊

210000 – 0702 – 0001067　345.21/641

**步兵工作教範**　樊炳清譯述　清光緒南洋公學譯書院鉛印本　一冊

210000 – 0702 – 0001068　345.21/904

**步兵部隊教練書**　孟森譯述　清光緒南洋公學譯書院鉛印本　二冊

210000 – 0702 – 0001069　345.21/933

**步兵戰鬥射擊教練書**　（日本）山根虎之助譯　清光緒南洋公學譯書院鉛印本　二冊

210000 – 0702 – 0001070　345.23/598

**礮學六種**　（清）趙鏡波等編輯　清光緒三十二年（1906）北洋陸軍編譯局石印本　六冊

210000 – 0702 – 0001071　345.23/938 – 1

**克虜伯礮說四卷克虜伯礮操法四卷**　（美國）金楷理口譯　（清）李鳳苞筆述　清末江南機器製造總局刻本　二冊

210000 – 0702 – 0001072　345.23/938 – 2

**克虜伯礮準心法一卷附圖一卷**　（美國）金楷理口譯　（清）李鳳苞筆述　清末江南製造總局刻本　二冊

210000 – 0702 – 0001073　345.24/908

**開地道轟藥法三卷**　（英國）武備工程學堂編

（英國）傅蘭雅口譯　汪振聲筆述　清光緒江南製造總局刻本　二冊

210000 – 0702 – 0001074　345.25/553

**輜重隊教練書四卷**　（清）靳策義撰　清光緒三十一年（1905）北洋陸軍學堂印書局石印本　四冊

210000 – 0702 – 0001075　345.3/942

**試驗德法陸路快礮綱要**　（清）□□編　清末鉛印本　一冊

210000 – 0702 – 0001076　346.3/407

**外國師船圖表十二卷**　（清）許景澄等編　清光緒二十二年（1896）浙江官書局石印本　四冊

210000 – 0702 – 0001077　348/941 – 1

**行軍測繪十卷首一卷**　（英國）連提撰　（英國）傅蘭雅口譯　（清）趙元益筆述　清光緒江南製造總局刻本　二冊

210000 – 0702 – 0001078　348/941 – 2

**行軍測繪十卷首一卷**　（英國）連提撰　（英國）傅蘭雅口譯　（清）趙元益筆述　清光緒二十三年（1897）小倉山房石印本　一冊

210000 – 0702 – 0001079　348/941 – 3

**行軍測繪十卷首一卷**　（英國）連提撰　（英國）傅蘭雅口譯　（清）趙元益筆述　清光緒二十三年（1897）小倉山房石印本　一冊

210000 – 0702 – 0001080　349/986

**忠武侯諸葛孔明先生全集二十卷**　（三國蜀）諸葛亮撰　清刻本　四冊　存九卷（火攻心法一、奇門遁甲一至六、武侯故事三至四）

210000 – 0702 – 0001081　349.1/375

**孫子十家註十三卷遺說一卷敘錄一卷**　（宋）吉天保輯　（清）孫星衍等校　清咸豐五年（1855）淡香齋木活字印本　六冊

210000 – 0702 – 0001082　349.1/393

**孫吳司馬瀘三種八卷**　（清）孫星衍輯　清光緒十五年（1889）浙江書局刻本　二冊

210000 – 0702 – 0001083　349.1/427 – 1

紀效新書十八卷首一卷　（明）戚繼光撰　清刻本　四冊

210000－0702－0001084　349.1/427－2
紀效新書十八卷首一卷　（明）戚繼光撰　清道光元年(1821)吳之勱刻本　六冊

210000－0702－0001085　349.1/491－1
尉繚子二卷　（戰國）尉繚撰　**素書一卷**（漢）黃石公撰　（宋）張商英注　**心書一卷**（三國蜀）諸葛亮撰　清光緒元年(1875)湖北崇文書局刻本　一冊

210000－0702－0001086　349.1/491－2
尉繚子二卷　（戰國）尉繚撰　**素書一卷**（漢）黃石公撰　（宋）張商英注　**心書一卷**（三國蜀）諸葛亮撰　清光緒元年(1875)湖北崇文書局刻本　一冊

210000－0702－0001087　349.1/491－3
尉繚子二卷　（戰國）尉繚撰　**素書一卷**（漢）黃石公撰　（宋）張商英注　**心書一卷**（三國蜀）諸葛亮撰　清光緒元年(1875)湖北崇文書局刻本　一冊

210000－0702－0001088　349.2/271－1
讀史兵略四十六卷　（清）胡林翼撰　清咸豐十一年(1861)武昌節署刻本　十六冊

210000－0702－0001089　349.2/271－2
讀史兵略四十六卷　（清）胡林翼撰　清咸豐十一年(1861)武昌節署刻本　十六冊

210000－0702－0001090　349.2/271－3
讀史兵略四十六卷　（清）胡林翼撰　清咸豐十一年(1861)武昌節署刻本　十六冊

210000－0702－0001091　349.2/271－4
讀史兵略四十六卷　（清）胡林翼撰　清咸豐十一年(1861)武昌節署刻本　十六冊

210000－0702－0001092　349.2/271－5
讀史兵略十二卷　（清）胡林翼撰　清光緒二十九年(1903)上海紹先書局石印本　十二冊

210000－0702－0001093　349.2/393－1
兵學新書十六卷　（清）徐建寅輯　清光緒二十四年(1898)刻本　八冊

210000－0702－0001094　349.2/393－2
兵學新書十六卷　（清）徐建寅輯　清光緒二十四年(1898)刻本　六冊　存十二卷（一至十二）

210000－0702－0001095　350.19/151－1
三通序不分卷　（清）蔣德鈞輯　清光緒二十七年(1901)上海文淵山房石印本　二冊

210000－0702－0001096　350.19/151－2
三通序不分卷　（清）蔣德鈞輯　清光緒二十七年(1901)上海文淵山房石印本　二冊

210000－0702－0001097　350.19/151－3
三通序不分卷　（清）蔣德鈞輯　清光緒二十七年(1901)上海文淵山房石印本　二冊

210000－0702－0001098　350.19/151－4
三通序不分卷　（清）蔣德鈞輯　清光緒二十七年(1901)上海文淵山房石印本　二冊

210000－0702－0001099　350.8/966－1
各國新政輯覽十二卷　（清）□□編　清光緒二十八年(1902)石印本　十二冊

210000－0702－0001100　350.8/966－2
各國新政輯覽十二卷　（清）□□編　清光緒二十八年(1902)石印本　十二冊

210000－0702－0001101　351.1/749－1
列國政要一百三十二卷　（清）戴鴻慈　（清）端方纂　清光緒三十三年(1907)上海商務印書館石印本　三十二冊

210000－0702－0001102　351.1/749－2
列國政要一百三十二卷　（清）戴鴻慈　（清）端方纂　清光緒三十三年(1907)上海商務印書館石印本　三十二冊

210000－0702－0001103　351.1/749－3
列國政要一百三十二卷　（清）戴鴻慈　（清）端方纂　清光緒三十三年(1907)上海商務印書館石印本　三十二冊

210000－0702－0001104　351.1/749－4
列國政要一百三十二卷　（清）戴鴻慈　（清）

端方纂　清光緒三十三年(1907)上海商務印書館石印本　三十二冊

210000 - 0702 - 0001105　351.1/749 - 5

**列國政要續編九十四卷**　（清）戴鴻慈　（清）端方纂　清宣統三年(1911)上海商務印書館石印本　三十二冊

210000 - 0702 - 0001106　351.11/48

**欽定大清會典一百卷首一卷**　（清）崑岡等纂修　清宣統元年(1909)上海商務印書館石印本　十冊

210000 - 0702 - 0001107　351.12/791 - 1

**日本新政考二卷**　（清）顧厚焜撰　清光緒十四年(1888)鉛印本　二冊

210000 - 0702 - 0001108　351.12/791 - 2

**日本新政考二卷**　（清）顧厚焜撰　清光緒十四年(1888)鉛印本　二冊

210000 - 0702 - 0001109　351.14/940

**英國通典二十卷**　（英國）高爾敦撰　許士熊譯　清光緒二十九年(1903)上海文明書局鉛印本　二冊

210000 - 0702 - 0001110　351.14/944

**英國樞政志十四卷**　（英國）圖雷爾撰　（清）南洋公學譯書院譯　清光緒二十八年(1902)南洋公學譯書院鉛印本　二冊

210000 - 0702 - 0001111　351.14/967

**考察英國政府臣民答問**　（清）考察英國憲政大臣譯　清末鉛印本　一冊

210000 - 0702 - 0001112　351.17/964 - 1

**比利時政治要覽**　（清）□□編　清光緒三十四年(1908)政治官報局鉛印本　一冊

210000 - 0702 - 0001113　351.17/964 - 2

**法國政治要覽**　（清）□□編　清光緒三十三年(1907)政治官報局鉛印本　一冊

210000 - 0702 - 0001114　351.2/428

**宦鄉要則七卷首一卷**　（清）張鑒瀛輯　清光緒十五年(1889)珍藝書局鉛印本　四冊

210000 - 0702 - 0001115　351.21/170 - 1

**實政錄七卷**　（明）呂坤撰　清同治十一年(1872)江蘇書局刻本　六冊

210000 - 0702 - 0001116　351.21/170 - 2

**實政錄七卷**　（明）呂坤撰　清同治七年(1868)湖北崇文書局刻本　四冊

210000 - 0702 - 0001117　351.21/975

**增修現行常例**　（清）□□纂　清光緒刻本　六冊

210000 - 0702 - 0001118　351.219/148 - 1

**通典二百卷**　（唐）杜佑撰　清同治十年(1871)廣東學海堂刻本　三十八冊　存一百九十四卷(七至二百)

210000 - 0702 - 0001119　351.219/148 - 2

**通典二百卷**　（唐）杜佑撰　清光緒二十七年(1901)貫吾齋石印本　八冊

210000 - 0702 - 0001120　351.219/350

**白虎通德論四卷**　（漢）班固撰　清光緒元年(1875)湖北崇文書局刻本　二冊

210000 - 0702 - 0001121　351.219/375 - 1

**周禮政要四卷**　（清）孫詒讓撰　清光緒二十八年(1902)瑞安普通學堂石印本　二冊

210000 - 0702 - 0001122　351.219/375 - 2

**周禮政要四卷**　（清）孫詒讓撰　清光緒三十年(1904)上海書局石印本　二冊

210000 - 0702 - 0001123　351.219/375 - 3

**周禮政要四卷**　（清）孫詒讓撰　清光緒三十年(1904)上海書局石印本　二冊

210000 - 0702 - 0001124　351.219/393

**欽定大清會典一百卷**　（清）崑岡等纂修　清光緒二十五年(1899)京師官書局石印本　二十四冊

210000 - 0702 - 0001125　351.219/401

**大清會典四卷**　（清）托津等纂修　清同治十一年(1872)湖北崇文書局刻本　四冊

210000 - 0702 - 0001126　351.219/420

**欽定續文獻通考二百五十卷**　（清）嵇璜等纂修　清光緒二十七年(1901)上海圖書集成局

鉛印本　三十六冊

210000 - 0702 - 0001127　351.219/463 - 1
**欽定大清會典一百卷首一卷**　（清）崑岡等纂修　清光緒二十五年(1899)石印本　三十六冊

210000 - 0702 - 0001128　351.219/463 - 2
**欽定大清會典圖二百七十卷首一卷**　（清）崑岡等纂修　清光緒二十五年(1899)石印本　七十四冊

210000 - 0702 - 0001129　351.219/463 - 3
**欽定大清會典事例一千二百二十卷目錄八卷**　（清）崑岡等纂修　清光緒十二年(1886)石印本　三百八十四冊

210000 - 0702 - 0001130　351.219/491 - 1
**歷代職官表六卷**　（清）黃本驥撰　清光緒八年(1882)上海王氏刻本　三冊

210000 - 0702 - 0001131　351.219/491 - 2
**歷代職官表六卷**　（清）黃本驥撰　清光緒二十五年(1899)刻本　三冊

210000 - 0702 - 0001132　351.219/513 - 1
**欽定周官義疏四十八卷首一卷**　（清）鄂爾泰等撰　清同治七年(1868)浙江巡撫李瀚章刻本　二十四冊

210000 - 0702 - 0001133　351.219/513 - 2
**欽定周官義疏四十八卷首一卷**　（清）鄂爾泰等撰　清同治七年(1868)浙江巡撫李瀚章刻本　二十四冊

210000 - 0702 - 0001134　351.219/513 - 3
**欽定周官義疏四十八卷首一卷**　（清）鄂爾泰等撰　清同治七年(1868)浙江巡撫李瀚章刻本　二十四冊

210000 - 0702 - 0001135　351.219/513 - 4
**欽定周官義疏四十八卷首一卷**　（清）鄂爾泰等撰　清同治七年(1868)浙江巡撫李瀚章刻本　二十四冊

210000 - 0702 - 0001136　351.219/513 - 5
**欽定周官義疏四十八卷首一卷**　（清）鄂爾泰

等撰　清同治七年(1868)浙江巡撫李瀚章刻本　二十四冊

210000 - 0702 - 0001137　351.219/513 - 6
**欽定周官義疏四十八卷首一卷**　（清）鄂爾泰等撰　清同治十年(1871)湖北崇文書局刻本　二十八冊

210000 - 0702 - 0001138　351.219/513 - 7
**欽定周官義疏四十八卷首一卷**　（清）鄂爾泰等撰　清光緒十四年(1888)江南書局刻本　二十六冊

210000 - 0702 - 0001139　351.219/513 - 8
**欽定周官義疏四十八卷首一卷**　（清）鄂爾泰等撰　清同治七年(1868)浙江巡撫李瀚章刻本　二十四冊

210000 - 0702 - 0001140　351.219/533 - 1
**皇朝通典一百卷**　（清）嵇璜等纂修　清光緒元年(1875)廣東學海堂刻本　八冊　存二十六卷(七十五至一百)

210000 - 0702 - 0001141　351.219/533 - 2
**欽定續通典一百五十卷**　（清）嵇璜等纂修　清光緒元年(1875)廣東學海堂刻本　二十四冊　存九十三卷(一至五十七、一百十五至一百五十)

210000 - 0702 - 0001142　351.219/533 - 3
**欽定續通典一百五十卷**　（清）嵇璜等纂修　清光緒十二年(1886)浙江書局刻本　四十冊

210000 - 0702 - 0001143　351.219/654
**獨斷一卷**　（漢）蔡邕撰　清光緒元年(1875)湖北崇文書局刻本　一冊

210000 - 0702 - 0001144　351.219/661
**附釋音周禮注疏四十二卷校勘記四十二卷**　（漢）鄭玄注　（唐）陸德明音義　（唐）賈公彥疏　清嘉慶二十年(1815)江西南昌府學刻本　九冊　存四十卷(一至二十、校勘記一至二十)

210000 - 0702 - 0001145　351.219/940
**大唐六典三十卷**　（唐）玄宗李隆基撰　（唐）

李林甫等注　清光緒二十一年(1895)廣雅書
局刻本　四冊

210000－0702－0001146　351.219/945－1
**皇朝政典觯要八卷**　(日本)增田貢撰　(清)
毛淦補編　清光緒二十七年(1901)知新書局
石印本　四冊

210000－0702－0001147　351.219/945－2
**皇朝政典觯要八卷**　(日本)增田貢撰　(清)
毛淦補編　清光緒二十七年(1901)知新書局
石印本　四冊

210000－0702－0001148　351.219/964－1
**六通訂誤六卷**　(清)席裕福撰　清光緒上海
圖書集成局鉛印本　二冊

210000－0702－0001149　351.219/964－2
**文獻通考紀要二卷**　(清)尹會一撰　清光緒
十一年(1885)薄圻但氏刻本　四冊

210000－0702－0001150　351.219/966－1
**欽定大清會典圖一百三十二卷目錄二卷**
(清)托津等纂修　清嘉慶十六年(1811)刻本
　三十冊　存一百四卷(一至四十、六十七至
一百三十)

210000－0702－0001151　351.219/966－2
**欽定大清會典八十卷**　(清)托津等纂修　清
嘉慶二十三年(1818)刻本　四十冊

210000－0702－0001152　351.219/966－3
**欽定大清會典事例九百二十卷目錄八卷**
(清)托津等纂修　清嘉慶二十三年(1818)刻
本　三百五十九冊

210000－0702－0001153　351.219/970
**袖珍爵秩全函三種十一卷**　(清)□□編　清
光緒至宣統榮錄堂刻本　十一冊

210000－0702－0001154　351.6/128
**欽定吏部處分則例五十二卷**　(清)□□纂
清光緒十三年(1887)刻本　二十四冊

210000－0702－0001155　351.8/148－1
**皇朝通志一百二十六卷**　(清)嵇璜等纂修
清光緒二十八年(1902)石印本　五冊

210000－0702－0001156　351.8/148－2
**皇朝通志一百二十六卷**　(清)嵇璜等纂修
清光緒二十八年(1902)石印本　五冊

210000－0702－0001157　351.8/148－3
**通典二百卷**　(唐)杜佑撰　清光緒二十七年
(1901)貫吾齋石印本　八冊

210000－0702－0001158　351.8/420－1
**皇朝通典一百卷**　(清)嵇璜等纂修　清光緒
石印本　六冊

210000－0702－0001159　351.8/420－2
**皇朝通典一百卷**　(清)嵇璜等纂修　清光緒
石印本　六冊

210000－0702－0001160　351.8/420－3
**欽定續通典一百五十卷**　(清)嵇璜等纂修
清光緒貫吾齋石印本　六冊

210000－0702－0001161　351.8/420－4
**欽定續通典一百五十卷**　(清)嵇璜等纂修
清光緒貫吾齋石印本　六冊

210000－0702－0001162　351.8/420－5
**皇朝文獻通考三百卷**　(清)嵇璜等纂修　清
光緒二十八年(1902)貫吾齋石印本　二十冊

210000－0702－0001163　351.8/420－6
**皇朝文獻通考三百卷**　(清)嵇璜等纂修　清
光緒二十八年(1902)貫吾齋石印本　十冊
存一百五十卷(一至一百五十)

210000－0702－0001164　351.8/420－7
**文獻通考三百四十八卷**　(元)馬端臨撰　清
光緒二十八年(1902)貫吾齋石印本　十冊
存一百五十四卷(一至一百五十四)

210000－0702－0001165　351.8/420－8
**皇朝通志一百二十六卷**　(清)嵇璜等纂修
清光緒二十七年(1901)上海圖書集成局鉛印
本　十二冊

210000－0702－0001166　351.8/674
**皇朝續文獻通考三百二十卷**　(清)劉錦藻撰
　清光緒三十一年(1905)堅匏盦鉛印本　八
十八冊

210000 – 0702 – 0001167　351.8/860

**九通全序不分卷**　（清）胡祥鑅撰　清光緒二十八年(1902)貫吾齋石印本　二冊

210000 – 0702 – 0001168　351.82/151

**李文忠公全書一百六十五卷**　（清）李鴻章撰　清光緒三十一年(1905)金陵刻本　七十冊　存一百十六卷(奏稿一至二十八、六十四至八十,電稿十至四十,朋僚函稿一至二十,譯署函稿一至二十)

210000 – 0702 – 0001169　351.82/211

**林文忠公政書三集三十七卷**　（清）林則徐撰　清末刻本　十冊

210000 – 0702 – 0001170　351.82/868

**新刻奏對合編三卷**　（清）□□輯　清光緒十九年(1893)刻本　二冊

210000 – 0702 – 0001171　351.9/964

**五大洲政治通考四十八卷**　題(清)急先務齋主人編　清光緒二十七年(1901)石印本　十二冊

210000 – 0702 – 0001172　351.91/271 – 1

**歷代政要表二卷**　（清）胡子清輯　清光緒二十九年(1903)長沙刻本　二冊

210000 – 0702 – 0001173　351.91/271 – 2

**歷代政要表二卷**　（清）胡子清輯　清光緒二十九年(1903)長沙刻本　二冊

210000 – 0702 – 0001174　352.11/72

**欽定訓飭州縣規條不分卷**　（清）田文鏡撰　清光緒元年(1875)湖南荷池書局刻本　一冊

210000 – 0702 – 0001175　352.11/228 – 1

**地方自治淺説不分卷**　孟森撰　清光緒三十四年(1908)上海商務印書館鉛印本　一冊

210000 – 0702 – 0001176　352.11/228 – 2

**地方自治淺説不分卷**　孟森撰　清光緒三十四年(1908)上海商務印書館鉛印本　一冊

210000 – 0702 – 0001177　352.11/228 – 3

**地方自治淺説不分卷**　孟森撰　清光緒三十四年(1908)上海商務印書館鉛印本　一冊

210000 – 0702 – 0001178　352.11/228 – 4

**地方自治淺説不分卷**　孟森撰　清光緒三十四年(1908)上海商務印書館鉛印本　一冊

210000 – 0702 – 0001179　352.11/228 – 5

**地方自治淺説不分卷**　孟森撰　清宣統三年(1911)上海商務印書館鉛印本　一冊

210000 – 0702 – 0001180　352.11/836 – 1

**江蘇省例四編**　（清）□□編　清同治八年至光緒十六年(1869 – 1890)江蘇書局刻本　十二冊

210000 – 0702 – 0001181　352.11/836 – 2

**江蘇省例四編**　（清）□□編　清同治八年至光緒十六年(1869 – 1890)江蘇書局刻本　十二冊

210000 – 0702 – 0001182　352.41/969 – 1

**奏定巡警部章程**　（清）□□篆　清光緒三十一年(1905)刻本　一冊

210000 – 0702 – 0001183　352.41/969 – 2

**奏定巡警部章程**　（清）□□篆　清光緒三十一年(1905)刻本　一冊

210000 – 0702 – 0001184　352.9/21 – 1

**地方自治制度不分卷**　王鴻年撰　清光緒三十三年(1907)江蘇翰墨林編譯印書局鉛印本　四冊

210000 – 0702 – 0001185　352.9/21 – 2

**地方自治制度不分卷**　王鴻年撰　清光緒三十三年(1907)江蘇翰墨林編譯印書局鉛印本　四冊

210000 – 0702 – 0001186　352.91/151

**海參崴公董局城治章程**　李家鏊譯　清光緒二十九年(1903)上海商務印書館鉛印本　一冊

210000 – 0702 – 0001187　352.91/393 – 1

**東督徐尚書東三省治盜記不分卷**　徐世昌撰　清宣統元年(1909)鉛印本　一冊

210000 – 0702 – 0001188　352.91/393 – 2

**東督徐尚書東三省治盜記不分卷**　徐世昌撰

清宣統元年(1909)鉛印本　一冊

210000－0702－0001189　352.91/966－1

**吉林全省地方自治籌辦處第一次報告書三卷**
（清）□□輯　清宣統二年(1910)鉛印本
三冊

210000－0702－0001190　352.91/966－2

**吉林調查局文報初編不分卷**　（清）吉林調查
局編　清宣統二年(1910)吉林官書刷印局鉛
印本　三冊

210000－0702－0001191　352.91/966－3

**吉林調查局文報初編不分卷**　（清）吉林調查
局編　清宣統二年(1910)吉林官書刷印局鉛
印本　三冊

210000－0702－0001192　352.91/966－4

**吉林農安戊巳政治報告書四卷**　壽鵬飛輯
清宣統二年(1910)吉林官書局鉛印本　四冊

210000－0702－0001193　352.91/973

**農安縣戊申報告書**　李澍恩輯　清宣統元年
(1909)吉林印書館鉛印本　一冊

210000－0702－0001194　354/228－1

**城鎮鄉地方自治宣講書**　孟昭常撰　清宣統
元年(1909)上海中新書局鉛印本　一冊

210000－0702－0001195　354/228－2

**城鎮鄉地方自治宣講書**　孟昭常撰　清宣統
元年(1909)上海中新書局鉛印本　一冊

210000－0702－0001196　354.1/970

**欽定府廳州縣地方自治章程暨選舉章程**　奕
劻等撰　清宣統元年(1909)鉛印本　一冊

210000－0702－0001197　354.1/976

**憲政編查館奏核訂京師地方自治章程暨選舉
章程摺併單**　（清）□□纂　清宣統元年
(1909)鉛印本　一冊

210000－0702－0001198　354.11/128－1

**城鎮鄉地方自治章程表**　（清）沈爾昌編纂
清宣統元年(1909)上海中新書局鉛印本
一冊

210000－0702－0001199　354.11/128－2

**城鎮鄉地方自治章程表**　（清）沈爾昌編纂
清宣統元年(1909)上海中新書局鉛印本
一冊

210000－0702－0001200　354.11/834－1

**奏定城鎮鄉地方自治並選舉章程不分卷**
（清）民政部編　清光緒三十四年(1908)中國
圖書公司鉛印本　一冊

210000－0702－0001201　354.11/834－2

**奏定城鎮鄉地方自治並選舉章程不分卷**
（清）民政部編　清光緒三十四年(1908)中國
圖書公司鉛印本　一冊

210000－0702－0001202　354.11/834－3

**奏定城鎮鄉地方自治並選舉章程不分卷**
（清）民政部編　清光緒三十四年(1908)中國
圖書公司鉛印本　一冊

210000－0702－0001203　360.1/21

**奉天高等巡警學堂簡易科講義六種**　（清）奉
天高等巡警學堂編輯　清宣統二年(1910)奉
天太古山房鉛印本　六冊

210000－0702－0001204　360.1/428－1

**萬法精理不分卷**　（法國）孟德斯鳩撰　張相
文譯　清光緒二十九年(1903)上海文明書局
鉛印本　五冊

210000－0702－0001205　360.1/428－2

**萬法精理不分卷**　（法國）孟德斯鳩撰　張相
文譯　清光緒二十九年(1903)上海文明書局
鉛印本　五冊

210000－0702－0001206　360.1/933

**國憲汎論三卷**　（日本）小野梓撰　（清）陳鵬
譯　清光緒二十九年(1903)上海廣智書局鉛
印本　三冊

210000－0702－0001207　360.2/674

**讀律心得三卷蜀僚問答二卷附漁洋山人手鏡
一卷代直隸總督勸諭牧文一卷**　（清）劉衡撰
清同治七年(1868)楚北崇文書局刻本
一冊

210000－0702－0001208　360.21/869

大清現行刑律案語不分卷　沈家本等編輯
清末鉛印本　十五冊

210000－0702－0001209　360.219/208－1
故唐律疏議三十卷音義一卷洗冤錄五卷
（唐）長孫無忌等撰　清光緒十七年（1891）刻
本　八冊

210000－0702－0001210　360.219/208－2
故唐律疏議三十卷音義一卷洗冤錄五卷
（唐）長孫無忌等撰　清光緒十七年（1891）刻
本　八冊

210000－0702－0001211　360.219/332
大清律例彙輯便覽四十卷附二卷　（清）刑部
制訂　清同治十一年（1872）湖北讞局刻本
二十八冊

210000－0702－0001212　360.219/449
大清律例增修統纂集成四十卷附督捕則例二
卷　（清）姚潤輯　（清）陶駿　（清）陶念霖
增修　清光緒二十七年（1901）浙江汲綆書莊
刻本　二十四冊

210000－0702－0001213　360.219/841－1
大清光緒新法令不分卷　上海商務印書館編
　清宣統元年（1909）上海商務印書館鉛印本
二十冊

210000－0702－0001214　360.219/841－2
大清光緒新法令不分卷　上海商務印書館編
　清宣統元年（1909）上海商務印書館鉛印本
十五冊　缺第二函五冊

210000－0702－0001215　360.219/841－3
大清宣統新法令不分卷　上海商務印書館編
譯所編　清宣統二年（1910）上海商務印書館
鉛印本　十冊

210000－0702－0001216　360.219/869
大清法規大全（光緒辛丑迄宣統己酉）一百五
十八卷首十二卷　（清）上海政學社編　清宣
統元年（1909）上海政學社石印　四十二冊

210000－0702－0001217　360.22/674－1
新譯日本法規大全　錢恂　董鴻褘編　清光

緒三十三年（1907）上海商務印書館鉛印本
八十一冊

210000－0702－0001218　360.22/674－2
新譯日本法規大全　錢恂　董鴻褘編　清光
緒三十三年（1907）上海商務印書館鉛印本
八十一冊

210000－0702－0001219　360.22/674－3
新譯日本法規大全　錢恂　董鴻褘編　清光
緒三十三年（1907）上海商務印書館鉛印本
八十一冊

210000－0702－0001220　360.22/674－4
新譯日本法規大全　錢恂　董鴻褘編　清光
緒三十三年（1907）上海商務印書館鉛印本
八十一冊

210000－0702－0001221　360.22/705
日本法規解字　錢恂　董鴻褘編纂　清光緒
三十三年（1907）上海商務印書館鉛印本
一冊

210000－0702－0001222　360.27/968
法國律例三卷　（□）□□編　清光緒二十四
年（1898）石印本　十二冊

210000－0702－0001223　360.7/936－1
法律學研究術　（日本）安西與四郎講述
（日本）山田義莊筆記　清末傳經樓刻本
一冊

210000－0702－0001224　360.7/936－2
法律學研究術　（日本）安西與四郎講述
（日本）山田義莊筆記　清末傳經樓刻本
一冊

210000－0702－0001225　360.83/963－1
大清律例增修統纂集成四十卷附督捕則例二
卷　（清）姚潤輯　（清）陶駿　（清）陶念霖
增修　清光緒三十三年（1907）上海文淵山房
鉛印本　二十四冊

210000－0702－0001226　360.83/963－2
大清律例彙輯便覽四十卷附督捕則例二卷秋
審實緩比較彙案一卷五軍道里表二卷三流道

里表二卷 （清）三泰等纂 清光緒三年(1877)浙江讀律山館刻本 二十七冊 缺十卷(八至十七)

210000－0702－0001227 360.9/947－1

**歐洲列國變法史二十一卷附校勘記一卷** (法國)賽那布撰 （美國）麥克範原譯 許士熊譯 清光緒二十九年(1903)上海文明書局鉛印本 八冊

210000－0702－0001228 360.9/947－2

**歐洲列國變法史二十一卷附校勘記一卷** (法國)賽那布撰 （美國）麥克範原譯 許士熊譯 清光緒二十九年(1903)上海文明書局鉛印本 八冊

210000－0702－0001229 360.9/947－3

**歐洲列國變法史二十一卷附校勘記一卷** (法國)賽那布撰 （美國）麥克範原譯 許士熊譯 清光緒二十九年(1903)上海文明書局鉛印本 八冊

210000－0702－0001230 360.9/947－4

**歐洲列國變法史二十一卷附校勘記一卷** (法國)賽那布撰 （美國）麥克範原譯 許士熊譯 清光緒二十九年(1903)上海文明書局鉛印本 八冊

210000－0702－0001231 361.2/935

**比較國法學** （日本)末岡精一撰 商務印書館編譯所譯 清光緒三十二年(1906)上海商務印書館鉛印本 一冊

210000－0702－0001232 361.5/940－1

**各國憲法源泉三種合編** （德國)挨里捏克撰 （日本)美濃部達吉譯 （清）林萬里 (清)陳承澤重譯 清光緒三十四年(1908)上海中國圖書公司鉛印本 一冊

210000－0702－0001233 361.5/940－2

**各國憲法源泉三種合編** （德國)挨里捏克撰 （日本)美濃部達吉譯 （清）林萬里 (清)陳承澤重譯 清光緒三十四年(1908)上海中國圖書公司鉛印本 一冊

210000－0702－0001234 361.52/948－1

**日本憲政略論** （日本)金子堅太郎述 清光緒政治官報局鉛印本 一冊

210000－0702－0001235 361.52/948－2

**日本憲法說明書** （日本)穗積八束撰 清光緒三十三年(1907)政治官報局鉛印本 一冊

210000－0702－0001236 361.52/948－3

**日本憲法說明書** （日本)穗積八束撰 清光緒三十三年(1907)政治官報局鉛印本 一冊

210000－0702－0001237 361.52/964

**日本憲法疏證四卷附皇室典範一卷** 載澤等撰 清光緒三十四年(1908)政治官報局鉛印本 二冊

210000－0702－0001238 361.55/406

**美國憲法** 章宗元譯 清光緒二十八年(1902)上海文明書局鉛印本 一冊

210000－0702－0001239 361.94/938－1

**英國憲法史** （日本)松平康國撰 麥孟華譯述 清光緒二十九年(1903)上海廣智書局鉛印本 三冊

210000－0702－0001240 361.94/938－2

**英國憲法史** （日本)松平康國撰 麥孟華譯述 清光緒二十九年(1903)上海廣智書局鉛印本 三冊

210000－0702－0001241 361.94/938－3

**英國憲法史** （日本)松平康國撰 麥孟華譯述 清光緒二十九年(1903)上海廣智書局鉛印本 三冊

210000－0702－0001242 362.1/713

**明刑管見錄一卷** （清）穆翰撰 清光緒三十年(1904)浙江官書局刻本 一冊

210000－0702－0001243 362.11/970－1

**核訂現行刑律不分卷** 奕劻等編輯 清宣統元年(1909)鉛印本 四冊

210000－0702－0001244 362.11/970－2

**修正刑律案語二編** （清）修正法律館撰 清宣統元年(1909)修正法律館鉛印本 四冊

210000－0702－0001245 362.17/968

**法國律例三卷** （□）□□編　清光緒二十四年（1898）石印本　十二冊

210000－0702－0001246　362.19/944

**印度刑律二卷註一卷** （印度）嘉托瑪　（印度）美巴理撰　（英國）山雅各口譯　邱起霖筆述　清光緒二十九年（1903）上海廣學會鉛印本　三冊

210000－0702－0001247　362.31/128－1

**大清現行刑律案語不分卷** 沈家本等編輯　清宣統元年（1909）法律館鉛印本　十六冊

210000－0702－0001248　362.31/128－2

**大清現行刑律案語不分卷** 沈家本等編輯　清宣統元年（1909）法律館鉛印本　四十八冊

210000－0702－0001249　362.31/128－3

**大清現行刑律案語不分卷** 沈家本等編輯　清宣統元年（1909）法律館鉛印本　四十八冊

210000－0702－0001250　362.31/393

**名法指掌四卷** （清）沈辛田輯　清同治九年（1870）湖北崇文書局刻本　四冊

210000－0702－0001251　364.1/971

**商部奏定商律章程彙編不分卷** 載振等編　清光緒二十九年（1903）鉛印本　一冊

210000－0702－0001252　366/271－1

**西例便覽五卷** 胡禮垣譯著　（清）馮鈞葆編　清光緒二十二年（1896）上海管可壽齋石印本　四冊

210000－0702－0001253　366/271－2

**西例便覽五卷** 胡禮垣譯著　（清）馮鈞葆編　清光緒二十二年（1896）上海管可壽齋石印本　四冊

210000－0702－0001254　366.1/117

**駁案彙編新編三十二卷續編七卷秋審比較彙案二卷** （清）全士潮等纂輯　清光緒九年（1883）上海圖書集成局鉛印本　十二冊

210000－0702－0001255　366.1/345

**刑案匯覽六十卷首一卷末一卷新增刑案匯覽十六卷首一卷續增刑案匯覽十六卷** （清）祝

慶祺等輯　清光緒上海圖書集成局鉛印本　四十冊

210000－0702－0001256　366.1/641－1

**樊山政書二十卷** 樊增祥撰　清宣統二年（1910）上海政學社鉛印本　十冊

210000－0702－0001257　366.1/641－2

**樊山政書二十卷** 樊增祥撰　清宣統二年（1910）上海政學社鉛印本　五冊　存十卷（十一至二十）

210000－0702－0001258　367/808

**奉天省各級審判檢察廳光緒三十四年統計書不分卷** 高等審判檢察廳編纂　清宣統元年（1909）奉天太古山房鉛印本　一冊

210000－0702－0001259　367.4/622－1

**歐美日本審判廳編制法通義二卷** 潘承鍔編輯　朱壽朋校訂　清宣統元年（1909）上海中國圖書公司鉛印本　一冊

210000－0702－0001260　367.4/622－2

**歐美日本審判廳編制法通義二卷** 潘承鍔編輯　朱壽朋校訂　清宣統元年（1909）上海中國圖書公司鉛印本　一冊

210000－0702－0001261　367.52/21－1

**日本監獄實務** 王元增撰　清光緒三十四年（1908）江蘇嘉定教育會石印本　一冊

210000－0702－0001262　367.52/21－2

**日本監獄實務** 王元增撰　清光緒三十四年（1908）江蘇嘉定教育會石印本　一冊

210000－0702－0001263　367.8/21－1

**重刊補註洗冤錄集證五卷附錄二卷** （宋）宋慈輯　（清）王又槐增輯　（清）李觀瀾補輯　（清）阮其新補註　清光緒三十二年（1906）上海通時書局石印本　五冊

210000－0702－0001264　367.8/21－2

**重刊補註洗冤錄集證五卷附錄二卷** （宋）宋慈輯　（清）王又槐增輯　（清）李觀瀾補輯　（清）阮其新補註　清光緒三十二年（1906）上海通時書局石印本　五冊

210000－0702－0001265　367.8/407

**洗冤錄詳義四卷首一卷** （宋）宋慈輯 （清）許槤詳義 清光緒十六年（1890）湖北官書處刻本 四冊

210000－0702－0001266　367.8/566

**洗冤錄摭遺二卷補一卷** （清）葛元煦輯 （清）張開運輯補 清光緒十六年（1890）湖北官書處刻本 二冊

210000－0702－0001267　367.8/943

**法律醫學二十四卷首一卷附一卷** （英國）該惠連 （英國）弗里愛撰 （英國）傅蘭雅口譯 （清）趙元益筆述 清光緒二十五年（1899）江南製造局刻本 十冊

210000－0702－0001268　368.1/932－1

**公法便覽四卷總論一卷續卷一卷** （美國）吳爾璽撰 （美國）丁韙良譯 清光緒三年（1877）同文館鉛印本 六冊

210000－0702－0001269　368.1/932－2

**公法便覽四卷總論一卷續卷一卷** （美國）吳爾璽撰 （美國）丁韙良譯 清光緒三年（1877）同文館鉛印本 六冊

210000－0702－0001270　368.1/932－3

**公法便覽四卷總論一卷續卷一卷** （美國）吳爾璽撰 （美國）丁韙良譯 清光緒三年（1877）同文館鉛印本 六冊

210000－0702－0001271　368.1/932－4

**萬國公法四卷** （美國）丁韙良譯 清同治三年（1864）鉛印本 四冊

210000－0702－0001272　368.1/932－5

**萬國公法四卷** （美國）丁韙良譯 清同治三年（1864）鉛印本 四冊

210000－0702－0001273　368.1/932－6

**萬國公法四卷** （美國）丁韙良譯 清同治三年（1864）鉛印本 四冊

210000－0702－0001274　368.1/932－7

**萬國公法會通十卷** （德國）步倫撰 （美國）丁韙良譯 清光緒二十二年（1896）上海飛鴻閣石印本 四冊

210000－0702－0001275　368.1/932－8

**公法會通十卷** （德國）步倫撰 （美國）丁韙良譯 清光緒二十五年（1899）上海美華書館鉛印本 一冊

210000－0702－0001276　368.1/932－9

**公法會通十卷** （德國）步倫撰 （美國）丁韙良譯 清光緒二十五年（1899）上海美華書館鉛印本 一冊

210000－0702－0001277　368.1/932－10

**公法會通十卷** （德國）步倫撰 （美國）丁韙良譯 清光緒二十四年（1898）北洋書局鉛印本 五冊

210000－0702－0001278　368.1/932－11

**公法新編四卷** （美國）丁韙良編譯 清光緒二十九年（1903）上海廣學會鉛印本 二冊

210000－0702－0001279　368.1/942－1

**各國交涉公法論三集十六卷校勘記一卷英國水師律例四卷** （英國）費利摩羅巴德撰 （英國）傅蘭雅口譯 清光緒富強齋鉛印本 八冊

210000－0702－0001280　368.1/942－2

**各國交涉公法論三集十六卷校勘記一卷公法總論一卷** （英國）費利摩羅巴德撰 （英國）傅蘭雅口譯 清光緒二十二年（1896）上瀚小倉山房鉛印本 八冊

210000－0702－0001281　368.1/942－3

**各國交涉公法論三集十六卷校勘記一卷公法總論一卷** （英國）費利摩羅巴德撰 （英國）傅蘭雅口譯 清光緒二十二年（1896）上瀚小倉山房鉛印本 八冊

210000－0702－0001282　368.1/942－4

**各國交涉公法論三集十六卷校勘記一卷公法總論一卷** （英國）費利摩羅巴德撰 （英國）傅蘭雅口譯 清光緒二十二年（1896）上瀚小倉山房鉛印本 八冊

210000－0702－0001283　368.4/122

改訂俄約調查綱目表不分卷附條約異同表
宋小濂等編　清宣統二年(1910)鉛印本
一冊

210000－0702－0001284　368.4/151－1
**通商條約章程成案彙編三十卷**　（清）李鴻章
撰　清光緒十二年(1886)鉛印本　十二冊

210000－0702－0001285　368.4/151－2
**通商條約章程成案彙編三十卷**　（清）李鴻章
撰　清光緒十二年(1886)鉛印本　十二冊

210000－0702－0001286　368.4/151－3
**通商條約章程成案彙編三十卷**　（清）李鴻章
撰　清光緒十二年(1886)鉛印本　十二冊

210000－0702－0001287　368.4/434－1
**新纂約章大全七十三卷**　（清）陸鳳石纂　清
宣統元年(1909)上海崇義堂石印本　四十
八冊

210000－0702－0001288　368.4/434－2
**新纂約章大全七十三卷**　（清）陸鳳石纂　清
宣統元年(1909)上海崇義堂石印本　四十
八冊

210000－0702－0001289　368.4/434－3
**新纂約章大全七十三卷**　（清）陸鳳石纂　清
宣統元年(1909)上海崇義堂石印本　四十七
冊　缺一卷(八)

210000－0702－0001290　368.4/434－4
**新纂約章大全續編**　（清）陸鳳石纂　清宣統
二年(1910)上海崇義堂石印本　二冊

210000－0702－0001291　368.4/434－5
**新纂約章大全續編**　（清）陸鳳石纂　清宣統
二年(1910)上海崇義堂石印本　二冊

210000－0702－0001292　368.4/434－6
**新纂約章大全續編**　（清）陸鳳石纂　清宣統
二年(1910)上海崇義堂石印本　二冊

210000－0702－0001293　368.4/575－1
**中俄界記二卷附中俄交界全圖十六幅**　（清）
鄒代鈞撰　（清）曾寅增圖　清宣統三年
(1911)武昌亞新地學社鉛印本　二冊

210000－0702－0001294　368.4/575－2
**中俄界記二卷附中俄交界全圖十六幅**　（清）
鄒代鈞撰　（清）曾寅增圖　清宣統三年
(1911)武昌亞新地學社鉛印本　二冊

210000－0702－0001295　368.4/575－3
**中俄界記二卷附中俄交界全圖十六幅**　（清）
鄒代鈞撰　（清）曾寅增圖　清宣統三年
(1911)武昌亞新地學社鉛印本　一冊　缺一
冊(下)

210000－0702－0001296　368.4/674
**中俄界約斠注七卷首一卷**　錢恂撰　清光緒
二十年(1894)上海醉六堂刻本　二冊

210000－0702－0001297　368.4/741
**約章成案匯覽甲篇十卷**　（清）北洋洋務局纂
輯　清光緒三十一年(1905)上海點石齋石印
本　十冊

210000－0702－0001298　368.4/805
**光緒丙午年交涉要覽三篇六卷**　（清）北洋洋
務局纂輯　清光緒三十四年(1908)北洋官報
局鉛印本　六冊

210000－0702－0001299　368.4/964－1
**中日通商行船條約**　盛宣懷編纂　清光緒二
十九年(1903)刻本　一冊

210000－0702－0001300　368.4/964－2
**中日通商行船條約**　盛宣懷編纂　清光緒二
十九年(1903)刻本　一冊

210000－0702－0001301　368.4/964－3
**中外約章纂新十卷**　（清）上海時中書局編
清光緒三十二年(1906)上海時中書局鉛印本
十冊

210000－0702－0001302　368.6/834－1
**丁未和會類要四卷**　（清）□□輯　清光緒三
十四年(1908)上海中國圖書公司鉛印本
四冊

210000－0702－0001303　368.6/834－2
**丁未和會類要四卷**　（清）□□輯　清光緒三
十四年(1908)上海中國圖書公司鉛印本

四冊

210000－0702－0001304　368.6/834－3
**丁未和會類要四卷**　（清）□□輯　清光緒三十四年（1908）上海中國圖書公司鉛印本　四冊

210000－0702－0001305　368.6/834－4
**丁未和會類要四卷**　（清）□□輯　清光緒三十四年（1908）上海中國圖書公司鉛印本　四冊

210000－0702－0001306　369.2/428－1
**漢律類纂不分卷**　張鵬一纂　清光緒三十三年（1907）奉天格致學堂鉛印本　一冊

210000－0702－0001307　369.2/428－2
**漢律類纂不分卷**　張鵬一纂　清光緒三十三年（1907）奉天格致學堂鉛印本　一冊

210000－0702－0001308　369.2/428－3
**漢律類纂不分卷**　張鵬一纂　清光緒三十三年（1907）奉天格致學堂鉛印本　一冊

210000－0702－0001309　369.2/535
**大清律例歌訣二卷附大清命盜摘要一卷洗冤錄歌訣一卷急救方一卷檢驗雜説一卷七殺式附一卷**　（清）程夢元編　清光緒五年（1879）湖北書局刻本　二冊

210000－0702－0001310　369.2/809－1
**大清刑律分則草案不分卷**　（清）法律館編　清光緒三十三年（1907）法律館鉛印本　一冊

210000－0702－0001311　369.2/809－2
**大清刑律分則草案不分卷**　（清）法律館編　清光緒三十三年（1907）法律館鉛印本　一冊

210000－0702－0001312　369.2/809－3
**大清刑律分則草案不分卷**　（清）法律館編　清光緒三十三年（1907）法律館鉛印本　一冊

210000－0702－0001313　369.2/809－4
**大清刑律分則草案不分卷**　（清）法律館編　清光緒三十三年（1907）法律館鉛印本　一冊

210000－0702－0001314　369.92/941－1
**日本明治法制史**　（日本）清浦奎吾原著　商務印書館譯　清光緒二十九年（1903）上海商務印書館鉛印本　一冊

210000－0702－0001315　369.92/941－2
**日本明治法制史**　（日本）清浦奎吾原著　商務印書館譯　清光緒二十九年（1903）上海商務印書館鉛印本　一冊

210000－0702－0001316　369.92/941－3
**日本明治法制史**　（日本）清浦奎吾原著　商務印書館譯　清光緒二十九年（1903）上海商務印書館鉛印本　一冊

210000－0702－0001317　370.1/441－1
**養正遺規摘鈔一卷補鈔一卷**　（清）陳宏謀編輯　清同治七年（1868）楚北崇文書局刻本　一冊

210000－0702－0001318　370.1/441－2
**養正遺規摘鈔一卷補鈔一卷**　（清）陳宏謀編輯　清同治七年（1868）楚北崇文書局刻本　一冊

210000－0702－0001319　370.1/441－3
**養正遺規摘鈔一卷補鈔一卷**　（清）陳宏謀編輯　清同治七年（1868）楚北崇文書局刻本　一冊

210000－0702－0001320　370.1/650－1
**教育學不分卷**　商務印書館編譯所編纂　清光緒三十三年（1907）上海商務印書館鉛印本　一冊

210000－0702－0001321　370.1/650－2
**教育學不分卷**　商務印書館編譯所編纂　清光緒三十三年（1907）上海商務印書館鉛印本　一冊

210000－0702－0001322　370.1/650－3
**教育學不分卷**　商務印書館編譯所編纂　清光緒三十三年（1907）上海商務印書館鉛印本　一冊

210000－0702－0001323　370.1/775
**教育世界六十八卷**　羅振玉輯　清光緒二十七年至二十九年（1901－1903）教育世界出版

社石印本　十二冊

210000－0702－0001324　370.1/934
**普通教育學要義二卷**　（日本）中島半次郎撰
田吳焌譯　清光緒二十九年（1903）刻本
二冊

210000－0702－0001325　370.1/935－1
**肄業要覽一卷**　（英國）史本守撰　（清）顏永
京譯　清光緒二十一年（1895）上海格致書室
鉛印本　一冊

210000－0702－0001326　370.1/935－2
**肄業要覽一卷**　（英國）史本守撰　（清）顏永
京譯　清光緒二十一年（1895）上海格致書室
鉛印本　一冊

210000－0702－0001327　370.1/935－3
**肄業要覽一卷**　（英國）史本守撰　（清）顏永
京譯　清光緒二十一年（1895）上海格致書室
鉛印本　一冊

210000－0702－0001328　370.1/940
**國民教育論不分卷**　（日本）浮田和民撰
（清）沅蘪生譯　清光緒三十二年（1906）上海
商務印書館鉛印本　一冊

210000－0702－0001329　370.7/311
**單級教授法講義不分卷**　侯鴻鑑編輯　清宣
統三年（1911）上海中國圖書公司鉛印本
一冊

210000－0702－0001330　370.8/300
**普通百科全書一百編**　范迪吉譯　清光緒二
十九年（1903）上海會文學社石印本　一百冊

210000－0702－0001331　370.8/940－1
**教育叢書初集十一種**　羅振玉輯　清光緒二
十七年（1901）教育世界出版所刻本　十冊

210000－0702－0001332　370.8/940－2
**教育叢書初集十一種**　羅振玉輯　清光緒二
十七年（1901）教育世界出版所刻本　十冊

210000－0702－0001333　370.8/940－3
**教育叢書初集十一種**　羅振玉輯　清光緒二
十七年（1901）教育世界出版所刻本　十冊

210000－0702－0001334　370.8/940－4
**教育叢書初集十一種**　羅振玉輯　清光緒二
十七年（1901）教育世界出版所刻本　十冊

210000－0702－0001335　370.8/940－5
**教育叢書初集十一種**　羅振玉輯　清光緒二
十七年（1901）教育世界出版所刻本　十冊

210000－0702－0001336　370.8/940－6
**教育叢書初集十一種**　羅振玉輯　清光緒二
十七年（1901）教育世界出版所刻本　十冊

210000－0702－0001337　370.8/940－7
**教育叢書初集十一種**　羅振玉輯　清光緒二
十七年（1901）教育世界出版所刻本　八冊
存九種（內外教育小史、國民教育資料、學校
管理法、學校衛生學、算術條目及教授法、法
國鄉學章程、十九世紀教育史、日本教育家福
澤諭吉傳、日本文部省沿革略）

210000－0702－0001338　370.8/940－8
**教育叢書二集十五種**　羅振玉輯　清光緒教
育世界社石印本　十冊

210000－0702－0001339　370.8/940－9
**教育叢書二集十五種**　羅振玉輯　清光緒教
育世界社石印本　十冊

210000－0702－0001340　370.8/940－10
**教育叢書二集十五種**　羅振玉輯　清光緒教
育世界社石印本　十冊

210000－0702－0001341　370.8/940－11
**教育叢書二集十五種**　羅振玉輯　清光緒教
育世界社石印本　十冊

210000－0702－0001342　370.8/940－12
**教育叢書二集十五種**　羅振玉輯　清光緒教
育世界社石印本　十冊

210000－0702－0001343　370.8/940－13
**教育叢書二集十五種**　羅振玉輯　清光緒教
育世界社石印本　十冊

210000－0702－0001344　370.8/940－14
**教育叢書二集十五種**　羅振玉輯　清光緒教
育世界社石印本　十冊

210000 – 0702 – 0001345　370.8/940 – 15

**教育叢書三集十一種**　羅振玉輯　清光緒教育世界社石印本　十冊

210000 – 0702 – 0001346　370.8/940 – 16

**教育叢書三集十一種**　羅振玉輯　清光緒教育世界社石印本　十冊

210000 – 0702 – 0001347　370.8/940 – 17

**教育叢書三集十一種**　羅振玉輯　清光緒教育世界社石印本　十冊

210000 – 0702 – 0001348　370.8/940 – 18

**小題三萬選**　（□）□□編　清光緒石印本　十六冊　存十六冊（十二至十三、十五至十六、十九至二十、三十一至四十）

210000 – 0702 – 0001349　370.8/940 – 19

**大題三萬選**　（□）□□編　清光緒石印本　十一冊　存十一冊（四十九至五十九）

210000 – 0702 – 0001350　370.9/393

**支那教學史略三卷**　（日本）狩野良知撰　清光緒二十九年(1903)上海商務印書館鉛印本　一冊

210000 – 0702 – 0001351　370.9/841 – 1

**教育史不分卷**　商務印書館編譯所編纂　清光緒三十一年(1905)上海商務印書館鉛印本　一冊

210000 – 0702 – 0001352　370.9/841 – 2

**教育史不分卷**　商務印書館編譯所編纂　清光緒三十三年(1907)上海商務印書館鉛印本　一冊

210000 – 0702 – 0001353　370.9/841 – 3

**教育史不分卷**　商務印書館編譯所編纂　清光緒三十三年(1907)上海商務印書館鉛印本　一冊

210000 – 0702 – 0001354　370.9/841 – 4

**教育史不分卷**　商務印書館編譯所編纂　清光緒三十三年(1907)上海商務印書館鉛印本　一冊

210000 – 0702 – 0001355　370.92/964

**日本文部省沿革略**　（清）教育世界社譯　清光緒教育世界出版所刻本　一冊

210000 – 0702 – 0001356　371.11/473 – 1

**欽定學政全書八十六卷首一卷**　（清）恭阿拉纂　清嘉慶十七年(1812)刻本　十六冊

210000 – 0702 – 0001357　371.11/473 – 2

**欽定學政全書八十六卷首一卷**　（清）恭阿拉纂　清刻本　二十四冊

210000 – 0702 – 0001358　371.12/936

**日本現時教育不分卷**　（日本）吉村寅太郎撰　胡宗瀛譯述　清光緒二十七年(1901)上海致用書室石印本　一冊

210000 – 0702 – 0001359　371.21/428

**奏定學堂章程二十種**　（清）張百熙　（清）張之洞等撰　清光緒湖北學務處刻本　四冊　存十三種（學務綱要、大學堂章程、優級師範學堂章程、初級師範學堂章程、實業教員講習所章程、高等農工商實業學堂章程、譯學館章程、進士館章程、各學堂管理通則、實業學堂通則、任用教員章程、各學堂考試章程、各學堂獎勵章程）

210000 – 0702 – 0001360　371.211/840

**欽定學堂章程二十種**　（清）張百熙　（清）張之洞等撰　清光緒三十二年(1906)上海時中書局鉛印本　五冊

210000 – 0702 – 0001361　371.212/900

**最新日本教育法規二十八編**　（日本）文部省撰　（清）直隸學務公所原譯　（清）奉天學務公所增補　清宣統二年(1910)奉天圖書發行所鉛印本　十二冊

210000 – 0702 – 0001362　371.5/775 – 1

**教育世界十八卷**　羅振玉編　清光緒二十七年(1901)刻本　四冊

210000 – 0702 – 0001363　371.5/775 – 2

**教育世界十八卷**　羅振玉編　清光緒二十七年(1901)刻本　十八冊

210000 – 0702 – 0001364　371.51/935

德國學校制度二編 （日本）加藤駒二撰 中國國民叢書社譯 清光緒二十九年（1903）上海商務印書館鉛印本 一冊

210000－0702－0001365 371.51/936
各國學校制度三編 （日本）寺田勇吉撰 白作霖譯 清光緒二十七年（1901）海上譯社鉛印本 三冊

210000－0702－0001366 371.52/834－1
學部奏定增訂各學堂管理通則 （清）學部編 清光緒中國圖書公司鉛印本 一冊

210000－0702－0001367 371.52/834－2
學部奏定增訂各學堂管理通則 （清）學部編 清光緒中國圖書公司鉛印本 一冊

210000－0702－0001368 371.52/841－1
學校管理法八章 商務印書館編譯所編纂 清光緒三十三年（1907）上海商務印書館鉛印本 一冊

210000－0702－0001369 371.52/841－2
學校管理法八章 商務印書館編譯所編纂 清光緒三十三年（1907）上海商務印書館鉛印本 一冊

210000－0702－0001370 371.52/933－1
簡明小學校管理法 （日本）大久保介壽講授 華振編錄 清光緒三十四年（1908）上海中國圖書公司鉛印本 一冊

210000－0702－0001371 371.52/933－2
簡明小學校管理法 （日本）大久保介壽講授 華振編錄 清光緒三十四年（1908）上海中國圖書公司鉛印本 一冊

210000－0702－0001372 371.52/933－3
簡明小學校管理法 （日本）大久保介壽講授 華振編錄 清光緒三十四年（1908）上海中國圖書公司鉛印本 一冊

210000－0702－0001373 371.52/933－4
簡明小學校管理法 （日本）大久保介壽講授 華振編錄 清光緒三十四年（1908）上海中國圖書公司鉛印本 一冊

210000－0702－0001374 371.52/933－5
實驗小學管理術 （日本）山高幾之丞撰 （清）胡家熙譯 清光緒二十八年（1902）上海廣智書局鉛印本 一冊

210000－0702－0001375 371.53/808－1
學校建築圖 （清）直隸學務處繪 清光緒三十二年（1906）石印本 一冊

210000－0702－0001376 371.53/808－2
學校建築圖 （清）直隸學務處繪 清光緒三十二年（1906）石印本 一冊

210000－0702－0001377 371.53/808－3
學校建築圖 （清）直隸學務處繪 清光緒三十二年（1906）石印本 一冊

210000－0702－0001378 371.6/15
蒙師箴言不分卷 （清）方瀏生撰 清光緒三十三年（1907）鉛印本 一冊

210000－0702－0001379 371.7/808－1
奉天教育統計表 （清）□□編 清宣統元年（1909）奉天學務公所鉛印本 一冊

210000－0702－0001380 371.7/808－2
奉天教育統計表 （清）□□編 清宣統元年（1909）奉天學務公所鉛印本 一冊

210000－0702－0001381 371.7/808－3
奉天教育統計表 （清）□□編 清宣統元年（1909）奉天學務公所鉛印本 一冊

210000－0702－0001382 371.7/936－1
世界教育統計年鑒六編 （日本）伊東佑穀撰 謝蔭昌輯譯 清宣統二年（1910）奉天圖書印刷所鉛印本 一冊

210000－0702－0001383 371.7/936－2
世界教育統計年鑒六編 （日本）伊東佑穀撰 謝蔭昌輯譯 清宣統二年（1910）奉天圖書印刷所鉛印本 一冊

210000－0702－0001384 371.7/936－3
世界教育統計年鑒六編 （日本）伊東佑穀撰 謝蔭昌輯譯 清宣統二年（1910）奉天圖書印刷所鉛印本 一冊

210000－0702－0001385　371.7/936－4
**世界教育統計年鑑六編**　（日本）伊東佑穀撰
謝蔭昌輯譯　清末奉天圖書印刷所鉛印本
一冊

210000－0702－0001386　371.7/936－5
**世界教育統計年鑑六編**　（日本）伊東佑穀撰
謝蔭昌輯譯　清末奉天圖書印刷所鉛印本
一冊

210000－0702－0001387　371.7/936－6
**世界教育統計年鑑六編**　（日本）伊東佑穀撰
謝蔭昌輯譯　清末奉天圖書印刷所鉛印本
一冊

210000－0702－0001388　371.7/936－7
**世界教育統計年鑑六編**　（日本）伊東佑穀撰
謝蔭昌輯譯　清末奉天圖書印刷所鉛印本
一冊

210000－0702－0001389　371.7/941－1
**歐美教育統計年鑑二編**　（英國）開爾剔編
孫世昌輯譯　清宣統三年(1911)奉天圖書印
刷所鉛印本　一冊

210000－0702－0001390　371.7/941－2
**歐美教育統計年鑑二編**　（英國）開爾剔編
孫世昌輯譯　清宣統三年(1911)奉天圖書印
刷所鉛印本　一冊

210000－0702－0001391　371.7/966
**吉林教育統計表**　（清）□□編　清宣統元年
(1909)鉛印本　一冊

210000－0702－0001392　371.7/973
**福建省學務統計總表**　（清）□□編　清宣統
元年(1909)鉛印本　一冊

210000－0702－0001393　372/151
**小學稽業五卷**　（清）李塨撰　清光緒五年
(1879)定州王氏刻本　一冊

210000－0702－0001394　372.1/393
**兒童教育鑒二卷**　文明書局輯譯　清光緒三
十三年(1907)上海文明書局鉛印本　二冊

210000－0702－0001395　372.1/535－1

**新增繪圖幼學故事瓊林四卷首一卷**　（清）程
允升撰　清光緒至民國上海章福記石印本
五冊

210000－0702－0001396　372.1/535－2
**浙紹奎照樓新增繪圖幼學故事瓊林四卷首一
卷**　（清）程允升撰　清光緒浙紹奎照樓石印
本　二冊　存二卷(二、四)

210000－0702－0001397　372.1/535－3
**浙寧汲綆齋新增繪圖幼學故事瓊林四卷首一
卷**　（清）程允升撰　（清）鄒聖脈增補　清光
緒二十四年(1898)汲綆齋鉛印本　四冊

210000－0702－0001398　372.2/933－1
**兒童矯弊論不分卷**　（日本）大村仁太郎編
（清）京師編書局譯　清光緒二十六年(1900)
京師學務處官書局鉛印本　一冊

210000－0702－0001399　372.2/933－2
**兒童矯弊論不分卷**　（日本）大村仁太郎編
（清）京師編書局譯　清光緒二十六年(1900)
京師學務處官書局鉛印本　一冊

210000－0702－0001400　372.2/942－1
**先天之教育不分卷**　（日本）富永岩太郎撰
謝蔭昌譯　清宣統元年(1909)上海商務印書
館、文明書局鉛印本　一冊

210000－0702－0001401　372.2/942－2
**先天之教育不分卷**　（日本）富永岩太郎撰
謝蔭昌譯　清宣統元年(1909)上海商務印書
館、文明書局鉛印本　一冊

210000－0702－0001402　372.2/942－3
**先天之教育不分卷**　（日本）富永岩太郎撰
謝蔭昌譯　清宣統元年(1909)上海商務印書
館、文明書局鉛印本　一冊

210000－0702－0001403　372.2/942－4
**先天之教育不分卷**　（日本）富永岩太郎撰
謝蔭昌譯　清宣統元年(1909)上海商務印書
館、文明書局鉛印本　一冊

210000－0702－0001404　372.2/942－5
**先天之教育不分卷**　（日本）富永岩太郎撰

謝蔭昌譯　清宣統元年(1909)上海商務印書館、文明書局鉛印本　一冊

210000－0702－0001405　372.5/491－1
**經訓教科書教授法不分卷**　黃展雲等編纂
清光緒三十三年(1907)上海商務印書館鉛印本　四冊

210000－0702－0001406　372.5/491－2
**經訓教科書不分卷**　黃展雲編纂　清光緒三十三年(1907)上海商務印書館石印本　二冊
　存二冊(一、四)

210000－0702－0001407　372.5/491－3
**經訓教科書不分卷**　黃展雲編纂　清光緒三十四年(1908)上海商務印書館石印本　四冊

210000－0702－0001408　372.5/491－4
**經訓教科書不分卷**　黃展雲編纂　清光緒三十四年(1908)上海商務印書館石印本　二冊
　存二冊(二至三)

210000－0702－0001409　372.5/717－1
**最新高等小學理科教科書教授法**　謝洪賚編輯　清光緒三十二年(1906)上海商務印書館鉛印本　二冊　存二冊(一至二)

210000－0702－0001410　372.5/717－2
**最新高等小學理科教科書教授法**　謝洪賚編輯　清光緒三十四年(1908)上海商務印書館鉛印本　一冊　存一冊(三)

210000－0702－0001411　372.5/717－3
**最新高等小學理科教科書教授法**　謝洪賚編輯　清光緒三十四年(1908)上海商務印書館鉛印本　一冊　存一冊(四)

210000－0702－0001412　372.5/838－1
**初等小學教授細目**　(清)□□編　清宣統二年(1910)學部圖書局石印本　四冊

210000－0702－0001413　372.5/838－2
**初等小學教授細目**　(清)□□編　清宣統三年(1911)奉天圖書印刷所鉛印本　四冊

210000－0702－0001414　372.5/838－3
**初等小學教授細目**　(清)□□編　清宣統三

年(1911)奉天圖書印刷所鉛印本　四冊

210000－0702－0001415　372.5/838－4
**高等小學教授細目**　(清)學部編　清宣統二年(1910)學部圖書局石印本　四冊

210000－0702－0001416　372.5/934
**小學教授法要義**　(日本)木村忠治郎　(清)于沈編纂　清光緒三十三年(1907)上海商務印書館鉛印本　一冊

210000－0702－0001417　372.51/491
**小學教科初等國文教授案**　(清)黃守定撰
清光緒三十三年(1907)上海集成圖書公司鉛印本　三冊

210000－0702－0001418　372.51/650－1
**最新初等小學國文教科書教授法第一冊**　蔣維喬　莊俞編纂　清光緒三十三年(1907)上海商務印書館鉛印本　一冊

210000－0702－0001419　372.51/650－2
**最新初等小學國文教科書教授法第二冊**　蔣維喬　莊俞編纂　清光緒三十二年(1906)上海商務印書館鉛印本　一冊

210000－0702－0001420　372.51/650－3
**最新初等小學國文教科書教授法第三冊**　蔣維喬　莊俞編纂　清光緒三十二年(1906)上海商務印書館鉛印本　一冊

210000－0702－0001421　372.51/650－4
**最新初等小學國文教科書教授法第四冊**　蔣維喬　莊俞編纂　清光緒三十二年(1906)上海商務印書館鉛印本　一冊

210000－0702－0001422　372.51/650－5
**最新初等小學國文教科書教授法第五冊**　蔣維喬　莊俞編纂　清光緒三十二年(1906)上海商務印書館鉛印本　一冊

210000－0702－0001423　372.51/816
**簡易識字課本第一編不分卷**　(清)學部編譯圖書局編纂　清宣統元年(1909)學部編譯圖書局石印本　二冊

210000－0702－0001424　372.51/839

**繪圖四書便蒙課本不分卷** （清）南洋官書局編　清光緒三十三年（1907）南洋官書局石印本　十六冊

210000－0702－0001425　372.51/846
**初等小學國文教授書不分卷** （清）學部編譯圖書局編纂　清宣統元年（1909）學部編譯圖書局鉛印本　十冊

210000－0702－0001426　372.53/2－1
**初等小學算術教科書四卷** 丁福保譯著　清光緒三十二年（1906）上海文明書局鉛印本　四冊

210000－0702－0001427　372.53/2－2
**初等小學算術教科書四卷** 丁福保譯著　清光緒三十二年（1906）上海文明書局鉛印本　四冊

210000－0702－0001428　372.53/2－3
**初等小學算術教科書四卷** 丁福保譯著　清光緒三十二年（1906）上海文明書局鉛印本　四冊

210000－0702－0001429　372.53/21－1
**最新高等小學筆算教科書四卷** （清）王兆枏編纂　清光緒三十三年（1907）上海商務印書館鉛印本　四冊

210000－0702－0001430　372.53/21－2
**最新高等小學筆算教科書四卷** （清）王兆枏編纂　清光緒三十三年（1907）上海商務印書館鉛印本　四冊

210000－0702－0001431　372.53/21－3
**最新高等小學筆算教科書第四冊一卷** 杜亞泉編纂　清光緒三十二年（1906）上海商務印書館鉛印本　一冊

210000－0702－0001432　372.53/128
**初等小學算術課本** （清）沈羽編輯　清光緒三十三年至三十四年（1907－1908）上海中國圖書公司石印本　四冊

210000－0702－0001433　372.53/148－1
**最新初等小學珠算教科書卷上** （清）杜綜大編纂　清光緒三十三年（1907）上海商務印書館鉛印本　二冊

210000－0702－0001434　372.53/148－2
**最新初等小學珠算教科書卷下** （清）杜烎孫編纂　清光緒三十二年（1906）上海商務印書館鉛印本　二冊

210000－0702－0001435　372.53/148－3
**最新初等小學珠算教科書教授法二卷** （清）杜烎孫編纂　清光緒三十三年（1907）上海商務印書館鉛印本　二冊

210000－0702－0001436　372.53/148－4
**最新初等小學珠算入門二卷** （清）杜烎孫編纂　清光緒三十二年（1906）上海商務印書館鉛印本　二冊

210000－0702－0001437　372.53/164
**最新小學算術教科書三卷** （清）吳球編輯　清光緒三十三年（1907）上海新學會社鉛印本　三冊

210000－0702－0001438　372.53/271－1
**第一簡明珠算啓蒙二卷** （清）胡朝陽編輯　清宣統元年（1909）上海新學會社石印本　二冊

210000－0702－0001439　372.53/271－2
**第一簡明珠算啓蒙二卷** （清）胡朝陽編輯　清宣統元年（1909）上海新學會社石印本　二冊

210000－0702－0001440　372.53/271－3
**第一簡明珠算啓蒙二卷** （清）胡朝陽編輯　清宣統元年（1909）上海新學會社石印本　二冊

210000－0702－0001441　372.53/271－4
**第一簡明珠算啓蒙二卷** （清）胡朝陽編輯　清宣統元年（1909）上海新學會社石印本　二冊

210000－0702－0001442　372.53/337
**小學教科初等算術教範** （清）唐金詒撰　清光緒三十三年（1907）上海集成圖書公司鉛印

本 五冊

筆算教科書五卷　（清）張景良撰　清光緒三十三年(1907)上海文明書局鉛印本　五冊

210000－0702－0001462　372.53/428－2

筆算教科書五卷　（清）張景良撰　清光緒三十三年(1907)上海文明書局鉛印本　五冊

210000－0702－0001463　372.53/428－3

筆算教科書五卷　（清）張景良撰　清光緒三十三年(1907)上海文明書局鉛印本　五冊

210000－0702－0001464　372.53/491

初等小學筆算教科書　（清）黃世基編　清光緒三十三年(1907)上海南洋官書局石印本　四冊

210000－0702－0001465　372.53/596－1

高等小學算術教本筆算　壽孝天編輯　清光緒三十二年(1906)上海商務印書館鉛印本　四冊

210000－0702－0001466　372.53/596－2

高等小學算術教本筆算　壽孝天編輯　清光緒三十二年(1906)上海商務印書館鉛印本　四冊

210000－0702－0001467　372.53/596－3

高等小學算術教本筆算　壽孝天編輯　清光緒三十二年(1906)上海商務印書館鉛印本　四冊

210000－0702－0001468　372.53/596－4

最新高等小學筆算教科書教授法　壽孝天編輯　清光緒三十二年(1906)上海商務印書館鉛印本　四冊

210000－0702－0001469　372.53/596－5

最新高等小學筆算教科書教授法　壽孝天編輯　清光緒三十二年(1906)上海商務印書館鉛印本　二冊　存二冊(三至四)

210000－0702－0001470　372.53/596－6

最新高等小學筆算教科書教授法　壽孝天編輯　清光緒三十一年(1905)上海商務印書館鉛印本　二冊　存二冊(一至二)

210000－0702－0001471　372.53/596－7

高等小學學生用算術教本珠算　壽孝天編輯　清光緒三十三年(1907)上海商務印書館鉛印本　三冊

210000－0702－0001472　372.53/596－8

高等小學學生用算術教本珠算　壽孝天編輯　清光緒三十三年(1907)上海商務印書館鉛印本　二冊　存二冊(二至三)

210000－0702－0001473　372.53/596－9

高等小學教員用算術教本珠算　壽孝天編輯　清光緒三十三年(1907)上海商務印書館鉛印本　二冊　存二冊(二至三)

210000－0702－0001474　372.53/596－10

高等小學教員用算術教本珠算　壽孝天編輯　清光緒三十三年(1907)上海商務印書館鉛印本　二冊　存二冊(一、四)

210000－0702－0001475　372.53/816－1

初等小學算術教授書　（清）學部編譯圖書局編纂　清宣統二年(1910)京華印書局鉛印本　二冊

210000－0702－0001476　372.53/816－2

初等小學算術教授書　（清）學部編譯圖書局編纂　清宣統二年(1910)京華印書局鉛印本　二冊

210000－0702－0001477　372.53/816－3

高等小學珠算教授書　（清）學部編譯圖書局編纂　清宣統二年(1910)京華印書局鉛印本　三冊

210000－0702－0001478　372.57/428

初等地理教科書三卷　張相文撰　清光緒三十三年(1907)上海文明書局石印本　一冊

210000－0702－0001479　372.57/942－1

小學地理教授法　（日本）富澤直禮撰　張相文譯述　清光緒二十八年(1902)南洋公學師範院石印本　一冊

210000－0702－0001480　372.57/942－2

小學地理教授法　（日本）富澤直禮撰　張相文譯述　清光緒二十八年(1902)南洋公學師

範院石印本　一冊

210000－0702－0001481　372.59/178
初等小學手工教科書　（清）何琪編譯　清光
緒三十二年（1906）上海會文學社石印本
二冊

210000－0702－0001482　372.59/434
高等小學商業教科書　陸費逵編纂　清光緒
三十四年（1908）上海商務印書館鉛印本
一冊

210000－0702－0001483　372.59/846
初等小學手工教授書　（清）學部編譯圖書局
編纂　清光緒三十三年（1907）學部編譯圖書
局石印本　四冊

210000－0702－0001484　372.8/211－1
養蒙金鑑二卷　（清）林之望編輯　（清）沈錫
慶刪訂　清光緒元年（1875）鄂垣藩署刻本
二冊

210000－0702－0001485　372.8/211－2
養蒙金鑑二卷　（清）林之望編輯　（清）沈錫
慶刪訂　清光緒元年（1875）鄂垣藩署刻本
二冊

210000－0702－0001486　372.8/211－3
養蒙金鑑二卷　（清）林之望編輯　（清）沈錫
慶刪訂　清光緒元年（1875）鄂垣藩署刻本
二冊

210000－0702－0001487　372.8/211－4
養蒙金鑑二卷　（清）林之望編輯　（清）沈錫
慶刪訂　清光緒元年（1875）鄂垣藩署刻本
二冊

210000－0702－0001488　372.8/486－1
童歌養正一卷　（清）彭繼先輯　清光緒九年
（1883）武昌書局刻本　一冊

210000－0702－0001489　372.8/486－2
童歌養正一卷　（清）彭繼先輯　清光緒九年
（1883）武昌書局刻本　一冊

210000－0702－0001490　372.8/486－3
童歌養正一卷　（清）彭繼先輯　清光緒九年

（1883）武昌書局刻本　一冊

210000－0702－0001491　372.8/535
繪圖幼學白話句解四卷　（清）董承志編　清
光緒三十四年（1908）上海彪蒙書室石印本
四冊

210000－0702－0001492　372.8/847
繪圖詳註幼學新讀本六卷首一卷　（清）點石
齋編譯所編　清光緒三十二年（1906）上海點
石齋石印本　六冊

210000－0702－0001493　372.92/838－1
日本明治小學教育沿革　（清）京師編書局譯
　清光緒三十二年（1906）京師學部官書局鉛
印本　一冊

210000－0702－0001494　372.92/838－2
日本明治小學教育沿革　（清）京師編書局譯
　清光緒三十二年（1906）京師學部官書局鉛
印本　一冊

210000－0702－0001495　373.5/964
文實科中學教授細目不分卷　（清）□□撰
清宣統二年（1910）學部圖書局石印本　四冊

210000－0702－0001496　374.5/428－1
京師大學堂講義初編貳編　（清）京師大學堂
編　清光緒鉛印本　八冊

210000－0702－0001497　374.5/428－2
京師大學堂講義初編貳編　（清）京師大學堂
編　清光緒鉛印本　八冊

210000－0702－0001498　374.5/428－3
京師大學堂講義初編貳編　（清）京師大學堂
編　清光緒鉛印本　八冊

210000－0702－0001499　374.5/428－4
京師大學堂講義初編貳編　（清）京師大學堂
編　清光緒鉛印本　八冊

210000－0702－0001500　374.5/428－5
經學講義不分卷　（清）京師大學堂編　清光
緒三十年（1904）官書局鉛印本　一冊

210000－0702－0001501　377/332
國民必讀　高步瀛　陳寶泉編　清光緒三十

一年(1905)奉天學務處鉛印本　一冊

210000－0702－0001502　378/622

**化愚俗歌不分卷** （清）潘席卿撰　清光緒十
九年(1893)刻本　一冊

210000－0702－0001503　378.22/331－1

**童蒙必讀書十四種** （清）涂宗瀛輯　清光緒
九年(1883)武昌書局刻本　四冊

210000－0702－0001504　378.22/331－2

**童蒙必讀書十四種** （清）涂宗瀛輯　清光緒
九年(1883)武昌書局刻本　四冊

210000－0702－0001505　380.2/938－1

**全地五大洲女俗通考十集二十一卷首一卷**
（美國）林樂知撰　（清）任保羅譯　清光緒二
十九年(1903)上海華美書局鉛印本　二十
一冊

210000－0702－0001506　380.2/938－2

**全地五大洲女俗通考十集二十一卷首一卷**
（美國）林樂知撰　（清）任保羅譯　清光緒二
十九年(1903)上海華美書局鉛印本　二十
一冊

210000－0702－0001507　381/37－1

**聖門禮誌一卷** （清）孔令貽輯　清光緒十三
年(1887)刻本　二冊

210000－0702－0001508　381/37－2

**聖門樂誌一卷** （清）孔尚任輯　清光緒十三
年(1887)刻本　與210000－0702－0001507
合冊

210000－0702－0001509　381/84

**鄉黨圖考十卷** （清）江永撰　清光緒二年
(1876)刻本　六冊

210000－0702－0001510　381/151－1

**學禮五卷學射錄二卷** （清）李塨撰　清光緒
五年(1879)定州王氏刻本　一冊

210000－0702－0001511　381/151－2

**大清通禮五十四卷** （清）來保　（清）穆克登
額等續纂　清光緒九年(1883)江蘇書局刻本
十一冊　缺十三卷(二十六至三十八)

210000－0702－0001512　381/164－1

**儀禮章句十七卷** （清）吳廷華撰　清乾隆二
十二年(1757)刻本　四冊

210000－0702－0001513　381/164－2

**儀禮章句十七卷** （清）吳廷華撰　清乾隆二
十二年(1757)刻本　四冊

210000－0702－0001514　381/164－3

**吾學錄初編二十四卷** （清）吳榮光撰　清同
治九年(1870)江蘇書局刻本　六冊

210000－0702－0001515　381/428－1

**儀禮喪服經傳並記一卷** （漢）鄭玄注　（清）
張爾岐句讀　清宣統元年(1909)學部圖書局
石印本　一冊

210000－0702－0001516　381/428－2

**儀禮喪服經傳並記一卷** （漢）鄭玄注　（清）
張爾岐句讀　清宣統元年(1909)學部圖書局
石印本　一冊

210000－0702－0001517　381/428－3

**儀禮喪服經傳並記一卷** （漢）鄭玄注　（清）
張爾岐句讀　清宣統元年(1909)學部圖書局
石印本　一冊

210000－0702－0001518　381/428－4

**儀禮喪服經傳並記一卷** （漢）鄭玄注　（清）
張爾岐句讀　清宣統元年(1909)學部圖書局
石印本　一冊

210000－0702－0001519　381/428－5

**儀禮喪服經傳並記一卷** （漢）鄭玄注　（清）
張爾岐句讀　清宣統元年(1909)學部圖書局
石印本　一冊

210000－0702－0001520　381/428－6

**儀禮喪服經傳並記一卷** （漢）鄭玄注　（清）
張爾岐句讀　清宣統元年(1909)學部圖書局
石印本　一冊

210000－0702－0001521　381/428－7

**儀禮十七卷監本正誤一卷石本誤字一卷**
（漢）鄭玄註　（清）張爾岐句讀　清同治十三
年(1874)湖南書局刻本　四冊

210000－0702－0001522　381/513－1
**欽定儀禮義疏四十八卷首二卷**　（清）允祿等
撰　清同治十年(1871)湖北崇文書局刻本
三十二冊

210000－0702－0001523　381/513－2
**欽定儀禮義疏四十八卷首二卷**　（清）允祿等
撰　清同治十年(1871)湖北崇文書局刻本
三十二冊

210000－0702－0001524　381/513－3
**欽定儀禮義疏四十八卷首二卷**　（清）允祿等
撰　清刻本　二十八冊

210000－0702－0001525　381/513－4
**欽定儀禮義疏四十八卷首二卷**　（清）允祿等
撰　清刻本　二十八冊

210000－0702－0001526　381/513－5
**欽定儀禮義疏四十八卷首二卷**　（清）允祿等
撰　清刻本　二十冊　缺十二卷(三十三至
三十四、三十七至三十八、四十一至四十八)

210000－0702－0001527　381/513－6
**欽定儀禮義疏四十八卷首二卷**　（清）允祿等
撰　清刻本　三十四冊

210000－0702－0001528　381/513－7
**欽定儀禮義疏四十八卷首二卷**　（清）允祿等
撰　清刻本　三十冊

210000－0702－0001529　381/661－1
**儀禮十七卷**　（漢）鄭玄註　（明）金蟠訂　清
刻本　四冊

210000－0702－0001530　381/661－2
**儀禮十七卷**　（漢）鄭玄註　（唐）陸德明音義
清光緒十二年(1886)湖北官書處刻本
四冊

210000－0702－0001531　381/661－3
**儀禮十七卷**　（漢）鄭玄註　（唐）陸德明音義
清光緒十二年(1886)湖北官書處刻本
四冊

210000－0702－0001532　381/974
**滿洲四禮集五種五卷**　（清）索寧安輯　清嘉

慶六年(1801)刻本　五冊

210000－0702－0001533　386/41
**文廟通考六卷首一卷**　（清）牛樹梅撰　清同
治十一年(1872)浙江書局刻本　二冊

210000－0702－0001534　386/364
**黌宮敬事錄續刊四卷**　（清）桂良輯　清光緒
九年(1883)刻本　四冊

210000－0702－0001535　386/393
**皇朝祭器樂舞錄二卷**　（清）嚴樹森輯　清同
治十年(1871)楚北崇文書局刻本　二冊

210000－0702－0001536　386/720－1
**直省釋奠禮樂記六卷首一卷末一卷**　（清）應
寶時等纂　清光緒十七年(1891)廣東藩署刻
本　四冊

210000－0702－0001537　386/720－2
**直省釋奠禮樂記六卷首一卷末一卷**　（清）應
寶時等纂　清同治十二年(1873)刻本　四冊

210000－0702－0001538　386/753
**文廟丁祭譜四卷**　（清）藍鍾瑞等編　清道光
二十五年(1845)刻本　八冊

210000－0702－0001539　386/791
**聖廟祀典圖考五卷首一卷附孔孟聖跡圖二卷**
（清）顧沅輯　清道光六年(1826)刻本
六冊

210000－0702－0001540　386/964－1
**文廟祀位一卷**　（清）倭什琿布撰　清同治八
年(1869)楚北崇文書局刻本　一冊

210000－0702－0001541　386/964－2
**中祀合編一卷**　（清）盛京禮部纂　清咸豐四
年(1854)刻本　一冊

210000－0702－0001542　390.9/936－1
**最新世界統計年鑒**　謝蔭昌輯譯　清宣統二
年(1910)奉天圖書館圖書印刷所鉛印本
一冊

210000－0702－0001543　390.9/936－2
**新譯世界統計年鑒**　（日本）伊東佑穀撰　謝
蔭昌輯譯　清宣統元年(1909)奉天圖書印刷

所鉛印本　一冊

210000－0702－0001544　390.9/936－3

**新譯世界統計年鑒**　（日本）伊東佑穀撰　謝蔭昌輯譯　清宣統元年(1909)奉天圖書印刷所鉛印本　一冊

210000－0702－0001545　390.9/936－4

**新譯世界統計年鑒**　（日本）伊東佑穀撰　謝蔭昌輯譯　清宣統元年(1909)奉天圖書印刷所鉛印本　一冊

210000－0702－0001546　390.9/936－5

**新譯世界統計年鑒**　（日本）伊東佑穀撰　謝蔭昌輯譯　清宣統元年(1909)奉天圖書印刷所鉛印本　一冊

210000－0702－0001547　390.9/936－6

**新譯世界統計年鑒**　（日本）伊東佑穀撰　謝蔭昌輯譯　清宣統元年(1909)奉天圖書印刷所鉛印本　一冊

210000－0702－0001548　390.9/946－1

**萬國國力比較二十三卷比較表一卷附錄一卷**　（英國）默爾化撰　（清）出洋學生編輯所譯　清光緒二十九年(1903)上海商務印書館鉛印本　五冊　缺六卷(十八至二十三)

210000－0702－0001549　390.9/946－2

**萬國國力比較二十三卷比較表一卷附錄一卷**　（英國）默爾化撰　（清）出洋學生編輯所譯　清光緒二十九年(1903)上海商務印書館鉛印本　六冊

210000－0702－0001550　392/809－1

**日本統計釋例六卷**　（□）□□撰　清末政治官報局鉛印本　二冊

210000－0702－0001551　392/809－2

**日本統計釋例六卷**　（□）□□撰　清末政治官報局鉛印本　一冊　存三卷(一至三)

210000－0702－0001552　400/21－1

**西學大成十二編五十六種**　（清）王西清輯清光緒二十一年(1895)上海醉六堂石印本十二冊

210000－0702－0001553　400/21－2

**西學大成十二編五十六種**　（清）王西清輯清光緒二十一年(1895)上海醉六堂石印本十二冊

210000－0702－0001554　400/178－1

**泰西藝學通攷十六卷**　（清）何良棟編輯　清光緒二十七年(1901)鴻寶書局石印本　二十四冊

210000－0702－0001555　400/178－2

**泰西藝學通攷十六卷**　（清）何良棟編輯　清光緒二十七年(1901)鴻寶書局石印本　十八冊　缺三卷(五至七)

210000－0702－0001556　402/84

**格致精華錄四卷附德國議院章程一卷合盟紀事本末一卷**　（清）江標編　清光緒二十二年(1896)石印本　四冊

210000－0702－0001557　402/441－1

**格致鏡原一百卷**　（清）陳元龍輯　清光緒二十二年(1896)上海積山書局石印本　十六冊

210000－0702－0001558　402/441－2

**格致鏡原一百卷**　（清）陳元龍輯　清光緒二十二年(1896)上海積山書局石印本　十五冊　存九十四卷(一至二十五、三十二至一百)

210000－0702－0001559　402/915

**格致讀本二卷**　澄衷學堂譯編　清光緒三十年(1904)石印本　二冊

210000－0702－0001560　402/932－1

**格物入門七卷**　（美國）丁韙良撰　清同治七年(1868)刻本　七冊

210000－0702－0001561　402/932－2

**格物入門七卷**　（美國）丁韙良撰　清同治七年(1868)刻本　七冊

210000－0702－0001562　402/932－3

**增訂格物入門七卷首一卷**　（美國）丁韙良撰清光緒十五年(1889)京都同文館鉛印本七冊

210000－0702－0001563　402/932－4

增訂格物入門七卷首一卷　（美國）丁韙良撰
清光緒十五年(1889)京都同文館鉛印本
七冊

210000－0702－0001564　402/932－5

增訂格物入門七卷首一卷　（美國）丁韙良撰
清光緒十五年(1889)京都同文館鉛印本
七冊

210000－0702－0001565　402/942

格致讀本二卷　（英國）莫爾頓撰　南洋公學
譯書院譯　清光緒二十八年(1902)南洋公學
譯書院鉛印本　二冊

210000－0702－0001566　402/949－1

格致啟蒙四卷　（英國）羅斯古纂　（美國）林
樂知　（清）鄭昌棪譯　清末江南機器製造總
局刻本　四冊

210000－0702－0001567　402/949－2

格致啟蒙四卷　（英國）羅斯古纂　（美國）林
樂知　（清）鄭昌棪譯　清光緒二十二年
(1896)上海著易堂書局鉛印本　八冊

210000－0702－0001568　408/98－1

普通新智識讀本二卷　朱樹人撰　清光緒三
十二年(1906)上海文明書局鉛印本　二冊

210000－0702－0001569　408/98－2

普通新智識讀本二卷　朱樹人撰　清光緒三
十二年(1906)上海文明書局鉛印本　二冊

210000－0702－0001570　408/359－1

西學富強叢書八十一種　題(清)富強齋主人
輯　清光緒二十七年(1901)上海寶善齋石印
本　六十四冊

210000－0702－0001571　408/359－2

西學富強叢書八十一種　題(清)富強齋主人
輯　清光緒二十七年(1901)上海寶善齋石印
本　六十四冊

210000－0702－0001572　408/760

普通問答四種四卷　（清）儲丙鶼撰　清光緒
二十八年(1902)石印本　四冊

210000－0702－0001573　408/942－1

格致叢書一百十種　（清）徐建寅編輯　清光
緒二十七年(1901)石印本　三十二冊

210000－0702－0001574　408/942－2

格致叢書一百十種　（清）徐建寅編輯　清光
緒二十七年(1901)石印本　三十二冊

210000－0702－0001575　408/942－3

格致叢書一百十種　（清）徐建寅編輯　清光
緒二十七年(1901)石印本　三十二冊

210000－0702－0001576　410/423－1

梅氏叢書輯要六十二卷首一卷　（清）梅文鼎
撰　（清）梅瑴成輯　清同治十三年(1874)刻
本　二十冊

210000－0702－0001577　410/423－2

梅氏叢書輯要六十二卷　（清）梅文鼎撰
(清)梅瑴成輯　清末石印本　六冊

210000－0702－0001578　410/423－3

梅氏叢書輯要六十二卷　（清）梅文鼎撰
(清)梅瑴成輯　清末石印本　六冊

210000－0702－0001579　410/731

象數難題細草不分卷　（清）薛光錡撰　清光
緒三十年(1904)上海文明書局刻本　一冊

210000－0702－0001580　410.1/674

算經十書三十七卷　（清）孔繼涵輯　清同治
五年(1866)梅啟照刻本　八冊

210000－0702－0001581　410.1/731－1

九數存古九卷　（清）顧觀光撰　清光緒十八
年(1892)江蘇書局刻本　四冊

210000－0702－0001582　410.1/731－2

九數存古九卷　（清）顧觀光撰　清光緒十八
年(1892)江蘇書局刻本　四冊

210000－0702－0001583　410.11/84－1

翼梅八卷　（清）江永撰　清光緒七年(1881)
羣玉山房刻本　四冊

210000－0702－0001584　410.11/84－2

翼梅八卷　（清）江永撰　清光緒七年(1881)
羣玉山房刻本　四冊

210000 - 0702 - 0001585　410.11/84 - 3
翼梅八卷　（清）江永撰　清光緒七年(1881)
羣玉山房刻本　四冊

210000 - 0702 - 0001586　410.11/765 - 1
數學尋原十卷首一卷　（清）譚文在撰　清光
緒二十三年(1897)上海書局石印本　四冊

210000 - 0702 - 0001587　410.11/765 - 2
數學尋原十卷首一卷　（清）譚文在撰　清光
緒二十三年(1897)上海書局石印本　四冊

210000 - 0702 - 0001588　410.11/965 - 1
御製數理精蘊上編五卷下編四十卷表八卷
（清）允祉等撰　清光緒八年(1882)刻本　二
十四冊　缺二十卷(上編二至三,下編六至
七、九至十一、十四至十五、二十二、二十七至
二十九、三十九至四十、表三至四、六至八)

210000 - 0702 - 0001589　410.11/965 - 2
御製數理精蘊上編五卷下編四十卷表八卷
（清）允祉等撰　清宣統三年(1911)上海文瑞
樓石印本　十八冊　缺二卷(表三至四)

210000 - 0702 - 0001590　410.11/965 - 3
御製數理精蘊上編五卷下編四十卷　（清）允
祉等撰　清光緒八年(1882)廣州藩司刻本
四十冊

210000 - 0702 - 0001591　410.11/965 - 4
御製數理精蘊上編五卷下編四十卷表八卷
（清）允祉等撰　清光緒八年(1882)刻本　四
十冊

210000 - 0702 - 0001592　410.12/942
決疑數學十卷首一卷　（英國）傅蘭雅口譯
（清）華蘅芳筆述　清光緒二十三年(1897)上
海飛鴻閣石印本　二冊

210000 - 0702 - 0001593　410.2/441 - 1
中西算學大成一百卷　（清）陳維祺撰　清光
緒十五年(1889)上海同文書局石印本　二十
四冊

210000 - 0702 - 0001594　410.2/441 - 2
中西算學大成一百卷　（清）陳維祺撰　清光

緒十五年(1889)上海同文書局石印本　二十
四冊

210000 - 0702 - 0001595　410.78/164 - 1
白芙堂算學叢書二十三種　（清）丁取忠輯
清同治十三年(1874)長沙古荷花池精舍刻本
三十二冊

210000 - 0702 - 0001596　410.78/164 - 2
白芙堂算學叢書二十三種　（清）丁取忠輯
清光緒二十二年(1896)石印本　八冊

210000 - 0702 - 0001597　410.78/164 - 3
白芙堂算學叢書二十三種　（清）丁取忠輯
清光緒二十四年(1898)上海鴻文書局石印本
八冊

210000 - 0702 - 0001598　410.78/164 - 4
白芙堂算學叢書二十三種　（清）丁取忠輯
清光緒二十四年(1898)上海鴻文書局石印本
七冊　缺四種十一卷(緝古算經細草三卷、
對數詳解五卷、綴術釋明二卷、綴術釋戴一卷)

210000 - 0702 - 0001599　410.78/509 - 1
學算筆談十二卷　（清）華蘅芳撰　清光緒石
印本　二冊

210000 - 0702 - 0001600　410.78/509 - 2
行素軒算學五種十九卷　（清）華蘅芳撰　清
光緒二十二年(1896)上海文瑞樓石印本
六冊

210000 - 0702 - 0001601　410.78/509 - 3
行素軒算稿七種二十九卷　（清）華蘅芳撰
清末鉛印本　十二冊

210000 - 0702 - 0001602　410.78/556 - 1
數書九章十八卷札記四卷　（宋）秦九韶撰
清道光二十二年(1842)刻本　五冊

210000 - 0702 - 0001603　410.78/556 - 2
詳解九章算法一卷　（宋）楊輝撰　清道光二
十二年(1842)刻本　一冊

210000 - 0702 - 0001604　410.78/808 - 1
兩湖書院課程二卷　（清）兩湖書院編　清光
緒二十四年(1898)湖北兩湖書院刻本　四冊

210000－0702－0001605　410.78/808－2

**兩湖書院課程二卷**　（清）兩湖書院編　清光緒二十八年（1902）上海掃葉山房石印本　六冊

210000－0702－0001606　411/98

**四元玉鑑細草三卷**　（元）朱世傑撰　清光緒二十二年（1896）鴻寶齋書局石印本　四冊

210000－0702－0001607　411/151－1

**則古昔齋算學十三種二十四卷**　（清）李善蘭撰　清光緒二十二年（1896）上海積山書局石印本　二冊

210000－0702－0001608　411/151－2

**則古昔齋算學十三種二十四卷**　（清）李善蘭撰　清光緒二十二年（1896）上海積山書局石印本　二冊

210000－0702－0001609　411/151－3

**則古昔齋算學十三種附刻一種**　（清）李善蘭撰　清同治六年（1867）刻本　六冊

210000－0702－0001610　411/151－4

**則古昔齋算學十三種附刻一種**　（清）李善蘭撰　清同治六年（1867）刻本　六冊

210000－0702－0001611　411/370－1

**萬象一原演式九卷首一卷**　（清）夏鸞翔撰盧靖演式　清光緒二十八年（1902）石印本　一冊

210000－0702－0001612　411/370－2

**萬象一原演式九卷首一卷**　（清）夏鸞翔撰盧靖演式　清光緒二十八年（1902）石印本　一冊

210000－0702－0001613　411/370－3

**萬象一原演式九卷首一卷**　（清）夏鸞翔撰盧靖演式　清光緒二十八年（1902）石印本　一冊

210000－0702－0001614　411/370－4

**萬象一原演式九卷首一卷**　（清）夏鸞翔撰盧靖演式　清光緒二十八年（1902）石印本　一冊

210000－0702－0001615　411/370－5

**萬象一原演式九卷首一卷**　（清）夏鸞翔撰盧靖演式　清光緒二十八年（1902）石印本　一冊

210000－0702－0001616　411/370－6

**萬象一原演式九卷首一卷**　（清）夏鸞翔撰盧靖演式　清光緒二十八年（1902）石印本　一冊

210000－0702－0001617　411/370－7

**萬象一原九卷首一卷**　（清）夏鸞翔撰　清光緒二十四年（1898）江蘇書局刻本　二冊

210000－0702－0001618　411/462

**盈朒一得二卷**　崔朝慶撰　清光緒二十四年（1898）江蘇書局刻本　一冊

210000－0702－0001619　411/575－1

**筆算數學三卷**　（美國）狄考文輯　（清）鄒立文述　清光緒二十八年（1902）上海美華書館鉛印本　三冊

210000－0702－0001620　411/575－2

**筆算數學三卷**　（美國）狄考文輯　（清）鄒立文述　清光緒二十八年（1902）上海美華書館鉛印本　三冊

210000－0702－0001621　411/575－3

**筆算數學三卷**　（美國）狄考文輯　（清）鄒立文述　清光緒三十年（1904）上海美華書館鉛印本　三冊

210000－0702－0001622　411/717

**最新高等小學理科教科書**　謝洪賚編輯　清光緒三十年（1904）上海商務印書館鉛印本　四冊

210000－0702－0001623　411/841－1

**筆算數學全草詳解三卷**　上海彪蒙書室編　清末上海彪蒙書室石印本　九冊

210000－0702－0001624　411/841－2

**筆算數學全草詳解三卷**　上海彪蒙書室編　清末上海彪蒙書室石印本　九冊

210000－0702－0001625　411/841－3

筆算數學全草詳解三卷　上海彪蒙書室編
清末上海彪蒙書室石印本　九冊

210000－0702－0001626　411/841－4
繪圖算術游戲　（清）李君時　（清）傅翼譯編
　清光緒三十二年（1906）上海彪蒙書室石印
本　二冊

210000－0702－0001627　411/864－1
物算教科書　（日本）文學社編纂所編　董瑞
椿口譯　清光緒二十七年（1901）南洋公學石
印本　二冊

210000－0702－0001628　411/864－2
物算教科書　（日本）文學社編纂所編　董瑞
椿口譯　清光緒二十七年（1901）南洋公學石
印本　二冊

210000－0702－0001629　411.02/98
筆算數學題草圖解不分卷　（清）朱世增編輯
　清光緒三十二年（1906）上海時中書局、南
洋官書局石印本　八冊

210000－0702－0001630　411.02/420－1
數學上編十三卷答數一卷附卷二卷　曹汝英
撰　清光緒三十年（1904）武昌刻本　六冊

210000－0702－0001631　411.02/420－2
數學上編十三卷答數一卷附卷二卷　曹汝英
撰　清光緒三十年（1904）武昌刻本　六冊

210000－0702－0001632　411.02/449
新撰筆算數學詳草　（清）陶贊編輯　清光緒
三十三年（1907）上海科學書局石印本　二冊

210000－0702－0001633　411.02/937－1
算式解法十四卷　（美國）好敦司　（美國）開
奈利撰　（英國）傅蘭雅口譯　（清）華蘅芳筆
述　清光緒二十七年（1901）上海石印本
四冊

210000－0702－0001634　411.02/937－2
算式解法十四卷　（美國）好敦司　（美國）開
奈利撰　（英國）傅蘭雅口譯　（清）華蘅芳筆
述　清光緒二十七年（1901）上海石印本
四冊

210000－0702－0001635　411.02/941
數學啟蒙四卷　（英國）偉烈亞力撰　清光緒
二十二年（1896）上海六先書局鉛印本　四冊

210000－0702－0001636　411.06/873－1
最新初等小學算術教科書　會文學社編　清
光緒三十二年（1906）上海會文學社石印本
一冊　存一冊（一）

210000－0702－0001637　411.06/873－2
最新初等小學算術教科書　會文學社編　清
光緒三十三年（1907）上海會文學社石印本
二冊　存二冊（二至三）

210000－0702－0001638　411.07/2
初等算術教科書　丁福保撰　清光緒三十二
年（1906）上海文明書局鉛印本　二冊

210000－0702－0001639　411.07/21－1
最新高等小學筆算教科書四卷　（清）王兆栢
　杜亞泉編纂　清光緒三十四年（1908）上海
商務印書館鉛印本　四冊

210000－0702－0001640　411.07/21－2
最新初等小學筆算教科書不分卷　王藝編
清光緒三十年至三十三年（1904－1907）上海
彪蒙書室石印本　五冊

210000－0702－0001641　411.07/21－3
陳榥中等算術詳草　陳榥撰　王藝演草　清
光緒三十三年（1907）上海科學書局石印本
二冊

210000－0702－0001642　411.07/21－4
陳榥中等算術詳草　陳榥撰　王藝演草　清
光緒三十三年（1907）上海科學書局石印本
二冊

210000－0702－0001643　411.07/98－1
算學啓蒙述義三卷總括一卷　（元）朱世傑撰
　（清）王鑒學　清光緒十年（1884）刻本
三冊

210000－0702－0001644　411.07/98－2
算學啓蒙述義三卷總括一卷　（元）朱世傑撰
　（清）王鑒學　清光緒十年（1884）刻本

三冊

210000－0702－0001645　411.07/98－3
**筭學啓蒙述義三卷總括一卷**　（元）朱世傑撰
（清）王鑒學　清光緒十年(1884)刻本
三冊

210000－0702－0001646　411.07/562－1
**數學教科書詳草**　葉懋宣原編　李鋤演草
清光緒三十二年(1906)上海通社久記石印本
二冊

210000－0702－0001647　411.07/562－2
**數學教科書詳草**　葉懋宣原編　李鋤演草
清光緒三十二年(1906)上海通社久記石印本
二冊

210000－0702－0001648　411.07/562－3
**數學教科書詳草**　葉懋宣原編　李鋤演草
清光緒三十二年(1906)上海通社久記石印本
二冊

210000－0702－0001649　411.07/596
**簡易數學課本二編**　壽孝天編輯　清光緒三
十二年(1906)上海商務印書館鉛印本　二冊

210000－0702－0001650　411.07/795
**筆算數學白話解二編**　（清）龔慶富編輯
（清）黃世基校訂　清光緒三十二年(1906)湖
北漢口南洋官書局石印本　二冊

210000－0702－0001651　411.07/816－1
**初等小學算術教授書**　（清）學部編纂　清宣
統元年(1909)學部圖書局鉛印本　六冊

210000－0702－0001652　411.07/816－2
**初等小學算術教授書**　（清）學部編纂　清宣
統元年(1909)學部圖書局鉛印本　十冊

210000－0702－0001653　411.07/816－3
**初等小學算術教授書**　（清）學部編纂　清宣
統元年(1909)學部圖書局鉛印本　八冊

210000－0702－0001654　411.07/842－1
**最新小學數學教科書二卷**　商務印書館編譯
所編纂　清光緒三十三年(1907)上海商務印
書館鉛印本　二冊

210000－0702－0001655　411.07/842－2
**最新小學數學教科書二卷**　商務印書館編譯
所編纂　清光緒三十二年(1906)上海商務印
書館鉛印本　二冊

210000－0702－0001656　411.07/909
**筆算教科書**　南洋公學師范院譯述　清光緒
二十七年(1901)南洋公學石印本　二冊

210000－0702－0001657　411.07/941－1
**數學啟蒙二卷**　（英國）偉烈亞力撰　清光緒
二十四年(1898)上海格致書室鉛印本　二冊

210000－0702－0001658　411.07/941－2
**數學啟蒙二卷**　（英國）偉烈亞力撰　清光緒
二十四年(1898)上海格致書室鉛印本　二冊

210000－0702－0001659　411.07/946
**筆算教本不分卷**　（日本）澤田吾一撰　崔朝
慶譯訂　清光緒三十二年(1906)上海商務印
書館鉛印本　二冊

210000－0702－0001660　412/942－1
**代數術二十五卷首一卷**　（英國）華里司輯
（英國）傅蘭雅口譯　（清）華蘅芳筆述　清光
緒二十二年(1896)上海璣衡堂石印本　四冊

210000－0702－0001661　412/942－2
**代數術二十五卷首一卷**　（英國）華里司輯
（英國）傅蘭雅口譯　（清）華蘅芳筆述　清光
緒二十二年(1896)上海璣衡堂石印本　四冊

210000－0702－0001662　412/942－3
**代數術二十五卷首一卷**　（英國）華里司輯
（英國）傅蘭雅口譯　（清）華蘅芳筆述　清光
緒二十二年(1896)上海璣衡堂石印本　四冊

210000－0702－0001663　412.02/2－1
**代數學初步不分卷**　丁福保撰　清光緒三十
二年(1906)上海文明書局、科學書局、羣學社
石印本　二冊

210000－0702－0001664　412.02/2－2
**代數學初步不分卷**　丁福保撰　清光緒三十
二年(1906)上海文明書局、科學書局、羣學社
石印本　二冊

210000－0702－0001665　412.02/2－3

**代數學初步不分卷**　丁福保撰　清光緒三十二年（1906）上海文明書局、科學書局、羣學社石印本　二冊

210000－0702－0001666　412.02/15－1

**代數通藝錄十六卷**　（清）方愷撰　清光緒二十四年（1898）上海著易堂石印本　五冊

210000－0702－0001667　412.02/15－2

**代數通藝錄十六卷**　（清）方愷撰　清光緒二十四年（1898）上海著易堂石印本　五冊

210000－0702－0001668　412.02/15－3

**代數通藝錄十六卷**　（清）方愷撰　清光緒二十四年（1898）上海著易堂石印本　五冊

210000－0702－0001669　412.02/15－4

**代數通藝錄十六卷**　（清）方愷撰　清光緒十六年（1890）刻本　六冊

210000－0702－0001670　412.02/477－1

**代數啟蒙四卷**　（清）馮澂撰　清光緒二十三年（1897）江蘇書局刻本　四冊

210000－0702－0001671　412.02/477－2

**代數啟蒙四卷**　（清）馮澂撰　清光緒二十三年（1897）江蘇書局刻本　四冊

210000－0702－0001672　412.02/839

**代數備旨詳草不分卷附新代數**　梁溪漁編譯　清光緒三十一年（1905）上海科學書局石印本　二冊

210000－0702－0001673　412.02/937－1

**代數備旨不分卷**　（美國）狄考文撰譯　清光緒二十八年（1902）上海美華書館鉛印本　一冊

210000－0702－0001674　412.02/937－2

**代數備旨不分卷**　（美國）狄考文撰譯　清光緒二十八年（1902）上海美華書館鉛印本　一冊

210000－0702－0001675　412.02/942

**代數學十三卷首一卷**　（英國）棣麼甘撰（英國）偉烈亞力口譯　（清）李善蘭筆受　清

咸豐九年（1859）上海鉛印本　四冊

210000－0702－0001676　412.07/2

**新撰代數學講義**　丁福保撰　清光緒三十二年（1906）上海科學編譯書局石印本　二冊

210000－0702－0001677　412.07/933－1

**初等代數學講義續編**　譯學館編　清光緒三十二年（1906）石印本　二冊

210000－0702－0001678　412.07/933－2

**初等代數學講義續編**　譯學館編　清光緒三十二年（1906）石印本　二冊

210000－0702－0001679　412.07/933－3

**初等代數學講義續編**　譯學館編　清光緒三十二年（1906）石印本　二冊

210000－0702－0001680　412.1/135

**衍元筆算今式二卷**　（清）汪香祖撰　清光緒二十三年（1897）江蘇書局刻本　二冊

210000－0702－0001681　412.1/939－1

**算式集要四卷**　（英國）哈司韋輯　（英國）傅蘭雅口譯　（清）江衡筆述　清光緒二十二年（1896）上海璣衡堂石印本　二冊

210000－0702－0001682　412.1/939－2

**算式集要四卷**　（英國）哈司韋輯　（英國）傅蘭雅口譯　（清）江衡筆述　清光緒二十二年（1896）上海璣衡堂石印本　二冊

210000－0702－0001683　412.4/551－1

**對數表四卷**　（清）賈步緯校述　清光緒二十四年（1898）江南製造總局鉛印本　四冊

210000－0702－0001684　412.4/551－2

**對數表四卷**　（清）賈步緯校述　清光緒二十四年（1898）江南製造總局鉛印本　四冊

210000－0702－0001685　412.4/551－3

**對數表四卷**　（清）賈步緯校述　清光緒二十四年（1898）江南製造總局鉛印本　四冊

210000－0702－0001686　412.4/551－4

**八線對數簡表一卷**　（清）賈步緯校述　清末江南製造總局鉛印本　一冊

210000－0702－0001687　412.4/551－5

**八線對數簡表一卷** （清）賈步緯校述　清末江南製造總局鉛印本　一冊

210000－0702－0001688　412.8/969

**代微積拾級十八卷** （美國）羅密士撰　（英國）偉烈亞力口譯　（清）李善蘭筆述　清咸豐九年(1859)墨海刻本　三冊

210000－0702－0001689　412.9/935

**小代數學例題詳解** （英國）司密司原著　丁福保編譯　清光緒三十二年(1906)上海羣學社、文明書局、科學書局石印本　五冊　缺一冊(三)

210000－0702－0001690　412.9/940

**代數難題解法十六卷** （英國）倫德編輯　（英國）傅蘭雅口譯　（清）華蘅芳筆述　清末刻本　六冊

210000－0702－0001691　412.9/943－1

**大代數學例題詳解** （日本）奧平氏撰　丁福保編譯　清光緒三十二年(1906)上海科學書局石印本　六冊

210000－0702－0001692　412.9/943－2

**大代數學例題詳解** （日本）奧平氏撰　丁福保編譯　清光緒三十二年(1906)上海科學書局石印本　六冊

210000－0702－0001693　412.9/943－3

**大代數學例題詳解** （日本）奧平氏撰　丁福保編譯　清光緒三十二年(1906)上海科學書局石印本　六冊

210000－0702－0001694　412.9/943－4

**大代數學例題詳解** （日本）奧平氏撰　丁福保編譯　清光緒三十二年(1906)上海科學書局石印本　六冊

210000－0702－0001695　413/942

**微積溯源八卷** （英國）華里司輯　（英國）傅蘭雅口譯　（清）華蘅芳筆述　清同治十三年(1874)刻本　六冊

210000－0702－0001696　413.1/21

**代形合參解法三卷附一卷** 王世演草　清光緒三十三年（1907）上海彪蒙書室石印本　二冊

210000－0702－0001697　413.1/942

**微積溯源八卷** （英國）華里司輯　（英國）傅蘭雅口譯　（清）華蘅芳筆述　清光緒二十二年(1896)上海著易堂石印本　四冊

210000－0702－0001698　413.1/949

**代形合參三卷附一卷** （美國）羅密士原著　（美國）潘慎文譯　謝洪賚筆述　清光緒二十四年(1898)上海杜炳記石印本　一冊

210000－0702－0001699　414/370

**夏氏算學四種五卷附造各表簡法截球解義橢圓周術** （清）夏鸞翔撰　清末刻本　二冊

210000－0702－0001700　414/935

**運規約指三卷** （英國）白起德輯　（英國）傅蘭雅口譯　（清）徐建寅筆述　清光緒二十六年(1900)香港文運書局石印本　一冊

210000－0702－0001701　414/937－1

**幾何原本十五卷** （意大利）利瑪竇口譯　（明）徐光啓筆受　清光緒二十二年（1896）上海積山書局石印本　四冊

210000－0702－0001702　414/937－2

**幾何原本十五卷** （意大利）利瑪竇口譯　（明）徐光啓筆受　清光緒二十二年（1896）上海積山書局石印本　四冊　缺二卷(九至十)

210000－0702－0001703　414/937－3

**形學備旨二卷** （美國）狄考文選譯　（清）鄒立文筆述　（清）劉永錫參閱　清光緒三十二年(1906)上海美華書館鉛印本　二冊

210000－0702－0001704　414/937－4

**形學備旨二卷** （美國）狄考文選譯　（清）鄒立文筆述　（清）劉永錫參閱　清光緒三十二年(1906)上海美華書館鉛印本　二冊

210000－0702－0001705　414/937－5

**形學備旨二卷** （美國）狄考文選譯　（清）鄒立文筆述　（清）劉永錫參閱　清光緒三十二

年(1906)上海美華書館鉛印本　二冊

210000－0702－0001706　414/937－6

**形學備旨二卷** （美國）狄考文選譯 （清）鄒立文筆述 （清）劉永錫參閱 清光緒二十九年(1903)上海美華書館鉛印本　二冊

210000－0702－0001707　414/939

**形學五書不分卷** （英國）威理孫撰 （清）陳洵譯 清光緒三十三年(1907)學部官書局鉛印本　一冊

210000－0702－0001708　415/340

**三角數理十二卷** （英國）海麻士輯 （英國）傅蘭雅口譯 （清）華蘅芳筆述 清光緒江南製造總局刻本　六冊

210000－0702－0001709　415/731

**新三角問題正解不分卷** （清）薛光錡撰 （清）薛光鐸增補 清光緒三十年(1904)上海文明書局刻本　四冊

210000－0702－0001710　415/949－1

**八線備旨四卷** （美國）羅密士撰 （美國）潘慎文選譯 謝洪賚校錄 清光緒二十八年(1902)上海美華書館鉛印本　一冊

210000－0702－0001711　415/949－2

**八線備旨四卷** （美國）羅密士撰 （美國）潘慎文選譯 謝洪賚校錄 清光緒二十八年(1902)上海美華書館鉛印本　一冊

210000－0702－0001712　415.4/940－1

**三角數理十二卷** （英國）海麻士輯 （英國）傅蘭雅口譯 （清）華蘅芳筆述 清光緒二十二年(1896)上海著易堂石印本　四冊

210000－0702－0001713　415.4/940－2

**三角數理十二卷** （英國）海麻士輯 （英國）傅蘭雅口譯 （清）華蘅芳筆述 清光緒二十二年(1896)上海著易堂石印本　四冊

210000－0702－0001714　415.4/940－3

**三角數理十二卷** （英國）海麻士輯 （英國）傅蘭雅口譯 （清）華蘅芳筆述 清光緒二十二年(1896)上海著易堂石印本　四冊

210000－0702－0001715　415.4/940－4

**三角數理十二卷** （英國）海麻士輯 （英國）傅蘭雅口譯 （清）華蘅芳筆述 清光緒二十二年(1896)上海著易堂石印本　二冊　存五卷(四至八)

210000－0702－0001716　415.4/940－5

**三角數理十二卷** （英國）海麻士輯 （英國）傅蘭雅口譯 （清）華蘅芳筆述 清光緒江南製造總局刻本　六冊

210000－0702－0001717　415.4/943－1

**初等平面三角法** （日本）奧平浪太郎譯 （清）周藩譯述 清光緒三十三年(1907)上海文明書局石印本　二冊

210000－0702－0001718　415.4/943－2

**初等平面三角法詳草** （日本）奧平浪太郎譯 （清）周藩譯述 清光緒三十三年(1907)上海文明書局石印本　二冊

210000－0702－0001719　415.5/164

**割圓通解一卷代數術詳解一卷** （清）吳誠撰 清光緒二十四年(1898)江蘇書局刻本　一冊

210000－0702－0001720　415.5/700－1

**割圓術輯要不分卷** 盧靖輯 清光緒石印本　一冊

210000－0702－0001721　415.5/700－2

**割圓術輯要不分卷** 盧靖輯 清光緒石印本　一冊

210000－0702－0001722　415.5/700－3

**割圓術輯要不分卷** 盧靖輯 清光緒石印本　一冊

210000－0702－0001723　415.5/700－4

**割圓術輯要不分卷** 盧靖輯 清光緒石印本　一冊

210000－0702－0001724　415.5/700－5

**割圓術輯要不分卷** 盧靖輯 清光緒石印本　一冊

210000－0702－0001725　415.5/700－6

割圓術輯要不分卷　盧靖輯　清光緒石印本
一冊

210000－0702－0001726　415.5/700－7
割圓術輯要不分卷　盧靖輯　清光緒石印本
一冊

210000－0702－0001727　415.5/700－8
割圓術輯要不分卷　盧靖輯　清光緒石印本
一冊

210000－0702－0001728　415.5/700－9
割圓術輯要不分卷　盧靖輯　清光緒石印本
一冊

210000－0702－0001729　415.5/700－10
割圓術輯要不分卷　盧靖輯　清光緒石印本
一冊

210000－0702－0001730　415.5/700－11
割圓術輯要不分卷　盧靖輯　清光緒石印本
一冊

210000－0702－0001731　416/428－1
幾何畫法教本三卷　張俊三編　清光緒三十
二年(1906)上海牖智社石印本　二冊

210000－0702－0001732　416/428－2
幾何畫法教本三卷　張俊三編　清光緒三十
二年(1906)上海牖智社石印本　二冊

210000－0702－0001733　419.6/148－1
最新初等小學珠算入門二卷　(清)杜烁孫編
纂　清光緒三十二年(1906)上海商務印書館
鉛印本　二冊

210000－0702－0001734　419.6/148－2
最新初等小學珠算教科書卷下　(清)杜烁孫
編纂　清光緒三十二年(1906)上海商務印書
館鉛印本　二冊

210000－0702－0001735　419.6/148－3
最新初等小學珠算教科書教授法卷上　(清)
杜綜大編纂　清光緒三十一年(1905)上海商
務印書館鉛印本　一冊

210000－0702－0001736　419.6/148－4
最新初等小學珠算教科書教授法卷下　(清)

杜烁孫編纂　清光緒三十二年(1906)上海商
務印書館鉛印本　一冊

210000－0702－0001737　419.6/423－1
增刪算法統宗十一卷首一卷　(明)程大位撰
(清)梅毅成增刪　清光緒二十四年(1898)
江蘇書局刻本　四冊

210000－0702－0001738　419.6/423－2
原本直指算法統宗十二卷　(明)程大位編
清光緒九年(1883)刻本　六冊

210000－0702－0001739　419.6/816－1
初等小學珠算教授書　(清)學部編譯圖書局
編纂　清宣統元年(1909)學部編譯圖書局鉛
印本　四冊

210000－0702－0001740　419.6/816－2
初等小學珠算教授書　(清)學部編譯圖書局
編纂　清宣統元年(1909)學部編譯圖書局鉛
印本　四冊

210000－0702－0001741　419.6/816－3
初等小學珠算教科書　(清)學部編譯圖書局
編纂　清宣統元年(1909)學部編譯圖書局鉛
印本　四冊

210000－0702－0001742　419.6/816－4
初等小學珠算教科書　(清)學部編譯圖書局
編纂　清宣統元年(1909)學部編譯圖書局鉛
印本　四冊

210000－0702－0001743　420/942－1
物理學上編四卷　(日本)飯盛挺造編纂
(日本)藤田豐八譯　清光緒二十六年(1900)
製造局刻本　六冊

210000－0702－0001744　420/942－2
物理學上編四卷　(日本)飯盛挺造編纂
(日本)藤田豐八譯　清光緒二十六年(1900)
製造局刻本　六冊

210000－0702－0001745　420/942－3
物理學上編四卷　(日本)飯盛挺造編纂
(日本)藤田豐八譯　清光緒二十六年(1900)
製造局刻本　四冊

210000－0702－0001746　420.7/934－1

**近世物理學教科書九卷**　（日本）中村清二撰　（清）學部編譯圖書局譯　清光緒三十三年（1907）學部編譯圖書局鉛印本　二冊

210000－0702－0001747　420.7/934－2

**近世物理學教科書九卷**　（日本）中村清二撰　（清）學部編譯圖書局譯　清光緒三十三年（1907）學部編譯圖書局鉛印本　二冊

210000－0702－0001748　420.7/934－3

**近世物理學教科書九卷**　（日本）中村清二撰　（清）學部編譯圖書局譯　清光緒三十三年（1907）學部編譯圖書局鉛印本　二冊

210000－0702－0001749　420.7/934－4

**近世物理學教科書九卷**　（日本）中村清二撰　（清）學部編譯圖書局譯　清光緒三十三年（1907）學部編譯圖書局鉛印本　一冊　存五卷（一至五）

210000－0702－0001750　421/936－1

**重學二十卷**　（英國）艾約瑟口譯　（清）李善蘭筆述　清光緒二十三年（1897）小倉山房石印本　二冊

210000－0702－0001751　421/936－2

**重學二十卷**　（英國）艾約瑟口譯　（清）李善蘭筆述　清光緒二十三年（1897）小倉山房石印本　二冊

210000－0702－0001752　421/940－1

**力學課編八卷首一卷**　（英國）馬格訥斐立撰　（清）嚴文炳譯　清光緒三十三年（1907）學部編譯圖書局鉛印本　四冊

210000－0702－0001753　421/940－2

**力學課編八卷首一卷**　（英國）馬格訥斐立撰　（清）嚴文炳譯　清光緒三十三年（1907）學部編譯圖書局鉛印本　四冊

210000－0702－0001754　421/940－3

**力學課編八卷首一卷**　（英國）馬格訥斐立撰　（清）嚴文炳譯　清光緒三十三年（1907）學部編譯圖書局鉛印本　四冊

210000－0702－0001755　421/942－1

**重學須知不分卷**　（英國）傅蘭雅撰　清光緒十五年（1889）刻本　一冊

210000－0702－0001756　421/942－2

**重學須知不分卷**　（英國）傅蘭雅撰　清光緒十五年（1889）刻本　一冊

210000－0702－0001757　425/935

**光學二卷附視學諸器圖說**　（英國）田大里輯　（美國）金楷理口譯　（清）趙元益筆述　清同治九年（1870）刻本　二冊

210000－0702－0001758　427/942

**電學圖說五卷**　（英國）傅蘭雅譯　清光緒十三年（1887）益智書會刻本　一冊

210000－0702－0001759　430.2/944－1

**化學大成七種七十卷**　（英國）傅蘭雅口譯　清光緒十年（1884）上海著易堂書局石印本　二十冊

210000－0702－0001760　430.2/944－2

**化學大成七種七十卷**　（英國）傅蘭雅口譯　清光緒十年（1884）上海著易堂書局石印本　二十冊

210000－0702－0001761　430.7/128

**新編化學教科書**　（清）沈景賢譯著　清光緒三十二年（1906）上海點石齋書局、南洋官書局石印本　一冊　存一冊（下）

210000－0702－0001762　430.8/940

**化學全書四種四十五卷**　（英國）韋而司（英國）蒲陸山撰　（英國）傅蘭雅口譯　清末江南製造總局刻本　十八冊

210000－0702－0001763　431/837

**增訂化學入門不分卷**　（□）□□撰　清光緒二十二年（1896）宏文閣石印本　四冊

210000－0702－0001764　431/934－1

**質學課本五卷**　（英國）伊那楞木孫撰　曾宗鞏譯　清光緒三十三年（1907）學部編譯圖書局鉛印本　五冊

210000－0702－0001765　431/934－2

質學課本五卷 （英國）伊那楞木孫撰 曾宗鞏譯 清光緒三十三年(1907)學部編譯圖書局鉛印本 五冊

210000－0702－0001766 431/934－3

質學課本五卷 （英國）伊那楞木孫撰 曾宗鞏譯 清光緒三十三年(1907)學部編譯圖書局鉛印本 五冊

210000－0702－0001767 431/934－4

質學課本五卷 （英國）伊那楞木孫撰 曾宗鞏譯 清光緒三十三年(1907)學部編譯圖書局鉛印本 五冊

210000－0702－0001768 431/942

化學考質八卷附表 （德國）富里西尼烏司撰 （英國）傅蘭雅口譯 （清）徐壽筆述 清末刻本 六冊

210000－0702－0001769 436/942

化學求數十五卷附求數使用表 （德國）富里西尼烏司撰 （英國）傅蘭雅口譯 （清）徐壽筆述 清末江南製造總局刻本 十四冊

210000－0702－0001770 440/705

淮南天文訓補注二卷 （清）錢塘撰 清光緒三年(1877)湖北崇文書局刻本 二冊

210000－0702－0001771 440/964

工師雕斲正式魯班木經匠家鏡三卷首一卷附秘訣仙機一卷 （明）午榮編 （明）章嚴輯 清同治九年(1870)刻本 二冊

210000－0702－0001772 440.2/393

高厚蒙求四集八卷 （清）徐朝俊撰 清嘉慶十二年至二十年(1807－1815)雲間徐氏刻本 六冊

210000－0702－0001773 440.2/491－1

天文大成全志輯要八十卷 （清）黃鼎撰 清善成堂刻本 四十冊

210000－0702－0001774 440.2/491－2

天文大成輯要八十卷 （清）黃鼎撰 清刻本 三十二冊

210000－0702－0001775 440.91/48

欽定儀象考成三十卷首二卷 （清）允祿等撰 清光緒二十四年(1898)慎記書莊石印本 十二冊

210000－0702－0001776 441/842－1

天文啟蒙七卷 （清）□□撰 清光緒二十二年(1896)上海著易堂鉛印本 一冊

210000－0702－0001777 441/842－2

天文啟蒙七卷 （清）□□撰 清光緒二十二年(1896)上海著易堂鉛印本 一冊

210000－0702－0001778 441/944－1

天文揭要二卷 （美國）赫士口譯 （清）周文源筆述 清光緒二十五年(1899)上海美華書館鉛印本 二冊

210000－0702－0001779 441/944－2

天文揭要二卷 （美國）赫士口譯 （清）周文源筆述 清光緒二十五年(1899)上海美華書館鉛印本 二冊

210000－0702－0001780 445/938－1

天學大成二種二十二卷 （英國）侯失勒撰 （美國）金楷理 （英國）偉烈亞力口譯 清光緒二十三年(1897)石印本 四冊

210000－0702－0001781 445/938－2

天學大成二種二十二卷 （英國）侯失勒撰 （美國）金楷理 （英國）偉烈亞力口譯 清光緒二十三年(1897)石印本 四冊

210000－0702－0001782 445/938－3

天學大成二種二十二卷 （英國）侯失勒撰 （美國）金楷理 （英國）偉烈亞力口譯 清光緒二十三年(1897)石印本 三冊 缺四卷（談天一至四）

210000－0702－0001783 445/939－1

天文圖說四卷附天球南北極并赤道諸星宿表 （英國）柯雅各撰 （美國）摩嘉立 （美國）薛承恩譯 清光緒九年(1883)益智書會刻本 一冊

210000－0702－0001784 445/939－2

天文圖說四卷附天球南北極并赤道諸星宿表

（英國）柯雅各撰 （美國）摩嘉立 （美國）薛承恩譯 清光緒九年(1883)益智書會刻本 一冊

210000－0702－0001785 445/939－3

**天文圖說四卷附天球南北極并赤道諸星宿表**
（英國）柯雅各撰 （美國）摩嘉立 （美國）薛承恩譯 清光緒九年(1883)益智書會刻本 一冊

210000－0702－0001786 445/944

**談天十八卷附諸恒星常例等及光理等表**
（英國）侯失勒撰 （英國）偉烈亞力口譯 清光緒二十二年(1896)上海著易堂石印本 四冊

210000－0702－0001787 445.4/551

**躔離引蒙三卷** （清）賈步緯撰 清光緒十八年(1892)石印本 三冊

210000－0702－0001788 446/7

**啟悟要津不分卷** （美國）卜舫濟譯 清光緒二十四年(1898)刻本 一冊

210000－0702－0001789 446/428－1

**地球韻言四卷** （清）張士瀛撰 清光緒二十四年(1898)鄂垣務急書館刻本 二冊

210000－0702－0001790 446/428－2

**地球韻言四卷** （清）張士瀛撰 清光緒二十七年(1901)滬江書局石印本 二冊

210000－0702－0001791 447/523

**測繪學不分卷** 傅在田 景尚雄撰 清宣統元年(1909)北洋陸軍編譯局鉛印本 一冊

210000－0702－0001792 447/761－1

**測地繪圖教科書五卷** 魏蘭編 清光緒三十二年(1906)上海會文學社石印本 一冊

210000－0702－0001793 447/761－2

**測地繪圖教科書五卷** 魏蘭編 清光緒三十二年(1906)上海會文學社石印本 一冊

210000－0702－0001794 447/761－3

**測地繪圖教科書五卷** 魏蘭編 清光緒三十二年(1906)上海會文學社石印本 一冊

210000－0702－0001795 447/938－1

**地學大成二種十三卷** （英國）富路瑪撰 （美國）金楷理 （英國）傅蘭雅口譯 （清）王德均筆述 清光緒二十三年(1897)石印本 二冊

210000－0702－0001796 447/938－2

**地學大成二種十三卷** （英國）富路瑪撰 （美國）金楷理 （英國）傅蘭雅口譯 （清）王德均筆述 清光緒二十三年(1897)石印本 二冊

210000－0702－0001797 447/938－3

**地學大成二種十三卷** （英國）富路瑪撰 （美國）金楷理 （英國）傅蘭雅口譯 （清）王德均筆述 清光緒二十三年(1897)石印本 二冊

210000－0702－0001798 447/938－4

**繪地法原一卷** （英國）□□撰 （美國）金楷理口譯 （清）王德均筆述 清刻本 一冊

210000－0702－0001799 447/942－1

**測地繪圖十一卷附一卷** （英國）富路瑪撰 （英國）傅蘭雅口譯 （清）徐壽筆述 清光緒二十二年(1896)上海璣衡堂石印本 二冊

210000－0702－0001800 447/942－2

**測地繪圖十一卷附一卷** （英國）富路瑪撰 （英國）傅蘭雅口譯 （清）徐壽筆述 清光緒二十二年(1896)上海璣衡堂石印本 二冊

210000－0702－0001801 448/48－1

**御製歷象考成上編十六卷下編十卷** （清）允祿等撰 清光緒二十一年(1895)湖北官書處刻本 十五冊

210000－0702－0001802 448/48－2

**御製歷象考成後編十卷** （清）允祿等撰 清光緒二十四年(1898)富強齋石印本 十冊

210000－0702－0001803 448/48－3

**御製歷象考成後編十卷** （清）允祿等撰 清光緒二十四年(1898)富強齋石印本 十冊

210000－0702－0001804 448/441－1

三統術詳說四卷 （清）陳澧撰 清刻本
一冊

210000－0702－0001805 448/441－2
天文算學纂要二十卷首一卷 （清）陳松撰
清光緒二十三年(1897)江左書林石印本
六冊

210000－0702－0001806 448.11/316
邃雅堂學古錄六卷 （清）姚文田撰 清道光
七年(1827)刻本 四冊

210000－0702－0001807 450.2/934－1
地學指略三卷 （英國）文教治口譯 （清）李
慶軒筆述 清光緒七年(1881)益智書會刻本
一冊

210000－0702－0001808 450.2/934－2
地學指略三卷 （英國）文教治口譯 （清）李
慶軒筆述 清光緒七年(1881)益智書會刻本
一冊

210000－0702－0001809 450.2/934－3
地學指略三卷 （英國）文教治口譯 （清）李
慶軒筆述 清光緒七年(1881)益智書會刻本
一冊

210000－0702－0001810 450.2/943－1
地學淺釋三十八卷 （英國）雷俠兒撰 （美
國）瑪高溫口譯 （清）華蘅芳筆述 清末石
印本 四冊

210000－0702－0001811 450.2/943－2
地學淺釋三十八卷 （英國）雷俠兒撰 （美
國）瑪高溫口譯 （清）華蘅芳筆述 清末石
印本 二冊 存十八卷(十一至二十、二十一
至二十八)

210000－0702－0001812 450.2/943－3
地學淺釋三十八卷 （英國）雷俠兒撰 （美
國）瑪高溫口譯 （清）華蘅芳筆述 清末江
南機器製造總局刻本 八冊

210000－0702－0001813 452.1/933
普通地文學二卷 （日本）山上萬次郎撰 清
光緒三十二年(1906)上海點石齋石印本

二冊

210000－0702－0001814 452.1/942
中等地文學教科書 （英國）勞梅痕撰 南洋
官書局譯述 清光緒三十一年(1905)上海南
洋官書局石印本 二冊

210000－0702－0001815 458/944
金石識別十二卷 （美國）代那撰 （美國）瑪
高溫口譯 （清）華蘅芳筆述 清同治十一年
(1872)江南製造總局刻本 六冊

210000－0702－0001816 460.2/841
普通博物問答不分卷 商務印書館譯輯 清
光緒三十二年(1906)上海商務印書館鉛印本
一冊

210000－0702－0001817 460.2/936－1
博物新編三卷 （英國）合信氏撰 清咸豐五
年(1855)刻本 一冊

210000－0702－0001818 460.2/936－2
博物新編三卷 （英國）合信氏撰 清咸豐五
年(1855)刻本 一冊

210000－0702－0001819 460.2/936－3
博物新編三卷 （英國）合信氏撰 清咸豐五
年(1855)刻本 一冊

210000－0702－0001820 460.7/151
初等博物教科書不分卷 李思慎編輯 清光
緒三十三年(1907)南洋官書局石印本 二冊

210000－0702－0001821 460.7/311－1
初等博物教科書不分卷 侯鴻鑑譯著 清光
緒三十三年(1907)上海文明書局鉛印本
一冊

210000－0702－0001822 460.7/311－2
初等博物教科書不分卷 侯鴻鑑譯著 清光
緒三十三年(1907)上海文明書局鉛印本
一冊

210000－0702－0001823 460.7/705－1
小學教科初等理科教授案 錢江撰 清光緒
三十三年(1907)上海集成圖書公司鉛印本
一冊

210000－0702－0001824　460.7/705－2

**小學教科初等理科教授案二**　錢江撰　清光緒三十三年(1907)上海集成圖書公司鉛印本　一冊

210000－0702－0001825　460.7/816－1

**高等小學格致教科書**　(清)學部編譯圖書局編纂　清宣統二年(1910)學部圖書局石印本　四冊

210000－0702－0001826　460.7/816－2

**高等小學格致教科筆記**　(清)學部編譯圖書局編纂　清宣統二年(1910)學部圖書局石印本　四冊

210000－0702－0001827　460.7/816－3

**高等小學格致教授書**　(清)學部編譯圖書局編纂　清宣統二年(1910)學部圖書局鉛印本　三冊

210000－0702－0001828　460.7/841

**格致課本**　商務印書館編譯所編纂　清光緒三十三年(1907)上海商務印書館鉛印本　二冊

210000－0702－0001829　460.7/912

**蒙學理科教科書四卷**　無錫三等公學堂編　清光緒三十四年(1908)上海文明書局石印本　三冊

210000－0702－0001830　463/940

**進化論**　(英國)泰勒撰　(清)任保羅譯　清光緒二十九年(1903)上海廣學會鉛印本　四冊

210000－0702－0001831　469/523－1

**礦石圖說一卷**　(英國)傅蘭雅撰　清光緒十年(1884)刻本　一冊

210000－0702－0001832　469/523－2

**礦石圖說一卷**　(英國)傅蘭雅撰　清光緒十年(1884)刻本　一冊

210000－0702－0001833　469/523－3

**礦石圖說一卷**　(英國)傅蘭雅撰　清光緒十年(1884)刻本　一冊

210000－0702－0001834　470.2/942

**全體通考十八卷圖三卷**　(英國)德貞子固撰　清光緒十二年(1886)同文館鉛印本　十二冊

210000－0702－0001835　470.2/945

**全體圖說二卷**　(英國)稻惟德譯　清光緒十年(1884)益智書會刻本　一冊

210000－0702－0001836　470.7/2

**蒙學生理教科書**　丁福保編譯　清光緒三十二年(1906)上海文明書局鉛印本　一冊

210000－0702－0001837　470.7/491

**初等小學生理教科書**　(清)黃世基編　清光緒三十二年(1906)上海南洋官書局石印本　一冊

210000－0702－0001838　470.7/839

**最新中等生理學教科書**　(清)南洋官書局譯訂　清光緒三十二年(1906)南洋官書局石印本　二冊

210000－0702－0001839　470.7/947－1

**高等小學生理衛生教科書**　(日本)齋田功太郎撰　丁福保譯　清光緒三十三年(1907)上海文明書局鉛印本　一冊

210000－0702－0001840　470.7/947－2

**高等小學生理衛生教科書**　(日本)齋田功太郎撰　丁福保譯　清光緒三十三年(1907)上海文明書局鉛印本　一冊

210000－0702－0001841　470.8/841－1

**新編生理學問答不分卷**　商務印書館編譯所編輯　清光緒三十三年(1907)上海商務印書館鉛印本　一冊

210000－0702－0001842　470.8/841－2

**新編生理學問答不分卷**　商務印書館編譯所編輯　清光緒三十三年(1907)上海商務印書館鉛印本　一冊

210000－0702－0001843　470.8/841－3

**新編生理學問答不分卷**　商務印書館編譯所編輯　清光緒三十二年(1906)上海商務印書

館鉛印本　一冊

210000－0702－0001844　470.8/841－4
新編生理學問答不分卷　商務印書館編譯所
編輯　清光緒三十二年(1906)上海商務印書
館鉛印本　一冊

210000－0702－0001845　480.1/863
活物學二卷　(□)□□撰　清末上海時務報
館石印本　一冊

210000－0702－0001846　480.2/942－1
植物須知一卷　(英國)傅蘭雅撰　清光緒二
十四年(1898)上海格致書室刻本　一冊

210000－0702－0001847　480.2/942－2
植物須知一卷　(英國)傅蘭雅撰　清光緒二
十四年(1898)上海格致書室刻本　一冊

210000－0702－0001848　480.6/868
奉天植物研究所光緒三十四年報告　奉天植
物研究所編　清宣統元年(1909)北京益森印
刷公司鉛印本　一冊

210000－0702－0001849　480.8/135－1
佩文齋廣羣芳譜一百卷目錄二卷　(清)汪灝
等撰　清同治七年(1868)刻本　三十六冊

210000－0702－0001850　480.8/135－2
佩文齋廣羣芳譜一百卷目錄二卷　(清)汪灝
等撰　清同治七年(1868)刻本　三十六冊

210000－0702－0001851　480.8/135－3
佩文齋廣羣芳譜一百卷目錄二卷　(清)汪灝
等撰　清同治七年(1868)刻本　三十六冊

210000－0702－0001852　481/164
植物名實圖考三十八卷長編二十二卷　(清)
吳其濬撰　清道光二十八年(1848)陸應穀刻
本　六十冊

210000－0702－0001853　510/936
合信氏西醫五種　(英國)合信氏　(清)管茂
材等撰　清咸豐仁濟醫館刻本　五冊

210000－0702－0001854　510.16/911
看護學問答初集　(清)紹興教育館編譯部編
譯　清光緒三十四年(1908)紹興教育館鉛印

本　一冊

210000－0702－0001855　510.2/940
儒門醫學三卷附一卷　(英國)海得蘭撰
(英國)傅蘭雅口譯　(清)趙元益筆述　清末
江南製造總局刻本　四冊

210000－0702－0001856　510.8/936
合信氏西醫五種　(英國)合信氏　(清)管茂
材等撰　清光緒二十二年(1896)皖南醫學館
鉛印本　八冊

210000－0702－0001857　513.7/938
西藥大成十卷首一卷　(英國)來拉　(英國)
海得蘭撰　(英國)傅蘭雅口譯　(清)趙元益
筆述　清光緒十年(1884)江南機器製造總局
刻本　十六冊

210000－0702－0001858　514.09/972
醫學摘粹五種八卷　(清)慶恕撰　清光緒二
十三年(1897)鉛印本　四冊

210000－0702－0001859　515.81/935－1
肺病問答不分卷　(日本)石神亨撰　(清)沙
曾詒譯　清光緒二十年(1894)上海文明書局
鉛印本　一冊

210000－0702－0001860　515.81/935－2
肺病問答不分卷　(日本)石神亨撰　(清)沙
曾詒譯　清光緒二十年(1894)上海文明書局
鉛印本　一冊

210000－0702－0001861　517.1/937
婦科精蘊五卷　(美國)妥瑪氏撰　(清)孔慶
高筆譯　(美國)嘉約翰校正　清光緒十五年
(1889)刻本　五冊

210000－0702－0001862　518.1/2－1
公民醫學必讀不分卷　丁福保譯述　清宣統
元年(1909)上海文明書局鉛印本　一冊

210000－0702－0001863　518.1/2－2
公民醫學必讀不分卷　丁福保譯述　清宣統
元年(1909)上海文明書局鉛印本　一冊

210000－0702－0001864　518.2/942
化學衛生論四卷　(英國)真司騰撰　(英國)

傅蘭雅口譯　清光緒十六年(1890)上海格致書室刻本　四冊

210000－0702－0001865　519/164－1
**御纂醫宗金鑑內科七十四卷外科十六卷首一卷**　(清)吳謙等撰　清光緒二十七年(1901)上海醉六堂石印本　十九冊　缺四卷(五十五至五十八)

210000－0702－0001866　519/164－2
**御纂醫宗金鑑內科七十四卷外科十六卷首一卷**　(清)吳謙等撰　清光緒三十二年(1906)上海文新書局石印本　二十冊

210000－0702－0001867　519/164－3
**御纂醫宗金鑑內科七十四卷外科十六卷首一卷**　(清)吳謙等撰　清光緒三十二年(1906)上海文新書局石印本　二十冊

210000－0702－0001868　519/164－4
**御纂醫宗金鑑內科七十四卷外科十六卷首一卷**　(清)吳謙等撰　清光緒至民國上海文華書局石印本　八冊　存三十四卷(內科五十一至七十四、外科一至十)

210000－0702－0001869　519/164－5
**御纂醫宗金鑑內科七十四卷外科十六卷首一卷**　(清)吳謙等撰　清光緒三十二年(1906)上海商務印書館鉛印本　六冊　存二十五卷(一至二十五)

210000－0702－0001870　519/164－6
**御纂醫宗金鑑外科十六卷**　(清)吳謙等撰　清宣統三年(1911)上海文盛書局石印本　二冊　存六卷(一至六)

210000－0702－0001871　519/164－7
**問心堂溫病條辨六卷首一卷**　(清)吳瑭撰
**種福堂公選溫熱論一卷**　(清)葉桂撰　清光緒二十七年(1901)湖南思賢書局刻本　四冊

210000－0702－0001872　519/650
**欽定古今圖書集成醫部全錄五百二十卷**　(清)陳夢雷　(清)蔣廷錫等編　清光緒二十年至二十三年(1894－1897)影印本　六十冊

210000－0702－0001873　519/964－1
**丹溪心法附餘二十四卷首一卷**　(明)方廣編　清光緒二十五年(1899)越徐氏石印本　十二冊

210000－0702－0001874　519/964－2
**丹溪心法附餘二十四卷首一卷**　(明)方廣編　清光緒二十五年(1899)越徐氏石印本　十二冊

210000－0702－0001875　519.01/21
**醫統正脈全書四十四種**　(明)王肯堂輯　清刻本　五十七冊　存三十三種一百四十三卷(黃帝針灸甲乙經十卷、中藏經八卷、脈經十卷、難經本義二卷、金匱要略方論三卷、注解傷寒論十卷、傷寒明理論四卷、脈訣一卷、類證活人書二十二卷、素問玄機原病式一卷、黃帝素問宣明論方十五卷、傷寒直格論方三卷、傷寒標本心法類萃二卷、傷寒心鏡別集一卷、傷寒心要一卷、素問病機氣宜保命集三卷、儒門事親十五卷、內外傷辨三卷、脾胃論三卷、蘭室秘藏三卷、醫壘元戒一卷、此事難知集二卷、湯液本草三卷、癍論萃英一卷、丹溪心法五卷、脈訣指掌病式圖說一卷、格致餘論一卷、局方發揮一卷、醫學發明一卷、金匱鉤玄三卷、活法機要一卷、外科精義二卷、醫經溯洄集一卷)

210000－0702－0001876　519.01/135－1
**素問靈樞類纂約註三卷**　(清)汪昂纂輯　清光緒二十二年(1896)上海圖書集成印書局鉛印本　三冊

210000－0702－0001877　519.01/135－2
**素問靈樞類纂約註三卷**　(清)汪昂纂輯　清末至民國公興書局鉛印本　三冊

210000－0702－0001878　519.01/337
**中西匯通醫書五種**　(清)唐宗海撰　清末石印本　九冊　缺五卷(中西匯通醫經精義一至二、金匱要略淺註補正四至六)

210000－0702－0001879　519.01/352
**黃帝內經素問靈樞合編十八卷**　(明)馬蒔注　清刻本　二十四冊

210000－0702－0001880　519.01/428－1

醫說十卷續醫說十卷　（宋）張杲撰　（明）俞
弁續撰　清宣統三年(1911)上海文明書局鉛
印本　六冊

210000－0702－0001881　519.01/428－2

醫說十卷續醫說十卷　（宋）張杲撰　（明）俞
弁續撰　清宣統三年(1911)上海文明書局鉛
印本　六冊

210000－0702－0001882　519.01/428－3

張氏醫通十六卷　（清）張璐纂述　清光緒三
十三年(1907)上海書局石印本　九冊

210000－0702－0001883　519.01/428－4

張氏醫通十六卷　（清）張璐纂述　清光緒三
十三年(1907)上海書局石印本　九冊

210000－0702－0001884　519.01/428－5

張氏醫通十六卷　（清）張璐纂述　清光緒三
十三年(1907)上海書局石印本　九冊

210000－0702－0001885　519.01/428－6

靈樞經九卷　（清）張志聰集註　（清）張文啟
參訂　清光緒十六年(1890)浙江書局刻本
八冊

210000－0702－0001886　519.01/429

黃帝內經素問合纂十卷　（明）馬蒔　（清）張
隱庵註　清宣統二年(1910)上海醫學公會石
印本　八冊　存八卷(一至八)

210000－0702－0001887　519.01/491

黃氏醫書八種八十卷　（清）黃元御撰　清刻
本　二十冊

210000－0702－0001888　519.01/509

中藏經八卷附內照法一卷　（漢）華佗撰　清
光緒六年(1880)刻本　四冊

210000－0702－0001889　519.01/511

嵩厓尊生書十五卷　（清）景日昣撰　清上海
掃葉山房刻本　十冊

210000－0702－0001890　519.01/535－1

唐王燾先生外臺秘要方四十卷　（唐）王燾撰
（宋）陸錫明校閱　清光緒二十四年(1898)

上海圖書集成印書局鉛印本　十六冊

210000－0702－0001891　519.01/535－2

唐王燾先生外臺秘要方四十卷　（唐）王燾撰
（宋）陸錫明校閱　清同治十三年(1874)廣
東翰墨園刻本　四十冊

210000－0702－0001892　519.01/556

黃帝內經太素三十卷附遺文一卷內經明堂一
卷附錄一卷　（唐）楊上善撰注　清光緒二十
三年(1897)通隱堂刻本　六冊

210000－0702－0001893　519.01/562

醫效秘傳三卷　（清）葉桂撰　清道光十一年
(1831)刻本　三冊

210000－0702－0001894　519.01/781

扁鵲心書三卷附神方　（宋）竇材撰　（清）胡
玨參論　清刻本　二冊

210000－0702－0001895　519.02/128－1

沈氏尊生書五種　（清）沈金鰲撰　清同治十
三年(1874)湖北崇文書局刻本　二十六冊

210000－0702－0001896　519.02/128－2

沈氏尊生書五種　（清）沈金鰲撰　清同治十
三年(1874)湖北崇文書局刻本　十二冊　存
二種三十二卷(雜病源流一至四、八至三十,
首二卷;婦科玉尺一至三)

210000－0702－0001897　519.02/128－3

沈氏尊生書五種　（清）沈金鰲撰　清光緒二
十一年(1895)上海圖書集成局鉛印本　二十
四冊

210000－0702－0001898　519.02/434－1

世補齋醫書六種　（清）陸懋修撰　清光緒十
二年(1886)山左書局刻本　八冊

210000－0702－0001899　519.02/434－2

世補齋醫書前集六種後集四種　（清）陸懋修
撰　清光緒十二年至宣統元年(1886－1909)
山左書局刻本　十八冊

210000－0702－0001900　519.02/466

重刊巢氏諸病源候總論五十卷　（隋）巢元方
撰　清光緒十二年(1886)湖北官書處刻本

八冊

210000 - 0702 - 0001901　519.029/21 - 1

**簡明中西滙參醫學圖說不分卷**　（清）王有忠
編輯　清光緒三十三年(1907)上海廣益書局
石印本　四冊

210000 - 0702 - 0001902　519.029/21 - 2

**簡明中西滙參醫學圖說不分卷**　（清）王有忠
編輯　清光緒三十三年(1907)上海廣益書局
石印本　四冊

210000 - 0702 - 0001903　519.029/21 - 3

**簡明中西滙參醫學圖說不分卷**　（清）王有忠
編輯　清光緒三十三年(1907)上海廣益書局
石印本　一冊　存一冊(四)

210000 - 0702 - 0001904　519.08/135 - 1

**醫林纂要探源十卷附錄一卷**　（清）汪紱輯
清光緒二十三年(1897)江蘇書局刻本　十冊

210000 - 0702 - 0001905　519.08/135 - 2

**醫林纂要探源十卷附錄一卷**　（清）汪紱輯
清光緒二十三年(1897)江蘇書局刻本　十冊

210000 - 0702 - 0001906　519.08/151

**東垣十書二十卷首一卷附錄一卷**　（金）李杲
撰　清光緒七年(1881)嶺南雲林閣刻本　十
六冊

210000 - 0702 - 0001907　519.08/337 - 1

**中西滙通醫書五種**　（清）唐宗海撰　清光緒
三十二年(1906)上海千頃堂石印本　十二冊

210000 - 0702 - 0001908　519.08/337 - 2

**中西醫書五種**　（清）唐宗海撰　清末石印本
十冊　缺二卷(中西滙通醫經精義二卷)

210000 - 0702 - 0001909　519.08/393 - 1

**徐氏醫書八種十八卷**　（清）徐大椿撰　清光
緒十八年(1892)湖北官書處刻本　十二冊

210000 - 0702 - 0001910　519.08/393 - 2

**徐氏醫書十三種三十五卷**　（清）徐大椿撰
清光緒十九年(1893)上海圖書集成印書局鉛
印本　十二冊

210000 - 0702 - 0001911　519.08/393 - 3

**徐氏醫書十三種三十五卷**　（清）徐大椿撰
清光緒十九年(1893)上海圖書集成印書局鉛
印本　十二冊

210000 - 0702 - 0001912　519.08/393 - 4

**徐氏醫書十六種**　（清）徐大椿撰　清光緒三
十三年(1907)上海六藝書局石印本　十二冊

210000 - 0702 - 0001913　519.08/393 - 5

**徐氏醫書十六種**　（清）徐大椿撰　清光緒三
十三年(1907)上海六藝書局石印本　十四冊

210000 - 0702 - 0001914　519.08/428 - 1

**景岳全書六十四卷**　（明）張介賓撰　清光緒
二十年(1894)上海圖書集成印書局鉛印本
十六冊

210000 - 0702 - 0001915　519.08/428 - 2

**景岳全書六十四卷**　（明）張介賓撰　清末鉛
印本　十冊　存三十五卷(三十至六十四)

210000 - 0702 - 0001916　519.08/441 - 1

**陳修園醫書四十八種**　（清）陳念祖撰　清光
緒三十二年(1906)上海廣益書莊石印本　二
十六冊

210000 - 0702 - 0001917　519.08/441 - 2

**陳修園醫書四十八種**　（清）陳念祖撰　清光
緒三十二年(1906)上海廣益書莊石印本　二
十四冊　缺二種八卷(神農本草經讀四卷、醫
學三字經四卷)

210000 - 0702 - 0001918　519.08/441 - 3

**陳修園醫書四十二種**　（清）陳念祖撰　清光
緒十八年(1892)上海圖書集成印書局鉛印本
三十二冊

210000 - 0702 - 0001919　519.08/441 - 4

**陳修園醫書四十二種**　（清）陳念祖撰　清光
緒十八年(1892)上海圖書集成印書局鉛印本
三十二冊

210000 - 0702 - 0001920　519.08/441 - 5

**陳修園醫書五十四種**　（清）陳念祖撰　清光
緒三十四年(1908)上海章福記石印本　二十
六冊

210000－0702－0001921　519.08/491－1

**黃氏醫書八種八十卷**　（清）黃元御撰　清光緒二十年(1894)上海圖書集成印書局鉛印本　十二冊

210000－0702－0001922　519.08/491－2

**黃氏醫書八種八十卷**　（清）黃元御撰　清光緒二十年(1894)上海圖書集成印書局鉛印本　十二冊

210000－0702－0001923　519.08/491－3

**黃氏醫書八種八十卷**　（清）黃元御撰　清光緒二十年(1894)上海圖書集成印書局鉛印本　十二冊

210000－0702－0001924　519.08/491－4

**黃氏醫書八種八十卷**　（清）黃元御撰　清宣統元年(1909)江左書林石印本　十二冊

210000－0702－0001925　519.1/21

**霍亂論二卷**　（清）王士雄撰　清咸豐元年(1851)吟春書屋刻本　一冊

210000－0702－0001926　519.1/164－1

**溫病條辨六卷首一卷**　（清）吳瑭撰　清宣統元年(1909)渭南嚴氏孝義家塾刻本　四冊

210000－0702－0001927　519.1/164－2

**溫病條辨六卷首一卷**　（清）吳瑭撰　清光緒十九年(1893)上海圖書集成印書局鉛印本　四冊

210000－0702－0001928　519.1/164－3

**溫病條辨六卷首一卷**　（清）吳瑭撰　清光緒十九年(1893)上海圖書集成印書局鉛印本　四冊

210000－0702－0001929　519.1/164－4

**溫病條辨六卷首一卷**　（清）吳瑭撰　清光緒十九年(1893)上海圖書集成印書局鉛印本　四冊

210000－0702－0001930　519.1/164－5

**溫病條辨六卷首一卷**　（清）吳瑭撰　清光緒二十五年(1899)曲江書屋石印本　四冊

210000－0702－0001931　519.1/170－1

**瘟疫條辨摘要不分卷附風溫簡便方金瘡鐵扇散方**　（清）楊璿條辨　（清）陳良佐晰義　（清）呂田集錄　清光緒十五年(1889)浙江書局刻本　一冊

210000－0702－0001932　519.1/170－2

**瘟疫條辨摘要不分卷附風溫簡便方金瘡鐵扇散方**　（清）楊璿條辨　（清）陳良佐晰義　（清）呂田集錄　清光緒十五年(1889)浙江書局刻本　一冊

210000－0702－0001933　519.1/527

**醫宗備要三卷**　（清）曾鼎撰　清同治八年(1869)楚北崇文書局刻本　一冊

210000－0702－0001934　519.1/562－1

**臨證指南醫案八卷附種福堂公選良方**　（清）葉桂撰　清光緒三十二年(1906)維經書局石印本　八冊

210000－0702－0001935　519.1/562－2

**臨證指南醫案八卷附種福堂公選良方**　（清）葉桂撰　清光緒三十二年(1906)維經書局石印本　七冊　缺一卷(一)

210000－0702－0001936　519.1/972

**喻氏醫書三種十六卷**　（清）喻昌撰　清光緒掃葉山房石印本　六冊

210000－0702－0001937　519.11/21－1

**圖註難經脈訣八卷附瀕湖脈學驗方奇經八脈攷**　清刻本　六冊

210000－0702－0001938　519.11/21－2

**脈經十卷**　（晉）王叔和撰　（宋）林憶等編　清光緒十九年(1893)景蘇園刻本　二冊

210000－0702－0001939　519.11/128

**圖註難經脈訣六卷附瀕湖脈學驗方奇經八脈攷**　清刻本　六冊

210000－0702－0001940　519.2/21－1

**六科準繩**　（明）王肯堂輯　清光緒十八年(1892)上海圖書集成印書局鉛印本　四十冊

210000－0702－0001941　519.2/21－2

**六科準繩**　（明）王肯堂輯　清光緒十八年

（1892）上海圖書集成印書局鉛印本　四十冊

210000 – 0702 – 0001942　519.2/21 – 3
**溫熱經緯五卷**　（清）王士雄撰　清同治十三年（1874）湖北崇文書局刻本　四冊

210000 – 0702 – 0001943　519.2/441 – 1
**傷寒辨證四卷**　（清）陳堯道撰　清末至民國上海會文堂書局石印本　四冊

210000 – 0702 – 0001944　519.2/441 – 2
**疫痧草三卷**　（清）陳耕道撰　清宣統元年（1909）上海文明書局鉛印本　一冊

210000 – 0702 – 0001945　519.2/491
**霄鵬先生遺著五種八卷**　（清）黃保康撰　清宣統三年（1911）刻本　三冊

210000 – 0702 – 0001946　519.2/523
**男科二卷**　（清）傅山撰　清光緒十三年（1887）湖北官書處刻本　二冊

210000 – 0702 – 0001947　519.2/971
**溫熱贅言一卷**　題（清）寄瓢子撰　清刻本　一冊

210000 – 0702 – 0001948　519.21/332 – 1
**傷寒論六卷**　（清）張志聰註釋　（清）高世栻纂集　清光緒二十五年（1899）石印本　四冊

210000 – 0702 – 0001949　519.21/332 – 2
**傷寒論六卷**　（清）張志聰註釋　（清）高世栻纂集　清光緒二十五年（1899）石印本　四冊

210000 – 0702 – 0001950　519.21/428 – 1
**注解傷寒論十卷附傷寒明理論四卷**　（漢）張仲景撰　（晉）王叔和編　（金）成無已注（金）成無已撰明理論　清光緒六年（1880）刻本　六冊

210000 – 0702 – 0001951　519.21/428 – 2
**注解傷寒論十卷附傷寒明理論四卷**　（漢）張仲景撰　（晉）王叔和編　（金）成無已注（金）成無已撰明理論　清光緒六年（1880）刻本　六冊

210000 – 0702 – 0001952　519.21/428 – 3
**注解傷寒論十卷附傷寒明理論四卷**　（漢）張

仲景撰　（晉）王叔和編　（金）成無已注（金）成無已撰明理論　清同治九年（1870）刻本　六冊

210000 – 0702 – 0001953　519.21/428 – 4
**傷寒纘論二卷**　（清）張璐撰　清光緒石印本　二冊

210000 – 0702 – 0001954　519.21/428 – 5
**傷寒纘論二卷**　（清）張璐撰　清光緒石印本　二冊

210000 – 0702 – 0001955　519.21/428 – 6
**傷寒纘論二卷**　（清）張璐撰　清光緒石印本　二冊

210000 – 0702 – 0001956　519.21/428 – 7
**傷寒緒論二卷**　（清）張璐撰　清光緒石印本　二冊

210000 – 0702 – 0001957　519.21/428 – 8
**傷寒緒論二卷**　（清）張璐撰　清光緒石印本　二冊

210000 – 0702 – 0001958　519.21/428 – 9
**傷寒緒論二卷**　（清）張璐撰　清光緒石印本　二冊

210000 – 0702 – 0001959　519.21/674 – 1
**劉河間傷寒三書二十卷**　（金）劉完素撰　清善成堂刻本　八冊

210000 – 0702 – 0001960　519.21/674 – 2
**劉河間傷寒六書二十五卷附二種二卷**　（金）劉完素等撰　清善成堂刻本　八冊

210000 – 0702 – 0001961　519.3/21 – 1
**王洪緒先生外科證治全生不分卷**　（清）王維德撰　清咸豐十一年（1861）武昌節署刻本　一冊

210000 – 0702 – 0001962　519.3/21 – 2
**外科證治全生不分卷**　（清）王維德撰　清同治十三年（1874）川東刻本　二冊

210000 – 0702 – 0001963　519.3/21 – 3
**刺疔捷法不分卷**　（清）張鏡撰　清光緒五年（1879）長洲王鋆刻本　一冊

210000－0702－0001964　519.3/791－1

瘍醫大全四十卷附內經纂要　（清）顧世澄撰
清光緒二十七年（1901）上海圖書集成印書
局鉛印本　十六冊

210000－0702－0001965　519.3/791－2

瘍醫大全四十卷附內經纂要　（清）顧世澄撰
清光緒二十七年（1901）上海圖書集成印書
局鉛印本　十六冊

210000－0702－0001966　519.35/791

眼科三種十二卷　上海掃葉山房編　清末至
民國上海掃葉山房石印本　八冊

210000－0702－0001967　519.36/151

白喉全生集不分卷　（清）李紀方輯　清光緒
九年（1883）思賢書局刻本　一冊

210000－0702－0001968　519.36/661

重樓玉鑰二卷　（清）鄭梅澗撰　清光緒四年
（1878）盛京彩盛刻字鋪刻本　二冊

210000－0702－0001969　519.4/428－1

產孕集二卷補遺一卷　（清）張曜孫撰　清同
治七年（1868）刻本　一冊

210000－0702－0001970　519.4/428－2

產孕集二卷補遺一卷　（清）張曜孫撰　清同
治七年（1868）刻本　一冊

210000－0702－0001971　519.4/428－3

產孕集二卷補遺一卷　（清）張曜孫撰　清同
治七年（1868）刻本　一冊

210000－0702－0001972　519.4/523－1

傅青主女科二卷附產後編二卷　（清）傅山撰
清光緒三十年（1904）上海書局石印本
一冊

210000－0702－0001973　519.4/523－2

女科良方三卷　（清）傅山撰　清光緒十八年
（1892）上海掃葉山房刻本　四冊

210000－0702－0001974　519.4/523－3

女科良方三卷　（清）傅山撰　清光緒十八年
（1892）上海掃葉山房刻本　四冊

210000－0702－0001975　519.4/523－4

女科二卷附產後編二卷　（清）傅山撰　清同
治八年（1869）湖北崇文書局刻本　二冊

210000－0702－0001976　519.4/562－1

葉氏女科證治四卷　（清）葉桂撰　清光緒三
十四年（1908）上海文宜書局石印本　四冊

210000－0702－0001977　519.4/562－2

竹林女科五卷　（清）葉其蓁編輯　清光緒元
年（1875）海左書局石印本　二冊

210000－0702－0001978　519.5/194

保赤存真十卷附脈理有真三卷　（清）余含棻
編　清光緒二年（1876）慎德堂刻本　八冊

210000－0702－0001979　519.5/441

鼎鍥幼幼集成六卷　（清）陳復正輯訂　清乾
隆十六年（1751）刻本　六冊

210000－0702－0001980　519.5/454

驚風辨證必讀書不分卷　（清）莊一夔撰　清
光緒二十七年（1901）上元江氏刻本　一冊

210000－0702－0001981　519.5/527

活幼心書三卷　（元）曾世榮撰　清宣統二年
（1910）武昌醫館刻本　四冊

210000－0702－0001982　519.6/135－1

增補本草備要八卷　（清）汪昂撰輯　清光緒
三十三年（1907）上海同文書局石印本　四冊

210000－0702－0001983　519.6/135－2

重校舊本湯頭歌訣不分卷　（清）汪昂撰　清
光緒三十三年（1907）上海同文書局石印本
一冊

210000－0702－0001984　519.6/151－1

本草綱目五十二卷附圖二卷本草萬方鍼線八
卷奇經八脈一卷　（明）李時珍撰　（清）吳毓
昌重訂　清同治十一年（1872）芥子園刻本
二十一冊　存三十六卷（一至三十四、圖二
卷）

210000－0702－0001985　519.6/151－2

本草綱目五十二卷附圖瀕湖脈學一卷奇經八
脈考一卷脈訣考證一卷　（明）李時珍撰
（清）吳毓昌較訂　清光緒三十三年（1907）上

海華商集成圖書公司鉛印本　十二冊　存二十八卷（一至二十五、瀕湖脈學一卷、奇經八脈考一卷、脈訣考證一卷）

210000－0702－0001986　519.6/151－3

**本草綱目五十二卷附圖三卷瀕湖脈學一卷奇經八脈考一卷脈訣考證一卷本草綱目拾遺十卷本草萬方鍼線八卷**　（明）李時珍撰　清光緒十九年（1893）上海鴻寶齋石印本　十二冊　存五十二卷（十九至五十二、拾遺十卷、萬方鍼線八卷）

210000－0702－0001987　519.6/151－4

**本草綱目五十二卷**　（明）李時珍撰　清刻本　六冊　存六卷（十至十五）

210000－0702－0001988　519.6/151－5

**本草綱目五十二卷附圖三卷瀕湖脈學一卷奇經八脈考一卷脈訣考證一卷**　（明）李時珍撰　（清）吳毓昌較訂　清光緒三十三年（1907）石印本　二十四冊

210000－0702－0001989　519.6/151－6

**本草綱目五十二卷附圖三卷瀕湖脈學一卷奇經八脈考一卷脈訣考證一卷**　（明）李時珍撰　（清）吳毓昌較訂　清光緒三十三年（1907）石印本　二十四冊

210000－0702－0001990　519.6/151－7

**本草綱目五十二卷**　（明）李時珍撰　清刻本　七冊　存十三卷（十七至二十九）

210000－0702－0001991　519.6/151－8

**本草綱目五十二卷**　（明）李時珍撰　清刻本　二十四冊　存二十九卷（十四至二十、二十三至四十四）

210000－0702－0001992　519.6/178－1

**養生食鑑三卷**　（清）何其言編　清光緒三十年（1904）日新書莊石印本　三冊

210000－0702－0001993　519.6/178－2

**養生食鑑三卷**　（清）何其言編　清光緒三十年（1904）日新書莊石印本　三冊

210000－0702－0001994　519.6/428－1

**本經逢原四卷**　（清）張璐撰　清光緒石印本　四冊

210000－0702－0001995　519.6/428－2

**本經逢原四卷**　（清）張璐撰　清光緒石印本　四冊

210000－0702－0001996　519.6/428－3

**本經逢原四卷**　（清）張璐撰　清光緒石印本　四冊

210000－0702－0001997　519.6/441

**公餘醫錄三種十卷**　（清）陳念祖撰　清光緒十五年（1889）江左書林刻本　六冊

210000－0702－0001998　519.6/505

**本草匯纂十卷**　（清）屠道和撰　清光緒二十九年（1903）思賢書局刻本　四冊

210000－0702－0001999　519.6/556

**本草述鉤元三十二卷**　（清）楊時泰輯　清道光二十二年（1842）昆陵涵雅堂刻本　十六冊

210000－0702－0002000　519.6/598

**本草綱目拾遺十卷**　（清）趙學敏輯　清光緒十一年（1885）合肥張氏味古齋刻本　八冊

210000－0702－0002001　519.6/874

**珍珠囊指掌補遺藥性賦四卷雷公炮製藥性解六卷**　題（金）李杲　（明）李中梓編　清末至民國石印本　三冊

210000－0702－0002002　519.7/21－1

**重鐫本草醫方合編二種**　（清）汪昂編　清光緒十四年（1888）刻本　六冊

210000－0702－0002003　519.7/21－2

**唐王燾先生外臺秘要方四十卷**　（唐）王燾撰　（宋）陸錫明校閱　清同治十三年（1874）廣東翰墨園刻本　二十四冊

210000－0702－0002004　519.7/135

**醫林纂要探源十卷附錄一卷**　（清）汪紱輯　清光緒二十三年（1897）江蘇書局刻本　十冊

210000－0702－0002005　519.7/375－1

**備急千金要方三十卷**　（唐）孫思邈撰　（宋）

林憶校　清光緒四年(1878)上海長州麟瑞堂記影印本　十二冊

210000－0702－0002006　519.7/375－2
**千金翼方三十卷**　(唐)孫思邈撰　(宋)林憶校　清光緒四年(1878)上海影印本　八冊

210000－0702－0002007　519.7/375－3
**新刊良朋彙集五卷附補遺一卷**　(清)孫偉編　清光緒九年(1883)刻本　六冊

210000－0702－0002008　519.7/375－4
**濟貧利鄉編三卷**　(清)孫侗編　清光緒三十三年(1907)上海章福記書局石印本　一冊

210000－0702－0002009　519.7/407－1
**訂正東醫寶鑑二十三卷目錄二卷附生理解剖圖說**　(朝鮮)許浚撰　清末至民國上海掃葉山房鉛印本　十四冊　缺四卷(內景篇三至四、雜病篇七至八)

210000－0702－0002010　519.7/407－2
**訂正東醫寶鑑二十三卷目錄二卷**　(朝鮮)許浚撰　清光緒十六年(1890)校經山房刻本　二十五冊

210000－0702－0002011　519.7/407－3
**訂正東醫寶鑑二十三卷目錄二卷**　(朝鮮)許浚撰　清光緒十五年(1889)刻本　五冊　存五卷(內景篇一至三、目錄二卷)

210000－0702－0002012　519.7/407－4
**訂正東醫寶鑑二十三卷目錄二卷**　(朝鮮)許浚撰　清刻本　五冊　存四卷(內景篇四、外形篇一至三)

210000－0702－0002013　519.7/407－5
**訂正東醫寶鑑二十三卷目錄二卷**　(朝鮮)許浚撰　清刻本　四冊　存四卷(內景篇一至四)

210000－0702－0002014　519.7/507
**醫醇賸義四卷**　(清)費伯雄撰　清光緒二十年(1894)上海圖書集成印書局鉛印本　二冊

210000－0702－0002015　519.7/562－1
**類證普濟本事方十卷**　(宋)許叔微撰　(清)

葉桂釋義　清嘉慶十九年(1814)刻本　六冊

210000－0702－0002016　519.7/562－2
**三家醫案合刻三卷**　(清)吳金壽編　清道光十一年(1831)刻本　二冊

210000－0702－0002017　519.7/562－3
**三家醫案合刻三卷附錄二種四卷**　(清)吳金壽編　清道光十一年(1831)刻本　六冊

210000－0702－0002018　519.7/710
**驗方新編十六卷痧症全書三卷咽喉秘集二卷**　(清)鮑相璈編　(清)張紹棠增輯　清光緒二十六年(1900)永凝堂刻本　十冊

210000－0702－0002019　519.7/795－1
**新刊醫林狀元壽世保元十卷**　(明)龔廷賢撰　清光緒十四年(1888)刻本　十冊

210000－0702－0002020　519.7/795－2
**新刊醫林狀元壽世保元十卷**　(明)龔廷賢撰　清光緒三十一年(1905)刻本　十冊

210000－0702－0002021　519.7/795－3
**新刊增補萬病回春原本八卷**　(明)龔廷賢撰　清刻本　八冊

210000－0702－0002022　519.7/967
**近診醫案不分卷**　(清)過鑄撰　清刻本　一冊

210000－0702－0002023　519.7/968
**厚德堂集驗方萃編四卷**　(清)奇克唐阿編　清光緒七年(1881)刻本　六冊

210000－0702－0002024　519.7/969－1
**重訂驗方新編十八卷**　(清)鮑相璈編　(清)張紹棠增輯　清光緒三十三年(1907)上海鑄記書局石印本　六冊

210000－0702－0002025　519.7/969－2
**重訂驗方新編十八卷**　(清)鮑相璈編　(清)張紹棠增輯　清光緒三十三年(1907)上海鑄記書局石印本　六冊

210000－0702－0002026　519.7/978
**驗方新編十六卷續編二卷**　(清)鮑相璈編　清同治七年(1868)刻本　九冊　缺一卷(新

編一)

210000 – 0702 – 0002027　519.79/562

**葉氏醫案存真三卷附馬元儀祁正明王晉三三名家治案**　（清）葉桂撰　清光緒九年(1883)刻本　二冊

210000 – 0702 – 0002028　519.79/717

**良方集腋二卷**　（清）謝元慶編　清同治二年(1863)留耕堂刻本　三冊　缺一卷(下:胎毒門后部分)

210000 – 0702 – 0002029　519.8/332

**弦雪居重訂遵生八牋十九卷目錄一卷**　（明）高濂撰　（明）鍾惺校　清刻本　三十一冊

210000 – 0702 – 0002030　519.82/406

**鍼灸大成十卷**　（明）楊繼洲撰　（清）章廷珪重修　清光緒十二年(1886)刻本　十冊

210000 – 0702 – 0002031　520.08/944 – 1

**工程致富論略十三卷附圖一卷**　（英國)瑪體生撰　（英國)傅蘭雅　（清)鍾天緯譯　清光緒四年(1878)鉛印本　八冊

210000 – 0702 – 0002032　520.08/944 – 2

**工程致富論略十三卷附圖一卷**　（英國)瑪體生撰　（英國)傅蘭雅　（清)鍾天緯譯　清光緒四年(1878)鉛印本　八冊

210000 – 0702 – 0002033　520.08/944 – 3

**考工記要十七卷附圖一卷**　（英國)瑪體生撰　（英國)傅蘭雅　（清)鍾天緯譯　清光緒二十三年(1897)小倉山房石印本　四冊

210000 – 0702 – 0002034　520.08/944 – 4

**考工記要十七卷附圖一卷**　（英國)瑪體生撰　（英國)傅蘭雅　（清)鍾天緯譯　清光緒七年(1881)刻本　八冊

210000 – 0702 – 0002035　521.3/939

**汽機全書六種四十卷**　（英國)息尼德等撰　（英國)傅蘭雅等譯　清光緒二十年(1894)益智書會刻本　二十二冊

210000 – 0702 – 0002036　521.34/939 – 1

**汽機大成三種十八卷**　（英國)白爾格　（英國)美以納等撰　（英國)傅蘭雅等譯　清光緒二十三年(1897)石印本　四冊

210000 – 0702 – 0002037　521.34/939 – 2

**汽機大成三種十八卷**　（英國)白爾格　（英國)美以納等撰　（英國)傅蘭雅等譯　清光緒二十三年(1897)石印本　四冊

210000 – 0702 – 0002038　522/942

**鑄錢工藝三卷**　（英國)傅蘭雅　（清)鍾天緯譯　清光緒鉛印本　二冊

210000 – 0702 – 0002039　523.1/942

**開礦器法十卷附圖一卷**　（美國)俺特累撰　（英國)傅蘭雅口譯　（清)王樹善筆述　清光緒二十五年(1899)江南製造局石印本　六冊

210000 – 0702 – 0002040　523.1/970 – 1

**礦務問答二十八卷**　題(清)時敏齋主人輯　清光緒二十八年(1902)昌言報館鉛印本　二冊

210000 – 0702 – 0002041　523.1/970 – 2

**礦務問答二十八卷**　題(清)時敏齋主人輯　清光緒二十八年(1902)昌言報館鉛印本　二冊

210000 – 0702 – 0002042　523.4/935

**井礦工程三卷**　（英國)白爾捺輯　（英國)傅蘭雅口譯　（清)趙元益筆述　清光緒上海江南機器製造總局刻本　二冊

210000 – 0702 – 0002043　523.8/942 – 1

**寶藏興焉十二卷**　（英國)費而奔撰　（英國)傅蘭雅口譯　（清)徐壽筆述　清光緒二十四年(1898)上海書局石印本　十一冊　缺一卷(五)

210000 – 0702 – 0002044　523.8/942 – 2

**寶藏興焉十二卷**　（英國)費而奔撰　（英國)傅蘭雅口譯　（清)徐壽筆述　清光緒江南製造總局刻本　十六冊

210000 – 0702 – 0002045　523.8/942 – 3

**冶金錄二卷**　（美國)阿發滿撰　（英國)傅蘭雅口譯　（清)趙元益筆述　清光緒江南製造

總局刻本　二冊

210000－0702－0002046　523.81/937

鍊石編三卷　（英國）亨利黎特撰　舒高第
（清）鄭昌棪譯　清光緒三年（1877）刻本
二冊

210000－0702－0002047　523.83/393

煉鋼要言一卷附試驗各法一卷　（清）徐家寶
譯述　清刻本　一冊

210000－0702－0002048　523.86/938

銀礦指南不分卷　（美國）亞倫撰　（英國）傅
蘭雅口譯　應祖錫筆述　清光緒十七年
（1891）上海江南製造總局刻本　一冊

210000－0702－0002049　527.1/427

浙西水利備考不分卷　（清）王鳳生撰　清光
緒四年（1878）浙江書局刻本　三冊

210000－0702－0002050　527.12/903

工程司秀思查勘葫蘆島開作口岸報告情形不
分卷附圖　（英國）秀思編　清光緒三十四年
（1908）奉天工藝傳習所鉛印本　一冊

210000－0702－0002051　527.2/939－1

海塘輯要十卷首一卷　（英國）韋更斯撰
（英國）傅蘭雅口譯　（清）趙元益筆述　清同
治六年（1867）刻本　二冊

210000－0702－0002052　527.2/939－2

海塘輯要十卷首一卷　（英國）韋更斯撰
（英國）傅蘭雅口譯　（清）趙元益筆述　清同
治六年（1867）刻本　二冊

210000－0702－0002053　527.3/271

水道參考三卷首一卷　（清）胡祖翮撰　清刻
本　一冊

210000－0702－0002054　527.3/375

築圩圖說不分卷　（清）孫峻撰　清刻本
一冊

210000－0702－0002055　528.3/509

禦風要術三卷　（英國）白爾特撰　（美國）金
楷理口譯　（清）華蘅芳筆述　清同治十二年
（1873）江南製造總局刻本　二冊

210000－0702－0002056　528.3/551

大清光緒二十八年歲次壬寅航海通書一卷
（清）江南製造局譯改　（清）賈步緯校對　清
光緒二十七年（1901）上海江南製造局鉛印本
一冊

210000－0702－0002057　531.1/21－1

農務述聞六卷附一卷　（清）王樹善撰　清光
緒二十七年（1901）北洋官報局石印本　一冊

210000－0702－0002058　531.1/21－2

農務述聞六卷附一卷　（清）王樹善撰　清光
緒二十七年（1901）北洋官報局石印本　一冊

210000－0702－0002059　531.1/164

農學初階三卷　（英國）華來思撰　（清）吳治
儉譯　清光緒二十一年（1895）北洋官報局石
印本　三冊

210000－0702－0002060　531.1/393

農政全書六十卷　（明）徐光啓撰　清道光二
十三年（1843）刻本　二十四冊

210000－0702－0002061　531.1/441－1

農話不分卷　陳啓謙輯　清光緒三十四年
（1908）上海商務印書館鉛印本　一冊

210000－0702－0002062　531.1/441－2

高等小學農業教科書四卷　陳耀西編纂　清
光緒三十四年至宣統元年（1908－1909）上海
商務印書館鉛印本　四冊

210000－0702－0002063　531.1/551

齊民要術十卷　（北魏）賈思勰撰　清光緒二
十二年（1896）中江権署刻本　四冊

210000－0702－0002064　531.1/650

普通農學淺說不分卷　（清）陳樹涵　（清）蔣
黼編　清光緒三十年（1904）江蘇通州翰墨林
編譯印書局鉛印本　一冊

210000－0702－0002065　531.1/934－1

農術要理不分卷　（英國）丹納爾撰　（清）胡
文梯　（清）陳希彭譯　清光緒三十年（1904）
官書局鉛印本　一冊

210000－0702－0002066　531.1/934－2

農術要理不分卷 （英國）丹納爾撰 （清）胡文梯 （清）陳希彭譯 清光緒三十年(1904)官書局鉛印本 一冊

210000－0702－0002067 531.1/937

農學新法 （□）貝德禮撰 （英國）李提摩太譯 （清）鑄鐵生述 清光緒二十三年(1897)上海美華書館鉛印本 一冊

210000－0702－0002068 531.1/973－1

甲辰農學報 （清）江南總農會譯 清光緒三十年(1904)江南總農會石印本 二冊

210000－0702－0002069 531.1/973－2

農學報 （清）江南總農會輯 清光緒二十九年(1903)江南總農會石印本 二冊

210000－0702－0002070 531.1/973－3

農學報 （清）江南總農會譯 清光緒三十一年(1905)江南總農會石印本 二冊

210000－0702－0002071 531.2/312

種樹書一卷蠶桑說一卷 （元）俞宗本撰 清光緒二十三年(1897)漸西村舍刻本 一冊

210000－0702－0002072 531.4/941

厩肥篇不分卷 （美國）啤耳撰 （清）胡濬康譯 清光緒北洋官報局石印本 一冊

210000－0702－0002073 532/805

農桑輯要七卷蠶事要略一卷 （元）司農司撰 清光緒二十一年(1895)中江権署刻本 二冊

210000－0702－0002074 532.7/820－1

勸業道派員調查東邊森林報告冊表 （清）勸業道編 清末鉛印本 一冊

210000－0702－0002075 532.7/820－2

委員劉文選調查柳河本溪森林報告 （清）劉文選編輯 清末奉天工藝傳習所鉛印本 一冊

210000－0702－0002076 533.22/933

害蟲要說不分卷 （日本）小野孫三郎撰 (日本)鳥居赫雄譯 清光緒北洋官報局石印本 一冊

210000－0702－0002077 533.35/491

栽苧麻法略二十九則 （清）黃厚裕撰 清光緒二十七年(1901)刻本 一冊

210000－0702－0002078 533.35/940

麻栽製法一卷 （日本）高橋重郎撰 （日本）藤田豐八譯 清末北洋官報局石印本 一冊

210000－0702－0002079 533.37/934

淡芭菰栽製法一卷種煙葉法一卷 （美國）厄斯宅士藏撰 （清）陳壽彭譯 清光緒二十六年(1900)北洋官報局石印本 一冊

210000－0702－0002080 533.39/984

蠶桑輯要合編一卷 （清）尹蓮溪輯 清光緒二年(1876)湖南荷池書局刻本 一冊

210000－0702－0002081 533.41/775

種印度粟法一卷 （清）直隸臬署譯 羅振玉編次 清光緒北洋官報局石印本 一冊

210000－0702－0002082 533.42/775

植漆法一卷 （日本）初瀨川健增撰 （清）王惕齋譯 清光緒北洋官報局石印本 一冊

210000－0702－0002083 533.43/941

山藍新說一卷種藍略法一卷 （日本）堀內良平編述 （清）林壬譯 清光緒北洋官報局石印本 一冊

210000－0702－0002084 535/491－1

畜產叢書六編 黃毅編 清光緒三十三年(1907)上海新學會社石印本 四冊

210000－0702－0002085 535/491－2

畜產叢書六編 黃毅編 清光緒三十三年(1907)上海新學會社石印本 四冊

210000－0702－0002086 535/491－3

畜產叢書六編 黃毅編 清光緒三十三年(1907)上海新學會社石印本 四冊

210000－0702－0002087 535/491－4

畜產叢書六編 黃毅編 清光緒三十三年(1907)上海新學會社石印本 四冊

210000－0702－0002088 535/491－5

畜產叢書六編 黃毅編 清光緒三十三年

（1907）上海新學會社石印本　四冊

210000 - 0702 - 0002089　535.25/972 - 1

新刊纂圖元亨療馬集六卷　（明）喻本元
（明）喻本亨撰　清末刻本　六冊　缺牛經、
駝經

210000 - 0702 - 0002090　535.25/972 - 2

新刊纂圖元亨療馬集六卷圖像水黃牛經大全
二卷　（明）喻本元　（明）喻本亨撰　清末刻
本　八冊　缺駝經

210000 - 0702 - 0002091　535.25/972 - 3

新輯纂圖元亨療馬集六卷圖像水黃牛經大全
二卷駝經一卷　（明）喻本元　（明）喻本亨撰
清末上海校經山房石印本　四冊

210000 - 0702 - 0002092　535.25/972 - 4

新刊纂圖元亨療馬集六卷圖像水黃牛經大全
二卷　（明）喻本元　（明）喻本亨撰　清光緒
十一年(1885)刻本　八冊

210000 - 0702 - 0002093　536.7/271

新輯蠶桑範本不分卷　胡晉鈺編　清光緒三
十三年（1907）上海均益圖書公司石印本
一冊

210000 - 0702 - 0002094　536.7/370

廣蠶桑說輯補二卷　（清）沈練撰　（清）仲學
輅輯　清光緒二十三年(1897)漸西村舍刻本
一冊

210000 - 0702 - 0002095　536.7/428 - 1

委員張培調查奉省柞蠶報告情形　張培編
清光緒三十四年(1908)鉛印本　一冊

210000 - 0702 - 0002096　536.7/428 - 2

委員張培調查奉省柞蠶報告情形　張培編
清光緒三十四年(1908)鉛印本　一冊

210000 - 0702 - 0002097　536.7/491

蠶桑簡明輯說一卷附補遺圖　（清）黃世本撰
清光緒十四年(1888)浙江書局刻本　一冊

210000 - 0702 - 0002098　536.7/712

蠶桑萃編十五卷首一卷　（清）衛杰編　清光
緒二十六年(1900)浙江書局刻本　八冊

210000 - 0702 - 0002099　536.7/940 - 1

最新養蠶學八卷　（日本）針塚長太郎撰
（日本）野浦齋譯　清光緒三十年（1904）浙江
官書局鉛印本　一冊

210000 - 0702 - 0002100　536.7/940 - 2

最新養蠶學八卷　（日本）針塚長太郎撰
（日本）野浦齋譯　清光緒三十年（1904）浙江
官書局鉛印本　一冊

210000 - 0702 - 0002101　536.7/969

柞蠶雜誌一卷　（清）增韞撰　清光緒三十二
年(1906)浙江官書局刻本　一冊

210000 - 0702 - 0002102　550.1/442

計學平議二卷首一卷　（美國）蘭德克略撰
（清）陳昌緒譯　清光緒二十九年（1903）南洋
公學譯書院鉛印本　一冊

210000 - 0702 - 0002103　581.2/56

北洋公牘類纂二十五卷　（清）甘厚慈輯　清
光緒三十三年(1907)北京益森公司鉛印本
二十冊

210000 - 0702 - 0002104　585/797 - 1

印刷局問答不分卷　權量譯　清光緒二十九
年(1903)北洋官報局鉛印本　一冊

210000 - 0702 - 0002105　585/797 - 2

印刷局問答不分卷　權量譯　清光緒二十九
年(1903)北洋官報局鉛印本　一冊

210000 - 0702 - 0002106　585/797 - 3

印刷局問答不分卷　權量譯　清光緒二十九
年(1903)北洋官報局鉛印本　一冊

210000 - 0702 - 0002107　585/797 - 4

印刷局問答不分卷　權量譯　清光緒二十九
年(1903)北洋官報局鉛印本　一冊

210000 - 0702 - 0002108　587.2/674 - 1

光緒會計表四卷　劉嶽雲撰　清光緒二十七
年(1901)教育世界社石印本　四冊

210000 - 0702 - 0002109　587.2/674 - 2

光緒會計表四卷　劉嶽雲撰　清光緒二十七
年(1901)教育世界社石印本　四冊

210000 - 0702 - 0002110　587.2/674 - 3

**光緒會計表四卷**　劉嶽雲撰　清光緒二十七年(1901)教育世界社石印本　四冊

210000 - 0702 - 0002111　587.6/936

**實踐銀行簿記法**　(日本)米田喜作撰　清光緒三十二年(1906)上海震東學社石印本　二冊

210000 - 0702 - 0002112　621/62 - 1

**草書集成四卷**　(清)石梁纂輯　清光緒十二年(1886)上海書局石印本　五冊

210000 - 0702 - 0002113　621/62 - 2

**草字彙十二卷**　(清)石梁輯　清末刻本　六冊

210000 - 0702 - 0002114　621/98

**說文通訓定聲十八卷分部東韻一卷說雅一卷古今韻準一卷行狀一卷**　(清)朱駿聲撰　清光緒十三年(1887)上海積山書局石印本　八冊

210000 - 0702 - 0002115　621/128

**唐詩金粉十卷**　(清)沈炳震纂輯　清光緒十四年(1888)蜚英館石印本　二冊

210000 - 0702 - 0002116　621/162

**積古齋鐘鼎彝器款識十卷**　(清)阮元編錄　清光緒五年(1879)華亭林長慶武昌刻本　六冊

210000 - 0702 - 0002117　621/164

**吳氏遺箸五卷附錄一卷**　(清)吳夌雲撰　清光緒十七年(1891)廣雅書局刻本　二冊

210000 - 0702 - 0002118　621/301

**苗氏說文四種**　(清)苗夔撰　清道光至咸豐祁氏漢磚亭刻本　八冊

210000 - 0702 - 0002119　621/428

**小學集解六卷**　(宋)朱熹撰　(清)張伯行輯注　(清)李蘭汀校訂　清同治六年(1867)楚北崇文書局刻本　三冊

210000 - 0702 - 0002120　621/518

**說文新附攷六卷續攷一卷**　(清)鈕樹玉撰

清同治十三年(1874)湖北崇文書局刻本　二冊

210000 - 0702 - 0002121　621/568

**說文篆學教科書不分卷**　(清)董金南輯　清光緒三十二年(1906)上海會文學社石印本　二冊

210000 - 0702 - 0002122　621/596 - 1

**最新官話識字教科書二集**　壽潛廬編　清光緒三十三年(1907)上海會文學社石印本　八冊

210000 - 0702 - 0002123　621/596 - 2

**最新官話識字教科書**　壽潛廬編　清光緒三十二年(1906)上海會文學社石印本　八冊

210000 - 0702 - 0002124　621/671

**說文通檢十四卷首一卷末一卷**　(清)黎永椿編　清光緒二年(1876)崇文書局刻本　二冊

210000 - 0702 - 0002125　621/674 - 1

**釋名疏證補八卷續一卷補遺一卷補附一卷**　(漢)劉熙撰　王先謙輯　清光緒二十二年(1896)刻本　四冊

210000 - 0702 - 0002126　621/674 - 2

**澄衷蒙學堂字課圖說四卷檢字一卷類字一卷**　劉樹屏撰　吳子城繪圖　清光緒二十七年(1901)上海澄衷蒙學堂石印本　八冊

210000 - 0702 - 0002127　621/674 - 3

**澄衷蒙學堂字課圖說四卷檢字一卷類字一卷**　劉樹屏撰　吳子城繪圖　清光緒二十七年(1901)上海澄衷蒙學堂石印本　八冊

210000 - 0702 - 0002128　621/717 - 1

**小學考五十卷**　(清)謝啟昆撰　清光緒十五年(1889)上海鴻文書局石印本　六冊

210000 - 0702 - 0002129　621/717 - 2

**小學考五十卷**　(清)謝啟昆撰　清光緒十四年(1888)浙江書局刻本　二十冊

210000 - 0702 - 0002130　621/775

**小學韻語一卷**　(清)羅澤南撰　清咸豐六年(1856)浙江書局刻本　一冊

210000－0702－0002131　621/966

**五方元音二卷**　（清）樊騰鳳撰　（清）年希堯
增補　清光緒九年(1883)刻本　四冊

210000－0702－0002132　622/151－1

**分類詩腋八卷**　（清）李楨編　清道光十年
(1830)刻本　四冊

210000－0702－0002133　622/151－2

**分類詩腋八卷**　（清）李楨編　清咸豐十一年
(1861)刻本　二冊　存四卷(一至四)

210000－0702－0002134　622/264

**字典考證不分卷**　（清）王引之撰　清光緒二
年(1876)崇文書局刻本　六冊

210000－0702－0002135　622/265－1

**繪圖識字實在易**　施崇恩編　清光緒三十一
年至三十四年(1905－1908)上海彪蒙書室石
印本　二十冊

210000－0702－0002136　622/265－2

**繪圖識字實在易**　施崇恩編　清光緒三十一
年至三十四年(1905－1908)上海彪蒙書室石
印本　二十冊

210000－0702－0002137　622/265－3

**繪圖識字實在易**　施崇恩編　清光緒三十一
年至三十四年(1905－1908)上海彪蒙書室石
印本　十一冊　存十一冊(一、四至五、七至
八、十至十一、十三至十四、十七至十八)

210000－0702－0002138　622/322－1

**說文解字注三十二卷附汲古閣說文訂一卷**
(清)段玉裁撰　清同治十一年(1872)湖北崇
文書局刻本　十八冊

210000－0702－0002139　622/322－2

**說文解字注三十二卷**　（清）段玉裁撰　清同
治六年至十一年(1867－1872)蘇州保息局刻
本　十六冊

210000－0702－0002140　622/332

**小學六卷總論一卷文公朱夫子[熹]年譜一卷**
　（清）高愈纂註　清乾隆四十三年(1778)金
閶進道堂刻本　四冊

210000－0702－0002141　622/364－1

**說文解字義證五十卷**　（清）桂馥撰　清同治
九年(1870)湖北崇文書局刻本　三十二冊

210000－0702－0002142　622/364－2

**說文解字義證五十卷**　（清）桂馥撰　清同治
九年(1870)湖北崇文書局刻本　三十二冊

210000－0702－0002143　622/364－3

**說文解字義證五十卷**　（清）桂馥撰　清同治
九年(1870)湖北崇文書局刻本　三十二冊

210000－0702－0002144　622/375

**爾雅直音二卷**　（清）孫偋輯　清光緒十八年
(1892)上海簡玉山房刻本　二冊

210000－0702－0002145　622/412－1

**爾雅十一卷**　（晉）郭璞注　（明）金蟠
(明)葛鼐校訂　明崇禎十二年(1639)永懷堂
刻本　三冊

210000－0702－0002146　622/412－2

**爾雅三卷**　（晉）郭璞注　（清）姚之麟摹圖
清光緒十年(1884)上海同文書局石印本
二冊

210000－0702－0002147　622/412－3

**爾雅三卷**　（晉）郭璞注　（清）姚之麟摹圖
清光緒十年(1884)上海同文書局石印本
二冊

210000－0702－0002148　622/412－4

**爾雅十一卷**　（晉）郭璞注　（明）金蟠
(明)葛鼐校訂　明崇禎十二年(1639)永懷堂
刻本　三冊

210000－0702－0002149　622/412－5

**爾雅三卷**　（晉）郭璞注　（唐）陸德明音義
清同治十三年(1874)湖南書局刻本　三冊

210000－0702－0002150　622/622

**爾雅正郭三卷**　（清）潘衍桐撰　清光緒十七
年(1891)刻本　一冊

210000－0702－0002151　622/793

**藝文備覽十二集一百二十卷補詳字義十四卷**
　（清）沙木集注　清嘉慶十三年(1808)刻本

三十册

210000－0702－0002152　623/265
**繪圖速通虛字法續編不分卷**　施崇恩編　清光緒三十一年(1905)上海彪蒙書室石印本　六册

210000－0702－0002153　623/428－1
**康熙字典十二集總目一卷檢字一卷備考一卷等韻一卷補遺一卷**　(清)張玉書等纂　清光緒六年(1880)上海點石齋石印本　一册

210000－0702－0002154　623/428－2
**康熙字典十二集總目一卷檢字一卷備考一卷等韻一卷補遺一卷**　(清)張玉書等纂　清道光七年(1827)刻本　三十八册　缺二册(卯上、辰中)

210000－0702－0002155　623/428－3
**康熙字典十二集總目一卷檢字一卷備考一卷等韻一卷補遺一卷**　(清)張玉書等纂　清光緒十三年(1887)上海同文書局石印本　六册

210000－0702－0002156　623/428－4
**康熙字典十二集總目一卷檢字一卷備考一卷等韻一卷補遺一卷**　(清)張玉書等纂　清道光七年(1827)刻本　四十册

210000－0702－0002157　623/428－5
**康熙字典十二集總目一卷檢字一卷備考一卷等韻一卷補遺一卷**　(清)張玉書等纂　清光緒元年(1875)湖北崇文書局刻本　四十册

210000－0702－0002158　623/428－6
**康熙字典十二集總目一卷檢字一卷備考一卷等韻一卷補遺一卷**　(清)張玉書等纂　清光緒二十年(1894)上海同文書局石印本　十二册

210000－0702－0002159　623/428－7
**康熙字典十二集總目一卷檢字一卷備考一卷等韻一卷補遺一卷**　(清)張玉書等纂　清光緒二十年(1894)上海同文書局石印本　十二册

210000－0702－0002160　623/428－8

210000－0702－0002161　623/428－9
**康熙字典十二集總目一卷檢字一卷備考一卷等韻一卷補遺一卷**　(清)張玉書等纂　清道光七年(1827)刻本　三十二册　缺四卷(寅集、卯集,備考一卷,補遺一卷)

210000－0702－0002162　623/428－10
**康熙字典十二集總目一卷檢字一卷備考一卷等韻一卷補遺一卷**　(清)張玉書等纂　清道光七年(1827)刻本　六册　存二集(午集、未集)

210000－0702－0002163　623/428－11
**康熙字典十二集總目一卷檢字一卷備考一卷等韻一卷補遺一卷**　(清)張玉書等纂　清光緒三十三年(1907)上海鴻章書局石印本　六册

210000－0702－0002164　623/509
**增註字類標韻六卷**　(清)華綱撰　(清)范多珏重訂　清光緒二年(1876)石印本　二册

210000－0702－0002165　623/590
**新輯廿四史尚友錄十六卷**　(明)廖用賢編　(清)張伯琮補輯　題(清)思退主人續編　題倉山主人再續編　清光緒二十五年(1899)上海富強齋石印本　十二册

210000－0702－0002166　623/674－1
**澄衷蒙學堂字課圖說四卷檢字一卷類字一卷**　劉樹屏撰　吳子城繪圖　清光緒三十一年(1905)澄衷蒙學堂石印本　八册

210000－0702－0002167　623/674－2
**重校蒙學堂字課圖說四卷檢字一卷類字一卷**　劉樹屏撰　清末石印本　八册

210000－0702－0002168　623/674－3
**重校蒙學堂字課圖說四卷檢字一卷類字一卷**　劉樹屏撰　清末石印本　一册　存凡例、檢字、類字

210000－0702－0002169　623/683

文字發凡四卷　（清）龍志澤編輯　清光緒三十三年(1907)上海廣智書局鉛印本　二冊

210000－0702－0002170　624/42

增廣詩韻全璧六卷　（清）湯文璐輯　題（清）惜陰主人增輯　清光緒十九年(1893)上海點石齋石印本　六冊

210000－0702－0002171　624/194－1

漁古軒詩韻五卷　（清）余照撰　（清）朱德蕃增訂　清咸豐十一年(1861)刻本　五冊

210000－0702－0002172　624/194－2

詩韻集成十卷　（清）余照輯　清光緒十二年(1886)刻本　四冊

210000－0702－0002173　625/84

東西洋尚友錄四卷　（清）江義修編纂　清光緒二十九年(1903)上海書局石印本　四冊

210000－0702－0002174　625/135

史姓韻編六十四卷　（清）汪輝祖輯　清光緒上海中西書局石印本　四冊

210000－0702－0002175　625/265

小學韻語官話演註不分卷　施崇恩編　清光緒三十一年(1905)上海彪蒙書室石印本　二冊

210000－0702－0002176　626/412

輶軒使者絕代語釋別國方言十三卷續二卷續補一卷首一卷　（漢）揚雄撰　（晉）郭璞注　清光緒十七年(1891)思賢講舍刻本　三冊

210000－0702－0002177　626/705

輶軒使者絕代語釋別國方言箋疏十三卷　（清）錢繹撰　清光緒十六年(1890)廣雅書局刻本　四冊

210000－0702－0002178　627/846

初等小學國文教授書不分卷　（清）學部編譯圖書局編纂　清光緒三十二年至三十三年(1906－1907)學部圖書局鉛印本　四冊

210000－0702－0002179　627.1/211

最新初等小學堂國語教科書　黃展雲編纂

清光緒三十三年(1907)上海商務印書館鉛印本　四冊

210000－0702－0002180　627.7/970

校增三要合編十卷　題（清）茹古齋主人編　清光緒十九年(1893)四明茹古齋鉛印本　四冊

210000－0702－0002181　627.7/971－1

[光緒戊子已丑科]鄉會聯捷硃卷(清光緒十四年至十五年)　孫百斛撰　清光緒刻本　一冊

210000－0702－0002182　627.7/971－2

[光緒戊子已丑科]鄉會聯捷硃卷(清光緒十四年至十五年)　孫百斛撰　清光緒刻本　一冊

210000－0702－0002183　627.7/971－3

[光緒戊子已丑科]鄉會聯捷硃卷(清光緒十四年至十五年)　孫百斛撰　清光緒刻本　一冊

210000－0702－0002184　627.7/971－4

[光緒戊子已丑科]鄉會聯捷硃卷(清光緒十四年至十五年)　孫百斛撰　清光緒刻本　一冊

210000－0702－0002185　627.7/971－5

[光緒戊子已丑科]鄉會聯捷硃卷(清光緒十四年至十五年)　孫百斛撰　清光緒刻本　一冊

210000－0702－0002186　627.7/971－6

[光緒壬午科]順天鄉試硃卷(清光緒八年)　（清）田璞撰　清光緒刻本　一冊

210000－0702－0002187　627.7/971－7

[光緒壬午科]順天鄉試硃卷(清光緒八年)　（清）田璞撰　清光緒刻本　一冊

210000－0702－0002188　627.7/971－8

[光緒壬午科]順天鄉試硃卷(清光緒八年)　（清）田璞撰　清光緒刻本　一冊

210000－0702－0002189　627.7/971－9

[光緒壬午科]順天鄉試硃卷(清光緒八年)

（清）田璞撰　清光緒刻本　一冊

210000－0702－0002190　627.7/971－10
[光緒壬午科]順天鄉試硃卷（清光緒八年）
（清）田璞撰　清光緒刻本　一冊

210000－0702－0002191　627.7/971－11
[光緒壬午科]順天鄉試硃卷（清光緒八年）
（清）田璞撰　清光緒刻本　一冊

210000－0702－0002192　627.7/971－12
[光緒壬午科]順天鄉試硃卷（清光緒八年）
（清）田璞撰　清光緒刻本　一冊

210000－0702－0002193　627.7/971－13
[光緒壬午科]順天鄉試硃卷（清光緒八年）
（清）田璞撰　清光緒刻本　一冊

210000－0702－0002194　627.7/971－14
[光緒壬午科]順天鄉試硃卷（清光緒八年）
（清）田璞撰　清光緒刻本　一冊

210000－0702－0002195　627.7/971－15
[光緒壬午科]順天鄉試硃卷（清光緒八年）
（清）田璞撰　清光緒刻本　一冊

210000－0702－0002196　627.7/971－16
[光緒壬午科]順天鄉試硃卷（清光緒八年）
（清）田璞撰　清光緒刻本　一冊

210000－0702－0002197　627.7/971－17
[光緒壬午科]順天鄉試硃卷（清光緒八年）
（清）田璞撰　清光緒刻本　一冊

210000－0702－0002198　627.7/971－18
[光緒壬午科]順天鄉試硃卷（清光緒八年）
（清）田璞撰　清光緒刻本　一冊

210000－0702－0002199　627.7/971－19
[光緒壬午科]順天鄉試硃卷（清光緒八年）
（清）田璞撰　清光緒刻本　一冊

210000－0702－0002200　627.7/971－20
[光緒壬午科]順天鄉試硃卷（清光緒八年）
（清）田璞撰　清光緒刻本　一冊

210000－0702－0002201　627.7/971－21
[光緒辛卯科]順天鄉試硃卷（清光緒十七年）

（清）葆勛撰　清光緒刻本　一冊

210000－0702－0002202　627.7/971－22
[光緒辛卯科]順天鄉試硃卷（清光緒十七年）
（清）李維世撰　清光緒刻本　一冊

210000－0702－0002203　627.7/971－23
[光緒壬卯科]順天鄉試硃卷（清光緒十七年）
（清）恩魁撰　清光緒刻本　一冊

210000－0702－0002204　627.7/971－24
[光緒辛卯科]順天鄉試硃卷（清光緒十七年）
（清）湯武色撰　清光緒刻本　一冊

210000－0702－0002205　627.7/971－25
[光緒壬午科]順天鄉試硃卷（清光緒八年）
（清）周隨元撰　清光緒刻本　一冊

210000－0702－0002206　627.7/971－26
[光緒辛卯科]順天鄉試硃卷（清光緒十七年）
王郁云撰　清光緒刻本　一冊

210000－0702－0002207　628/972
欽定元史語解二十四卷　（清）□□撰　清光緒四年(1878)江蘇書局刻本　六冊

210000－0702－0002208　702.8/98
兒童過渡四卷　朱維梁編　清光緒二十九年(1903)杭州蒙求學塾鉛印本　三冊

210000－0702－0002209　710.2/225
中國文學指南二卷　邵伯棠編輯　清宣統二年(1910)上海會文堂粹記石印本　二冊

210000－0702－0002210　710.22/21
碑版文廣例十卷　（清）王芑孫撰　清道光二十一年(1841)刻本　四冊

210000－0702－0002211　710.22/375－1
四六叢話三十三卷選詩叢話一卷　（清）孫梅輯　清光緒七年(1881)吳下刻本　十二冊

210000－0702－0002212　710.22/375－2
四六叢話三十三卷選詩叢話一卷　（清）孫梅輯　清光緒七年(1881)吳下刻本　十二冊

210000－0702－0002213　710.22/674－1
文心雕龍十卷　（南朝梁）劉勰撰　（清）黃叔

琳注　（清）紀昀評　清道光十三年(1833)兩廣節署刻朱墨印本　四冊

210000－0702－0002214　710.22/674－2

文心雕龍十卷　（南朝梁）劉勰撰　（清）黃叔琳注　（清）紀昀評　清道光十三年(1833)兩廣節署刻朱墨印本　四冊

210000－0702－0002215　710.22/674－3

文心雕龍十卷　（南朝梁）劉勰撰　清光緒三年(1877)湖北崇文書局刻本　二冊

210000－0702－0002216　710.23/178

學詩法程四卷　（清）王祖源輯　清光緒九年(1883)天壤閣石印本　二冊

210000－0702－0002217　710.23/428－1

初白菴詩評三卷附詞綜偶評　（清）查慎行撰　（清）張載華輯　清末至民國初上海六藝書局石印本　八冊

210000－0702－0002218　710.23/428－2

初白菴詩評三卷附詞綜偶評　（清）查慎行撰　（清）張載華輯　清末至民國初上海六藝書局石印本　八冊

210000－0702－0002219　710.23/441

詩比興箋四卷　（清）陳沆撰　清光緒九年(1883)彭祖賢武昌刻本　二冊

210000－0702－0002220　710.23/761

詩人玉屑二十卷　（宋）魏慶之輯　清初古松堂刻本　八冊

210000－0702－0002221　710.23/973

詩法入門四卷首一卷　（清）游藝輯　清光緒至民國上海文瑞樓石印本　二冊

210000－0702－0002222　710.3/428－1

佩文韻府一百六卷韻府拾遺一百六卷　（清）張玉書等編　（清）張廷玉等拾遺　清光緒十八年(1892)上海鴻寶齋石印本　二百冊

210000－0702－0002223　710.3/428－2

佩文韻府一百六卷韻府拾遺一百六卷　（清）張玉書等編　（清）張廷玉等拾遺　清光緒二十二年(1896)上海點石齋石印本　六十冊

210000－0702－0002224　710.3/428－3

佩文韻府一百六卷韻府拾遺一百六卷　（清）張玉書等編　（清）張廷玉等拾遺　清刻本　一百八十冊

210000－0702－0002225　710.3/428－4

佩文韻府一百六卷　（清）張玉書等編　清刻本　六十冊　存七十五卷(一至七、十六至十九、二十三至二十五、三十一至三十六、四十五至八十九、九十四至九十八、一百二至一百六)

210000－0702－0002226　710.3/969－1

御定駢字類編二百四十卷　（清）沈宗敬等輯　清光緒十三年(1887)上海同文書局石印本　四十八冊

210000－0702－0002227　710.3/969－2

御定駢字類編二百四十卷　（清）沈宗敬等輯　清光緒十三年(1887)上海同文書局石印本　四十八冊

210000－0702－0002228　710.3/969－3

御定駢字類編二百四十卷　（清）沈宗敬等輯　清光緒十三年(1887)上海同文書局石印本　四十六冊　缺十二卷(一百六十六至一百七十一、一百八十七至一百九十二)

210000－0702－0002229　710.79/21

小學聯字教科書　（清）王傳鈞輯　清光緒三十二年(1906)南洋官書局石印本　二冊

210000－0702－0002230　710.79/98－1

國民讀本二卷　朱樹人編　清光緒三十四年(1908)上海文明書局鉛印本　二冊

210000－0702－0002231　710.79/98－2

最新國民讀本四卷　朱樹人編　清光緒三十四年(1908)上海教育圖書館鉛印本　四冊

210000－0702－0002232　710.79/128

唐宋八大家文讀本十卷　（清）沈德潛評點　清光緒二十四年(1898)上海鴻文書局石印本　六冊

210000－0702－0002233　710.79/178－1

最新高等小學國文教科書　何琪　杜芝庭編
輯　清光緒三十三年(1907)上海會文學社石
印本　四冊

210000－0702－0002234　710.79/178－2
最新女子初等小學國文教科書　何琪編輯
清光緒三十三年(1907)上海會文學社石印本
　四冊

210000－0702－0002235　710.79/211
軍國民讀本二編　林萬里　黃展雲編輯　清
光緒三十四年(1908)上海中國圖書公司鉛印
本　三冊

210000－0702－0002236　710.79/265
繪圖蒙學造句實在易　施崇恩編　清光緒三
十四年(1908)上海彪蒙書室石印本　四冊

210000－0702－0002237　710.79/332－1
最新高等小學國文教科書　高鳳謙等編纂
清光緒三十四年(1908)上海商務印書館鉛印
本　三冊　存三冊(一、五至六)

210000－0702－0002238　710.79/332－2
最新高等小學國文教科書　高鳳謙等編纂
清光緒三十三年(1907)上海商務印書館鉛印
本　四冊　存四冊(二至三、七至八)

210000－0702－0002239　710.79/332－3
最新高等小學國文教科書　高鳳謙等編纂
清光緒三十三年(1907)上海商務印書館鉛印
本　一冊　存一冊(四)

210000－0702－0002240　710.79/332－4
最新高等小學國文教科書　高鳳謙等編纂
清光緒三十三年至三十四年(1907－1908)上
海商務印書館鉛印本　八冊

210000－0702－0002241　710.79/393
目耕齋讀本初集不分卷　(清)徐楷評註
(清)沈叔眉編　清末刻本　六冊

210000－0702－0002242　710.79/449
單級用初等小學國文課本四編八卷　陶守恒
等編輯　清宣統二年(1910)上海中國圖書公
司石印本　八冊

210000－0702－0002243　710.79/454
最新國文教科書詳解　莊俞　沈秉鈞編纂
清光緒三十三年至三十四年(1907－1908)上
海商務印書館鉛印本　六冊

210000－0702－0002244　710.79/535－1
蒙學論說實在易不分卷　程宗啟輯　清光緒
三十四年(1908)上海彪蒙書室石印本　四冊

210000－0702－0002245　710.79/535－2
蒙學論說實在易不分卷　程宗啟輯　清光緒
三十四年(1908)上海彪蒙書室石印本　二冊
　存二冊(一、四)

210000－0702－0002246　710.79/749－1
女子國文教科書教授法　戴克敦等編纂　清
光緒三十四年(1908)上海商務印書館鉛印本
　一冊　存一冊(一)

210000－0702－0002247　710.79/749－2
女子國文教科書教授法　戴克敦等編纂　清
光緒三十四年(1908)上海商務印書館鉛印本
　一冊　存一冊(二)

210000－0702－0002248　710.79/839
初等小學國文教科書　(清)上海春風館編纂
　清光緒三十一年(1905)南洋官書局石印本
　十冊

210000－0702－0002249　710.79/841－1
繪圖文學初階四卷　上海商務印書館編　清
光緒二十七年至二十八年(1901－1902)上海
商務印書館鉛印本　四冊

210000－0702－0002250　710.79/841－2
立憲國民讀本不分卷　商務印書館編譯所編
輯　清光緒三十三年(1907)上海商務印書館
鉛印本　二冊

210000－0702－0002251　710.79/841－3
立憲國民讀本不分卷　商務印書館編譯所編
輯　清光緒三十三年(1907)上海商務印書館
鉛印本　二冊

210000－0702－0002252　710.79/841－4
立憲國民讀本不分卷　商務印書館編譯所編

輯　清光緒三十三年（1907）上海商務印書館
鉛印本　一冊　存一冊（下）

210000－0702－0002253　710.79/846

初等小學國文教授書不分卷　（清）學部編譯
圖書局編纂　清宣統元年（1909）學部編譯圖
書局鉛印本　十冊

210000－0702－0002254　710.79/891－1

最新繪圖蒙學課本初編　南洋公學編　清光
緒三十二年（1906）上海蘭陵社石印本　二冊

210000－0702－0002255　710.79/891－2

最新繪圖蒙學課本二編　南洋公學編　清光
緒三十二年（1906）上海蘭陵社石印本　二冊

210000－0702－0002256　710.79/891－3

最新繪圖蒙學課本三編　南洋公學編　清光
緒三十二年（1906）上海蘭陵社石印本　二冊

210000－0702－0002257　710.79/909

蒙學課本三編　南洋公學編　清光緒二十七
年（1901）南洋公學鉛印本　三冊

210000－0702－0002258　710.79/912

蒙學課本全書四編四卷　無錫三等公學堂編
　清光緒二十八年（1902）無錫三等公學堂石
印本　四冊

210000－0702－0002259　710.8/21

徐氏三種四卷　（清）徐士業增補　清光緒二
十四年（1898）刻本　四冊

210000－0702－0002260　710.8/148

論說範本不分卷　杜瀚生撰　清光緒三十四
年（1908）上海會文學社石印本　四冊

210000－0702－0002261　710.8/393

徐氏三種三卷　（清）徐士業增補　清光緒掃
葉山房刻本　三冊

210000－0702－0002262　710.8/407

中學文粹四編八卷　許貴　甦民編輯　清光
緒三十二年（1906）上海文明書局鉛印本
五冊

210000－0702－0002263　710.8/441

藝苑叢話十六卷　陳琰編輯　清宣統三年

（1911）上海六藝書局石印本　四冊

210000－0702－0002264　711.1/208

古文苑二十一卷　（宋）章樵註　清光緒十二
年（1886）江蘇書局刻本　四冊

210000－0702－0002265　711.11/106

粵十三家集一百八十二卷　（清）伍元薇輯
清道光二十年（1840）南海伍氏刻本　四十
八冊

210000－0702－0002266　711.11/353

集錄真西山文章正宗三十卷　（宋）真德秀撰
　明刻本　十五冊　存二十卷（十一至三十）

210000－0702－0002267　711.11/454

金文雅十六卷　（清）莊仲方編　清光緒十七
年（1891）江蘇書局刻本　四冊

210000－0702－0002268　711.11/556

坦園全集十三種　（清）楊恩壽撰　清光緒長
沙楊氏坦園刻本　三十六冊

210000－0702－0002269　711.11/568

嚴陵集九卷　（宋）董棻輯　清光緒二十三年
（1897）漸西村舍刻本　二冊

210000－0702－0002270　711.11/727－1

文選六十卷考異十卷　（南朝梁）蕭統輯
（唐）李善注　清同治八年（1869）湖北崇文書
局刻本　二十四冊

210000－0702－0002271　711.11/727－2

文選六十卷考異十卷　（南朝梁）蕭統輯
（唐）李善注　清同治八年（1869）湖北崇文書
局刻本　八冊　存二十三卷（四十八至六十、
考異十卷）

210000－0702－0002272　711.11/727－3

文選六十卷考異十卷　（南朝梁）蕭統輯
（唐）李善注　清刻本　二十四冊

210000－0702－0002273　711.11/727－4

文選六十卷考異十卷　（南朝梁）蕭統輯
（唐）李善注　清宣統三年（1911）上海會文堂
粹記石印本　十六冊

210000－0702－0002274　711.11/727－5

文選六十卷考異十卷　　(南朝梁)蕭統輯
(唐)李善注　清宣統三年(1911)上海會文堂
粹記石印本　十六冊

210000－0702－0002275　711.11/727－6

文選六十卷　(南朝梁)蕭統輯　(唐)李善注
清同治八年(1869)金陵書局刻本　十冊

210000－0702－0002276　711.11/727－7

重訂文選集評十五卷　(南朝梁)蕭統選
(清)于光華編　清刻本　五冊　存十卷(二
至九、十二至十三)

210000－0702－0002277　711.11/727－8

文選六十卷　(南朝梁)蕭統輯　(唐)李善注
清海錄軒刻朱墨印本　五冊　存二十七卷
(二十九至三十九、四十五至六十)

210000－0702－0002278　711.12/21

七言詩歌行鈔十五卷七言今體詩鈔九卷
(清)王士禎選　清同治七年(1868)湘鄉曾氏
刻本　八冊

210000－0702－0002279　711.12/128－1

古詩源十四卷　(清)沈德潛輯　清光緒十七
年(1891)湖南思賢書局刻本　四冊

210000－0702－0002280　711.12/128－2

古詩源十四卷　(清)沈德潛輯　清刻本
六冊

210000－0702－0002281　711.12/316

惜抱軒今體詩選十八卷　(清)姚鼐輯　清同
治五年(1866)金陵書局刻本　二冊

210000－0702－0002282　711.12/674

增補重訂千家詩註解二卷　(宋)謝枋得選
(清)王相註　清道光二十八年(1848)桐石山
房刻本　二冊

210000－0702－0002283　711.13/2

武林往哲遺箸後編十種　(清)丁丙輯　清光
緒錢塘丁氏嘉惠堂刻本　三十二冊

210000－0702－0002284　711.13/21－1

續古文辭類纂三十四卷　王先謙纂輯　清光
緒十八年(1892)掃葉山房刻本　八冊

210000－0702－0002285　711.13/21－2

有正味齋駢體文二十四卷首一卷　(清)吳錫
麒撰　(清)王廣業箋　(清)葉聯芬注　清光
緒十五年(1889)上海蜚英館石印本　四冊

210000－0702－0002286　711.13/98－1

論策約選不分卷　朱顯廷編　清光緒二十八
年(1902)刻本　五冊

210000－0702－0002287　711.13/98－2

論策約選不分卷　朱顯廷編　清光緒二十八
年(1902)刻本　五冊

210000－0702－0002288　711.13/98－3

論策約選不分卷　朱顯廷編　清光緒二十八
年(1902)刻本　五冊

210000－0702－0002289　711.13/135

駢體南鍼十六卷　(清)汪傳懿輯　清光緒十
一年(1885)刻本　八冊

210000－0702－0002290　711.13/151

駢體文鈔三十一卷　(清)李兆洛編　清同治
六年(1867)刻本　十二冊

210000－0702－0002291　711.13/164－1

涵芬樓古今文鈔一百卷　吳曾祺纂錄　清宣
統二年(1910)上海商務印書館鉛印本　八十
四冊　缺十七卷(三、七、三十四、四十一、四
十四、四十七、五十一、七十五、七十七、八十
八、九十三至九十六、九十八至一百)

210000－0702－0002292　711.13/164－2

桐城吳氏古文讀本十三卷　(清)吳汝綸評選
清光緒三十二年(1906)上海文明書局鉛印
本　四冊

210000－0702－0002293　711.13/164－3

桐城吳氏古文讀本十三卷　(清)吳汝綸評選
清光緒三十二年(1906)上海文明書局鉛印
本　四冊

210000－0702－0002294　711.13/164－4

桐城吳氏古文讀本十三卷　(清)吳汝綸評選
清光緒三十二年(1906)上海文明書局鉛印
本　四冊

210000 – 0702 – 0002295　711.13/164 – 5

**桐城吳氏古文讀本十三卷**　（清）吳汝綸評選
清光緒三十二年（1906）上海文明書局鉛印
本　四冊

210000 – 0702 – 0002296　711.13/164 – 6

**桐城吳氏古文讀本十三卷**　（清）吳汝綸評選
清光緒三十二年（1906）上海文明書局鉛印
本　四冊

210000 – 0702 – 0002297　711.13/194 – 1

**重訂古文釋義新編八卷**　（清）余誠評註　清
光緒二十四年（1898）刻本　八冊

210000 – 0702 – 0002298　711.13/194 – 2

**重訂古文釋義新編八卷**　（清）余誠評註　清
光緒二十四年（1898）刻本　八冊

210000 – 0702 – 0002299　711.13/194 – 3

**重訂古文釋義新編八卷**　（清）余誠評註　清
光緒二十四年（1898）刻本　八冊

210000 – 0702 – 0002300　711.13/194 – 4

**重訂古文釋義新編八卷**　（清）余誠評註　清
光緒二十四年（1898）刻本　八冊

210000 – 0702 – 0002301　711.13/194 – 5

**重訂古文釋義新編八卷**　（清）余誠評註　清
末石印本　八冊

210000 – 0702 – 0002302　711.13/194 – 6

**重訂古文釋義新編八卷**　（清）余誠評註　清
末石印本　八冊

210000 – 0702 – 0002303　711.13/194 – 7

**古文釋義新編八卷**　（清）余誠評註　清光緒
十二年（1886）刻本　八冊

210000 – 0702 – 0002304　711.13/194 – 8

**大文堂重訂古文釋義新編八卷**　（清）余誠評
註　清刻本　八冊

210000 – 0702 – 0002305　711.13/211 – 1

**古文析義六卷二編八卷**　（清）林雲銘評註
清刻本　十四冊

210000 – 0702 – 0002306　711.13/211 – 2

**古文析義十六卷**　（清）林雲銘評註　清光緒

二十七年（1901）刻本　十六冊

210000 – 0702 – 0002307　711.13/211 – 3

**古文析義十六卷**　（清）林雲銘評註　清刻本
十六冊

210000 – 0702 – 0002308　711.13/242

**評註才子古文大家十七卷補遺一卷歷朝九卷**
（清）金聖歎選　（清）王之績評註　（清）
譚昭文　（清）汪澧參訂　清文源堂書坊刻本
十二冊

210000 – 0702 – 0002309　711.13/316 – 1

**古文辭類纂十五卷**　（清）姚鼐輯　清光緒二
十年（1894）上海圖書集成印書局鉛印本
六冊

210000 – 0702 – 0002310　711.13/316 – 2

**古文辭類纂十五卷**　（清）姚鼐輯　清光緒二
十年（1894）上海圖書集成印書局鉛印本
六冊

210000 – 0702 – 0002311　711.13/316 – 3

**古文辭類纂七十四卷續古文辭類纂三十四卷**
（清）姚鼐纂　王先謙纂續　清光緒三十三
年（1907）上海商務印書館鉛印本　十一冊
缺十卷（四十一至五十）

210000 – 0702 – 0002312　711.13/316 – 4

**古文辭類纂八卷續古文辭類纂四卷**　（清）姚
鼐纂　王先謙纂續　清光緒八年（1882）上海
章福記書局石印本　十二冊

210000 – 0702 – 0002313　711.13/316 – 5

**古文辭類纂七十五卷**　（清）姚鼐纂　清同治
八年（1869）問竹軒刻本　十六冊

210000 – 0702 – 0002314　711.13/375 – 1

**續古文苑二十卷**　（清）孫星衍輯　清光緒十
一年（1885）朱氏槐廬家塾刻本　八冊

210000 – 0702 – 0002315　711.13/375 – 2

**續古文苑二十卷**　（清）孫星衍輯　清光緒九
年（1883）江蘇書局刻本　八冊

210000 – 0702 – 0002316　711.13/393 – 1

**古文淵鑒六十四卷**　（清）聖祖玄燁選　（清）

徐乾學等輯注　清光緒二十九年(1903)蜚英分局石印本　十六冊

210000－0702－0002317　711.13/393－2

**古文淵鑒六十四卷**　(清)聖祖玄燁選　(清)徐乾學等輯注　清同治十二年(1873)浙江書局刻本　三十二冊

210000－0702－0002318　711.13/420

**宋四六選二十四卷**　(清)曹振鏞編　清宣統二年(1910)南通州翰墨林書局鉛印本　十冊

210000－0702－0002319　711.13/428

**得月樓賦四編**　(清)張元灝選評　(清)耿覲文　(清)茅謙箋註　清光緒七年(1881)刻本　三冊　存三冊(乙編肆、丙編壹、丁編肆)

210000－0702－0002320　711.13/486

**汪羅彭薛四家合鈔**　(清)國學扶輪社編　清宣統二年(1910)上海國學扶輪社鉛印本　六冊

210000－0702－0002321　711.13/527－1

**求闕齋日記類鈔二卷**　(清)曾國藩撰　(清)王啟原輯　清光緒二年(1876)傳忠書局刻本　二冊

210000－0702－0002322　711.13/527－2

**求闕齋讀書錄十卷**　(清)曾國藩撰　(清)王啟原輯　清光緒二年(1876)傳忠書局刻本　四冊

210000－0702－0002323　711.13/527－3

**經史百家雜鈔二十六卷**　(清)曾國藩輯　清光緒二年(1876)傳忠書局刻本　十二冊　存十四卷(一至八、二十一至二十六)

210000－0702－0002324　711.13/527－4

**經史百家雜鈔二十六卷**　(清)曾國藩輯　清末刻本　九冊　存十卷(十七至二十六)

210000－0702－0002325　711.13/527－5

**經史百家簡編二卷**　(清)曾國藩輯　清同治十三年(1874)傳忠書局刻本　二冊

210000－0702－0002326　711.13/527－6

**經史百家簡編二卷**　(清)曾國藩輯　清同治

十三年(1874)傳忠書局刻本　二冊

210000－0702－0002327　711.13/527－7

**嗚原堂論文二卷**　(清)曾國藩撰　清同治十二年(1873)勵志齋刻本　二冊

210000－0702－0002328　711.13/527－8

**嗚原堂論文二卷**　(清)曾國藩撰　清同治十二年(1873)勵志齋刻本　二冊

210000－0702－0002329　711.13/527－9

**十八家詩鈔二十八卷**　(清)曾國藩輯　清同治十三年(1874)傳忠書局刻本　二十四冊

210000－0702－0002330　711.13/527－10

**曾文正公書札三十三卷**　(清)曾國藩撰　清末刻本　七冊　存九卷(二十五至三十三)

210000－0702－0002331　711.13/574－1

**詳訂古文評註全集八卷**　(清)過珙　(清)黃越評選　清宣統元年(1909)上海南洋官書局石印本　八冊

210000－0702－0002332　711.13/574－2

**詳訂古文評註全集八卷**　(清)過珙　(清)黃越評選　清末石印本　八冊

210000－0702－0002333　711.13/787

**全上古三代秦漢三國六朝文七百四十六卷**　(清)嚴可均輯　清光緒二十年(1894)黃岡王毓藻刻本　一百冊

210000－0702－0002334　711.13/973

**經義模範一卷作義要訣一卷**　(明)□□編　清末至民國初江陰繆氏雲自在龕刻本　一冊

210000－0702－0002335　711.14/359

**隨園詩話十六卷**　(清)袁枚撰　清同治八年(1869)刻本　六冊

210000－0702－0002336　711.14/598

**甌北詩話十二卷**　(清)趙翼撰　清光緒三十四年(1908)上海掃葉山房石印本　二冊

210000－0702－0002337　711.14/965

**平等閣詩話二卷**　狄楚青撰　清末鉛印本　二冊

210000－0702－0002338　711.2/83

安陸集一卷附錄一卷　（宋）張先撰　（清）汪潮生錄　清維揚董氏柏華墅刻本　一冊

210000－0702－0002339　711.2/406

文史通義八卷校讐通義三卷　（清）章學誠撰　清道光十二年至十三年（1832－1833）刻本　五冊

210000－0702－0002340　711.22/21－1

欽定詩經傳説彙纂二十一卷首二卷詩序二卷　（清）王鴻緒等撰　清刻本　二十冊

210000－0702－0002341　711.22/21－2

欽定詩經傳説彙纂二十一卷首二卷詩序二卷　（清）王鴻緒等撰　清同治十年（1871）湖北崇文書局刻本　十八冊

210000－0702－0002342　711.22/21－3

欽定詩經傳説彙纂二十一卷首二卷詩序二卷　（清）王鴻緒等撰　清同治七年（1868）馬新貽刻本　十六冊

210000－0702－0002343　711.22/21－4

欽定詩經傳説彙纂二十一卷首二卷詩序二卷　（清）王鴻緒等撰　清刻本　十三冊　存二十一卷（三至二十一、詩序二卷）

210000－0702－0002344　711.22/21－5

欽定詩經傳説彙纂二十一卷首二卷書序一卷　（清）王鴻緒等撰　清同治七年（1868）馬新貽刻本　十二冊

210000－0702－0002345　711.22/21－6

欽定詩經傳説彙纂二十一卷首二卷詩序二卷　（清）王鴻緒等撰　清同治七年（1868）馬新貽刻本　十三冊　存二十一卷（一至四、八至二十一,首二卷,詩序上）

210000－0702－0002346　711.22/21－7

欽定詩經傳説彙纂二十一卷　（清）王鴻緒等撰　清刻本　十三冊

210000－0702－0002347　711.22/21－8

欽定詩經傳説彙纂二十一卷　（清）王鴻緒等撰　清刻本　十冊　存二十卷（一至二十）

210000－0702－0002348　711.22/21－9

欽定詩經傳説彙纂二十一卷首二卷詩序二卷　（清）王鴻緒等撰　清同治七年（1868）馬新貽刻本　八冊　存十一卷（三至十一、首二卷）

210000－0702－0002349　711.22/21－10

欽定詩經傳説彙纂二十一卷首二卷詩序二卷　（清）王鴻緒等撰　清刻本　六冊　存六卷（五至十）

210000－0702－0002350　711.22/37

陳氏毛詩五種　（清）陳奐撰　清光緒九年（1883）刻本　十二冊

210000－0702－0002351　711.22/52－1

毛詩注疏三十卷考證三十卷　（漢）毛亨傳　（漢）鄭玄箋　（唐）陸德明音義　（唐）孔穎達疏　清乾隆四年（1739）武英殿刻本　十四冊

210000－0702－0002352　711.22/52－2

附釋音毛詩注疏二十卷附校勘記二十卷　（漢）毛亨傳　（漢）鄭玄箋　（唐）陸德明音義　（唐）孔穎達疏　清嘉慶二十年（1815）南昌府學刻本　二十一冊

210000－0702－0002353　711.22/52－3

附釋音毛詩注疏二十卷附校勘記二十卷　（漢）毛亨傳　（漢）鄭玄箋　（唐）陸德明音義　（唐）孔穎達疏　清刻本　十二冊　存十八卷（十二至二十、校勘記十二至二十）

210000－0702－0002354　711.22/52－4

附釋音禮記注疏六十三卷校勘記六十三卷　（漢）鄭玄注　（唐）孔穎達疏　清刻本　八冊　存三十四卷（二十八至四十四、校勘記二十八至四十四）

210000－0702－0002355　711.22/98－1

詩經八卷　（宋）朱熹集傳　清光緒九年（1883）掃葉山房刻本　四冊

210000－0702－0002356　711.22/98－2

詩經八卷　（宋）朱熹集傳　清光緒二十六年（1900）江西書局刻本　四冊

210000－0702－0002357　711.22/98－3

詩經八卷　（宋）朱熹集傳　清光緒三十四年(1908)學部圖書局石印本　四冊

210000－0702－0002358　711.22/98－4

詩經八卷　（宋）朱熹集傳　清光緒三十四年(1908)學部圖書局石印本　四冊

210000－0702－0002359　711.22/98－5

詩經八卷　（宋）朱熹集傳　清光緒三十四年(1908)學部圖書局石印本　四冊

210000－0702－0002360　711.22/98－6

詩經八卷　（宋）朱熹集傳　清光緒三十四年(1908)學部圖書局石印本　二冊　存五卷(一至五)

210000－0702－0002361　711.22/98－7

詩經八卷　（宋）朱熹集傳　清光緒元年(1875)善成堂刻本　四冊

210000－0702－0002362　711.22/98－8

詩經八卷詩序辨說一卷　（宋）朱熹集傳　清光緒二十二年(1896)金陵書局刻本　五冊

210000－0702－0002363　711.22/98－9

御案詩經備旨八卷　（清）鄒聖脈纂輯　（清）鄒廷猷編　清刻本　七冊

210000－0702－0002364　711.22/332

詩經融註大全體要八卷　（清）高朝瓔撰（清）沈世楷輯　清咸豐十年(1860)刻本　四冊

210000－0702－0002365　711.22/362－1

詩問七卷　（清）郝懿行撰　清光緒八年(1882)東路廳署刻朱墨印本　六冊

210000－0702－0002366　711.22/362－2

詩問七卷　（清）郝懿行撰　清光緒八年(1882)東路廳署刻朱墨印本　六冊

210000－0702－0002367　711.22/441－1

詩毛氏傳疏三十卷附釋毛詩音四卷毛詩說一卷毛詩傳義類一卷鄭氏箋考征一卷　（清）陳奐撰　清末石印本　四冊

210000－0702－0002368　711.22/441－2

詩毛氏傳疏三十卷附釋毛詩音四卷毛詩說一卷毛詩傳義類一卷鄭氏箋考征一卷　（清）陳奐撰　清末石印本　四冊

210000－0702－0002369　711.22/441－3

詩經啗鳳詳解八卷圖說一卷　（清）陳抒孝撰　（清）汪基增訂　清蘇州掃葉山房刻本　八冊

210000－0702－0002370　711.22/441－4

詩經啗鳳詳解八卷圖說一卷　（清）陳抒孝撰　（清）汪基增訂　清蘇州掃葉山房刻本　八冊

210000－0702－0002371　711.22/441－5

御纂詩義折中二十卷　（清）傅恒等撰　清刻本　十二冊

210000－0702－0002372　711.22/441－6

御纂詩義折中二十卷　（清）傅恒等撰　清刻本　十冊

210000－0702－0002373　711.22/441－7

御纂詩義折中二十卷　（清）傅恒等撰　清宣統二年(1910)益吾齋石印本　六冊

210000－0702－0002374　711.22/441－8

御纂詩義折中二十卷　（清）傅恒等撰　清光緒十六年(1890)刻本　六冊

210000－0702－0002375　711.22/491

初刻黃維章先生詩經娜嬛體註八卷　（明）黃文煥撰　（清）范翔重訂　清光緒十八年(1892)刻本　四冊

210000－0702－0002376　711.22/722

韓詩外傳十卷　（漢）韓嬰撰　清光緒三年(1877)湖北崇文書局刻本　二冊

210000－0702－0002377　711.22/731

詩經精華十卷　（清）薛嘉穎撰　清光緒九年(1883)刻本　六冊

210000－0702－0002378　711.22/846

詩經古譜二卷　（□）□□撰　清光緒三十四年(1908)學部圖書局石印本　一冊

210000－0702－0002379　711.23/98

楚辭八卷　（宋）朱熹集注　清光緒三年
(1877)湖北崇文書局刻本　二冊

210000－0702－0002380　711.23/968

兩漢策要十二卷　（宋）陶叔獻編　清光緒十
三年(1887)上海同文書局石印本　八冊

210000－0702－0002381　711.3/407

八家四六文註八卷首一卷補註一卷　（清）孫
星衍撰　（清）許貞幹註　清光緒十八年
(1892)上海圖書集成印書局鉛印本　八冊

210000－0702－0002382　711.31/428－1

漢魏六朝百三名家集　（明）張溥輯　清光緒
十八年(1892)善化章經濟堂刻本　一百冊

210000－0702－0002383　711.31/428－2

漢魏六朝百三名家集　（明）張溥輯　清光緒
十八年(1892)善化章經濟堂刻本　九十六冊
　缺四種四卷(晋張孟陽集一卷、晋張景陽集
一卷、陶彭澤集一卷、南齊孔詹事集一卷)

210000－0702－0002384　711.32/674

國朝六家詩鈔八卷　（清）劉執玉輯　清光緒
十三年(1887)汗青簃刻本　六冊

210000－0702－0002385　711.41/84－1

唐人五十家小集　（清）江標輯　清光緒二十
一年(1895)元和江氏靈鶼閣刻本　三十二冊

210000－0702－0002386　711.41/84－2

唐人五十家小集　（清）江標輯　清光緒二十
一年(1895)元和江氏靈鶼閣刻本　十六冊

210000－0702－0002387　711.41/151

李太白文集三十六卷　（唐）李白撰　（清）王
琦輯註　清光緒三十四年(1908)上海掃葉山
房石印本　二十冊

210000－0702－0002388　711.41/568

欽定全唐文一千卷總目三卷　（清）董誥編
清嘉慶十九年(1814)武英殿刻本　五百四冊

210000－0702－0002389　711.41/760

唐宋十大家全集錄　（清）儲欣輯　清光緒八
年(1882)江蘇書局刻本　三十二冊

210000－0702－0002390　711.42/21－1

古唐詩合解十二卷　（清）王堯衢註　清光緒
三十一年(1905)刻本　八冊

210000－0702－0002391　711.42/21－2

古唐詩合解十二卷　（清）王堯衢註　清綠蔭
堂刻本　六冊

210000－0702－0002392　711.42/21－3

古唐詩合解十二卷　（清）王堯衢註　清刻本
六冊

210000－0702－0002393　711.42/21－4

古唐詩合解十二卷　（清）王堯衢註　清醉經
堂刻本　六冊

210000－0702－0002394　711.42/21－5

唐四家詩集二十一卷　（清）胡鳳丹輯　清宣
統三年(1911)上海掃葉山房石印本　五冊

210000－0702－0002395　711.42/21－6

唐四家詩集二十一卷　（清）胡鳳丹輯　清光
緒十三年(1887)湖北官書處刻本　五冊

210000－0702－0002396　711.42/148

中晚唐詩叩彈集十二卷續集三卷　（清）杜詔
（清）杜庭珠輯　清同治十二年(1873)寶應
鑄經堂刻本　六冊

210000－0702－0002397　711.42/406－1

唐詩三百首註疏六卷　（清）孫洙編　（清）章
燮註　清光緒十七年(1891)上海掃葉山房刻
本　六冊

210000－0702－0002398　711.42/406－2

唐詩三百首續選一卷　（清）于慶元編　清光
緒二十三年(1897)刻本　二冊

210000－0702－0002399　711.42/406－3

唐詩三百首註疏六卷　（清）孫洙編　（清）章
燮註　清末刻本　六冊

210000－0702－0002400　711.42/415－1

全唐詩九百卷　（清）彭定求等輯　清雙峰書
室刻本　一百二十冊

210000－0702－0002401　711.42/415－2

全唐詩三十二卷　（清）彭定求等輯　清光緒
十三年(1887)上海同文書局石印本　三十

118

二冊

210000－0702－0002402　711.42/415－3

**全唐詩九百卷**　(清)彭定求等輯　清刻本
一百二十冊

210000－0702－0002403　711.42/678

**十三唐人詩選不分卷**　(清)劉雲份輯　清吳
郡大來堂刻本　八冊

210000－0702－0002404　711.42/717

**唐詩絕句五卷**　(宋)趙蕃　(宋)韓淲選
(宋)謝枋得註解　清光緒三十四年(1908)述
古堂鉛印本　一冊

210000－0702－0002405　711.42/970

**唐詩六百編八卷**　題(清)某根居士編　清同
治十三年(1874)刻本　二冊

210000－0702－0002406　711.43/128

**唐宋八家文讀本三十卷**　(清)沈德潛評選
清嘉慶十八年(1813)刻本　十二冊

210000－0702－0002407　711.43/717

**謝疊山先生文章軌範七卷**　(宋)謝枋得輯
清光緒二十一年(1895)湖北官書處刻三色套
印本　二冊

210000－0702－0002408　711.44/21

**全唐詩話六卷**　(明)毛晉訂　清宣統三年
(1911)上海朝記書莊石印本　六冊

210000－0702－0002409　711.5/170

**東萊先生古文關鍵二卷**　(宋)呂祖謙編
(宋)蔡子文註　(清)徐樹屏考異　清光緒二
十四年(1898)江蘇書局刻本　二冊

210000－0702－0002410　711.51/18

**文山別集四種十四卷**　(宋)文天祥撰　清宣
統二年(1910)東雅社鉛印本　四冊

210000－0702－0002411　711.51/491

**山谷外集詩註十七卷**　(宋)黃庭堅撰　(宋)
史容註　清宣統二年(1910)影印本　四冊
存九卷(一至九)

210000－0702－0002412　711.51/784－1

**三蘇全集一百二十二卷**　(宋)蘇洵　(宋)蘇

轍　(宋)蘇過撰　清道光十二年(1832)刻本
八十冊

210000－0702－0002413　711.51/784－2

**三蘇全集一百二十二卷**　(宋)蘇洵　(宋)蘇
轍　(宋)蘇過撰　清道光十二年(1832)刻本
八十冊

210000－0702－0002414　711.51/784－3

**施註蘇詩四十二卷目錄二卷**　(宋)蘇軾撰
(宋)施元之　(宋)顧禧註　(清)邵長蘅
(清)顧嗣立　(清)宋至刪補　清刻本　十冊
存二十卷(一至二十)

210000－0702－0002415　711.52/556

**西崑酬唱集二卷**　(宋)楊億輯　清光緒邵武
徐氏刻本　一冊

210000－0702－0002416　711.52/784

**蘇文忠公詩集五十卷目錄二卷**　(宋)蘇軾撰
(清)紀昀評點　清同治八年(1869)韞玉山
房刻朱墨印本　十二冊

210000－0702－0002417　711.53/21

**王臨川文集四卷**　(宋)王安石撰　清宣統二
年(1910)上海會文堂粹記石印本　四冊

210000－0702－0002418　711.53/128

**沈氏三先生文集六十二卷**　(宋)高布輯　清
光緒二十二年(1896)浙江書局刻本　十冊
存四十三卷(一至十三、二十三至四十、四十
二、五十二至六十二)

210000－0702－0002419　711.53/784

**三蘇策論十二卷**　(清)石印書局輯　清光緒
二十七年(1901)上海石印書局石印本　四冊

210000－0702－0002420　711.62/454

**金文雅十六卷**　(清)莊仲方編　清光緒十七
年(1891)江蘇書局刻本　四冊

210000－0702－0002421　711.63/441－1

**正氣集三卷**　(清)陳慶林輯　清光緒三十年
(1904)刻本　三冊

210000－0702－0002422　711.63/441－2

**正氣集三卷**　(清)陳慶林輯　清光緒三十年

（1904）刻本　三册

210000－0702－0002423　711.71/21
**王文成公全書三十八卷**　（明）王守仁撰　清
刻本　十二册　存二十卷（十九至三十八）

210000－0702－0002424　711.71/756
**武林往哲遺箸五十六種**　（清）丁丙輯　清光
緒錢塘丁氏嘉惠堂刻本　六十二册　缺二種
十二卷（錢唐韋先生文集一至五、附錄一卷，
松雨軒集六至八、補遺一卷、附錄二卷）

210000－0702－0002425　711.71/761
**寧都三魏全集三集首一卷**　（清）林時益輯
清刻本　五十册

210000－0702－0002426　711.72/98－1
**明詩綜一百卷**　（清）朱彝尊錄　（清）汪森輯
評　清刻本　二十四册　存八十卷（一至五
十二、七十三至一百）

210000－0702－0002427　711.72/98－2
**明詩綜一百卷**　（清）朱彝尊錄　（清）汪森輯
評　清刻本　三十五册　存九十八卷（一至
十八、二十一至一百）

210000－0702－0002428　711.72/135－1
**明三十家詩選初集八卷二集八卷**　（清）汪端
輯　清同治十二年（1873）蘊蘭吟館刻本
八册

210000－0702－0002429　711.72/135－2
**明三十家詩選初集八卷二集八卷**　（清）汪端
輯　清同治十二年（1873）蘊蘭吟館刻本
八册

210000－0702－0002430　711.72/428
**弘正四傑詩集**　（清）張百熙輯　清光緒二十
一年（1895）長沙張氏湘雨樓刻本　十六册

210000－0702－0002431　711.72/502
**蜀詩十五卷**　（清）費經虞輯　（清）孫澍校訂
清道光十三年（1833）古棠書屋刻本　四册

210000－0702－0002432　711.73/128
**翰海十二卷**　（明）沈佳允輯　清光緒二年
（1876）鉛印本　四册

210000－0702－0002433　711.81/98
**曝書亭集八十卷附錄一卷**　（清）朱彝尊撰
清光緒十五年（1889）刻本　十六册

210000－0702－0002434　711.81/135
**貫華堂才子書彙稿十一種**　（清）金人瑞撰
清宣統二年（1910）順德鄧氏鉛印本　五册

210000－0702－0002435　711.81/162
**兩浙輶軒錄四十卷補遺十卷**　（清）阮元輯
清光緒十六年（1890）浙江書局刻本　三十
二册

210000－0702－0002436　711.81/305
**文章游戲二編八卷**　（清）繆艮輯　清嘉慶二
十一年（1816）刻本　四册

210000－0702－0002437　711.81/375
**蒼筤初集二十一卷**　（清）孫鼎臣撰　清咸豐
刻本　六册

210000－0702－0002438　711.81/486
**小謨觴館全集詩集八卷詩續集二卷詩餘附錄
一卷文集四卷文續集二卷**　（清）彭兆蓀撰
清同治十三年（1874）刻本　六册

210000－0702－0002439　711.81/628
**兩浙輶軒續錄五十四卷補遺六卷**　（清）潘衍
桐輯　清光緒十七年（1891）浙江書局刻本
四十册

210000－0702－0002440　711.81/674－1
**道咸同光四朝詩史甲集八卷首一卷**　孫雄編
清宣統二年（1910）刻本　十册

210000－0702－0002441　711.81/674－2
**道咸同光四朝詩史甲集八卷首一卷**　孫雄編
清宣統二年（1910）刻本　十册

210000－0702－0002442　711.81/674－3
**道咸同光四朝詩史甲集八卷首一卷**　孫雄編
清宣統二年（1910）刻本　十册

210000－0702－0002443　711.81/674－4
**道咸同光四朝詩史甲集八卷首一卷**　孫雄編
清宣統二年（1910）刻本　十册

210000－0702－0002444　711.81/761

寧都三魏全集三集首一卷 （清）林時益輯
清刻本 三十四冊 存七種六十二卷（魏叔
子文集外篇二十卷、魏叔子日錄三卷、魏叔子
詩集八卷、魏季子文集七卷、魏興子文集六
卷、魏昭士文集十卷、魏敬士文集八卷）

210000－0702－0002445 711.82/2

國朝杭郡詩三輯一百卷 （清）丁申 （清）丁
丙編 清光緒十九年（1893）刻本 四十八冊

210000－0702－0002446 711.82/15

吳會英才集二十四卷 （清）畢沅輯 清刻本
十二冊

210000－0702－0002447 711.82/21

湖海詩傳四十六卷 （清）王昶輯 清同治四
年（1865）刻本 十六冊

210000－0702－0002448 711.82/115

七家試帖輯註彙鈔 （清）王植桂輯 清同治
九年（1870）刻本 八冊

210000－0702－0002449 711.82/128－1

唐詩別裁集引典備註二十卷 （清）沈德潛選
（清）俞汝昌增注 清光緒二十一年（1895）
文海書局石印本 六冊

210000－0702－0002450 711.82/128－2

唐詩別裁集引典備註二十卷 （清）沈德潛選
（清）俞汝昌增注 清刻本 十五冊

210000－0702－0002451 711.82/151－1

蘭言詩鈔四卷 （清）李瑞編 清同治十二年
（1873）刻本 四冊

210000－0702－0002452 711.82/151－2

蘭言詩鈔二十卷 （清）李瑞編 清光緒二十
二年（1896）上海中西五彩書局石印本 四冊

210000－0702－0002453 711.82/164－1

國朝杭郡詩輯三十二卷 （清）吳顥輯 （清）
吳振棫重輯 清同治十三年（1874）同里丁氏
刻本 十六冊

210000－0702－0002454 711.82/164－2

國朝杭郡詩續輯四十六卷 （清）吳振棫編
清光緒二年（1876）同里丁氏刻本 二十冊

210000－0702－0002455 711.82/248－1

青門賸稿三卷 （清）邵長蘅撰 清刻本
一冊

210000－0702－0002456 711.82/248－2

清聞齋詩存三卷 （清）周鼎樞撰 清光緒八
年（1882）歸安姚氏咫進齋刻本 一冊

210000－0702－0002457 711.82/271

續橋李詩繫四十卷 （清）胡昌基輯 清宣統
三年（1911）刻本 二十冊

210000－0702－0002458 711.82/308

繡餘小草六卷 （清）扈斯哈里撰 清光緒刻
本 六冊

210000－0702－0002459 711.82/359

邃懷堂詩鈔前編五卷後編四卷 （清）袁翼撰
清咸豐七年（1857）刻本 四冊

210000－0702－0002460 711.82/428

重校七家詩詳註七卷附錄一卷 （清）張熙宇
選 （清）石暉甲箋註 清光緒二十二年
（1896）上海鴻德堂刻本 八冊

210000－0702－0002461 711.82/441－1

散原精舍詩二卷 陳三立撰 清宣統元年
（1909）鉛印本 一冊 存一卷（一）

210000－0702－0002462 711.82/441－2

西泠閨詠十六卷 （清）陳文述撰 （清）龔玉
晨編 清光緒十三年（1887）西泠翠螺閣刻本
四冊

210000－0702－0002463 711.82/471－1

海秋詩集二十六卷附評跋附錄 （清）湯鵬撰
清道光十八年（1838）刻本 八冊

210000－0702－0002464 711.82/471－2

金源紀事詩八卷 （清）湯運泰撰 （清）湯顯
業 （清）湯顯幹註 清同治十二年（1873）淮
南書局刻本 四冊

210000－0702－0002465 711.82/477

玉谿生詩詳注三卷 （唐）李商隱撰 （清）馮
浩注 清醉六堂刻本 四冊

210000－0702－0002466 711.82/489

漁洋山人精華錄訓纂十卷總目二卷年譜二卷
（清）王士禛撰　（清）惠棟訓纂　清同治十
二年（1873）京都寶華堂刻本　十二冊

210000－0702－0002467　711.82/502
掣鯨堂詩選九卷　（清）費錫璜撰　清古棠書
屋刻本　一冊

210000－0702－0002468　711.82/511
四憶堂詩集六卷遺稿一卷　（清）侯方域撰
（清）賈開宗等選註　清同治十三年（1874）刻
本　二冊

210000－0702－0002469　711.82/556－1
分韻試帖青雲集全註四卷　（清）楊逢春輯
清光緒至民國上海校經山房石印本　四冊

210000－0702－0002470　711.82/556－2
吟香室詩草二卷續刻一卷附刻一卷　（清）楊
蘊輝撰　清光緒二十三年（1897）南海縣署刻
本　二冊

210000－0702－0002471　711.82/572
檞華館試帖彙鈔輯注十卷　（清）路德撰
（清）路慎莊輯注　清刻本　十冊

210000－0702－0002472　711.82/645
小雅樓詩集八卷遺文二卷　（清）鄧方撰　清
光緒二十六年（1900）廣州刻本　五冊

210000－0702－0002473　711.82/650－1
忠雅堂詩集二十七卷補遺二卷詞集二卷
（清）蔣士銓撰　清敬書堂刻本　十二冊

210000－0702－0002474　711.82/650－2
嘯古堂詩集八卷　（清）蔣敦復撰　清宣統三
年（1911）廣益書局石印本　二冊

210000－0702－0002475　711.82/661
巢經巢詩鈔九卷後集四卷　（清）鄭珍撰　清
咸豐四年（1854）刻本　四冊

210000－0702－0002476　711.82/674
海峰先生詩集十卷　（清）劉大櫆撰　清光緒
二十五年（1899）鉛印本　二冊

210000－0702－0002477　711.82/698
關中書院詩賦課不分卷　（清）路德評選　清

道光十八年（1838）刻本　四冊

210000－0702－0002478　711.82/761
九梅村詩集二十卷　（清）魏燮均撰　清光緒
元年（1875）刻本　六冊

210000－0702－0002479　711.82/787
虛閣先生詩賸六卷　（清）嚴玉森撰　清光緒
三十年（1904）鉛印本　二冊

210000－0702－0002480　711.82/791
亭林詩集五卷　（清）顧炎武撰　清光緒二年
（1876）湖南書局刻本　二冊

210000－0702－0002481　711.82/798－1
欽定熙朝雅頌集一百六卷首集二十六卷餘集
二卷　（清）鐵保纂輯　清嘉慶九年（1804）刻
本　二十四冊

210000－0702－0002482　711.82/798－2
欽定熙朝雅頌集一百六卷首集二十六卷餘集
二卷　（清）鐵保纂輯　清嘉慶九年（1804）刻
本　二十四冊

210000－0702－0002483　711.82/904
隨園女弟子詩選五卷　（清）袁枚輯　清嘉慶
元年（1796）刻本　一冊

210000－0702－0002484　711.82/968－1
晉齋詩存二卷　（清）昇寅撰　清咸豐四年
（1854）刻本　二冊

210000－0702－0002485　711.82/968－2
聽香禪室詩集八卷　（清）釋芳圃撰　清光緒
二十二年（1896）刻本　二冊

210000－0702－0002486　711.83/128
公言集三卷　（清）沈同芳撰　清光緒三十四
年（1908）武進沈同芳鉛印本　一冊

210000－0702－0002487　711.83/193
師竹齋小題文鈔（小試利器集）不分卷　（清）
虛穀輯　清光緒九年（1883）刻本　四冊

210000－0702－0002488　711.83/316－1
國朝文錄八十二卷　（清）姚椿輯　清光緒二
十六年（1900）掃葉山房石印本　十六冊

210000－0702－0002489　711.83/316－2

**國朝文錄八十二卷**　（清）姚椿輯　清光緒二十六年(1900)掃葉山房石印本　十六冊

210000－0702－0002490　711.83/316－3

**國朝駢體正宗評本十二卷補編一卷**　（清）曾燠選　（清）姚燮評　（清）張壽榮參　清光緒十年(1884)花雨樓刻朱墨印本　六冊

210000－0702－0002491　711.83/359

**隨園文集四種十五卷**　（清）袁枚撰　清隨園刻本　八冊

210000－0702－0002492　711.83/406

**章譚合鈔六卷**　章炳麟　（清）譚嗣同撰　清宣統二年(1910)上海國學扶輪社鉛印本　五冊

210000－0702－0002493　711.83/407

**二許先生集八卷**　（清）許鑾編　清光緒十四年(1888)鉛印本　三冊

210000－0702－0002494　711.83/505

**國朝常州駢體文錄三十一卷**　屠寄輯　清光緒十六年(1890)刻本　八冊

210000－0702－0002495　711.83/506－1

**皇朝經世文編一百二十卷姓名總目二卷**　(清)賀長齡輯　清光緒十六年(1890)廣百宋齋鉛印本　二十四冊

210000－0702－0002496　711.83/506－2

**皇朝經世文編一百二十卷姓名總目二卷**　(清)賀長齡輯　清光緒十六年(1890)廣百宋齋鉛印本　二十四冊

210000－0702－0002497　711.83/506－3

**皇朝經世文編一百二十卷姓名總目二卷**　(清)賀長齡輯　清光緒十六年(1890)廣百宋齋鉛印本　二十四冊

210000－0702－0002498　711.83/506－4

**皇朝經世文編一百二十卷姓名總目二卷**　(清)賀長齡輯　清光緒二十四年(1898)鉛印本　二十三冊　缺六卷(二十四至二十九)

210000－0702－0002499　711.83/562－1

**詳批近科同館賦四卷**　（清）葉祺昌選　（清）劉子經等註釋　清光緒三年(1877)友益堂刻本　四冊

210000－0702－0002500　711.83/562－2

**重刻時藝引階合編二集**　（清）路德撰　清光緒六年(1880)刻本　四冊

210000－0702－0002501　711.83/566

**皇朝經世文續編一百二十卷**　（清）葛士濬輯　清光緒二十七年(1901)上海久敬齋鉛印本　二十四冊

210000－0702－0002502　711.83/731

**中外時務經濟文編二十一卷**　（清）薛福成撰　清光緒二十八年(1902)上海積山書局石印本　十二冊

210000－0702－0002503　711.83/740－1

**藝風堂文集七卷外篇一卷**　繆荃孫撰　清光緒二十六年至二十七年(1900－1901)刻本　四冊

210000－0702－0002504　711.83/740－2

**藝風堂文集七卷外篇一卷**　繆荃孫撰　清光緒二十六年至二十七年(1900－1901)刻本　四冊

210000－0702－0002505　711.83/740－3

**藝風堂文續集八卷**　繆荃孫撰　清宣統二年至民國二年(1910－1913)刻本　四冊

210000－0702－0002506　711.83/740－4

**藝風堂文續集八卷**　繆荃孫撰　清宣統二年至民國二年(1910－1913)刻本　四冊

210000－0702－0002507　711.83/775

**湖南文徵一百九十卷**　（清）羅汝懷輯　清同治八年(1869)刻本　一百冊

210000－0702－0002508　711.92/834

**紅桂坡省墓圖詩集不分卷**　吳寶炬輯　清光緒三十四年(1908)吳氏鉛印本　一冊

210000－0702－0002509　712/43

**顏魯公文集三十卷補遺一卷**　（唐）顏真卿撰　（清）黃本驥編訂　（清）蔣璨校　清道光二

十五年(1845)刻本　十二冊

210000－0702－0002510　712/81

**味餘書室全集定本四十卷目錄四卷**　（清）仁宗顒琰撰　清嘉慶五年(1800)武英殿刻本　三十二冊

210000－0702－0002511　712/82

**御製詩二集六十四卷目錄八卷**　（清）仁宗顒琰撰　清嘉慶十六年(1811)武英殿刻本　十八冊

210000－0702－0002512　712.1/151

**石泉書屋全集十種三十五卷**　（清）李佐賢撰輯　清咸豐八年至光緒元年(1858－1875)利津李氏刻本　十六冊

210000－0702－0002513　712.12/705

**杜工部集二十卷**　（唐）杜甫撰　（清）錢謙益箋註　清宣統三年(1911)時中書局石印本　八冊

210000－0702－0002514　712.2/148

**樊川詩集四卷補遺一卷樊川外集一卷樊川別集一卷**　（唐）杜牧撰　（清）馮集梧注　清光緒十六年(1890)湘南書局刻本　五冊

210000－0702－0002515　712.2/380

**弢甫五嶽集二十卷**　（清）桑調元撰　清乾隆二十一年(1756)修汲堂刻本　十二冊

210000－0702－0002516　712.21/654

**蔡中郎集十卷外紀一卷外集四卷**　（漢）蔡邕撰　清光緒十六年(1890)番禺陶氏愛廬刻本　五冊

210000－0702－0002517　712.3/15

**方正學先生集七卷**　（明）方孝孺撰　（清）張伯行訂　清同治五年(1866)福州正誼書局刻本　二冊

210000－0702－0002518　712.3/18－1

**文山先生文集二卷**　（宋）文天祥撰　（清）張伯行訂　清同治五年(1866)福州正誼書局刻本　一冊

210000－0702－0002519　712.3/18－2

**文信國公集二十卷首一卷**　（宋）文天祥撰　清同治七年(1868)楚醴景萊書室刻本　六冊　存七卷(三至九)

210000－0702－0002520　712.3/37

**儀鄭堂文二卷**　（清）孔廣森撰　（清）阮元敘錄　清刻本　一冊

210000－0702－0002521　712.3/556

**楊椒山先生文集二卷**　（明）楊繼盛撰　（清）張伯行訂　清同治五年(1866)福州正誼書局刻本　一冊

210000－0702－0002522　712.3/717

**謝疊山先生集二卷**　（宋）謝枋得撰　（清）張伯行訂　清同治五年(1866)福州正誼書局刻本　一冊

210000－0702－0002523　712.31/2

**曹集銓評十卷**　（三國魏）曹植撰　（清）丁晏纂　清同治十一年(1872)金陵書局刻本　二冊

210000－0702－0002524　712.31/393－1

**徐孝穆全集六卷**　（南朝陳）徐陵撰　（清）吳兆宜箋注　清光緒二年(1876)廣東翰墨園刻本　六冊

210000－0702－0002525　712.31/393－2

**徐孝穆全集六卷**　（南朝陳）徐陵撰　（清）吳兆宜箋注　清善化經濟堂刻本　四冊

210000－0702－0002526　712.31/449－1

**陶淵明集八卷首一卷末一卷**　（晉）陶潛撰　清光緒五年(1879)廣州翰墨園刻朱墨印本　二冊

210000－0702－0002527　712.31/449－2

**陶淵明集十卷**　（晉）陶潛撰　清光緒二年(1876)旌邑李文韓刻本　一冊

210000－0702－0002528　712.31/449－3

**靖節先生集十卷序錄一卷附年譜考異**　（晉）陶潛撰　（清）陶澍集注　清光緒九年(1883)江蘇書局刻本　四冊

210000－0702－0002529　712.31/449－4

**靖節先生集十卷序錄一卷附年譜考異** （晉）
陶潛撰 （清）陶澍集注 清光緒九年(1883)
江蘇書局刻本 四冊

210000－0702－0002530 712.31/475－1
**庚子山集十六卷** （北周）庚信撰 （清）倪璠
註 清光緒二十年(1894)儒雅堂刻本 十
二冊

210000－0702－0002531 712.31/475－2
**庚子山集十六卷** （北周）庚信撰 （清）倪璠
註 清光緒十六年(1890)成都試院刻本 十
二冊

210000－0702－0002532 712.33/390
**庚子山集十六卷** （北周）庚信撰 （清）倪璠
註 清刻本 十二冊

210000－0702－0002533 712.41/21
**王子安集註二十卷首一卷末一卷** （唐）王勃
撰 （清）蔣清翊註 清光緒九年(1883)上海
鑄記書局石印本 十二冊

210000－0702－0002534 712.41/674
**柳文四十三卷別集二卷外集二卷附錄一卷**
（唐）柳宗元撰 （唐）劉禹錫編 清同治七年
(1868)刻本 八冊

210000－0702－0002535 712.41/690
**駱賓王文集十卷** （唐）駱賓王撰 清宣統三
年(1911)上海文瑞樓石印本 二冊

210000－0702－0002536 712.41/722－1
**昌黎先生集四十卷外集十卷遺文一卷** （唐）
韓愈撰 清同治八年(1869)江蘇書局刻本
十冊

210000－0702－0002537 712.41/722－2
**韓集點勘四卷** （清）陳景雲撰 清同治九年
(1870)江蘇書局刻本 一冊

210000－0702－0002538 712.41/722－3
**昌黎先生詩集注十一卷** （唐）韓愈撰 （清）
顧嗣立刪補 清膚德堂刻朱墨印本 四冊

210000－0702－0002539 712.41/722－4
**昌黎先生集四十卷外集十卷遺文一卷韓集點**

**勘四卷** （唐）韓愈撰 清同治八年(1869)江
蘇書局刻本 十一冊

210000－0702－0002540 712.41/722－5
**昌黎先生集四十卷外集十卷遺文一卷韓集點**
**勘四卷** （唐）韓愈撰 清同治八年(1869)江
蘇書局刻本 十一冊

210000－0702－0002541 712.41/722－6
**昌黎先生集四十卷外集十卷遺文一卷韓集點**
**勘四卷** （唐）韓愈撰 清同治八年(1869)江
蘇書局刻本 十一冊

210000－0702－0002542 712.41/722－7
**昌黎先生集四十卷外集十卷遺文一卷韓集點**
**勘四卷** （唐）韓愈撰 清同治八年(1869)江
蘇書局刻本 十一冊

210000－0702－0002543 712.41/722－8
**韓昌黎集四十卷外集十卷遺文一卷遺詩一卷**
（唐）韓愈撰 清光緒二年(1876)初日樓刻
本 八冊

210000－0702－0002544 712.42/79
**白香山詩集四十卷附白香山[白居易]年譜一**
**卷年譜舊本一卷** （唐）白居易撰 （清）汪立
名編訂 清刻本 十冊

210000－0702－0002545 712.42/148－1
**杜詩詳註二十五卷** （唐）杜甫撰 （清）仇兆
鰲輯註 清刻本 四冊 存四卷(四至七)

210000－0702－0002546 712.42/148－2
**杜工部集二十卷首一卷** （唐）杜甫撰 清光
緒十三年(1887)刻本 十冊

210000－0702－0002547 712.42/151
**李義山詩集三卷** （唐）李商隱撰 （清）朱鶴
齡箋註 （清）沈厚塽輯評 清同治九年
(1870)廣州倅署刻三色套印本 四冊

210000－0702－0002548 712.42/970
**香屑集十八卷首一卷末一卷** （清）黄之雋撰
（清）陳邦直注 清宣統二年(1910)上海文
瑞樓石印本 四冊

210000－0702－0002549 712.43/434

唐陸宣公集二十二卷 （唐）陸贄撰 清同治五年（1866）楊氏問竹軒家塾刻本 六冊

210000－0702－0002550 712.43/477－1

樊南文集詳註八卷 （唐）李商隱撰 （清）馮浩重訂 清同治醉六堂刻本 四冊

210000－0702－0002551 712.43/477－2

樊南文集詳註八卷 （唐）李商隱撰 （清）馮浩重訂 清刻本 四冊

210000－0702－0002552 712.5/428

眉山詩案廣證六卷 （清）張鑑撰 清光緒十年（1884）江蘇書局刻本 二冊

210000－0702－0002553 712.5/784

蘇學士文集十六卷 （宋）蘇舜欽撰 清宣統三年（1911）北京龍文閣書局石印本 六冊

210000－0702－0002554 712.51/18

廬陵宋丞相信國公文忠烈先生全集十六卷 （宋）文天祥撰 （清）文有煥等編輯 清道光二十三年（1843）刻本 十六冊

210000－0702－0002555 712.51/21

王臨川全集一百卷目錄二卷 （宋）王安石撰 清光緒九年（1883）刻本 二十冊

210000－0702－0002556 712.51/151

梁谿先生文集一百八十卷附錄一卷 （宋）李綱撰 清刻本 四十冊

210000－0702－0002557 712.51/170－1

增批輯註東萊博議四卷附註釋 （宋）呂祖謙撰 （清）劉鍾英輯注 清光緒三十一年（1905）鉛印本 四冊

210000－0702－0002558 712.51/170－2

增批輯註東萊博議四卷附註釋 （宋）呂祖謙撰 （清）劉鍾英輯注 清光緒三十一年（1905）鉛印本 四冊

210000－0702－0002559 712.51/170－3

增批輯註東萊博議四卷附註釋 （宋）呂祖謙撰 （清）劉鍾英輯注 清光緒三十一年（1905）鉛印本 四冊

210000－0702－0002560 712.51/170－4

東萊博議四卷附增補虛字註釋 （宋）呂祖謙撰 清光緒二十五年（1899）掃葉山房刻本 四冊

210000－0702－0002561 712.51/170－5

增批輯註東萊博議四卷附註釋 （宋）呂祖謙撰 （清）劉鍾英輯注 清光緒二十八年（1902）上海文瑞樓石印本 四冊

210000－0702－0002562 712.51/268

姜白石全集（白石道人詩集二卷集外詩一卷附錄諸賢酬贈詩一卷詩說一卷歌曲四卷歌曲別集一卷續書譜一卷白石詩詞評論一卷評論補遺一卷集事補遺一卷投贈詩詞補遺一卷逸事一卷） （宋）姜夔撰 清宣統二年（1910）掃葉山房石印本 三冊

210000－0702－0002563 712.51/300

宋范文正忠宣二公全集七十三卷 （宋）范仲淹 （宋）范純仁撰 清宣統二年（1910）刻本 十六冊

210000－0702－0002564 712.51/434－1

象山先生文集三十六卷附少湖徐先生學則辯一卷陸梭山家訓一卷 （宋）陸九淵撰 清宣統二年（1910）江左書林石印本 八冊

210000－0702－0002565 712.51/434－2

象山先生文集三十六卷附少湖徐先生學則辯一卷陸梭山家訓一卷 （宋）陸九淵撰 清宣統二年（1910）江左書林石印本 八冊

210000－0702－0002566 712.51/491－1

山谷詩集注二十卷山谷外集詩注十七卷別集二卷 （宋）黃庭堅撰 （宋）史容註 清光緒二十一年至二十五年（1895－1899）刻本 二十冊

210000－0702－0002567 712.51/491－2

山谷詩集注二十卷山谷外集詩注十七卷別集二卷 （宋）黃庭堅撰 （宋）史容註 清光緒二十一年至二十五年（1895－1899）刻本 十五冊 缺九卷（外集詩注一至九）

210000－0702－0002568 712.51/636－1

歐陽文忠公全集一百五十三卷首一卷 （宋）

歐陽修撰　清光緒十九年(1893)澹雅書局刻本　四十冊

210000－0702－0002569　712.51/636－2
**歐陽文忠公全集一百五十三卷**　(宋)歐陽修撰　清刻本　三十二冊

210000－0702－0002570　712.51/636－3
**歐陽文忠公全集一百五十三卷首一卷**　(宋)歐陽修撰　清刻本　三十二冊

210000－0702－0002571　712.51/749
**剡源集三十卷札記一卷**　(元)戴表元撰　(清)郁松年撰札記　清道光二十年(1840)上海郁氏刻本　六冊

210000－0702－0002572　712.51/784－1
**東坡先生全集七十五卷**　(宋)蘇軾撰　清刻本　二十四冊　存三十七卷(十至二十三、三十七至四十八、六十五至七十五)

210000－0702－0002573　712.51/784－2
**東坡集四十卷後集二十卷內制集十卷附樂語一卷外制集三卷應詔集十卷奏議十五卷續集十二卷附東坡先生[蘇軾]年譜一卷又附東坡集校記二卷**　(宋)蘇軾撰　清光緒三十四年至宣統元年(1908－1909)端方寶華庵刻本　四十八冊

210000－0702－0002574　712.51/784－3
**東坡集四十卷後集二十卷內制集十卷附樂語一卷外制集三卷應詔集十卷奏議十五卷續集十二卷附東坡先生[蘇軾]年譜一卷又附東坡集校記二卷**　(宋)蘇軾撰　清光緒三十四年至宣統元年(1908－1909)端方寶華庵刻本　四十八冊

210000－0702－0002575　712.52/21
**蘇文忠公詩編註集成總案四十五卷**　(清)王文誥撰　清光緒十四年(1888)瀟江書局刻本　二十四冊

210000－0702－0002576　712.52/268
**白石道人詩集二卷附詩說一卷歌曲四卷別集一卷續書譜一卷**　(宋)姜夔撰　清同治十年(1871)桂林倪鴻刻本　四冊

210000－0702－0002577　712.52/434－1
**劍南詩鈔不分卷**　(宋)陸游撰　清光緒三十三年(1907)味青齋鉛印本　六冊

210000－0702－0002578　712.52/434－2
**劍南詩鈔不分卷**　(宋)陸游撰　清刻本　八冊

210000－0702－0002579　712.52/491－1
**黃詩全集五十八卷**　(宋)黃庭堅撰　(宋)任淵等注　清光緒二年(1876)刻本　二十二冊

210000－0702－0002580　712.52/491－2
**黃詩全集五十八卷**　(宋)黃庭堅撰　(宋)任淵等注　清樹經堂刻本　二十冊

210000－0702－0002581　712.53/65
**司馬溫公文集十四卷首一卷**　(宋)司馬光撰　(清)張伯行重訂　清光緒七年(1881)刻本　六冊

210000－0702－0002582　712.53/441
**龍川文集三十卷辨偽考異二卷附錄一卷**　(宋)陳亮撰　清光緒元年(1875)湖北崇文書局刻本　十冊

210000－0702－0002583　712.53/527－1
**元豐類稾五十卷首一卷**　(宋)曾鞏撰　清光緒十六年(1890)慈利漁浦書院刻本　十冊

210000－0702－0002584　712.53/527－2
**曾南豐文集四卷**　(宋)曾鞏撰　清宣統二年(1910)上海會文堂書局石印本　二冊

210000－0702－0002585　712.53/562－1
**水心先生文集二十九卷補遺一卷**　(宋)葉適撰　清光緒八年(1882)瑞安孫氏刻本　八冊

210000－0702－0002586　712.53/562－2
**水心先生文集二十九卷補遺一卷附別集十六卷**　(宋)葉適撰　清光緒八年(1882)瑞安孫氏刻本　十六冊

210000－0702－0002587　712.53/749
**戴方合鈔十二卷**　(清)戴名世　(清)方苞撰　清宣統二年(1910)上海國學扶輪社鉛印本　八冊

210000 - 0702 - 0002588    712.53/784

東坡集四十卷後集二十卷內制集十卷附樂語一卷外制集三卷應詔集十卷奏議十五卷續集十二卷附東坡先生[蘇軾]年譜一卷又附東坡集校記二卷    (宋)蘇軾撰    清光緒三十四年至宣統元年(1908-1909)端方寶華庵刻本    四十八冊

210000 - 0702 - 0002589    712.61/359

清容居士集五十卷目錄二卷札記一卷    (元)袁桷撰    (清)郁松年撰札記    清道光二十年(1840)上海郁氏刻宜稼軒叢書本    十六冊

210000 - 0702 - 0002590    712.61/441 - 1

先儒趙子言行錄二卷    (清)陳廷鈞纂述(清)陳廷儒校編    清同治九年(1870)楚北崇文書局刻本    二冊

210000 - 0702 - 0002591    712.61/441 - 2

先儒趙子言行錄二卷    (清)陳廷鈞纂述(清)陳廷儒校編    清同治九年(1870)楚北崇文書局刻本    二冊

210000 - 0702 - 0002592    712.61/570

虞文靖公道園全集詩八卷詩遺稿八卷文四十四卷    (元)虞集撰    清道光鶴溪孫氏刻古棠書屋叢書本    十五冊    存五十六卷(詩八卷、詩遺稿一至四、文四十四卷)

210000 - 0702 - 0002593    712.62/967

湛然居士集十四卷    (元)耶律楚材撰    清光緒二十一年(1895)桐廬袁昶漸西村舍刻本    四冊

210000 - 0702 - 0002594    712.7/756

瞿忠宣公集十卷    (明)瞿式耜撰    清光緒十三年(1887)瞿廷韶刻本    四冊

210000 - 0702 - 0002595    712.71/15

方正學先生遜志齋集二十四卷    (明)方孝孺撰    清同治八年(1869)方永祥刻本    十二冊

210000 - 0702 - 0002596    712.71/21 - 1

陽明先生集要三種十五卷    (明)王守仁撰(明)施邦曜輯    清宣統三年(1911)上海明明學社鉛印本    四冊

210000 - 0702 - 0002597    712.71/21 - 2

王文成公全書三十八卷    (明)王守仁撰    清刻本    二十四冊

210000 - 0702 - 0002598    712.71/122

宋學士全集三十二卷附錄二卷補遺八卷    (明)宋濂撰    清同治十三年(1874)胡鳳丹退補齋刻本    三十二冊

210000 - 0702 - 0002599    712.71/311 - 1

壯悔堂文集十卷遺稿一卷四憶堂詩集六卷    (清)侯方域撰    清宣統元年(1909)上海中國圖書公司鉛印本    四冊

210000 - 0702 - 0002600    712.71/311 - 2

壯悔堂文集十卷遺稿一卷四憶堂詩集六卷    (清)侯方域撰    清宣統元年(1909)上海中國圖書公司鉛印本    四冊

210000 - 0702 - 0002601    712.71/346

懷星堂全集三十卷    (明)祝允明撰    清宣統二年(1910)中國書畫會石印本    八冊

210000 - 0702 - 0002602    712.71/359 - 1

瓶花齋集十卷    (明)袁宏道撰    清宣統三年(1911)抱殘守缺齋石印本    四冊

210000 - 0702 - 0002603    712.71/359 - 2

瓶花齋集十卷    (明)袁宏道撰    清宣統三年(1911)抱殘守缺齋石印本    四冊

210000 - 0702 - 0002604    712.71/390

倪文僖公集三十二卷補遺一卷    (明)倪謙撰    清光緒二十六年(1900)錢塘丁氏刻本    六冊

210000 - 0702 - 0002605    712.71/393 - 1

青藤書屋文集三十卷    (明)徐渭撰    清宣統三年(1911)石印本    八冊

210000 - 0702 - 0002606    712.71/393 - 2

青藤書屋文集三十卷    (明)徐渭撰    清宣統三年(1911)石印本    八冊

210000 - 0702 - 0002607    712.71/428 - 1

張忠敏公遺集十卷首一卷附錄六卷    (明)張國維撰    清光緒五年(1879)江蘇書局刻本

六冊

210000－0702－0002608　712.71/428－2

**張忠敏公遺集十卷首一卷附錄六卷**　（明）張
國維撰　清光緒五年(1879)江蘇書局刻本
六冊

210000－0702－0002609　712.71/428－3

**明張文忠公文集十一卷詩集六卷**　（明）張居
正撰　清宣統三年(1911)醉古堂石印本
四冊

210000－0702－0002610　712.71/428－4

**奏議初編十二卷**　（清）張之洞撰　清光緒二
十七年(1901)上海圖書集成印書局鉛印本
六冊

210000－0702－0002611　712.71/428－5

**楊園先生全集五十四卷附錄二卷**　（清）張履
祥撰　（清）姚璉輯　（清）萬斛泉編次　清同
治十年(1871)江蘇書局刻本　十六冊

210000－0702－0002612　712.71/428－6

**楊園先生全集五十四卷附錄二卷**　（清）張履
祥撰　（清）姚璉輯　（清）萬斛泉編次　清同
治十年(1871)江蘇書局刻本　十六冊

210000－0702－0002613　712.71/491

**陶菴集二十二卷首一卷末一卷**　（明）黃淳燿
撰　清光緒五年(1879)上海時中書局刻本
八冊

210000－0702－0002614　712.71/759－1

**震川先生集三十卷別集十卷**　（明）歸有光撰
　清光緒六年(1880)常熟歸氏刻本　二十冊

210000－0702－0002615　712.71/759－2

**震川先生集三十卷別集十卷**　（明）歸有光撰
　清光緒六年(1880)常熟歸氏刻本　十六冊

210000－0702－0002616　712.72/21

**嶺南三大家詩選二十四卷**　（清）王隼選　清
道光十九年(1839)刻本　六冊

210000－0702－0002617　712.72/151

**滄溟先生集十四卷附錄一卷**　（明）李攀龍撰
　清光緒二十一年(1895)長沙張氏湘雨樓刻

本　四冊

210000－0702－0002618　712.72/228

**翁山詩外二十卷**　（清）屈大均撰　（清）屈明
洪編　清宣統二年(1910)上海國學扶輪社鉛
印本　十二冊

210000－0702－0002619　712.72/396

**素蘭集二卷補遺一卷**　（明）翁孺安撰　清光
緒鉛印佚叢甲集本　一冊

210000－0702－0002620　712.72/535

**松園浪淘集十八卷偈庵集二卷**　（明）程嘉燧
撰　清宣統風雨樓鉛印本　六冊

210000－0702－0002621　712.72/661

**少谷詩集八卷附青墅詩鈔一卷**　（明）鄭善夫
撰　（清）鄭大謨撰附錄　清咸豐三年(1853)
鄭尊仁刻本　五冊

210000－0702－0002622　712.73/164－1

**梅村集二十卷**　（清）吳偉業撰　清宣統二年
(1910)上海國學昌明社石印本　六冊

210000－0702－0002623　712.73/164－2

**柈湖文集十二卷**　（清）吳敏樹撰　清光緒十
九年(1893)思賢講舍刻本　四冊

210000－0702－0002624　712.73/170

**呂新吾先生去偽齋文集十卷**　（明）呂坤撰
清刻本　十冊

210000－0702－0002625　712.73/337

**重刊校正唐荊川先生文集十二卷外集三卷補
遺五卷**　（明）唐順之撰　清光緒三十年
(1904)江南書局刻本　十冊

210000－0702－0002626　712.73/441

**陳臥子先生安雅堂稿十五卷**　（明）陳子龍撰
　清宣統元年(1909)上海時中書局鉛印本
六冊

210000－0702－0002627　712.73/491

**黃漳浦集五十卷首一卷目錄二卷年譜二卷**
（明）黃道周撰　（清）陳壽祺輯　清光緒至宣
統鉛印本　十六冊

210000－0702－0002628　712.73/592

堵文忠公集十卷　（明）堵允錫撰　清道光二十八年(1848)刻本　六冊

210000－0702－0002629　712.73/674－1
太師誠意伯劉文成公集二十卷首一卷　（明）劉基撰　清光緒二十六年(1900)浙江書局刻本　十冊

210000－0702－0002630　712.73/674－2
太師誠意伯劉文成公集二十卷首一卷　（明）劉基撰　清光緒二十六年(1900)浙江書局刻本　十冊

210000－0702－0002631　712.73/674－3
太師誠意伯劉文成公集二十卷首一卷　（明）劉基撰　清光緒元年(1875)刻本　十六冊

210000－0702－0002632　712.81/21－1
白田草堂存稿二十四卷附錄一卷　（清）王懋竑撰　清乾隆刻本　六冊

210000－0702－0002633　712.81/21－2
百柱堂全集五十二卷首一卷　（清）王柏心撰　清光緒十九年(1893)監利王氏刻本　二十冊

210000－0702－0002634　712.81/21－3
湘綺樓全集三十卷　王闓運撰　清宣統二年(1910)上海國學扶輪社石印本　十二冊

210000－0702－0002635　712.81/33
西堂全集十六種附一種六卷　（清）尤侗撰　清刻本　二十四冊

210000－0702－0002636　712.81/35
心白日齋集六卷　（清）尹耕雲撰　清光緒二十一年(1895)刻本　四冊

210000－0702－0002637　712.81/61－1
左文襄公文集五卷附詩集一卷聯語一卷　（清）左宗棠撰　清光緒十八年(1892)上海廣益書局石印本　四冊

210000－0702－0002638　712.81/61－2
左文襄公文集五卷附詩集一卷聯語一卷　（清）左宗棠撰　清光緒十八年(1892)上海廣益書局石印本　四冊

210000－0702－0002639　712.81/61－3
左文襄公全集一百三十一卷　（清）左宗棠撰　清光緒二十七年(1901)刻本　六十四冊

210000－0702－0002640　712.81/84
江忠烈公遺集不分卷　（清）江忠源撰　清光緒十二年(1886)吳縣朱氏槐廬刻本　八冊

210000－0702－0002641　712.81/98
曝書亭集八十卷附錄一卷笛漁小稿十卷　（清）朱彝尊撰　（清）朱昆田撰笛漁小稿　清刻本　十六冊

210000－0702－0002642　712.81/151
笠翁一家言全集十六卷　（清）李漁撰　清刻本　十六冊

210000－0702－0002643　712.81/164－1
梅村詩集箋注十八卷　（清）吳偉業撰　（清）吳翌鳳箋注　清光緒十年(1884)湖北官書處刻本　十二冊

210000－0702－0002644　712.81/164－2
桐城吳先生文集四卷詩集一卷　（清）吳汝綸撰　清光緒三十年(1904)桐城吳氏刻本　五冊

210000－0702－0002645　712.81/164－3
桐城吳先生文集四卷詩集一卷　（清）吳汝綸撰　清光緒三十年(1904)桐城吳氏刻本　五冊

210000－0702－0002646　712.81/164－4
桐城吳先生文集四卷詩集一卷　（清）吳汝綸撰　清光緒三十年(1904)桐城吳氏刻本　五冊

210000－0702－0002647　712.81/210
道古堂文集四十八卷詩集二十六卷外文一卷外詩一卷軼事一卷　（清）杭世駿撰　清光緒十四年(1888)泉唐汪氏振綺堂刻本　十六冊

210000－0702－0002648　712.81/242
棕亭古文鈔詩鈔十八卷詞鈔七卷　（清）金兆燕撰　清道光十六年(1836)刻本　十冊

210000－0702－0002649　712.81/248－1

**思益堂集詩鈔六卷古文二卷詞鈔一卷日札十卷**　（清）周壽昌撰　清光緒十四年(1888)刻本　六冊

210000－0702－0002650　712.81/248－2

**思益堂集詩鈔六卷古文二卷詞鈔一卷日札十卷**　（清）周壽昌撰　清光緒十四年(1888)刻本　六冊

210000－0702－0002651　712.81/271

**石笥山房文集六卷補遺一卷詩集十二卷補遺二卷續補遺二卷**　（清）胡天游撰　清宣統二年(1910)上海國學扶輪社石印本　十冊

210000－0702－0002652　712.81/316－1

**惜抱軒全集十種**　（清）姚鼐撰　清同治五年(1866)省心閣刻本　十六冊

210000－0702－0002653　712.81/316－2

**惜抱軒全集十種**　（清）姚鼐撰　清光緒三十三年(1907)上海校經山房刻本　十六冊

210000－0702－0002654　712.81/359－1

**隨園全集四十四種**　（清）袁枚撰輯　清末至民國上海校經山房成記書局石印本　四十冊　存十四種(小倉山房文集、小倉山房詩集、小倉山房外集、袁太史稿、隨園尺牘、隨園詩話、詩話補遺、隨園隨筆、新齊諧、續新齊諧、隨園食單、碧腴齋詩存、續同人集、女弟子詩)

210000－0702－0002655　712.81/359－2

**隨園四十種**　（清）袁枚撰輯　清末至民國石印本　五十冊

210000－0702－0002656　712.81/359－3

**隨園三十八種**　（清）袁枚撰輯　清光緒十八年(1892)著易堂鉛印本　四十冊

210000－0702－0002657　712.81/359－4

**隨園三十八種**　（清）袁枚撰輯　清光緒十八年(1892)著易堂鉛印本　三十冊　存十四種(小倉山房文集、小倉山房詩集、小倉山房外集、袁太史稿、隨園尺牘、牘外餘言、隨園詩話、詩話補遺、隨園隨筆、新齊諧、續新齊諧、隨園食單、續同人集、隨園八十壽言)

210000－0702－0002658　712.81/375

**紀文達公遺集文十六卷詩十六卷**　（清）紀昀撰　（清）紀樹馨編　清嘉慶十七年(1812)紀氏刻本　十冊

210000－0702－0002659　712.81/393

**一規八棱硯齋集詩鈔六卷詞鈔一卷文鈔一卷時文一卷**　（清）徐廷華撰　清光緒九年(1883)武昌寓齋刻本　四冊

210000－0702－0002660　712.81/412

**雲臥山莊別集五卷**　（清）郭崑燾撰　清光緒十年(1884)湘陰郭氏岵瞻堂刻本　二冊

210000－0702－0002661　712.81/423

**柏梘山房文集十六卷續集一卷柏梘山房駢體文二卷柏梘山房詩集十卷續集二卷**　（清）梅曾亮撰　清光緒二十七年(1901)鉛印本　十二冊

210000－0702－0002662　712.81/434

**切問齋集十二卷首一卷**　（清）陸燿撰　清光緒十八年(1892)江蘇書局刻本　四冊

210000－0702－0002663　712.81/476

**甌香館集十二卷首一卷末一卷補遺詩一卷補遺畫跋一卷**　（清）惲格撰　（清）蔣光煦輯　清光緒七年(1881)刻本　四冊

210000－0702－0002664　712.81/525

**雕菰集二十四卷附錄二卷**　（清）焦循撰　清道光四年(1824)阮福嶺南節署刻本　八冊

210000－0702－0002665　712.81/527－1

**曾文正公[曾國藩]年譜十二卷**　（清）黎庶昌編　（清）李瀚章審訂　清光緒二年(1876)傳忠書局刻本　六冊

210000－0702－0002666　712.81/527－2

**孟子要略五卷**　（宋）朱熹撰　清同治十三年(1874)傳忠書局刻本　一冊

210000－0702－0002667　712.81/527－3

**曾惠敏公全集十七卷**　（清）曾紀澤撰　清光緒二十年(1894)上海石印本　四冊

210000－0702－0002668　712.81/527－4

曾惠敏公全集十七卷　（清）曾紀澤撰　清光
緒二十年(1894)上海石印本　四冊

210000－0702－0002669　712.81/527－5
曾惠敏公全集十七卷　（清）曾紀澤撰　清光
緒二十年(1894)上海石印本　四冊

210000－0702－0002670　712.81/556
心止居集文集二卷詩集四卷　（清）楊夢符撰
　清嘉慶十四年(1809)刻本　四冊

210000－0702－0002671　712.81/588
寶綸堂外集十二卷　（清）齊召南撰　清宣統
三年(1911)掃葉山房石印本　二冊

210000－0702－0002672　712.81/598－1
趙裘萼公賸藳四卷　（清）趙熊詔撰　（清）趙
侗敦編　清光緒二十三年(1897)浙江書局刻
本　二冊

210000－0702－0002673　712.81/598－2
趙裘萼公賸藳四卷　（清）趙熊詔撰　（清）趙
侗敦編　清光緒二十三年(1897)浙江書局刻
本　二冊

210000－0702－0002674　712.81/598－3
趙恭毅公賸藳八卷　（清）趙申喬撰　（清）趙
侗敦編　清光緒十八年(1892)浙江書局刻本
　四冊

210000－0702－0002675　712.81/598－4
讀書堂綵衣全集四十六卷　（清）趙士麟撰
清光緒十九年(1893)浙江書局刻本　十二冊

210000－0702－0002676　712.81/598－5
讀書堂綵衣全集四十六卷　（清）趙士麟撰
清光緒十九年(1893)浙江書局刻本　十二冊

210000－0702－0002677　712.81/598－6
趙甌北全集七種　（清）趙翼撰　清宣統元年
(1909)成都官書局刻本　六十冊

210000－0702－0002678　712.81/598－7
甌北全集七種　（清）趙翼撰　清乾隆至嘉慶
刻本　六十四冊

210000－0702－0002679　712.81/644
樊榭山房集十卷續集十卷文集八卷集外詩三

卷集外詞四卷集外曲一卷集外詩詞文三卷挽
詞銘記軼事一卷　（清）厲鶚撰　清光緒十年
(1884)汪氏振綺堂刻本　十冊

210000－0702－0002680　712.81/661
板橋集六卷　（清）鄭燮撰　清同治七年
(1868)刻本　四冊

210000－0702－0002681　712.81/705－1
初學集一百十卷　（清）錢謙益撰　（清）錢曾
箋註　清宣統二年(1910)邃漢齋鉛印本　十
六冊　存六十四卷(一至六十四)

210000－0702－0002682　712.81/705－2
錢南園先生遺集五卷　（清）錢灃撰　清同治
十一年(1872)刻本　二冊

210000－0702－0002683　712.81/722－1
義門先生集十二卷附錄一卷　（清）何焯撰
（清）韓崇等輯　清宣統三年(1911)中華圖書
館影印本　四冊

210000－0702－0002684　712.81/722－2
義門先生集十二卷附錄一卷　（清）何焯撰
（清）韓崇等輯　清宣統三年(1911)中華圖書
館影印本　四冊

210000－0702－0002685　712.81/775－1
羅忠節公遺集六種十五卷年譜二卷　（清）羅
澤南撰　清咸豐至同治長沙刻本　八冊

210000－0702－0002686　712.81/775－2
綠漪草堂文集三十卷首一卷詩集二十卷首一
卷外集二卷首一卷　（清）羅汝懷撰　清光緒
九年(1883)羅氏湖南刻本　十五冊

210000－0702－0002687　712.81/968
養正書屋全集定本四十卷目錄四卷　（清）宣
宗旻寧撰　清道光二年(1822)內府刻本　二
十四冊

210000－0702－0002688　712.81/977
御製文集十卷詩集六卷　（清）穆宗載淳撰
清光緒內府刻本　八冊

210000－0702－0002689　712.82/21－1
雲海樓詩稿四卷　（清）王治模撰　清光緒元

年(1875)湖南荷池書局刻本　二冊

210000－0702－0002690　712.82/21－2

漁洋山人古詩選二十六卷　（清）王士禛選
清同治七年(1868)湘鄉曾氏刻本　八冊

210000－0702－0002691　712.82/21－3

漁洋山人古詩選三十二卷　（清）王士禛選
清同治五年(1866)金陵書局刻本　八冊

210000－0702－0002692　712.82/21－4

漁洋山人精華錄訓纂十卷總目二卷年譜二卷
附錄一卷補十卷首一卷　（清）王士禛撰
（清）惠棟訓纂　清光緒十七年(1891)會稽徐
氏述史樓刻本　十六冊

210000－0702－0002693　712.82/21－5

漁洋山人精華錄訓纂十卷總目二卷年譜二卷
附錄一卷補十卷首一卷　（清）王士禛撰
（清）惠棟訓纂　清光緒十七年(1891)會稽徐
氏述史樓刻本　十六冊

210000－0702－0002694　712.82/21－6

漁洋山人精華錄訓纂十卷總目二卷年譜二卷
附錄一卷補十卷首一卷　（清）王士禛撰
（清）惠棟訓纂　清光緒十七年(1891)會稽徐
氏述史樓刻本　十六冊

210000－0702－0002695　712.82/52

西垣詩鈔二卷西垣黔苗竹枝詞一卷　（清）毛
貴銘撰　清光緒十年(1884)長沙王氏刻本
一冊

210000－0702－0002696　712.82/73

修筠閣詩草八卷　（清）史致康撰　清同治二
年(1863)宛平史氏俯青堂刻本　八冊

210000－0702－0002697　712.82/135－1

汪氏家集四種十卷　（清）汪佩珩輯　清光緒
二十一年(1895)上洋飛鴻閣書林石印本
七冊

210000－0702－0002698　712.82/135－2

松聲池館詩存四卷　（清）汪璐撰　清光緒十
五年(1889)泉唐振綺堂刻本　一冊

210000－0702－0002699　712.82/135－3

松聲池館詩存四卷　（清）汪璐撰　清光緒十
五年(1889)泉唐振綺堂刻本　一冊

210000－0702－0002700　712.82/151－1

居易草堂詩集三卷　（清）李發甲撰　清同治
九年(1870)湖南撫署刻本　二冊

210000－0702－0002701　712.82/151－2

龍川先生詩鈔一卷　（清）李晴峰撰　清光緒
三十三年(1907)南滅草堂鉛印本　一冊

210000－0702－0002702　712.82/151－3

越縵堂集十卷　（清）李慈銘撰　清光緒十六
年(1890)刻本　六冊

210000－0702－0002703　712.82/151－4

越縵堂集十卷　（清）李慈銘撰　清光緒十六
年(1890)刻本　六冊

210000－0702－0002704　712.82/164

吳摯甫詩集不分卷　（清）吳汝綸撰　清宣統
二年(1910)上海國學扶輪社石印本　一冊

210000－0702－0002705　712.82/219

埽葉亭詠史詩四卷　（清）來秀撰　清同治埽
葉亭刻本　四冊

210000－0702－0002706　712.82/242

冬心先生集四卷　（清）金農撰　清宣統二年
(1910)石印本　四冊

210000－0702－0002707　712.82/265

施愚山全集九十六卷　（清）施閏章撰　清宣
統二年至三年(1910－1911)上海國學扶輪社
石印本　二十冊

210000－0702－0002708　712.82/316

閒靜齋詩稿分鈔附續閒靜齋詩稿分鈔　姚春
麟撰　清光緒三十四年至宣統元年(1908－
1909)鉛印本　二冊

210000－0702－0002709　712.82/332

味和堂詩集六卷　（清）高其倬撰　（清）高恪
　（清）高愿編　清刻本　二冊

210000－0702－0002710　712.82/428

陶園全集三十六卷　（清）張九鉞撰　清道光
二十三年(1843)刻本　十二冊

210000－0702－0002711　712.82/434

鐵園集不分卷　（清）陸璣撰　清道光刻本
二冊

210000－0702－0002712　712.82/441－1

隰樊詩鈔四卷　（清）陳鍾祥撰　清刻本
一冊

210000－0702－0002713　712.82/441－2

碧城僊館詩鈔十卷附岱游集一卷　（清）陳文
述撰　清宣統三年(1911)鉛印本　五冊

210000－0702－0002714　712.82/441－3

碧城僊館詩鈔十卷附岱游集一卷　（清）陳文
述撰　清宣統三年(1911)國學扶輪社鉛印本
五冊

210000－0702－0002715　712.82/460－1

曝書亭刪餘詞一卷曝書亭詞手稿原目一卷校
勘記一卷　（清）朱彝尊撰　清光緒二十九年
(1903)長沙葉氏刻本　一冊

210000－0702－0002716　712.82/460－2

金陵百詠一卷　（宋）曾極撰　清光緒二十九
年(1903)長沙葉氏刻本　一冊

210000－0702－0002717　712.82/460－3

嘉禾百詠一卷　（宋）張堯同撰　清光緒二十
九年(1903)長沙葉氏刻本　與210000－0702
－0002716合冊

210000－0702－0002718　712.82/491－1

兩當軒集二十二卷附錄四卷攷異二卷　（清）
黃景仁撰　清光緒二年(1876)武進黃氏家塾
刻本　六冊

210000－0702－0002719　712.82/491－2

思貽堂詩集十二卷　（清）黃文琛撰　清咸豐
元年(1851)刻本　四冊

210000－0702－0002720　712.82/550－1

遼夢草不分卷附遼夢草續　雷飛鵬撰　清宣
統二年(1910)鉛印本　二冊

210000－0702－0002721　712.82/550－2

日本明治維新小史雜事詩一卷　雷飛鵬撰
清光緒三十四年(1908)鉛印本　一冊

210000－0702－0002722　712.82/553

吳詩集覽二十卷補注二十卷談藪二卷拾遺一
卷　（清）吳偉業撰　（清）靳榮藩輯注　清刻
本　十二冊

210000－0702－0002723　712.82/636

澗東詩鈔二卷　（清）歐陽輅撰　清光緒十五
年(1889)長沙王氏刻本　一冊

210000－0702－0002724　712.82/644

樊榭山房集外詩三卷外詞四卷外曲二卷
（清）厲鶚撰　清刻本　一冊

210000－0702－0002725　712.82/645

二鄧先生詩合鈔二卷　（清）鄧輔綸　（清）鄧
繹撰　清宣統二年(1910)雷飛鵬鉛印本
一冊

210000－0702－0002726　712.82/674

尚絅堂詩集五十二卷詞集二卷駢體文二卷
（清）劉嗣綰撰　清同治八年(1869)刻本
十冊

210000－0702－0002727　712.82/705

初學集一百十卷　（清）錢謙益撰　（清）錢曾
箋註　清宣統二年(1910)遼漢齋鉛印本　二
十四冊

210000－0702－0002728　712.82/761

潛園丙午集八卷　魏元曠撰　清光緒三十四
年(1908)沈陽鉛印本　二冊

210000－0702－0002729　712.82/966－1

袁忠節公遺詩三卷　（清）袁昶撰　清宣統元
年(1909)上海中國圖書公司鉛印本　一冊

210000－0702－0002730　712.82/966－2

袁忠節公遺詩三卷　（清）袁昶撰　清宣統元
年(1909)上海中國圖書公司鉛印本　一冊

210000－0702－0002731　712.82/969

御製詩初集二十四卷目錄四卷　（清）宣宗旻
寧撰　（清）曹振鏞編　清道光九年(1829)內
府刻本　十六冊

210000－0702－0002732　712.82/970－1

西湖秋柳詞一卷　（清）楊鳳苞撰　（清）楊知

新注　清光緒武林丁氏刻本　一冊

210000－0702－0002733　712.82/970－2

**西泠仙詠三卷**　（清）圓嶠真逸撰　清光緒八年(1882)西泠丁氏翠螺仙館刻本　三冊

210000－0702－0002734　712.82/971－1

**御製文餘集六卷**　（清）宣宗旻寧撰　清道光刻本　二冊

210000－0702－0002735　712.82/971－2

**御製詩餘集十二卷**　（清）宣宗旻寧撰　清道光刻本　四冊

210000－0702－0002736　712.82/971－3

**抱沖齋詩集三十六卷附眠琴僊館詞一卷**　(清)斌良撰　清光緒五年(1879)長白崇福刻本　十二冊

210000－0702－0002737　712.82/974－1

**御製文集二卷**　（清）仁宗顒琰撰　清道光刻本　二冊

210000－0702－0002738　712.82/974－2

**御製詩集八卷**　（清）仁宗顒琰撰　清道光刻本　二冊

210000－0702－0002739　712.82/974－3

**御製詩初集四十八卷目錄六卷**　（清）仁宗顒琰撰　（清）慶桂等編　清嘉慶八年(1803)武英殿刻本　三十冊

210000－0702－0002740　712.83/15－1

**望溪先生全集文集十八卷集外文十卷集外文補遺二卷年譜二卷**　（清）方苞撰　清咸豐刻本　十四冊

210000－0702－0002741　712.83/15－2

**望溪先生全集文集十八卷集外文十卷集外文補遺二卷年譜二卷**　（清）方苞撰　清咸豐刻本　十六冊

210000－0702－0002742　712.83/21－1

**平養堂文編十卷**　王龍文撰　清宣統三年(1911)思賢書局刻本　四冊

210000－0702－0002743　712.83/21－2

**虛受堂文集十六卷**　王先謙撰　清宣統二年

(1910)上海國學書社石印本　六冊

210000－0702－0002744　712.83/21－3

**虛受堂文集十六卷**　王先謙撰　清宣統二年(1910)上海國學書社石印本　六冊

210000－0702－0002745　712.83/52

**毛西河先生全集二集一百十七種**　（清）毛奇齡撰　清嘉慶元年(1796)刻本　八十冊

210000－0702－0002746　712.83/62－1

**增訂袁文箋正四卷**　（清）袁枚撰　（清）魏大緒注　清光緒十四年(1888)上海蜚英館石印本　一冊

210000－0702－0002747　712.83/62－2

**袁文箋正十六卷補注一卷**　（清）袁枚撰（清）石韞玉箋　清光緒十四年(1888)上海蜚英館石印本　四冊

210000－0702－0002748　712.83/62－3

**袁文箋正十六卷補注一卷**　（清）袁枚撰（清）石韞玉箋　清嘉慶十七年(1812)刻本　十冊

210000－0702－0002749　712.83/117－1

**鮚埼亭集三十八卷首一卷外編五十卷全謝山先生經史問答十卷**　（清）全祖望撰　清同治十一年(1872)刻本　二十四冊

210000－0702－0002750　712.83/117－2

**全謝山文鈔十六卷**　（清）全祖望撰　清宣統二年(1910)上海國學扶輪社鉛印本　八冊

210000－0702－0002751　712.83/122

**安雅堂文集二卷附安雅堂詩**　（清）宋琬撰清刻本　五冊

210000－0702－0002752　712.83/135

**鈍翁文集十六卷**　（清）汪琬撰　清宣統二年(1910)上海國學扶輪社石印本　八冊

210000－0702－0002753　712.83/151－1

**養一齋文集二十卷**　（清）李兆洛撰　清光緒四年(1878)刻本　十冊

210000－0702－0002754　712.83/151－2

**二曲全集二十六卷四書反身錄八卷首一卷**

（清）李顒撰　清咸豐湘陰奎樓蔣氏小嫏嬛山館刻本　十冊

210000－0702－0002755　712.83/151－3
晼蘭齋文集四卷　（清）李槇撰　清光緒十八年(1892)刻本　二冊

210000－0702－0002756　712.83/151－4
西園詩鈔五卷西園外集二卷　（清）李卿穀撰　清道光二十二年(1842)刻本　二冊

210000－0702－0002757　712.83/164－1
吳摯甫文集四卷附鈔深州風土記四篇　（清）吳汝綸撰　清宣統元年(1909)上海國學扶輪社石印本　四冊

210000－0702－0002758　712.83/164－2
吳學士文集四卷詩集五卷　（清）吳鼐撰（清）梁肇煌（清）薛時雨編訂　清光緒八年(1882)江寧藩署刻本　六冊

210000－0702－0002759　712.83/178
東洲草堂文鈔二十卷附眠琴閣遺文一卷眠琴閣遺詩一卷浣月樓遺詩一卷　（清）何紹基撰　清光緒刻本　六冊

210000－0702－0002760　712.83/248－1
張百川先生塾課注釋八卷　（清）張江撰（清）周汝調編（清）陳觀民注　清道光元年(1821)金閶三槐堂刻本　六冊

210000－0702－0002761　712.83/248－2
春酒堂文集一卷　（清）周容撰　清宣統二年(1910)上海國學扶輪社鉛印本　一冊

210000－0702－0002762　712.83/260
洪北江文集四卷　（清）洪亮吉撰　清宣統二年(1910)上海國學扶輪社鉛印本　二冊

210000－0702－0002763　712.83/271－1
胡文忠公遺集八十六卷首一卷　（清）胡林翼撰（清）曾國荃（清）鄭敦謹輯（清）胡鳳丹重編　清光緒元年(1875)湖北崇文書局刻本　三十二冊

210000－0702－0002764　712.83/271－2
胡文忠公遺集十卷首一卷　（清）胡林翼撰

清同治五年(1866)刻本　八冊

210000－0702－0002765　712.83/271－3
胡文忠公遺集八十六卷首一卷　（清）胡林翼撰（清）曾國荃（清）鄭敦謹輯（清）胡鳳丹重編　清光緒十四年(1888)上海著易堂鉛印本　八冊

210000－0702－0002766　712.83/271－4
石笥山房文集五卷補遺一卷　（清）胡天游撰　清宣統元年(1909)上海國學扶輪社鉛印本　四冊

210000－0702－0002767　712.83/320－1
紀文達公遺集十六卷　（清）紀昀撰（清）紀樹馨編　清宣統二年(1910)上海保粹樓石印本　八冊

210000－0702－0002768　712.83/320－2
紀慎齋先生全集十一種續七種　（清）紀大奎撰　清嘉慶至咸豐刻本　二十八冊　存十一種(雙桂堂易說二卷,雙桂堂稿十卷、續編九卷,雙桂堂時文稿一卷、附錄一卷,古律經傳附考五卷,老子約說四卷,地理末學六卷,筆算便覽五卷,薛文清公讀書錄鈔一卷、讀書續錄鈔一卷,甄峯遺稿二卷,敬義堂家訓三卷,課子遺編一卷)

210000－0702－0002769　712.83/359
五松園文稿一卷　（清）孫星衍撰　清光緒刻本　一冊

210000－0702－0002770　712.83/375
孫淵如先生全集二種二十三卷　（清）孫星衍撰　清光緒二十年(1894)湖南思賢書局刻本　十冊

210000－0702－0002771　712.83/402－1
庭立記聞四卷　（清）梁學昌輯　清嘉慶十七年(1812)刻本　二冊

210000－0702－0002772　712.83/402－2
清白士集二十八卷　（清）梁玉繩撰　清嘉慶刻本　十四冊

210000－0702－0002773　712.83/402－3

清白士集二十八卷附庭立記聞四卷　（清）梁玉繩撰　（清）梁學昌輯　清嘉慶五年至十七年(1800－1812)刻本　十六冊

210000－0702－0002774　712.83/402－4

飲冰室文集十六卷補遺二卷　梁啟超撰　清光緒二十八年(1902)廣智書局鉛印本　十八冊

210000－0702－0002775　712.83/423

精刊梅伯言文集十六卷續集一卷駢體文二卷詩集十卷續集二卷　（清）梅曾亮撰　清宣統二年至三年(1910－1911)上海國學扶輪社石印本　八冊

210000－0702－0002776　712.83/428－1

茗柯文編四編　（清）張惠言撰　（清）董士錫編　清光緒七年(1881)刻本　二冊

210000－0702－0002777　712.83/428－2

西廬文集四卷補錄一卷　（清）張雋撰　國學扶輪社校輯　清宣統二年(1910)上海國學扶輪社鉛印本　二冊

210000－0702－0002778　712.83/428－3

西廬文集四卷補錄一卷　（清）張雋撰　國學扶輪社校輯　清宣統二年(1910)上海國學扶輪社鉛印本　二冊

210000－0702－0002779　712.83/428－4

濂亭文集八卷　（清）張裕釗撰　清宣統元年(1909)掃葉山房石印本　二冊

210000－0702－0002780　712.83/428－5

茗柯全集　（清）張惠言撰　清道光元年(1821)合河康氏刻本　十六冊

210000－0702－0002781　712.83/433

求益齋全集五種　（清）強汝詢撰　清光緒二十四年(1898)江蘇書局刻本　六冊

210000－0702－0002782　712.83/434－1

三魚堂文集十二卷外集六卷附錄二卷　（清）陸隴其撰　清刻本　八冊

210000－0702－0002783　712.83/434－2

存我軒偶錄不分卷　陸鍾渭撰　清光緒二十

七年(1901)文彙書局鉛印本　一冊　存一冊（下）

210000－0702－0002784　712.83/434－3

存我軒偶錄不分卷　陸鍾渭撰　清光緒二十七年(1901)文彙書局鉛印本　二冊

210000－0702－0002785　712.83/454

虛一齋集五卷　（清）莊培因撰　清光緒九年(1883)刻本　二冊

210000－0702－0002786　712.83/476

大雲山房文稿初集四卷二集四卷　（清）惲敬撰　清光緒十四年(1888)官書處刻本　八冊

210000－0702－0002787　712.83/477

顯志堂稿十二卷　（清）馮桂芬撰　清光緒二年(1876)校邠廬刻本　四冊

210000－0702－0002788　712.83/491

黃梨洲先生遺書十種　（清）黃宗羲撰　清光緒石印本　十二冊

210000－0702－0002789　712.83/527－1

曾忠襄公全集四種附二種　（清）曾國荃撰　清光緒二十九年(1903)刻本　六十四冊

210000－0702－0002790　712.83/527－2

曾文正公全集十七種　（清）曾國藩撰　清光緒二十九年(1903)鴻寶書局石印本　四十七冊　缺四卷(書札一至四)

210000－0702－0002791　712.83/527－3

曾文正公全集　（清）曾國藩撰　清同治至光緒傳忠書局刻本　一百二十冊

210000－0702－0002792　712.83/527－4

曾文正公全集　（清）曾國藩撰　清同治至光緒傳忠書局刻本　一百二十冊

210000－0702－0002793　712.83/527－5

曾文正公全集　（清）曾國藩撰　清同治至光緒傳忠書局刻本　一百二十冊

210000－0702－0002794　712.83/527－6

曾忠襄公全書　（清）曾國荃撰　（清）蕭榮爵編　清光緒二十九年(1903)刻本　四十八冊

210000－0702－0002795　712.83/556

移芝室全集　（清）楊彝珍撰　清光緒二十二年(1896)刻本　十冊

210000－0702－0002796　712.83/608

聊齋文集二卷　（清）蒲松齡撰　清宣統三年(1911)上海國學扶輪社鉛印本　二冊

210000－0702－0002797　712.83/705－1

述古堂文集十二卷　（清）錢兆鵬撰　清光緒七年(1881)刻本　四冊

210000－0702－0002798　712.83/705－2

述古堂文集十二卷　（清）錢兆鵬撰　清光緒七年(1881)刻本　四冊

210000－0702－0002799　712.83/717

謝梅莊先生遺集八卷附西北域記　（清）謝濟世撰　清光緒三十四年(1908)鉛印本　二冊

210000－0702－0002800　712.83/731－1

庸庵文編四卷續編二卷外編四卷海外文編四卷　（清）薛福成撰　清光緒二十三年(1897)上海醉六堂石印本　八冊

210000－0702－0002801　712.83/731－2

庸盦文別集六卷　（清）薛福成撰　清光緒二十九年(1903)石印本　六冊

210000－0702－0002802　712.83/749－1

戴方合鈔十二卷　（清）戴名世　（清）方苞撰　清宣統二年(1910)上海國學扶輪社鉛印本　八冊

210000－0702－0002803　712.83/749－2

謫麐堂遺集文二卷詩二卷　（清）戴望撰　清宣統三年(1911)鉛印本　一冊

210000－0702－0002804　712.83/761－1

古微堂集内集二卷外集八卷　（清）魏源撰　清宣統元年(1909)上海國學扶輪社鉛印本　六冊

210000－0702－0002805　712.83/761－2

古微堂集内集二卷外集八卷　（清）魏源撰　清宣統元年(1909)上海國學扶輪社鉛印本　六冊

210000－0702－0002806　712.83/791

炳燭齋文集初刻一卷續刻二卷　（明）顧大韶撰　清宣統元年(1909)上海國學扶輪社鉛印本　二冊

210000－0702－0002807　712.83/795－1

定盦文集三卷補二卷又補三卷補編四卷續集四卷　（清）龔自珍撰　清光緒二十三年(1897)萬本書堂刻本　六冊

210000－0702－0002808　712.83/795－2

定盦文集三卷補二卷又補三卷補編四卷續集四卷　（清）龔自珍撰　清光緒二十九年(1903)文瑞樓石印本　四冊

210000－0702－0002809　712.83/795－3

定山堂古文小品二卷　（清）龔鼎孳撰　清宣統二年(1910)上海國學昌明社石印本　二冊

210000－0702－0002810　712.83/974

御製文初集十卷　（清）仁宗顒琰撰　清嘉慶十年(1805)內府刻本　八冊

210000－0702－0002811　712.84/21

帶經堂詩話三十卷首一卷　（清）王士禎撰　清同治十二年(1873)廣州藏脩堂刻本　十冊

210000－0702－0002812　712.84/402

飲冰室詩話五卷　梁啟超撰　清宣統二年(1910)上海書局石印本　五冊

210000－0702－0002813　713.1/21

明詞綜十二卷　（清）王昶纂　清嘉慶七年(1802)刻本　二冊

210000－0702－0002814　713.1/34

宋七家詞選七卷　（清）戈載輯　清光緒十一年(1885)曼陀羅華閣刻本　四冊

210000－0702－0002815　713.1/122

二鄉亭詞三卷　（清）宋琬撰　清雷松閣刻本　一冊

210000－0702－0002816　713.1/164

有正味齋詞集八卷　（清）吳錫麒撰　清宣統元年(1909)掃葉山房石印本　三冊

210000－0702－0002817　713.1/248－1

宋四家詞選一卷 （清）周濟輯 清刻本
一冊

210000－0702－0002818 713.1/248－2
西泠詞萃六種 （清）丁丙輯 清光緒十一年
至十三年(1885－1887)錢塘丁氏刻本 四冊

210000－0702－0002819 713.1/248－3
薇省詞鈔十一卷 況周頤撰錄 清光緒二十
四年(1898)廣陵刻本 四冊

210000－0702－0002820 713.1/375
詩餘偶鈔六卷 王先謙輯 清光緒十六年
(1890)長沙王氏刻本 一冊

210000－0702－0002821 713.1/393－1
閨秀詞鈔十六卷補遺一卷小檀欒室彙刻閨秀
詞 徐乃昌輯 清宣統三年(1911)南陵徐乃
昌小檀欒室刻本 二十八冊

210000－0702－0002822 713.1/393－2
小檀欒室彙刻閨秀詞 徐乃昌輯 清光緒三
十一年(1905)刻本 二十冊

210000－0702－0002823 713.1/428－1
詞選二卷續詞選二卷附錄一卷 （清）張惠言
輯 清道光十年(1830)刻本 一冊

210000－0702－0002824 713.1/428－2
山中白雲詞八卷 （宋）張炎撰 清宣統三年
(1911)北京龍文圖書莊石印本 四冊

210000－0702－0002825 713.1/477
唐五代詞選三卷 （清）成肇麐編 清光緒十
三年(1887)刻本 一冊

210000－0702－0002826 713.1/636
宋六十名家詞 （明）毛晉輯 清光緒十四年
(1888)錢塘汪氏刻本 三十二冊

210000－0702－0002827 713.1/761
春燈新集不分卷 （清）魏湘洲輯 清道光二
十一年(1841)刻本 一冊

210000－0702－0002828 713.1/765
篋中詞六卷續四卷 （清）譚獻纂錄 清光緒
八年(1882)刻本 四冊

210000－0702－0002829 713.1/775
研華館詞三卷首一卷 （清）羅汝懷撰 清光
緒九年(1883)湖南刻本 一冊

210000－0702－0002830 713.1/841－1
齊太史移居倡酬集三卷首一卷末一卷 （清）
齊召南撰 清宣統二年(1910)上海國學扶輪
社石印本 一冊

210000－0702－0002831 713.1/841－2
聊齋詞不分卷 （清）蒲松齡撰 清宣統二年
(1910)上海國學扶輪社石印本 一冊

210000－0702－0002832 713.2/84
宋元名家詞不分卷 （清）江標輯 清光緒二
十一年(1895)湖南思賢書局刻本 四冊

210000－0702－0002833 713.2/98－1
庚子秋詞二卷 （清）王鵬運撰 清末至民國
初有正書局石印本 二冊

210000－0702－0002834 713.2/98－2
楚辭八卷辯證二卷後語六卷 （宋）朱熹集注
清光緒八年(1882)江蘇書局刻本 二冊
存五卷(楚辭一至三、辯證二卷)

210000－0702－0002835 713.2/98－3
知止堂詞錄三卷 （清）朱綬撰 清光緒二十
年(1894)湖南思賢書局刻本 一冊

210000－0702－0002836 713.2/98－4
疆邨詞前集不分卷 朱祖謀撰 清末刻本
一冊

210000－0702－0002837 713.2/98－5
疆邨詞四卷 朱祖謀撰 清光緒三十一年
(1905)刻本 一冊

210000－0702－0002838 713.2/393
皖詞紀勝一卷 徐乃昌輯 清光緒三十年
(1904)南陵徐氏小檀欒室刻本 一冊

210000－0702－0002839 713.2/428
湘弦離恨譜不分卷 （清）張祖同撰 清光緒
刻本 一冊

210000－0702－0002840 713.2/500
憶雲詞四卷刪存一卷附補遺 （清）項廷紀撰

139

清光緒二十五年（1899）思賢書局刻本
一冊

210000－0702－0002841　713.2/556

鐵厓三種二十六卷　（元）楊維楨撰　清宣統
二年（1910）掃葉山房石印本　十冊

210000－0702－0002842　713.2/795

離騷箋二卷　（戰國）屈原撰　（清）龔景瀚箋
清光緒三年（1877）湖北崇文書局刻本
一冊

210000－0702－0002843　713.3/128

樂府指迷一卷　（宋）沈義父撰　詞源二卷
（宋）張炎撰　詞旨一卷　（元）陸輔之撰　清
光緒刻本　一冊

210000－0702－0002844　713.3/151

賦話十卷　（清）李調元撰　清光緒七年
（1881）瀟雅叢刻本　四冊

210000－0702－0002845　713.4/565

詞律二十卷拾遺六卷補遺一卷　（清）萬樹撰
（清）徐本立纂拾遺　（清）杜文瀾編補遺
清光緒二年（1876）吳下刻本　十六冊

210000－0702－0002846　713.5/491

倚晴樓七種曲　（清）黃燮清撰　清光緒三十
三年（1907）上海科學書局、海鹽開通新書局
刻本　十冊

210000－0702－0002847　713.6/650

清容外集九種　（清）蔣士銓撰　清刻本　十
二冊

210000－0702－0002848　713.7/128

度曲須知二卷附弦索辨訛　（明）沈寵綏撰
清刻本　一冊　存一卷（上）

210000－0702－0002849　713.8/381

紅樓夢傳奇八卷　（清）陳鍾麟撰　清道光粵
東汗青齋刻本　八冊

210000－0702－0002850　713.8/741

霓裳續譜八卷　（清）顏自德輯　（清）王廷紹
訂　清乾隆六十年（1795）集賢堂刻本　六冊

210000－0702－0002851　714.3/863

增像第六才子書五卷首一卷　（元）王實甫撰
（清）金聖歎評　清光緒三十一年（1905）上
海書局石印本　二冊

210000－0702－0002852　714.4/21－1

懷永堂繪像第六才子書八卷　（元）王實甫撰
（清）金聖歎評　清懷永堂刻本　六冊

210000－0702－0002853　714.4/21－2

合訂西廂記文機活趣全解八卷　（元）王實甫
撰　（清）金聖歎評　清光緒二十年（1894）珱
藝書局鉛印本　四冊

210000－0702－0002854　714.4/164

詠懷堂新編十錯認春燈謎記四卷　（明）阮大
鋮撰　清嘉慶二年（1797）刻本　八冊

210000－0702－0002855　714.4/332

繪像第七才子琵琶記六卷　（元）高明撰　清
光緒三十二年（1906）石印本　四冊

210000－0702－0002856　714.4/867

增補箋註繪像第六才子西廂釋解八卷　（元）
王實甫撰　（元）關漢卿續　（清）金聖歎評
（清）鄧汝寧音義　清刻本　六冊

210000－0702－0002857　714.4/964

桃花扇傳奇四卷首一卷　（清）孔尚任撰　清
光緒二十一年（1895）蘭雪堂刻三十三年
（1907）覆校修改本　五冊

210000－0702－0002858　715/21

增刻紅樓夢圖詠不分卷附紅樓夢紀略紅樓夢
廣義紅樓夢論贊　（清）王墀繪　（清）姜祺題
詩　清光緒八年（1882）上海點石齋石印本
二冊

210000－0702－0002859　715.11/982

夜譚隨錄十二卷　（清）和邦額撰　清刻本
九冊　存九卷（一至五、七至八、十一至十二）

210000－0702－0002860　715.2/151－1

官場現形記五編六十卷　（清）李寶嘉撰　清
宣統元年（1909）崇本堂石印本　十五冊

210000－0702－0002861　715.2/151－2

官場現形記五編六十卷　（清）李寶嘉撰　清

宣統元年(1909)崇本堂石印本　五冊　存二十卷(三十七至五十二、五十七至六十)

210000 – 0702 – 0002862　715.2/151 – 3
官場現形記六十卷　(清)李寶嘉撰　清光緒三十二年(1906)世界繁華報館鉛印本　三十冊

210000 – 0702 – 0002863　715.2/242
硯雲甲編硯雲乙編　(清)金忠淳輯　清光緒申報館鉛印本　十二冊

210000 – 0702 – 0002864　715.3/21
遯窟讕言十二卷　(清)王韜撰　清光緒六年(1880)鉛印本　四冊

210000 – 0702 – 0002865　715.3/128 – 1
諧鐸十二卷　(清)沈起鳳撰　清光緒十五年(1889)上海廣百宋齋鉛印本　四冊

210000 – 0702 – 0002866　715.3/128 – 2
諧鐸十二卷　(清)沈起鳳撰　清道光十三年(1833)刻本　六冊

210000 – 0702 – 0002867　715.3/128 – 3
諧鐸十二卷　(清)沈起鳳撰　清光緒六年(1880)刻本　六冊

210000 – 0702 – 0002868　715.3/164 – 1
山海經廣注十八卷圖五卷　(晉)郭璞傳　(清)吳任臣注　清刻本　四冊

210000 – 0702 – 0002869　715.3/164 – 2
山海經十八卷圖五卷雜述一卷　(晉)郭璞傳　(清)吳任臣注　清刻本　四冊

210000 – 0702 – 0002870　715.3/177
險異錄圖說合覽不分卷　(清)豫師撰　(清)錢寶書繪　清光緒十四年(1888)石印本　二冊

210000 – 0702 – 0002871　715.3/178
鑑誡錄十卷　(五代)何光遠撰　清光緒三年(1877)湖北崇文書局刻本　二冊

210000 – 0702 – 0002872　715.3/320 – 1
閱微草堂筆記二十四卷　(清)紀昀撰　清末刻本　十冊

210000 – 0702 – 0002873　715.3/320 – 2
閱微草堂筆記二十四卷　(清)紀昀撰　清道光十五年(1835)河間紀樹馥廣東刻本　十冊

210000 – 0702 – 0002874　715.3/322 – 1
酉陽雜俎二十卷　(唐)段成式撰　清刻本　六冊

210000 – 0702 – 0002875　715.3/322 – 2
酉陽雜俎續集十卷　(唐)段成式撰　清光緒三年(1877)湖北崇文書局刻本　二冊

210000 – 0702 – 0002876　715.3/322 – 3
酉陽雜俎二十卷　(唐)段成式撰　清光緒三年(1877)湖北崇文書局刻本　四冊

210000 – 0702 – 0002877　715.3/359
右台仙館筆記十六卷　(清)俞樾撰　清光緒刻本　六冊　存十二卷(一至十二)

210000 – 0702 – 0002878　715.3/407
增補註釋故事白眉十卷　(清)許以忠輯　清光緒二年(1876)經濟堂刻本　八冊

210000 – 0702 – 0002879　715.3/477
情天寶鑑二十四卷　(明)馮夢龍輯　清光緒二十年(1894)上海石印本　六冊

210000 – 0702 – 0002880　715.3/527
聊齋補遺八卷　(清)曾衍東撰　清光緒六年(1880)石印本　四冊

210000 – 0702 – 0002881　715.3/528 – 1
觚賸八卷續編四卷　(清)鈕琇輯　清宣統三年(1911)上海國學扶輪社鉛印本　六冊

210000 – 0702 – 0002882　715.3/528 – 2
觚賸八卷續編四卷　(清)鈕琇輯　清宣統三年(1911)上海國學扶輪社鉛印本　六冊

210000 – 0702 – 0002883　715.3/608 – 1
聊齋志異新評十六卷　(清)蒲松齡撰　(清)王士正評　(清)但明倫新評　清光緒九年(1883)掃葉山房刻本　十八冊

210000 – 0702 – 0002884　715.3/608 – 2
詳註聊齋志異圖詠十六卷首一卷　(清)蒲松齡撰　(清)呂湛恩註　清光緒十二年(1886)

上海同文書局石印本　八冊

210000－0702－0002885　715.3/668
**耳食錄初編十二卷二編八卷**　（清）樂鈞撰
清同治七年(1868)刻本　十二冊

210000－0702－0002886　715.3/674－1
**世說新語六卷**　（南朝宋）劉義慶撰　（南朝梁）劉孝標注　清光緒十七年(1891)思賢講舍刻本　六冊

210000－0702－0002887　715.3/674－2
**世說新語六卷**　（南朝宋）劉義慶撰　（南朝梁）劉孝標注　清光緒三年(1877)湖北崇文書局刻本　四冊

210000－0702－0002888　715.3/791
**顧氏四十家小說**　（明）顧元慶輯　清宣統三年(1911)上海國學扶輪社鉛印本　八冊

210000－0702－0002889　715.3/963
**子不語二十四卷續新齊諧十卷**　（清）袁枚撰　清刻本　八冊　存二十一卷(十四至二十四、續新齊諧十卷)

210000－0702－0002890　715.3/970
**螢窗異草初編四卷二編四卷三編四卷四編四卷**　題(清)長白浩歌子撰　清光緒二十五年(1899)上海書局石印本　八冊

210000－0702－0002891　715.3/971
**蟲鳴漫錄二卷**　題(清)採蘅子撰　清光緒三年(1877)上海申報館鉛印本　二冊

210000－0702－0002892　715.3/976
**江湖異人傳四卷**　（清）靜庵撰　清末石印本　二冊

210000－0702－0002893　715.3/984－1
**凝香室鴻雪因緣圖記三集六卷**　（清）麟慶撰　清光緒二十二年(1896)上海點石齋石印本　三冊

210000－0702－0002894　715.3/984－2
**凝香室鴻雪因緣圖記三集六卷**　（清）麟慶撰　清光緒六年(1880)上海同文書局石印本　三冊

210000－0702－0002895　715.3/984－3
**凝香室鴻雪因緣圖記三集六卷**　（清）麟慶撰　清光緒六年(1880)上海同文書局石印本　三冊

210000－0702－0002896　715.3/984－4
**凝香室鴻雪因緣圖記三集六卷**　（清）麟慶撰　清光緒二十二年(1896)上海點石齋石印本　六冊

210000－0702－0002897　715.3/984－5
**凝香室鴻雪因緣圖記三集六卷**　（清）麟慶撰　清光緒二十二年(1896)上海點石齋石印本　六冊

210000－0702－0002898　715.3/984－6
**凝香室鴻雪因緣圖記三集六卷**　（清）麟慶撰　清光緒十二年(1886)上海點石齋石印本　六冊

210000－0702－0002899　715.3/984－7
**凝香室鴻雪因緣圖記三集六卷**　（清）麟慶撰　清光緒六年(1880)上海點石齋石印本　六冊

210000－0702－0002900　715.3/984－8
**凝香室鴻雪因緣圖記三集六卷**　（清）麟慶撰　清光緒六年(1880)上海點石齋石印本　五冊　缺一卷(二集下)

210000－0702－0002901　715.3/984－9
**凝香室鴻雪因緣圖記三集六卷**　（清）麟慶撰　清道光二十七年(1847)揚州刻本　六冊

210000－0702－0002902　715.3/984－10
**凝香室鴻雪因緣圖記三集六卷**　（清）麟慶撰　清道光二十七年(1847)揚州刻本　六冊

210000－0702－0002903　715.5/2
**續金瓶梅十二卷六十四回**　（清）丁耀亢撰　清刻本　八冊　存二十九回(三十六至六十四)

210000－0702－0002904　715.5/52
**四大奇書第一種十九卷一百二十回**　（明）羅本撰　（清）毛宗崗評定　清刻本　九冊　存

五十七回(六十四至一百二十)

210000－0702－0002905　715.5/170

**精訂綱鑑廿四史通俗衍義六卷四十四回首一
卷**　(清)呂撫輯　清光緒十三年(1887)石印
本　六冊

210000－0702－0002906　715.5/219

**英雲夢傳八卷**　題(清)九容樓主人松雲氏撰
清登郡文會成刻本　八冊

210000－0702－0002907　715.5/265－1

**評論出像水滸傳二十卷七十回**　(明)施耐庵
撰　清刻本　二十冊

210000－0702－0002908　715.5/265－2

**評註圖像水滸傳七十五卷七十回**　(明)施耐
庵撰　清光緒十二年(1886)上海同文書局石
印本　八冊

210000－0702－0002909　715.5/441－1

**西遊真詮一百回**　(清)陳士斌詮解　清咸豐
二年(1852)刻本　二十冊

210000－0702－0002910　715.5/441－2

**西遊真詮一百回**　(清)陳士斌詮解　清刻本
十冊　存五十回(一至五十)

210000－0702－0002911　715.5/441－3

**西遊真詮一百回**　(清)陳士斌詮解　清刻本
十冊　存五十回(五十一至一百)

210000－0702－0002912　715.5/441－4

**西遊真詮一百回**　(清)陳士斌詮解　清光緒
十年(1884)掃葉山房刻本　十冊　存五十回
(一至五十)

210000－0702－0002913　715.5/441－5

**西遊真詮一百回**　(清)陳士斌詮解　清光緒
十年(1884)校經山房刻本　二十冊

210000－0702－0002914　715.5/441－6

**繡像繪圖兩晉演義二種十二卷**　題(清)陳氏
尺蠖齋評釋　清末石印本　五冊　存十卷
(繡像繪圖西晉演義一至四、繡像繪圖東晉演
義三至八)

210000－0702－0002915　715.5/654－1

**東周列國全志二十三卷一百八回**　(清)蔡奡
評點　清光緒十九年(1893)澹雅書局刻本
二十冊

210000－0702－0002916　715.5/654－2

**繡像東周列國志二十七卷一百八回**　(清)蔡
奡評點　清光緒三十二年(1906)上海商務印
書館鉛印本　十六冊

210000－0702－0002917　715.5/735

**新刻劍嘯閣批評西漢演義八卷**　(明)甄偉撰
(明)鍾惺評　清善成堂刻本　八冊

210000－0702－0002918　715.5/965

**洪秀全演義正集二卷十五回續集二卷十四回**
黃世仲撰　清末石印本　六冊

210000－0702－0002919　715.5/966－1

**義俠好逑傳四卷十八回**　題(清)名教中人編
題(清)游方外客批評　清末刻本　四冊

210000－0702－0002920　715.5/966－2

**繪圖繪芳錄八卷八十回**　題(清)西冷野樵撰
清光緒二十年(1894)上海書局石印本
十冊

210000－0702－0002921　715.5/967

**繪圖走馬春秋全傳六卷五十四回**　(□)□□□
撰　清宣統元年(1909)上海茂記書莊石印本
六冊

210000－0702－0002922　715.5/976

**繡像錦上花二十四回**　題(清)修月閣主人撰
清宣統元年(1909)上海章福記石印本
八冊

210000－0702－0002923　717/151－1

**龍文鞭影初集二卷二集二卷**　(明)蕭良有撰
清光緒十三年(1887)刻本　四冊

210000－0702－0002924　717/151－2

**龍文鞭影初集二卷二集二卷**　(明)蕭良有撰
(明)楊臣靜增訂　(清)李暉吉　(清)徐
瓚輯續　清光緒三年(1877)刻本　三冊　存
三卷(初集下、二集二卷)

210000－0702－0002925　717/178

義門讀書記五十八卷 （清）何焯撰 清刻本 十六冊

210000－0702－0002926 717/556

京塵雜錄四卷 （清）楊掌生撰 清光緒十二年(1886)上海同文書局石印本 二冊

210000－0702－0002927 717/566

閒情小錄初集八種 （清）葛元煦輯 清光緒三年(1877)葛氏嘯園刻本 六冊

210000－0702－0002928 717/937

庸書內篇二卷外篇二卷 （清）陳熾撰 清光緒二十三年(1897)上海書局石印本 八冊

210000－0702－0002929 717.1/21－1

唐語林八卷附校勘記 （唐）王讜撰 清光緒十九年(1893)湖北官書處刻本 四冊

210000－0702－0002930 717.1/21－2

池北偶談二十六卷 （清）王士禎撰 清宣統二年(1910)上海震東學社石印本 六冊

210000－0702－0002931 717.1/128－1

柳東草堂筆記二十卷 （清）沈宗祉撰 清宣統二年(1910)上海時中書局鉛印本 四冊

210000－0702－0002932 717.1/128－2

夢溪筆談二十六卷末一卷補三卷續一卷校字記一卷 （宋）沈括撰 清光緒三十二年(1906)番禺陶氏愛廬刻本 四冊

210000－0702－0002933 717.1/128－3

交翠軒筆記四卷 （清）沈濤撰 清光緒貴池劉世珩刻本 二冊

210000－0702－0002934 717.1/143

南渡錄四卷 （宋）辛棄疾撰 清光緒三十二年(1906)上海國學保存會鉛印國粹叢書本 一冊

210000－0702－0002935 717.1/162－1

定香亭筆談四卷 （清）阮元撰 （清）吳文溥錄 清光緒二十五年(1899)浙江書局刻本 四冊

210000－0702－0002936 717.1/162－2

小滄浪筆談四卷 （清）阮元撰 清光緒二十六年(1900)江蘇書局刻本 二冊

210000－0702－0002937 717.1/162－3

小滄浪筆談四卷 （清）阮元撰 清光緒二十六年(1900)江蘇書局刻本 二冊

210000－0702－0002938 717.1/164

吳赤溟先生文集一卷 （清）吳炎撰 清光緒三十二年(1906)上海國學保存會鉛印國粹叢書本 一冊

210000－0702－0002939 717.1/201

香東漫筆二卷 況周頤撰 清末至民國刻本 一冊

210000－0702－0002940 717.1/242

粟香隨筆八卷二筆八卷三筆八卷四筆八卷五筆八卷 （清）金武祥撰 清光緒七年(1881)羊城刻本 二十冊

210000－0702－0002941 717.1/364

札樸十卷 （清）桂馥撰 清嘉慶十八年(1813)小李山房刻會稽徐氏補刻本 十冊

210000－0702－0002942 717.1/402－1

兩般秋雨盦隨筆八卷 （清）梁紹壬撰 清道光十七年(1837)錢塘汪氏振綺堂刻本 八冊

210000－0702－0002943 717.1/402－2

梁氏筆記三種二十七卷 （清）梁章鉅撰 清宣統三年(1911)上海掃葉山房石印本 八冊

210000－0702－0002944 717.1/428

花甲閒談十六卷首一卷 （清）張維屏撰 清道光二十年(1840)廣東富文齋刻本 四冊

210000－0702－0002945 717.1/434

老學庵筆記十卷 （宋）陸游撰 清光緒三年(1877)湖北崇文書局刻本 二冊

210000－0702－0002946 717.1/441－1

塵海妙品十二種十四卷 （清）陳琰編 清宣統三年(1911)上海六藝書局石印本 四冊

210000－0702－0002947 717.1/441－2

郎潛紀聞初筆七卷二筆八卷三筆六卷 （清）陳康祺撰 清宣統二年(1910)掃葉山房石印本 十冊

210000－0702－0002948　717.1/441－3

**郎潛紀聞初筆七卷二筆八卷三筆六卷** （清）陳康祺撰　清宣統二年(1910)掃葉山房石印本　十冊

210000－0702－0002949　717.1/477

**紀載彙編十種十卷** （明）馮夢龍編　題（清）莫鏊山人增補　清末都城琉璃廠刻本　四冊

210000－0702－0002950　717.1/489－1

**九曜齋筆記三卷** （清）惠棟撰　清光緒貴池劉世珩刻聚學軒叢書本　二冊

210000－0702－0002951　717.1/489－2

**松崖筆記三卷** （清）惠棟撰　清光緒貴池劉世珩刻聚學軒叢書本　一冊

210000－0702－0002952　717.1/568

**畫禪室隨筆四卷** （明）董其昌撰　清宣統元年(1909)掃葉山房石印本　三冊

210000－0702－0002953　717.1/598

**寄園寄所寄十二卷** （清）趙吉士輯　清末三益堂刻本　十二冊

210000－0702－0002954　717.1/622

**消暑隨筆四卷** （清）潘世恩輯　清宣統三年(1911)上海海左書局石印本　三冊

210000－0702－0002955　717.1/674

**槐軒雜著四卷** （清）劉沅撰　清同治七年(1868)致福樓刻本　四冊

210000－0702－0002956　717.1/967－1

**嘯亭雜錄十卷** 題（清）汲修主人撰　清宣統元年(1909)中國圖書公司鉛印本　三冊

210000－0702－0002957　717.1/967－2

**嘯亭雜錄十卷續錄三卷** 題（清）汲修主人撰　清宣統元年(1909)中國圖書公司鉛印本　四冊

210000－0702－0002958　717.1/967－3

**嘯亭雜錄十卷續錄三卷** 題（清）汲修主人撰　清宣統元年(1909)中國圖書公司鉛印本　四冊

210000－0702－0002959　717.1/971

**天咫偶聞十卷** 震鈞撰　清光緒三十三年(1907)甘棠轉舍刻本　八冊

210000－0702－0002960　717.2/151

**醉茶誌怪四卷** （清）李慶辰撰　清光緒十八年(1892)津門刻本　四冊

210000－0702－0002961　717.2/260

**重刊宋本夷堅志甲志二十卷乙志二十卷丙志二十卷丁志二十卷** （宋）洪邁撰　清光緒五年(1879)刻本　十二冊

210000－0702－0002962　717.3/151

**合肥相國七十賜壽圖** （清）羅豐祿輯　清光緒石印本　六冊

210000－0702－0002963　717.4/402

**楹聯叢話十二卷楹聯續話四卷** （清）梁章鉅輯　清道光二十六年(1846)刻本　三冊

210000－0702－0002964　717.4/833

**楹聯彙編八卷** 題（清）寄生子輯　清光緒三十三年(1907)上海書局石印本　六冊　存六卷(一至四、六、八)

210000－0702－0002965　717.5/781－1

**香艷叢書二十集** 題（清）蟲天子輯　清宣統上海國學扶輪社鉛印本　十六冊　存四集(一至四)

210000－0702－0002966　717.5/781－2

**香艷叢書二十集** 題（清）蟲天子輯　清宣統上海國學扶輪社鉛印本　八十冊

210000－0702－0002967　717.5/971

**秦淮畫舫錄二卷畫舫餘譚一卷三十六春小譜一卷** （清）車持謙撰　清道光六年(1826)刻本　四冊

210000－0702－0002968　717.6/148－1

**詩古微上編三卷中編十卷下編二卷首一卷** （清）魏源撰　清刻本　十一冊　缺三卷(上編一至二、首一卷)

210000－0702－0002969　717.6/148－2

**古謠諺一百卷** （清）杜文瀾輯　清光緒十八年(1892)上海掃葉山房刻曼陀羅華閣叢書本

二十册

210000－0702－0002970　717.6/300

**越諺三卷越諺賸語二卷**　（清）范寅輯　清光緒八年（1882）刻本　三册

210000－0702－0002971　717.7/21－1

**明賢尺牘四卷**　（清）王元勳　（清）程化騄輯　清光緒二十六年（1900）仁和許氏榆園刻本　四册

210000－0702－0002972　717.7/21－2

**名人尺牘小品四卷**　（清）王元勳　（清）程化騄輯　清宣統三年（1911）上海國學昌明社石印本　二册

210000－0702－0002973　717.7/21－3

**最新學堂尺牘問答教科書二卷**　（清）王中地輯　清光緒三十三年（1907）上海會文學社石印本　二册

210000－0702－0002974　717.7/61

**左文襄公書牘節要二十六卷**　（清）左宗棠撰　（清）楊道霖輯　清光緒二十八年（1902）刻本　十二册

210000－0702－0002975　717.7/122

**普通書信範本不分卷**　宋樹基編輯　清宣統二年（1910）中國圖書公司石印本暨鉛印本　二册

210000－0702－0002976　717.7/128

**歷代名人尺牘精華錄十二卷**　（明）沈佳允輯　清宣統元年（1909）上海國學昌明社石印本　四册

210000－0702－0002977　717.7/148－1

**最新應用尺牘教科書**　杜元炳撰　清光緒三十三年（1907）上海會文學社石印本　四册

210000－0702－0002978　717.7/148－2

**最新應用女子尺牘教科書二編**　杜芝庭撰　清光緒三十三年（1907）上海會文學社石印本　二册

210000－0702－0002979　717.7/164－1

**國朝名人小簡二卷**　吳曾祺編纂　清宣統二

年（1910）上海商務印書館鉛印本　二册

210000－0702－0002980　717.7/164－2

**歷代名人小簡二卷**　吳曾祺編纂　清宣統元年（1909）上海商務印書館鉛印本　二册

210000－0702－0002981　717.7/164－3

**歷代名人書札二卷**　吳曾祺編纂　清宣統元年（1909）上海商務印書館鉛印本　二册

210000－0702－0002982　717.7/164－4

**李文忠公朋僚函稿二十四卷**　（清）李鴻章撰　（清）吳汝綸編　清光緒二十八年（1902）蓮池書社鉛印本　十二册

210000－0702－0002983　717.7/164－5

**李文忠公朋僚函稿二十四卷**　（清）李鴻章撰　（清）吳汝綸編　清光緒二十八年（1902）蓮池書社鉛印本　十二册

210000－0702－0002984　717.7/164－6

**李文忠公朋僚函稿二十四卷**　（清）李鴻章撰　（清）吳汝綸編　清光緒二十八年（1902）蓮池書社鉛印本　十二册

210000－0702－0002985　717.7/164－7

**國朝名人書札二卷**　吳曾祺編纂　清宣統元年（1909）上海商務印書館鉛印本　四册

210000－0702－0002986　717.7/248

**第一簡明尺牘啟蒙二卷**　周葆初編輯　清宣統元年（1909）上海新學會社石印本暨鉛印本　二册

210000－0702－0002987　717.7/312

**春在堂尺牘六卷**　（清）俞樾撰　清光緒二十一年（1895）刻本　四册

210000－0702－0002988　717.7/316－1

**惜抱先生尺牘八卷**　（清）姚鼐撰　清宣統元年（1909）小萬柳堂刻本　四册

210000－0702－0002989　717.7/316－2

**惜抱軒尺牘八卷**　（清）姚鼐撰　清宣統三年（1911）上海國學扶輪社鉛印本　二册

210000－0702－0002990　717.7/331

**尺牘初桄四卷**　題（清）子虛氏輯　清光緒十

二年（1886）上海中文賢閣書局鉛印本　二冊

210000－0702－0002991　717.7/359

小倉山房往還書札全集十八卷　（清）袁枚撰
（清）朱士俊　（清）沈錦垣編　清光緒十三
年（1887）上海著易堂書局石印本　五冊　存
十五卷（一至十五）

210000－0702－0002992　717.7/375－1

最新國民尺牘全編　孫家修編　清光緒三十
四年（1908）朝記書莊石印本　二冊

210000－0702－0002993　717.7/375－2

最新國民尺牘全編　孫家修編　清光緒三十
四年（1908）朝記書莊石印本　二冊

210000－0702－0002994　717.7/407－1

許竹篔先生出使函稿十四卷　（清）許景澄撰
清光緒鉛印本　四冊

210000－0702－0002995　717.7/407－2

許竹篔先生出使函稿十四卷　（清）許景澄撰
清光緒鉛印本　四冊

210000－0702－0002996　717.7/407－3

許竹篔先生出使函稿十四卷許竹篔先生奏疏
錄存二卷　（清）許景澄撰　清光緒鉛印本
五冊

210000－0702－0002997　717.7/407－4

增注秋水軒尺牘四卷　（清）許思湄撰　（清）
婁世瑞注　題（清）寄虹軒主人輯　清光緒三
十四年（1908）朝記書莊石印本　二冊

210000－0702－0002998　717.7/441－1

陳文恭公手札節要三卷　（清）陳宏謀撰　清
同治七年（1868）楚北崇文書局刻本　一冊

210000－0702－0002999　717.7/441－2

培遠堂手札節要三卷　（清）陳宏謀撰　清同
治十一年（1872）江蘇書局刻本　一冊

210000－0702－0003000　717.7/491

蘇黃尺牘二種四卷　（清）黃始輯並箋　清同
治元年（1862）刻本　五冊

210000－0702－0003001　717.7/527－1

曾文正公家書十卷　（清）曾國藩撰　清光緒

十三年（1887）鴻文書局鉛印本　五冊

210000－0702－0003002　717.7/527－2

曾文正公家書十卷　（清）曾國藩撰　清光緒
十三年（1887）鴻文書局鉛印本　五冊

210000－0702－0003003　717.7/598

簷曝雜記四卷　（清）趙翼撰　清宣統有正書
局鉛印本　二冊

210000－0702－0003004　717.7/759

歸震川先生尺牘二卷　（明）歸有光撰　清宣
統元年（1909）中國書畫會石印本　二冊

210000－0702－0003005　717.7/781

普通應用尺牘教本二卷　（清）寶警凡撰　清
光緒三十三年（1907）上海文明書局石印本
二冊

210000－0702－0003006　717.7/791－1

近世名人尺牘教本五卷　顧新亞編　清光緒
三十三年（1907）上海文明書局石印本　七冊

210000－0702－0003007　717.7/791－2

近世名人尺牘教本五卷　顧新亞編　清光緒
三十三年（1907）上海文明書局石印本　一冊
存一卷（一）

210000－0702－0003008　717.7/811

明賢名翰合冊　鄧實輯　清光緒三十四年
（1908）上海國學保存會影印本　一冊

210000－0702－0003009　717.7/834－1

增註文明尺牘備覽十六卷　□□輯　清光緒
三十二年（1906）文明學會石印本　十六冊

210000－0702－0003010　717.7/834－2

商業應用尺牘教本二卷　上海文明書局編著
清光緒三十四年（1908）上海文明書局石印
本　二冊

210000－0702－0003011　717.7/834－3

商業應用尺牘教本二卷　上海文明書局編著
清光緒三十四年（1908）上海文明書局石印
本　二冊

210000－0702－0003012　717.7/834－4

國朝名人書札三卷　（□）□□輯　清宣統三

年(1911)上海文明書局鉛印本　三冊

210000－0702－0003013　717.7/841－1

**新撰學生尺牘不分卷**　商務印書館編譯所編輯　清光緒三十四年(1908)上海商務印書館石印本　二冊

210000－0702－0003014　717.7/841－2

**新撰學生尺牘不分卷**　商務印書館編譯所編輯　清光緒三十四年(1908)上海商務印書館石印本　二冊

210000－0702－0003015　717.7/841－3

**新撰學生尺牘不分卷**　商務印書館編譯所編輯　清光緒三十四年(1908)上海商務印書館石印本　二冊

210000－0702－0003016　717.7/841－4

**新撰學生尺牘不分卷**　商務印書館編譯所編輯　清光緒三十四年(1908)上海商務印書館石印本　二冊

210000－0702－0003017　717.7/841－5

**最新女子分類尺牘淺近註解二卷附短札**　彪蒙編譯所編輯　清光緒三十三年(1907)上海彪蒙書室石印本　三冊

210000－0702－0003018　717.7/841－6

**新撰女子尺牘二卷**　商務印書館編譯所編輯　清光緒三十四年(1908)上海商務印書館石印本　二冊

210000－0702－0003019　717.7/841－7

**蒙學尺牘教科書不分卷**　(□)□□撰　清光緒三十二年(1906)上海彪蒙書室石印本　二冊

210000－0702－0003020　717.7/841－8

**學界應用尺牘教科書二卷**　啟新書社著　清光緒三十四年(1908)上海教育圖書館石印本　二冊

210000－0702－0003021　717.7/845－1

**潛園友朋書問十二卷**　(清)李鴻章等撰　清光緒三十三年(1907)醉二室影印本　六冊

210000－0702－0003022　717.7/845－2

**潛園友朋書問十二卷**　(清)李鴻章等撰　清光緒影印本　五冊　存十卷(三至十二)

210000－0702－0003023　717.7/846

**名賢手札八卷**　(清)曾國藩等撰　清光緒二十九年(1903)上海點石齋石印本　二冊

210000－0702－0003024　717.7/871－1

**賴古堂全集三種四十三卷**　(清)周在浚等輯　清宣統三年(1911)上海國學扶輪社石印本　十六冊

210000－0702－0003025　717.7/871－2

**明王文成與朱侍御三札**　(明)王守仁書　清光緒三十四年(1908)上海國粹學報館影印本　一冊

210000－0702－0003026　717.7/871－3

**明王文成與朱侍御三札**　(明)王守仁書　清光緒三十四年(1908)上海國粹學報館影印本　一冊

210000－0702－0003027　717.7/968－1

**明代名人尺牘七種**　鄧實輯　清光緒三十四年(1908)上海國粹學報館影印本　八冊

210000－0702－0003028　717.7/968－2

**明代名人尺牘七種**　鄧實輯　清光緒三十四年(1908)上海國粹學報館影印本　八冊

210000－0702－0003029　717.7/973－1

**新文牘十卷**　(□)□□輯　清光緒三十二年(1906)石印本　十冊

210000－0702－0003030　717.7/973－2

**新文牘十卷**　(□)□□輯　清光緒三十二年(1906)石印本　十冊

210000－0702－0003031　717.7/973－3

**新文牘十卷**　(□)□□輯　清光緒三十二年(1906)石印本　六冊　存六卷(五至十)

210000－0702－0003032　717.7/976

**精選分類古今名人尺牘十二卷**　題學不足齋主人編選　清光緒三十四年(1908)上海新學會社石印本　四冊

210000－0702－0003033　717.8/971

天花亂墜二集八卷　（清）寅半生選輯　清光
緒刻本　四冊

210000－0702－0003034　717.9/402

梁氏筆記三種二十七卷　（清）梁章鉅撰　清
宣統三年（1911）上海掃葉山房石印本　八冊

210000－0702－0003035　717.9/674

劉武慎公遺書二十五卷　（清）劉長佑撰　清
光緒二十六年（1900）鉛印本　二十五冊

210000－0702－0003036　717.9/784

蘇黃題跋二種五卷　（宋）蘇軾　（宋）黃庭堅
撰　清光緒二十年（1894）石印本　五冊

210000－0702－0003037　743/934

日露戰爭未來記　（英國）木里司撰　（日本）
大町桂月譯　金開華　薛鳳昌重譯　清光緒
二十九年（1903）上海祥記書莊鉛印本　二冊

210000－0702－0003038　790/944－1

環瀛誌險不分卷　（奧地利）愛孫孟撰　中國
商務印書館編譯所編譯　清光緒三十一年
（1905）上海中國商務印書館鉛印本　一冊

210000－0702－0003039　790/944－2

環瀛誌險不分卷　（奧地利）愛孫孟撰　中國
商務印書館編譯所編譯　清光緒三十一年
（1905）上海中國商務印書館鉛印本　一冊

210000－0702－0003040　790/944－3

環瀛誌險不分卷　（奧地利）愛孫孟撰　中國
商務印書館編譯所編譯　清光緒三十一年
（1905）上海中國商務印書館鉛印本　一冊

210000－0702－0003041　792/942－1

伊索寓言　（希臘）伊索撰　林紓譯述　清光
緒三十三年（1907）上海商務印書館鉛印本
一冊

210000－0702－0003042　792/942－2

伊索寓言　（希臘）伊索撰　林紓譯述　清光
緒三十三年（1907）上海商務印書館鉛印本
一冊

210000－0702－0003043　792/942－3

伊索寓言　（希臘）伊索撰　林紓譯述　清光

緒三十三年（1907）上海商務印書館鉛印本
一冊

210000－0702－0003044　792/942－4

伊索寓言　（希臘）伊索撰　林紓譯述　清光
緒三十三年（1907）上海商務印書館鉛印本
一冊

210000－0702－0003045　808/971

美術叢書十集　風雨樓編　清宣統三年
（1911）上海神州國光社鉛印本　二十四冊
存六集（一至五、九）

210000－0702－0003046　810.76/665

宋元以來畫人姓氏錄三十六卷首一卷　（清）
魯駿編輯　清道光十年（1830）刻清末重印本
二十冊

210000－0702－0003047　810.79/816－1

學部第一次編纂初等小學圖畫教科書　（清）
學部編譯圖書局編纂　清宣統元年（1909）學
部圖書局石印本　四冊

210000－0702－0003048　810.79/816－2

學部第一次編纂初等小學圖畫教科書　（清）
學部編譯圖書局編纂　清宣統元年（1909）學
部圖書局石印本　四冊

210000－0702－0003049　810.79/816－3

學部第一次編纂初等小學圖畫教科書　（清）
學部編譯圖書局編纂　清宣統元年（1909）學
部圖書局石印本　五冊

210000－0702－0003050　810.79/816－4

學部第一次編纂初等小學圖畫教授書　（清）
學部編譯圖書局編纂　清宣統元年（1909）學
部圖書局石印本　四冊

210000－0702－0003051　811.2/767

虛齋名畫錄十六卷　龐元濟輯　清宣統元年
（1909）烏程龐氏刻本　十六冊

210000－0702－0003052　811.4/151

書畫鑑影二十四卷　（清）李佐賢編　清同治
十年（1871）刻本　十二冊

210000－0702－0003053　811.4/375－1

149

佩文齋書畫譜一百卷　（清）孫岳頌等纂　清光緒九年（1883）上海同文書局石印本　十六冊

210000－0702－0003054　811.4/375－2

佩文齋書畫譜一百卷　（清）孫岳頌等纂　清光緒九年（1883）上海同文書局石印本　十六冊

210000－0702－0003055　811.4/375－3

佩文齋書畫譜一百卷　（清）孫岳頌等纂　清光緒九年（1883）上海同文書局石印本　十六冊

210000－0702－0003056　811.4/375－4

佩文齋書畫譜一百卷　（清）孫岳頌等纂　清光緒九年（1883）上海同文書局石印本　九冊　存五十四卷（一至五十四）

210000－0702－0003057　811.4/375－5

佩文齋書畫譜一百卷　（清）孫岳頌等纂　清刻本　十六冊　存五十卷（一至二十三、三十九至五十二、六十三至七十五）

210000－0702－0003058　811.44/396

瘞鶴銘考補一卷校勘記一卷附山樵書外紀一卷　（清）翁方綱撰　（清）張開福撰山樵書外紀　清光緒三十四年（1908）刻本　一冊

210000－0702－0003059　811.46/268

無聲詩史七卷　（清）姜紹書輯　清宣統二年（1910）杭州雲林閣石印本　六冊

210000－0702－0003060　811.46/347

桐陰論畫三編六卷首一卷附錄一卷　（清）秦祖永撰　清宣統二年（1910）上海中國書畫會石印本　六冊

210000－0702－0003061　811.49/151

歐缽羅室書畫過目攷四卷首一卷附錄一卷　（清）李玉棻編　清宣統三年（1911）北京晉華書局石印本　四冊

210000－0702－0003062　811.49/486－1

歷代畫史彙傳七十二卷首一卷目錄三卷附錄二卷引證書目一卷　（清）彭蘊璨編　清光緒八年（1882）刻本　二十四冊

210000－0702－0003063　811.49/486－2

歷代畫史彙傳七十二卷首一卷目錄三卷附錄二卷引證書目一卷　（清）彭蘊璨編　清光緒八年（1882）刻本　二十四冊

210000－0702－0003064　811.49/486－3

歷代畫史彙傳七十二卷首一卷　（清）彭蘊璨編　清刻本　十冊　存三十六卷（一至三十五、首一卷）

210000－0702－0003065　811.5/622

楷法溯源十四卷目錄一卷　（清）潘存輯　楊守敬編　清光緒三年（1877）刻本　十五冊

210000－0702－0003066　811.51/88

涿拓米元章行書帖　（宋）米芾書　清光緒三十三年（1907）上海均益圖書公司影印本　一冊

210000－0702－0003067　811.51/151

李梅庵臨禮器碑　李瑞清書　清宣統二年（1910）影印本　一冊

210000－0702－0003068　811.51/164

聖賢像贊不分卷　（清）吳高增輯　清光緒耕餘樓石印本　三冊

210000－0702－0003069　811.51/441

金石摘十卷　（清）陳善埰輯　清光緒二年（1876）刻本　十冊

210000－0702－0003070　811.51/775

宋拓郎官廳壁記　（唐）陳九言撰　（唐）張旭書　清宣統二年（1910）上虞羅振玉影印本　一冊

210000－0702－0003071　811.51/967

唐太宗晉祠銘溫泉銘　（唐）太宗李世民書　清宣統二年（1910）適存廬影印本　一冊

210000－0702－0003072　811.51/968

東方先生畫贊碑陰記　（唐）顏真卿撰並書　清光緒同文局石印本　二冊

210000－0702－0003073　811.51/972－1

渤海藏真法帖　（□）□□書　清宣統元年

（1909）上海千傾堂影印本　八冊

210000－0702－0003074　811.51/972－2

唐故雲麾將軍右武衛大將軍贈秦州都督彭國公諡曰昭公李府君神道碑　（唐）李邕撰並書　清光緒十四年（1888）同文書局石印本　一冊

210000－0702－0003075　811.51/972－3

華陽觀王先生碑　（唐）王玄宗書　清宣統元年（1909）影印本　一冊

210000－0702－0003076　811.51/975

劉石庵法帖　（清）劉墉書　清光緒三十三年（1907）上海均益圖書公司影印本　一冊

210000－0702－0003077　811.51/983

鑑湖女俠秋君墓表　徐自華撰　吳芝瑛書清光緒三十四年（1908）悲秋閣影印本　一冊

210000－0702－0003078　811.52/61

陽湖史氏家藏左文襄公手札不分卷　（清）左宗棠撰並書　清光緒三十三年（1907）影印本　二冊

210000－0702－0003079　811.52/151

李文忠公臨懷仁集聖教序　（清）李鴻章書清光緒影印本　一冊

210000－0702－0003080　811.52/164

大佛頂如來密因修證了義諸菩薩萬行首楞嚴經十卷　（唐）釋般刺密帝譯　吳芝瑛書　清光緒三十四年至宣統元年（1908－1909）浙江小萬柳堂影印本　二冊

210000－0702－0003081　811.52/420－1

臨本郭有道碑　（清）曹培亨書　清宣統元年（1909）上海南洋官書局石印本　一冊

210000－0702－0003082　811.52/420－2

臨本郭有道碑　（清）曹培亨書　清宣統元年（1909）上海南洋官書局石印本　一冊

210000－0702－0003083　811.52/420－3

臨本郭有道碑　（清）曹培亨書　清宣統元年（1909）上海南洋官書局石印本　一冊

210000－0702－0003084　811.52/428

張裕釗墨蹟　（清）張裕釗書　清光緒三十四年（1908）影印本　一冊

210000－0702－0003085　811.52/598

趙松雪壽春堂記法書　（元）趙孟頫書　清光緒三十四年（1908）上海六藝書局影印本　一冊

210000－0702－0003086　811.52/645

鄧石如隸書張子西銘　（清）鄧石如書　清宣統元年（1909）上海文明書局影印本　一冊

210000－0702－0003087　811.52/741

麻姑山仙壇記　（唐）顏真卿撰並書　清宣統二年（1910）上海彪蒙書室影印本　一冊

210000－0702－0003088　811.52/868

墨池堂選帖五卷　（明）章藻輯刻　清光緒影印本　五冊

210000－0702－0003089　811.52/963－1

欽定三希堂法帖　（清）梁詩正編　清末影印本　二十四冊　缺第一函八冊

210000－0702－0003090　811.52/963－2

欽定三希堂法帖　（清）梁詩正編　清末影印本　三十二冊

210000－0702－0003091　811.52/964

明王文成與朱侍御三札　（明）王守仁書　清光緒三十四年（1908）上海國粹學報館影印本　一冊

210000－0702－0003092　811.52/967－1

初等小學習字帖　（清）學部編譯圖書局編纂清光緒三十三年（1907）學部編譯圖書局石印本　二冊　存二冊（一至二）

210000－0702－0003093　811.52/967－2

李海峰廣文醴泉銘　李海峰臨　清宣統三年（1911）影印本　一冊

210000－0702－0003094　811.52/967－3

吳穀人手書有正味齋續集之九未刊稿　（清）吳錫麒書　清光緒三十四年（1908）有正書局影印本　一冊

210000－0702－0003095　811.52/968－1

**明代名人尺牘七種** 鄧實輯　清光緒三十四年(1908)上海國粹學報館影印本　八册

210000－0702－0003096　811.52/968－2

**武昌張裕釗書** (清)張裕釗書　清光緒影印本　一册

210000－0702－0003097　811.52/968－3

**明十五完人尺牘** (明)黃道周撰並書　清光緒三十四年(1908)上海國粹學報館影印本　一册

210000－0702－0003098　811.52/968－4

**明十五完人尺牘** (明)黃道周撰並書　清光緒三十四年(1908)上海國粹學報館影印本　一册

210000－0702－0003099　811.52/971－1

**涿拓米元章行書帖** (宋)米芾書　清光緒三十三年(1907)上海均益圖書公司影印本　一册

210000－0702－0003100　811.52/971－2

**清愛堂法帖** (清)劉墉書　清宣統元年(1909)北京官書局影印本　四册

210000－0702－0003101　811.52/972

**欽定三希堂法帖** (清)梁詩正編　清末影印本　三十二册

210000－0702－0003102　811.54/61

**陽湖史氏家藏左文襄公手札不分卷** (清)左宗棠撰並書　清光緒三十三年(1907)影印本　二册

210000－0702－0003103　811.54/242－1

**金冬心先生詩稿墨跡一卷** (清)金農撰並書　清光緒三十一年(1905)有正書局影印本　一册

210000－0702－0003104　811.54/242－2

**金冬心先生詩稿墨跡一卷** (清)金農撰並書　清光緒三十一年(1905)有正書局影印本　一册

210000－0702－0003105　811.54/242－3

**金冬心先生詩稿墨跡一卷** (清)金農撰並書　清光緒三十一年(1905)有正書局影印本　一册

210000－0702－0003106　811.54/242－4

**金冬心先生詩稿墨跡一卷** (清)金農撰並書　清光緒三十一年(1905)有正書局影印本　一册

210000－0702－0003107　811.54/242－5

**冬心先生集四卷** (清)金農撰　清宣統二年(1910)上海書業公司石印本　四册

210000－0702－0003108　811.54/255－1

**岳忠武書出師表真蹟** (宋)岳飛書　清光緒三十四年(1908)上海中國圖書公司影印本　一册

210000－0702－0003109　811.54/255－2

**岳忠武書出師表真蹟** (宋)岳飛書　清光緒三十四年(1908)上海中國圖書公司影印本　一册

210000－0702－0003110　811.54/396

**常熟翁相國手札** (清)翁同龢撰並書　清光緒三十四年(1908)有正書局影印本　一册

210000－0702－0003111　811.54/402－1

**梁山舟楷書** (清)梁同書書　清光緒三十三年(1907)上海均益圖書公司影印本　一册

210000－0702－0003112　811.54/402－2

**梁山舟楷書** (清)梁同書書　清光緒三十三年(1907)上海均益圖書公司影印本　一册

210000－0702－0003113　811.54/491－1

**黃石齋手寫詩卷** (明)黃道周撰並書　清光緒三十三年(1907)上海國粹學報館影印本　一册

210000－0702－0003114　811.54/491－2

**黃石齋手寫詩卷** (明)黃道周撰並書　清光緒三十三年(1907)上海國粹學報館影印本　一册

210000－0702－0003115　811.54/491－3

**黃石齋手寫詩卷** (明)黃道周撰並書　清光

緒三十三年（1907）上海國粹學報館影印本
一冊

210000－0702－0003116　811.54/654
**國朝畫家書四卷國朝畫家書小傳四卷荔香室
石刻二卷**　（清）蔡載福輯　清宣統元年
（1909）西泠印社影印本　七冊

210000－0702－0003117　811.54/661－1
**板橋先生真墨**　（清）鄭燮書　清光緒三十四
年（1908）上海書帶草堂影印本　二冊

210000－0702－0003118　811.54/661－2
**板橋先生真墨**　（清）鄭燮書　清光緒三十四
年（1908）上海書帶草堂影印本　二冊

210000－0702－0003119　811.54/661－3
**板橋先生真墨**　（清）鄭燮書　清光緒三十四
年（1908）上海書帶草堂影印本　二冊

210000－0702－0003120　811.54/756－1
**明瞿忠宣公手札及蠟丸書**　（明）瞿式耜撰並
書　清光緒三十四年（1908）上海國粹學報館
影印本　一冊

210000－0702－0003121　811.54/756－2
**明瞿忠宣公手札及蠟丸書**　（明）瞿式耜撰並
書　清光緒三十四年（1908）上海國粹學報館
影印本　一冊

210000－0702－0003122　811.54/756－3
**明瞿忠宣公手札及蠟丸書**　（明）瞿式耜撰並
書　清光緒三十四年（1908）上海國粹學報館
影印本　一冊

210000－0702－0003123　811.54/866－1
**明代名臣墨寶八**　（清）□□編　清光緒三十
四年（1908）有正書局影印本　一冊

210000－0702－0003124　811.54/866－2
**明代名臣墨寶八**　（清）□□編　清光緒三十
四年（1908）有正書局影印本　一冊

210000－0702－0003125　811.54/966
**名人尺牘墨寶第一集六卷**　文明書局輯　清
宣統二年（1910）上海文明書局影印本　六冊

210000－0702－0003126　811.54/968－1
**明大參陳公手集同人尺牘**　鄧實輯　清光緒
三十三年（1907）上海國粹學報館影印本
二冊

210000－0702－0003127　811.54/968－2
**明大參陳公手集同人尺牘**　鄧實輯　清光緒
三十三年（1907）上海國粹學報館影印本
二冊

210000－0702－0003128　811.54/968－3
**明大參陳公手集同人尺牘**　鄧實輯　清光緒
三十三年（1907）上海國粹學報館影印本　一
冊　存一冊（下）

210000－0702－0003129　811.54/968－4
**明賢名翰合冊**　鄧實輯　清光緒三十四年
（1908）上海國學保存會影印本　一冊

210000－0702－0003130　811.54/968－5
**明王守仁高攀龍兩大儒手帖**　鄧實輯　清光
緒三十四年（1908）上海國粹學報館影印本
一冊

210000－0702－0003131　811.54/968－6
**明王守仁高攀龍兩大儒手帖**　鄧實輯　清光
緒三十四年（1908）上海國粹學報館影印本
一冊

210000－0702－0003132　811.54/968－7
**明王守仁高攀龍兩大儒手帖**　鄧實輯　清光
緒三十四年（1908）上海國粹學報館影印本
一冊

210000－0702－0003133　811.54/968－8
**明東林八賢手札**　鄧實輯　清光緒三十四年
（1908）上海國粹學報館影印本　一冊

210000－0702－0003134　811.54/968－9
**松禪老人遺墨**　（清）翁同龢書　清光緒三十
一年（1905）鄒王賓影印本　二冊

210000－0702－0003135　811.54/968－10
**松禪老人遺墨**　（清）翁同龢書　清光緒三十
一年（1905）鄒王賓影印本　二冊

210000－0702－0003136　811.54/968－11
**松禪老人遺墨**　（清）翁同龢書　清光緒三十

一年（1905）鄒王賓影印本　二冊

210000－0702－0003137　811.54/969－1
昭代名人尺牘二十四卷　（清）吳修輯　清光
緒三十四年（1908）上海西泠書社影印本　二
十四冊

210000－0702－0003138　811.54/969－2
昭代名人尺牘二十四卷　（清）吳修輯　清光
緒三十四年（1908）上海西泠書社影印本　二
十四冊

210000－0702－0003139　811.54/969－3
昭代名人尺牘二十四卷　（清）吳修輯　清光
緒三十四年（1908）上海西泠書社影印本　一
冊　存一冊

210000－0702－0003140　811.54/969－4
昭代名人尺牘二十四卷　（清）吳修輯　清光
緒三十四年（1908）上海西泠書社影印本　一
冊　存一冊

210000－0702－0003141　811.54/969－5
昭代名人尺牘續編六卷　（清）吳修輯　清宣
統元年（1909）上海抉隱室影印本　六冊

210000－0702－0003142　811.54/969－6
昭代名人尺牘續編六卷　（清）吳修輯　清宣
統元年（1909）上海抉隱室影印本　六冊

210000－0702－0003143　811.54/969－7
昭代名人尺牘續編六卷　（清）吳修輯　清宣
統元年（1909）上海抉隱室影印本　六冊

210000－0702－0003144　811.54/969－8
昭代名人尺牘續集二十四卷　陶湘選輯
清宣統三年（1911）天寶石印局影印本　十
二冊

210000－0702－0003145　811.54/969－9
祝枝山墨蹟　（明）祝允明書　清光緒三十三
年（1907）均益圖書公司影印本　一冊

210000－0702－0003146　811.54/971
國朝四十名家墨蹟　（□）□□編　清光緒
三十四年（1908）上海教育圖書館影印本
三冊

210000－0702－0003147　811.54/972
湘鄉師相言兵事手函不分卷　（清）曾國藩撰
并書　清光緒二十六年（1900）石印本　二冊

210000－0702－0003148　811.55/460
六書通十卷　（明）閔齊伋撰　（清）畢弘述篆
訂　清光緒四年（1878）三餘堂刻本　五冊

210000－0702－0003149　811.55/791
篆學瑣著三十種　（清）顧湘輯　清道光二十
年（1840）海虞顧氏刻本　八冊

210000－0702－0003150　811.61/21－1
冶梅㮄譜不分卷　（清）王寅繪　清光緒十八
年（1892）石印本　四冊

210000－0702－0003151　811.61/21－2
芥子園畫傳初集六卷　（清）王槩等輯摹　清
光緒二十三年（1897）上海順成書局石印本
四冊

210000－0702－0003152　811.61/21－3
芥子園畫傳二集九卷　（清）王槩等輯摹　清
光緒十三年（1887）上海鴻文書局石印本
四冊

210000－0702－0003153　811.61/21－4
芥子園畫傳三集九卷　（清）王槩等輯摹　清
光緒十三年（1887）上海鴻文書局石印本
四冊

210000－0702－0003154　811.61/332
江邨銷夏錄三卷　（清）高士奇撰　清宣統二
年（1910）順德鄧實鉛印本　三冊

210000－0702－0003155　811.61/375
庚子銷夏記八卷　（清）孫承澤撰　清宣統三
年（1911）掃葉山房石印本　四冊

210000－0702－0003156　811.61/749－1
習苦齋畫絮十卷　（清）戴熙撰　（清）惠年編
清光緒十九年（1893）刻本　四冊

210000－0702－0003157　811.61/749－2
習苦齋畫絮十卷　（清）戴熙撰　（清）惠年編
清光緒十九年（1893）刻本　四冊

210000－0702－0003158　811.61/965

古今名人畫譜三集　（□）□□輯　清光緒十五年(1889)石印本　六冊

210000－0702－0003159　811.61/970
海上名人畫稿不分卷　（清）同文書局編　清光緒十一年(1885)上海同文書局石印本二冊

210000－0702－0003160　811.61/971－1
御製耕織圖不分卷　（清）聖祖玄燁撰　清光緒二十九年(1903)北洋官報局石印本　二冊

210000－0702－0003161　811.61/971－2
御製耕織圖不分卷　（清）聖祖玄燁撰　清光緒二十九年(1903)北洋官報局石印本　二冊

210000－0702－0003162　811.61/973
詩畫舫不分卷　（清）點石齋輯　清光緒三十年(1904)上海點石齋石印本　六冊

210000－0702－0003163　811.61/976
點石齋叢畫十卷　題(清)尊聞閣主人輯　清光緒十一年(1885)上海點石齋石印本　八冊

210000－0702－0003164　811.63/347－1
桐陰論畫二卷首一卷桐陰畫訣一卷　（清）秦祖永撰　清同治三年(1864)刻朱墨印本二冊

210000－0702－0003165　811.63/347－2
桐陰論畫初編三卷二編二卷三編二卷　（清）秦祖永撰　清同治三年至光緒八年(1864－1882)刻朱墨印本　八冊

210000－0702－0003166　811.7/21
冶梅石譜二卷　（清）王寅繪　清光緒六年(1880)金陵王氏日本刻本　二冊

210000－0702－0003167　811.7/271
十竹齋書畫譜不分卷　（清）胡正言輯並繪清光緒五年(1879)刻彩色印本　八冊

210000－0702－0003168　811.7/428
清河書畫舫十二卷補遺一卷　（明）張丑撰清光緒十四年(1888)朱氏家塾刻本　十二冊

210000－0702－0003169　811.7/962
五彩十竹齋書畫譜　（清）胡正言摹繪　清光

緒五年(1879)上海江東書局影印本　八冊

210000－0702－0003170　812/375
佩文齋書畫譜一百卷　（清）孫岳頌等纂　清光緒九年(1883)上海同文書局石印本　十六冊

210000－0702－0003171　816.4/843
速成用器畫教科書不分卷　羣學社圖書發行所編輯　清光緒三十三年(1907)上海羣學社石印本　一冊

210000－0702－0003172　823.4/164
吳聖俞先生印譜　（清）吳咨篆刻　清宣統三年(1911)鈐印本　二冊

210000－0702－0003173　823.4/973
學古退齋印存　（清）孟超然輯　清光緒九年(1883)鈐印本　二冊

210000－0702－0003174　823.4/974
種榆仙館印譜　（清）陳鴻壽篆刻　清道光元年(1821)鈐印本　四冊

210000－0702－0003175　861.8/363－1
蕉庵琴譜四卷　（清）秦維瀚編　清光緒三年(1877)刻本　四冊

210000－0702－0003176　861.8/363－2
蕉庵琴譜四卷　（清）秦維瀚編　清光緒三年(1877)刻本　四冊

210000－0702－0003177　861.8/972
枯木禪琴譜八卷　（清）釋空塵撰　（清）錢發榮訂　（清）朱敏文選　清光緒二十年(1894)刻清末重修本　四冊

210000－0702－0003178　866/428
琴學入門二卷　（清）張鶴輯　清光緒七年(1881)刻本　二冊

210000－0702－0003179　891.3/598－1
小學教科初等體操教範不分卷　趙徵麟撰清光緒三十三年(1907)上海集成圖書公司鉛印本　一冊

210000－0702－0003180　891.3/598－2
小學教科初等體操教範不分卷　趙徵麟撰

清光緒三十三年(1907)上海集成圖書公司石
印本 一冊

210000-0702-0003181 891.3/846-1
初等小學體操教授書不分卷 (清)學部編譯
圖書局編纂 清光緒三十三年至宣統元年
(1907-1909)學部編譯圖書局石印本暨鉛印
本 八冊

210000-0702-0003182 891.3/846-2
初等小學體操教授書不分卷 (清)學部編譯
圖書局編纂 清宣統元年(1909)學部編譯圖
書局鉛印本 八冊

210000-0702-0003183 891.4/21
新遊戲法 王雅南編譯 清光緒三十四年
(1908)上海科學書局石印女子體育全書本
一冊

210000-0702-0003184 894/473-1
益智圖二卷 (清)童葉庚撰 清宣統元年
(1909)蘇州振新書社刻本 二冊

210000-0702-0003185 894/473-2
益智圖二卷 (清)童葉庚撰 清光緒刻本
二冊

210000-0702-0003186 903.09/151-1
四裔編年表四卷 (美國)林樂知 嚴良勳譯
(清)李鳳苞彙編 清同治江南製造總局刻
本 四冊

210000-0702-0003187 903.09/151-2
四裔編年表四卷 (美國)林樂知 嚴良勳譯
(清)李鳳苞彙編 清光緒二十三年(1897)
石印本 四冊

210000-0702-0003188 903.09/151-3
四裔編年表四卷 (美國)林樂知 嚴良勳譯
(清)李鳳苞彙編 清光緒二十三年(1897)
石印本 四冊

210000-0702-0003189 903.09/151-4
四裔編年表四卷 (美國)林樂知 嚴良勳譯
(清)李鳳苞彙編 清光緒二十三年(1897)
石印本 四冊

210000-0702-0003190 908/335
星軺日記類編七十六卷 席裕琨編 清光緒
二十八年(1902)麗澤學會石印本 十六冊

210000-0702-0003191 911/84
萬國歷史彙編一百卷 (清)江子雲等編 清
光緒二十九年(1903)上海官書局石印本 十
六冊

210000-0702-0003192 911/934
萬國通史不分卷 (日本)天野為之撰 (清)
吳啟孫譯 清光緒三十年(1904)上海文明書
局鉛印本 二冊

210000-0702-0003193 911/937-1
萬國通史前編十卷 (英國)李思倫輯譯 蔡
爾康筆述 清光緒二十九年(1903)上海廣學
會鉛印本 十冊

210000-0702-0003194 911/937-2
萬國通史前編十卷 (英國)李思倫輯譯 蔡
爾康筆述 清光緒二十六年(1900)上海廣學
會鉛印本 十冊

210000-0702-0003195 911/937-3
萬國通史前編十卷 (英國)李思倫輯譯 蔡
爾康筆述 清光緒二十六年(1900)上海廣學
會鉛印本 十冊

210000-0702-0003196 911/937-4
萬國通史前編十卷 (英國)李思倫輯譯 蔡
爾康筆述 清光緒二十六年(1900)上海廣學
會鉛印本 十冊

210000-0702-0003197 911/937-5
萬國通史續編十卷 (英國)李思倫輯譯
(清)曹曾涵纂述 清光緒三十年(1904)上海
廣學會鉛印本 十冊

210000-0702-0003198 911/937-6
萬國通史三編十卷 (英國)李思倫輯譯
(清)曹曾涵纂述 清光緒三十一年(1905)上
海廣學會鉛印本 十冊

210000-0702-0003199 911/938-1
萬國史記二十卷 (日本)岡本監輔撰 清光

緒二十七年（1901）上海書局石印本　六冊

210000－0702－0003200　911/938－2
**萬國史記二十卷**　（日本）岡本監輔撰　清光緒二十七年（1901）上海書局石印本　六冊

210000－0702－0003201　911/938－3
**萬國史記二十卷**　（日本）岡本監輔撰　清光緒二十七年（1901）上海書局石印本　五冊缺三卷（一至三）

210000－0702－0003202　911/938－4
**萬國史記二十卷**　（日本）岡本監輔撰　清末石印本　四冊

210000－0702－0003203　911/940
**世界歷史問答不分卷**　（日本）酒井勉撰　商務印書館譯　清光緒三十三年（1907）上海商務印書館鉛印本　一冊

210000－0702－0003204　911/979－1
**五大洲述異錄四卷**　題（清）黎烋舊主輯　清光緒二十二年（1896）上海書局石印本　四冊

210000－0702－0003205　911/979－2
**五大洲述異錄四卷**　題（清）黎烋舊主輯　清光緒二十二年（1896）上海書局石印本　四冊

210000－0702－0003206　915/428－1
**中外時務經濟統宗十八卷**　（□）□□編　清光緒二十七年（1901）上海漢讀樓鉛印本　十六冊

210000－0702－0003207　915/428－2
**中外時務經濟統宗十八卷**　（□）□□編　清光緒二十七年（1901）上海漢讀樓鉛印本　十六冊

210000－0702－0003208　915/940－1
**泰西新史攬要二十四卷**　（英國）馬懇西撰　（英國）李提摩太譯　清光緒二十七年（1901）上海美華書館鉛印本　八冊

210000－0702－0003209　915/940－2
**泰西新史攬要二十四卷**　（英國）馬懇西撰　（英國）李提摩太譯　清光緒二十七年（1901）上海美華書館鉛印本　八冊

210000－0702－0003210　915/940－3
**泰西新史攬要二十四卷**　（英國）馬懇西撰　（英國）李提摩太譯　清光緒二十八年（1902）上海美華書館鉛印本　八冊

210000－0702－0003211　920.23/21－1
**金石萃編一百六十卷金石續編二十一卷首一卷**　（清）王昶編　（清）陸耀遹撰續編　清光緒十九年（1893）上海醉六堂石印本　二十四冊

210000－0702－0003212　920.23/21－2
**金石萃編一百六十卷金石續編二十一卷首一卷**　（清）王昶編　（清）陸耀遹撰續編　清光緒十九年（1893）上海醉六堂石印本　二十四冊

210000－0702－0003213　920.23/21－3
**金石萃編一百六十卷金石續編二十一卷首一卷**　（清）王昶編　（清）陸耀遹撰續編　清光緒十九年（1893）上海醉六堂石印本　二十四冊

210000－0702－0003214　920.23/21－4
**行素草堂金石叢書十六種**　（清）朱記榮輯　清光緒三年至十七年（1877－1891）吳縣朱記榮槐廬刻本　四十冊

210000－0702－0003215　920.23/21－5
**金石索十二卷首一卷**　（清）馮雲鵬　（清）馮雲鵷輯　清光緒十九年（1893）上海積山書局石印本　十二冊　存七卷（一至六、首一卷）

210000－0702－0003216　920.23/98－1
**金石全例**　（清）朱記榮輯　清光緒十八年（1892）吳縣朱記榮槐廬刻匯印本　十六冊

210000－0702－0003217　920.23/98－2
**雍州金石記十卷**　（清）朱楓撰　清道光李錫齡刻惜陰軒叢書本　二冊

210000－0702－0003218　920.23/151－1
**古泉滙首集四卷元集十四卷亨集十四卷利集十八卷貞集十四卷**　（清）李佐賢輯　清同治三年（1864）刻本　二十冊

210000－0702－0003219　920.23/151－2
古泉滙首集四卷元集十四卷亨集十四卷利集
十八卷貞集十四卷　（清）李佐賢輯　清同治
三年(1864)刻本　二十冊

210000－0702－0003220　920.23/162－1
兩浙金石志十八卷補遺一卷　（清）阮元輯
清光緒十六年(1890)浙江書局刻本　十二冊

210000－0702－0003221　920.23/162－2
兩浙金石志十八卷補遺一卷　（清）阮元輯
清光緒十六年(1890)浙江書局刻本　十二冊

210000－0702－0003222　920.23/164
兩罍軒彝器圖釋十二卷　（清）吳雲撰　清同
治十一年(1872)刻本　六冊

210000－0702－0003223　920.23/375－1
寰宇訪碑錄十二卷　（清）孫星衍　（清）邢澍
撰　清光緒九年(1883)江蘇書局刻本　四冊

210000－0702－0003224　920.23/375－2
寰宇訪碑錄十二卷　（清）孫星衍　（清）邢澍
撰　清光緒十一年(1885)刻本　八冊

210000－0702－0003225　920.23/393－1
從古堂款識學十六卷　（清）徐同柏撰　清光
緒三十二年(1906)蒙學報館石印本　八冊

210000－0702－0003226　920.23/393－2
從古堂款識學十六卷　（清）徐同柏撰　清光
緒三十二年(1906)蒙學報館石印本　八冊

210000－0702－0003227　920.23/402
西清古鑑四十卷附錢錄十六卷　（清）梁詩正
等輯　清光緒三十四年(1908)集成圖書公司
石印本　二十四冊

210000－0702－0003228　920.23/556－1
金石三例十五卷　（清）盧見曾輯　（清）王芑
孫評　清光緒四年(1878)南海馮氏讀有用書
齋刻朱墨印本　四冊

210000－0702－0003229　920.23/556－2
金石三例十五卷　（清）盧見曾輯　（清）王芑
孫評　清光緒四年(1878)南海馮氏讀有用書
齋刻朱墨印本　四冊

210000－0702－0003230　920.23/586－1
匋齋藏石記四十四卷首一卷匋齋藏甎記二卷
　（清）端方撰　清宣統二年(1910)上海商務
印書館石印本　十二冊

210000－0702－0003231　920.23/586－2
陶齋吉金續錄二卷　（清）端方輯　清宣統元
年(1909)石印本　二冊

210000－0702－0003232　920.23/636
集古錄跋尾十卷集古錄目五卷　（宋）歐陽修
撰　清光緒十三年(1887)朱氏槐廬刻本
六冊

210000－0702－0003233　920.23/731－1
歷代鐘鼎彝器款識法帖二十卷　（宋）薛尙功
撰　清嘉慶二年(1797)阮元刻本　四冊

210000－0702－0003234　920.23/731－2
歷代鐘鼎彝器款識法帖二十卷　（宋）薛尙功
撰　清末上海書局石印本　六冊

210000－0702－0003235　920.23/749
古泉叢話三卷附一卷　（清）戴熙撰　清同治
十一年(1872)潘氏滂喜齋刻本　一冊

210000－0702－0003236　920.23/791
學古齋金石叢書四集十二種　（清）葛元煦輯
　清光緒學古齋刻本　十六冊

210000－0702－0003237　920.23/841
西清續鑑甲編二十卷附錄一卷　（清）王傑等
輯　清宣統三年(1911)上海商務印書館影印
本　四十二冊

210000－0702－0003238　920.23/972
景教碑文紀事攷正一卷　（清）楊榮鋕撰　清
光緒二十七年(1901)思賢書局刻本　一冊

210000－0702－0003239　920.25/636
輿地廣記三十八卷校勘記二卷　（宋）歐陽忞
撰　清光緒二十一年(1895)刻本　七冊

210000－0702－0003240　920.26/428
墨妙亭碑目考二卷附考一卷　（清）張鑑撰
清光緒十年(1884)江蘇書局刻本　二冊

210000－0702－0003241　920.3/523

御批歷代通鑑輯覽一百二十卷 （清）傅恒等
纂 清同治十一年(1872)湖北崇文書局刻本
六十冊

210000－0702－0003242 920.3/588

中外紀年通表六卷 （清）著易堂主人輯 清
光緒二十三年(1897)上海著易堂石印本
八冊

210000－0702－0003243 920.3/964

紀元編三卷末一卷 （清）李兆洛撰 清同治
十年(1871)合肥李氏刻本 一冊

210000－0702－0003244 920.3/972

御批通鑑綱目正編五十九卷前編十八卷續編
二十七卷 （宋）朱熹撰 （明）商輅撰續編
清光緒十三年(1887)上海同文書局石印本
二十四冊

210000－0702－0003245 920.31/565－1

歷代史表五十九卷 （清）萬斯同撰 清光緒
十九年(1893)上海古香閣石印本 八冊

210000－0702－0003246 920.31/565－2

歷代史表五十九卷首一卷末一卷 （清）萬斯
同撰 清光緒廣雅書局刻本 一冊 存十六
卷(四十五至五十九、末一卷)

210000－0702－0003247 920.31/588

歷代帝王年表三卷 （清）齊如南撰 清光緒
十二年(1886)蘇州掃葉山房刻本 三冊

210000－0702－0003248 920.4/138－1

讀史大略六十卷首一卷 （清）沙張白撰 清
咸豐七年(1857)刻本 十二冊

210000－0702－0003249 920.4/138－2

讀史大略六十卷首一卷 （清）沙張白撰 清
咸豐七年(1857)刻本 十二冊

210000－0702－0003250 920.4/242

歷代史事政治論三百八卷 （清）席裕福輯
清光緒二十九年(1903)上海點石齋書局石印
本 二十八冊

210000－0702－0003251 920.4/428－1

歷代史論十二卷宋史論三卷元史論一卷
（明）張溥撰 明史論四卷 （清）谷應泰撰
左傳史論二卷 （清）高士奇撰 清光緒雙合
堂刻本 十一冊

210000－0702－0003252 920.4/428－2

歷代史論十二卷宋史論三卷元史論一卷
（明）張溥撰 明史論四卷 （清）谷應泰撰
左傳史論二卷 （清）高士奇撰 清光緒雙合
堂刻本 十一冊

210000－0702－0003253 920.4/550－1

古今史論大觀前編十五卷後編十七卷 雷瑨
輯 清光緒二十七年(1901)硯耕山莊石印本
十二冊

210000－0702－0003254 920.4/550－2

古今史論大觀前編十五卷後編十七卷 雷瑨
輯 清光緒二十七年(1901)硯耕山莊石印本
十二冊

210000－0702－0003255 920.7/316

最新中國歷史教科書四卷 姚祖義編 清光
緒三十四年(1908)上海商務印書館鉛印本
四冊

210000－0702－0003256 920.7/346

最新中等中國歷史教科書五編 祝震編 清
光緒三十二年(1906)南洋官書局鉛印本
六冊

210000－0702－0003257 920.7/347

高等小學西洋歷史教科書二卷 文明書局編
輯 清光緒三十三年(1907)上海文明書局鉛
印本 二冊

210000－0702－0003258 920.7/441－1

中國歷史六卷 陳慶年編 清光緒三十二年
(1906)武昌刻本 六冊

210000－0702－0003259 920.7/441－2

高等小學中國歷史教科書五編 陳懋治撰
清光緒三十三年(1907)上海文明書局鉛印本
二冊

210000－0702－0003260 920.7/471

小學本國史教科書二卷 澄衷學堂編 清光

緒三十年（1904）澄衷學堂石印本　二冊

210000－0702－0003261　920.7/674－1
**中國歷史課本**　（清）劉乃晟編撰　常堉璋編訂　清光緒三十一年（1905）保定高等學堂奉天學務處鉛印本　四冊

210000－0702－0003262　920.7/674－2
**中國歷史課本**　（清）劉乃晟編撰　常堉璋編訂　清光緒三十一年（1905）保定高等學堂奉天學務處鉛印本　四冊

210000－0702－0003263　920.7/674－3
**中國歷史課本**　（清）劉乃晟編撰　常堉璋編訂　清光緒三十一年（1905）保定高等學堂奉天學務處鉛印本　四冊

210000－0702－0003264　920.7/674－4
**中國歷史課本**　（清）劉乃晟編撰　常堉璋編訂　清光緒三十一年（1905）保定高等學堂奉天學務處鉛印本　三冊　缺一冊（一）

210000－0702－0003265　920.7/760
**掌故時務教科書六卷首一卷終一卷**　（清）儲丙鵯撰　清光緒三十年（1904）南洋公學譯書院鉛印本　三冊

210000－0702－0003266　920.7/841
**國史初級教科書二卷**　商務印書館編　清光緒三十一年（1905）上海商務印書館鉛印本　一冊

210000－0702－0003267　920.75/164
**資治通鑑地理今釋十六卷**　（清）吳熙載撰　清光緒八年（1882）江蘇書局刻本　三冊

210000－0702－0003268　920.8/402
**史學叢書**　（清）□□輯　清光緒二十八年（1902）上海煥文書局、點石齋石印本　三十一冊　缺八卷（史記志疑二十九至三十六）

210000－0702－0003269　920.8/491－1
**二十四史九通政典類要合編三百二十卷**　（清）黃書霖輯　清光緒二十八年（1902）約雅堂石印本　六十冊

210000－0702－0003270　920.8/491－2
**二十四史九通政典類要合編三百二十卷**　（清）黃書霖輯　清光緒二十八年（1902）約雅堂石印本　六十冊

210000－0702－0003271　920.8/491－3
**二十四史九通政典類要合編三百二十卷**　（清）黃書霖輯　清光緒二十八年（1902）約雅堂石印本　五十冊　缺五十五卷（七十四至一百二十八）

210000－0702－0003272　920.8/654
**中東戰紀本末八卷續編四卷三編四卷**　（美國）林樂知譯　蔡爾康輯　清光緒二十二年至二十六年（1896－1900）廣學會鉛印本　十五冊　缺一卷（中東戰紀本末一）

210000－0702－0003273　921/98
**資治通鑑綱目五十九卷前編二十五卷續編二十四卷三編二十卷**　（宋）朱熹撰　（明）陳仁錫評　清嘉慶八年（1803）宏道堂刻本　一百六十冊

210000－0702－0003274　921/248
**尺木堂綱鑑易知錄九十二卷明鑑易知錄十五卷**　（清）吳乘權等輯　清光緒鉛印本　七冊　存四十八卷（六十至九十二、明鑑易知錄十五卷）

210000－0702－0003275　921/428
**歷代史論十二卷左傳史論二卷**　（明）張溥撰　清光緒十三年（1887）掃葉山房刻本　五冊　存十二卷（歷代史論一至十、左傳史論二卷）

210000－0702－0003276　921.03/590－1
**增廣尚友錄統編二十二卷**　應祖錫等輯　清光緒二十八年（1902）上海鴻寶齋石印本　十二冊

210000－0702－0003277　921.03/590－2
**增廣尚友錄統編二十二卷**　應祖錫等輯　清光緒二十八年（1902）上海鴻寶齋石印本　十二冊

210000－0702－0003278　921.2/21－1
**二十四史策案十二卷**　（清）王鋆輯　清光緒

二十五年(1899)慎記書莊石印本　二冊

210000－0702－0003279　921.2/21－2

**二十四史策案十二卷**　(清)王鎏輯　清光緒
二十五年(1899)慎記書莊石印本　二冊

210000－0702－0003280　921.2/21－3

**增評加批歷史綱鑑補三十九卷首一卷**　(明)
王世貞　(明)袁黃編纂　清光緒二十八年
(1902)上海富強齋石印本　十四冊

210000－0702－0003281　921.2/21－4

**增評加批歷史綱鑑補三十九卷首一卷**　(明)
王世貞　(明)袁黃編纂　清光緒二十八年
(1902)上海富強齋石印本　十四冊

210000－0702－0003282　921.2/21－5

**增評加批歷史綱鑑補三十九卷首一卷**　(明)
王世貞　(明)袁黃編纂　清光緒二十八年
(1902)上海富強齋石印本　十四冊

210000－0702－0003283　921.2/65－1

**史緯三百三十卷首一卷**　(清)陳允錫刪修
清同治九年(1870)刻本　一百二十冊

210000－0702－0003284　921.2/65－2

**史緯三百三十卷首一卷**　(清)陳允錫刪修
清光緒二十九年(1903)上海英商順成書局石
印本　三十四冊

210000－0702－0003285　921.2/164

**尺木堂綱鑑易知錄九十二卷**　(清)吳乘權等
輯　清刻本　二十四冊　存五十三卷(一至
五十三)

210000－0702－0003286　921.2/170

**奉使金鑑續編四十卷**　呂海寰輯　清宣統元
年(1909)刻本　二十冊

210000－0702－0003287　921.2/242

**王先生十七史蒙求十六卷**　(宋)王令撰　清
道光二十八年(1848)粵東文雅齋刻本　六冊

210000－0702－0003288　921.2/316

**史記菁華錄六卷**　(清)姚祖恩撰　清道光四
年(1824)刻朱墨印本　六冊

210000－0702－0003289　921.2/320－1

**欽定續通志六百四十卷**　(清)嵇璜等纂　清
光緒二十八年(1902)石印本　二十四冊

210000－0702－0003290　921.2/320－2

**欽定續通志六百四十卷**　(清)嵇璜等纂　清
光緒二十八年(1902)石印本　二十四冊

210000－0702－0003291　921.2/393

**史論十六卷**　(清)徐永隆撰　清光緒二十八
年(1902)政學書社石印本　十冊　存十四卷
(一至五、七至十五)

210000－0702－0003292　921.2/533

**御批歷代通鑑輯覽一百二十卷**　(清)傅恒等
纂　清同治十三年(1874)湖南書局刻本　四
十八冊　存九十四卷(一至五十一、六十四至
九十、一百五至一百二十)

210000－0702－0003293　921.2/598－1

**廿二史劄記三十六卷補遺一卷**　(清)趙翼撰
清光緒二十四年(1898)石印本　六冊

210000－0702－0003294　921.2/598－2

**廿二史劄記三十六卷補遺一卷**　(清)趙翼撰
清光緒二十六年(1900)上海書局石印本
八冊

210000－0702－0003295　921.2/661－1

**通志二百卷**　(宋)鄭樵撰　清光緒二十七年
(1901)上海圖書集成局鉛印本　六十冊

210000－0702－0003296　921.2/661－2

**通志二百卷**　(宋)鄭樵撰　清光緒貫吾齋石
印本　二十四冊

210000－0702－0003297　921.2/710－1

**史鑑節要便讀六卷末一卷**　(清)鮑東里輯
清光緒十七年(1891)刻本　二冊

210000－0702－0003298　921.2/710－2

**史鑑節要便讀六卷末一卷**　(清)鮑東里輯
清光緒十七年(1891)刻本　二冊

210000－0702－0003299　921.2/710－3

**史鑑節要便讀六卷末一卷**　(清)鮑東里輯
清光緒二十五年(1899)上海昌記書局石印本
四冊

210000－0702－0003300　921.2/710－4

**史鑑節要便讀六卷末一卷**　（清）鮑東里輯
清光緒二十五年(1899)上海昌記書局石印本
　四冊

210000－0702－0003301　921.4/21

**綱鑑會纂三十九卷首一卷**　（明）王世貞編
清光緒二十八年(1902)山西書業德石印本
十四冊

210000－0702－0003302　921.4/65－1

**資治通鑑二百九十四卷附釋文辯誤十二卷**
（宋）司馬光撰　（元）胡三省音注　清同治十
年(1871)湖北崇文書局刻本　一百四冊

210000－0702－0003303　921.4/65－2

**資治通鑑二百九十四卷附釋文辯誤十二卷**
（宋）司馬光撰　（元）胡三省音注　清同治十
年(1871)湖北崇文書局刻本　一百四冊

210000－0702－0003304　921.4/65－3

**資治通鑑二百九十四卷目錄三十卷附釋文辯
誤十二卷**　（宋）司馬光撰　清同治八年
(1869)江蘇書局刻本　一百十冊

210000－0702－0003305　921.4/151

**曲江書屋新訂批注左傳快讀十八卷**　（清）李
紹崧輯　清刻本　八冊　存八卷(十一至十
八)

210000－0702－0003306　921.4/164－1

**緯文堂綱鑑易知錄九十二卷**　（清）吳乘權等
輯　清刻本　二十八冊　存六十四卷(十五
至二十一、二十五至三十四、三十七至五十
六、六十六至九十二)

210000－0702－0003307　921.4/164－2

**尺木堂綱鑑易知錄九十二卷明鑑易知錄十五
卷**　（清）吳乘權等輯　清光緒三十年(1904)
上海校經山房鉛印本　十六冊

210000－0702－0003308　921.4/352

**文獻通考三百四十八卷**　（元）馬端臨撰　清
乾隆十二年(1747)刻本　十冊　存三十九卷
(一百四十二至一百八十)

210000－0702－0003309　921.4/441

**資治通鑑綱目五十九卷前編二十五卷續編二
十七卷**　（宋）朱熹撰　（明）陳仁錫評　清嘉
慶九年(1804)姑蘇聚文堂刻本　一百六十冊

210000－0702－0003310　921.4/460

**續資治通鑑二百二十卷**　（清）畢沅撰　清乾
隆至嘉慶鎮洋畢氏刻嘉慶六年(1801)桐鄉馮
集梧補刻同治八年(1869)江蘇書局重修本
六十冊

210000－0702－0003311　921.4/523－1

**御批歷代通鑑輯覽一百二十卷**　（清）傅恒等
纂　清光緒三十年(1904)上海通元書局石印
本　二十四冊

210000－0702－0003312　921.4/523－2

**御批歷代通鑑輯覽一百二十卷**　（清）傅恒等
纂　清同治十一年(1872)湖北崇文書局刻本
六十冊

210000－0702－0003313　921.4/523－3

**御批歷代通鑑輯覽一百二十卷**　（清）傅恒等
纂　清末鉛印本　八冊　存三十卷(三十五
至六十四)

210000－0702－0003314　921.4/618

**新刊趙田了凡袁先生編纂古本歷史大方綱鑑
補三十九卷**　（明）袁黃編纂　清末刻本　二
十四冊　存二十四卷(八至三十一)

210000－0702－0003315　921.4/971

**御批資治通鑑綱目五十九卷前編十八卷前編
舉要三卷續編二十七卷三編六卷**　（宋）朱熹
撰　（明）商輅撰續編　清光緒二十九年
(1903)上海捷記書局石印本　三十冊

210000－0702－0003316　921.6/63－1

**欽定古今儲貳金鑑六卷**　（清）高宗弘曆撰
清刻本　四冊

210000－0702－0003317　921.6/63－2

**欽定古今儲貳金鑑六卷**　（清）高宗弘曆撰
清刻本　三冊　缺第一冊上諭、御製文、目錄

210000－0702－0003318　921.6/151

閱史郤視四卷續一卷 （清）李塨撰 清光緒刻畿輔叢書本 一冊

210000－0702－0003319 921.6/406－1
文史通義八卷校讎通義三卷 （清）章學誠撰 清宣統三年（1911）上海廣益書局鉛印本 四冊

210000－0702－0003320 921.6/406－2
文史通義八卷校讎通義三卷 （清）章學誠撰 清道光十二年至十三年（1832－1833）刻本 五冊

210000－0702－0003321 921.7/151
增訂鑑略妥注讀本三卷 （明）李廷機撰 清光緒三十年（1904）上海同文社鉛印本 二冊

210000－0702－0003322 921.7/428
歷代史論十二卷 （明）張溥撰 清光緒十三年（1887）掃葉山房刻本 六冊

210000－0702－0003323 922.031/791
春秋大事表五十卷輿圖一卷附錄一卷 （清）顧棟高撰 清光緒陝西求友齋刻本 二十二冊 缺二冊（一、二十四）

210000－0702－0003324 922.2/21－1
欽定書經傳說彙纂二十一卷首二卷書序一卷 （清）王頊齡等撰 清同治十年（1871）湖北崇文書局刻本 十二冊

210000－0702－0003325 922.2/21－2
欽定書經傳說彙纂二十一卷首二卷書序一卷 （清）王頊齡等撰 清刻本 十二冊

210000－0702－0003326 922.2/21－3
欽定書經傳說彙纂二十一卷首二卷書序一卷 （清）王頊齡等撰 清同治七年（1868）馬新貽刻本 十二冊

210000－0702－0003327 922.2/21－4
欽定書經傳說彙纂二十一卷首二卷書序一卷 （清）王頊齡等撰 清同治七年（1868）馬新貽刻本 十二冊

210000－0702－0003328 922.2/65
史記一百三十卷 （漢）司馬遷撰 （南朝宋）裴駰集解 （唐）司馬貞索隱 （唐）張守節正義 清光緒三十一年（1905）上海久敬齋石印本 八冊

210000－0702－0003329 922.2/300－1
書經體注大全合參六卷 （清）錢希祥撰 清道光二十四年（1844）刻本 四冊

210000－0702－0003330 922.2/300－2
書經體注大全合參六卷 （清）錢希祥撰 清光緒十四年（1888）刻本 四冊

210000－0702－0003331 922.2/375－1
欽定書經圖說五十卷 （清）孫家鼐等撰 （清）詹秀林等繪圖 清光緒三十一年（1905）石印本 十六冊

210000－0702－0003332 922.2/375－2
欽定書經圖說五十卷 （清）孫家鼐等撰 （清）詹秀林等繪圖 清光緒三十一年（1905）石印本 十六冊

210000－0702－0003333 922.2/375－3
欽定書經圖說五十卷 （清）孫家鼐等撰 （清）詹秀林等繪圖 清光緒三十一年（1905）石印本 十六冊

210000－0702－0003334 922.2/375－4
欽定書經圖說五十卷 （清）孫家鼐等撰 （清）詹秀林等繪圖 清光緒三十一年（1905）石印本 八冊 存三十卷（二十一至五十）

210000－0702－0003335 922.2/654－1
書經二十卷 （漢）孔安國傳 （明）葛鼐訂 清永懷堂刻本 三冊

210000－0702－0003336 922.2/654－2
書六卷 （宋）蔡沈集傳 清光緒七年（1881）江西書局刻本 四冊

210000－0702－0003337 922.2/654－3
書六卷 （宋）蔡沈集傳 清光緒七年（1881）江西書局刻本 四冊

210000－0702－0003338 922.2/654－4
書六卷 （宋）蔡沈集傳 清光緒七年（1881）江西書局刻本 四冊

210000－0702－0003339　922.2/654－5

**書經六卷首一卷末一卷** （宋）蔡沈集傳　清光緒七年(1881)金陵書局刻本　四冊

210000－0702－0003340　922.2/654－6

**書經六卷首一卷末一卷** （宋）蔡沈集傳　清光緒二十二年(1896)新化三味堂刻本　四冊

210000－0702－0003341　922.2/654－7

**書經六卷首一卷末一卷** （宋）蔡沈集傳　清同治十三年(1874)湖南書局刻本　三冊

210000－0702－0003342　922.2/654－8

**書六卷** （宋）蔡沈集傳　清光緒元年(1875)刻本　四冊

210000－0702－0003343　922.2/937－1

**支那通史四卷** （日本）那珂通世編　清光緒二十五年(1899)東文學社石印本　五冊

210000－0702－0003344　922.2/937－2

**支那通史四卷** （日本）那珂通世編　清光緒二十五年(1899)東文學社石印本　五冊

210000－0702－0003345　922.2/937－3

**續支那通史二卷** （日本）藤田久道編　清光緒三十一年(1905)上海文明書局石印本　二冊

210000－0702－0003346　922.3/65－1

**司馬溫公稽古錄二十卷** （宋）司馬光撰　清同治十一年(1872)湖北崇文書局刻本　四冊

210000－0702－0003347　922.3/65－2

**司馬溫公稽古錄二十卷** （宋）司馬光撰　清同治十一年(1872)湖北崇文書局刻本　四冊

210000－0702－0003348　922.3/65－3

**司馬溫公稽古錄二十卷** （宋）司馬光撰　清同治十一年(1872)湖北崇文書局刻本　四冊

210000－0702－0003349　922.3/65－4

**司馬溫公稽古錄二十卷** （宋）司馬光撰　清同治十一年(1872)湖北崇文書局刻本　四冊

210000－0702－0003350　922.3/300

**吳越備史四卷補遺一卷** （宋）范坰　（宋）林禹撰　清光緒二十一年(1895)錢塘丁氏嘉惠堂刻本　二冊

210000－0702－0003351　922.3/491－1

**周季編略九卷** （清）黃式三纂　清同治十二年(1873)浙江書局刻本　二冊　存七卷(一至七)

210000－0702－0003352　922.3/491－2

**周季編略九卷** （清）黃式三纂　清同治十二年(1873)浙江書局刻本　二冊　存六卷(一至四、六至七)

210000－0702－0003353　922.3/775

**重訂路史全本前紀九卷後紀十四卷國名紀八卷發揮六卷餘論十卷** （宋）羅泌撰　清刻本　十二冊　存三十卷(前紀九卷、後紀一至八、發揮四至六、餘論十卷)

210000－0702－0003354　922.4/21－1

**欽定春秋傳說彙纂三十八卷首二卷** （清）王掞等撰　清康熙六十年(1721)刻本　二十四冊

210000－0702－0003355　922.4/21－2

**欽定春秋傳說彙纂三十八卷首二卷** （清）王掞等撰　清同治十年(1871)湖北崇文書局刻本　二十冊

210000－0702－0003356　922.4/21－3

**欽定春秋傳說彙纂三十八卷首二卷** （清）王掞等撰　清同治十年(1871)湖北崇文書局刻本　二十冊

210000－0702－0003357　922.4/21－4

**欽定春秋傳說彙纂三十八卷首二卷** （清）王掞等撰　清同治九年(1870)浙江撫署刻本　二十冊

210000－0702－0003358　922.4/21－5

**欽定春秋傳說彙纂三十八卷首二卷** （清）王掞等撰　清同治九年(1870)浙江撫署刻本　二十冊

210000－0702－0003359　922.4/148－1

**附釋音春秋左傳注疏六十卷附校勘記** （晉）杜預注　（唐）陸德明音義　（唐）孔穎達疏

清嘉慶二十年(1815)江西南昌府學刻本 十九冊 存四十一卷(二十至六十)

210000－0702－0003360 922.4/148－2

**評點春秋綱目左傳句解彙雋六卷** (清)韓菼重訂 清光緒九年(1883)刻本 六冊

210000－0702－0003361 922.4/148－3

**評點春秋綱目左傳句解彙雋六卷** (清)韓菼重訂 清末刻本 六冊

210000－0702－0003362 922.4/148－4

**如西所刻諸名家評點春秋綱目左傳句解六卷** (清)韓菼重訂 清刻本 六冊

210000－0702－0003363 922.4/148－5

**春秋左傳五十卷** (晉)杜預集解 (唐)陸德明音義 (宋)林堯叟注釋 清光緒三十一年(1905)直隷官書局刻本 一冊 存二卷(一至二)

210000－0702－0003364 922.4/148－6

**春秋左傳三十卷** (晉)杜預集解 (唐)陸德明音義 (明)金蟠校訂 明崇禎十二年(1639)永懷堂刻清同治八年(1869)浙江書局補刻本 十冊

210000－0702－0003365 922.4/148－7

**春秋左傳五十卷** (晉)杜預集解 (唐)陸德明音義 (宋)林堯叟注釋 清光緒二十六年(1900)刻本 十六冊

210000－0702－0003366 922.4/148－8

**春秋左傳五十卷** (晉)杜預集解 (唐)陸德明音義 (宋)林堯叟注釋 清光緒二十六年(1900)刻本 十六冊

210000－0702－0003367 922.4/148－9

**春秋左傳杜注三十卷** (清)姚培謙輯 清同治十一年(1872)湖南尊經閣刻本 十冊

210000－0702－0003368 922.4/148－10

**春秋左傳五十卷** (晉)杜預集解 (唐)陸德明音義 (宋)林堯叟注釋 清光緒二十六年(1900)刻本 十二冊

210000－0702－0003369 922.4/170－1

**呂氏春秋二十六卷** (戰國)呂不韋撰 (漢)高誘注 清光緒元年(1875)湖北崇文書局刻本 四冊

210000－0702－0003370 922.4/170－2

**劉子二卷** (北齊)劉晝撰 清光緒元年(1875)湖北崇文書局刻本 一冊

210000－0702－0003371 922.4/170－3

**金樓子六卷** (南朝梁)元帝蕭繹撰 清光緒元年(1875)湖北崇文書局刻本 二冊

210000－0702－0003372 922.4/170－4

**淮南鴻烈解二十一卷** (漢)劉安撰 (漢)高誘注 清光緒元年(1875)湖北崇文書局刻本 四冊

210000－0702－0003373 922.4/178－1

**監本附音春秋公羊注疏二十八卷** (漢)何休注 (唐)徐彥疏 清嘉慶二十年(1815)江西南昌府學刻本 九冊

210000－0702－0003374 922.4/178－2

**春秋公羊經傳解詁十二卷附重刊宋紹熙公羊傳注附音本校記** (漢)何休注 清同治二年(1863)揚州汪氏問禮堂刻本 二冊

210000－0702－0003375 922.4/178－3

**春秋穀梁傳十二卷** (晉)范寧集解 清末刻本 二冊

210000－0702－0003376 922.4/300

**春秋穀梁傳十二卷** (晉)范寧集解 (唐)陸德明音義 清光緒十二年(1886)湖北官書處刻本 四冊

210000－0702－0003377 922.4/316－1

**春秋左傳杜注三十卷首一卷** (清)姚培謙輯 清光緒九年(1883)江南書局刻本 十冊

210000－0702－0003378 922.4/316－2

**春秋左傳杜注三十卷首一卷** (清)姚培謙輯 清光緒十六年(1890)思賢講舍刻本 十二冊

210000－0702－0003379 922.4/316－3

**春秋左傳杜注三十卷首一卷** (清)姚培謙輯

清光緒十六年（1890）思賢講舍刻本　十二冊

210000－0702－0003380　922.4/316－4
**春秋左傳杜注三十卷首一卷**　（清）姚培謙輯
清光緒十六年（1890）思賢講舍刻本　十二冊

210000－0702－0003381　922.4/316－5
**春秋左傳杜注三十卷首一卷**　（清）姚培謙輯
清光緒十六年（1890）思賢講舍刻本　十二冊

210000－0702－0003382　922.4/316－6
**春秋左傳杜注三十卷首一卷**　（清）姚培謙輯
清光緒十六年（1890）思賢講舍刻本　十二冊

210000－0702－0003383　922.4/316－7
**春秋左傳杜注三十卷首一卷**　（清）姚培謙輯
清光緒十六年（1890）思賢講舍刻本　十二冊

210000－0702－0003384　922.4/316－8
**春秋左傳杜注三十卷首一卷**　（清）姚培謙輯
清末刻本　十一冊　缺一卷（一）

210000－0702－0003385　922.4/332
**左傳紀事本末五十三卷**　（清）高士奇撰　清光緒十四年(1888)上海書業公所崇德堂鉛印本　五冊

210000－0702－0003386　922.4/359
**袁王綱鑑合編三十九卷附御撰明紀綱目二十卷**　（明）袁黃輯　（明）王世貞編　清光緒三十年(1904)上海商務印書館鉛印本　十六冊

210000－0702－0003387　922.4/428－1
**欽定春秋傳說彙纂三十八卷首二卷**　（清）王棪等撰　清同治九年(1870)浙江撫署刻本　二十冊

210000－0702－0003388　922.4/428－2
**欽定春秋傳說彙纂三十八卷首二卷**　（清）王棪等撰　清刻本　八冊　存十一卷（二十八至三十八）

210000－0702－0003389　922.4/556－1
**論語注疏解經二十卷附校勘記二十卷**　（三國魏）何晏集解　（宋）邢昺疏　（清）阮元撰校勘記　（清）盧宜旬摘錄　清嘉慶二十年(1815)江西南昌府學刻本　五冊

210000－0702－0003390　922.4/556－2
**孝經注疏九卷附校勘記九卷**　（唐）玄宗李隆基注　（宋）邢昺校　清道光六年(1826)刻本　二冊

210000－0702－0003391　922.4/556－3
**監本附音春秋穀梁注疏二十卷附校勘記二十卷**　（晉）范寧集解　（唐）楊士勛疏　清嘉慶二十年(1815)江西南昌府學刻本　六冊

210000－0702－0003392　922.5/178
**王會篇箋釋三卷**　（清）何秋濤撰　清光緒十七年(1891)江蘇書局刻本　三冊

210000－0702－0003393　922.6/320－1
**史通削繁四卷**　（唐）劉知幾撰　（清）紀昀削繁　（清）浦起龍注　清光緒元年(1875)湖北崇文書局刻本　四冊

210000－0702－0003394　922.6/320－2
**史通削繁四卷**　（唐）劉知幾撰　（清）紀昀削繁　（清）浦起龍注　清光緒元年(1875)湖北崇文書局刻本　四冊

210000－0702－0003395　922.6/320－3
**史通削繁四卷**　（唐）劉知幾撰　（清）紀昀削繁　（清）浦起龍注　清道光十三年(1833)兩廣節署刻朱墨印本　四冊

210000－0702－0003396　922.6/650
**同菴史彙十卷**　（清）蔣善選評　清康熙思永堂刻本　八冊

210000－0702－0003397　922.7/834
**皇朝掌故讀本不分卷**　上海文明書局編　清光緒二十九年(1903)上海文明書局鉛印本　二冊

210000－0702－0003398　923/260
**補三國疆域志二卷**　（清）洪亮吉撰　清光緒

十七年(1891)廣雅書局刻廣雅書局叢書本
一冊

210000－0702－0003399　923.02/21
**讀通鑑論**三十卷末一卷　（清）王夫之撰　清
光緒二十五年(1899)武昌刻本　十六冊

210000－0702－0003400　923.2/21
**漢書補注**一百卷首一卷　（漢）班固撰　（唐）
顏師古注　王先謙補注　清光緒二十六年
(1900)長沙王氏刻本　三十二冊

210000－0702－0003401　923.2/65－1
**史記**一百三十卷　（漢）司馬遷撰　（南朝宋）
裴駰集解　清光緒四年(1878)金陵書局刻本
十六冊

210000－0702－0003402　923.2/65－2
**史記**一百三十卷　（漢）司馬遷撰　（南朝宋）
裴駰集解　清光緒四年(1878)金陵書局刻本
十六冊

210000－0702－0003403　923.2/65－3
**史記**一百三十卷　（漢）司馬遷撰　（南朝宋）
裴駰集解　清光緒四年(1878)金陵書局刻本
十六冊

210000－0702－0003404　923.2/65－4
**史記**一百三十卷　（漢）司馬遷撰　（南朝宋）
裴駰集解　（唐）司馬貞索隱　（唐）張守節正
義　清光緒十四年(1888)上海圖書集成印書
局鉛印本　八冊　存三十二卷(一至三十二)

210000－0702－0003405　923.2/65－5
**史記**一百三十卷　（漢）司馬遷撰　（南朝宋）
裴駰集解　（唐）司馬貞索隱　（唐）張守節正
義　清光緒二十年(1894)上海同文書局石印
本　二十六冊

210000－0702－0003406　923.2/65－6
**史記**一百三十卷　（漢）司馬遷撰　（南朝宋）
裴駰集解　清同治九年(1870)湖北崇文書局
刻本　二十四冊

210000－0702－0003407　923.2/65－7
**史記**一百三十卷　（漢）司馬遷撰　（南朝宋）

裴駰集解　清同治九年(1870)湖北崇文書局
刻本　二十四冊

210000－0702－0003408　923.2/65－8
**史記**一百三十卷　（漢）司馬遷撰　（南朝宋）
裴駰集解　清同治九年(1870)湖北崇文書局
刻本　二十四冊

210000－0702－0003409　923.2/65－9
**史記**一百三十卷　（漢）司馬遷撰　（南朝宋）
裴駰集解　清光緒四年(1878)金陵書局刻本
十二冊

210000－0702－0003410　923.2/65－10
**史記**一百三十卷　（漢）司馬遷撰　（南朝宋）
裴駰集解　清同治九年(1870)湖北崇文書局
刻本　六冊　存十七卷(一至十七)

210000－0702－0003411　923.2/82－1
**周書**五十卷　（唐）令狐德棻等撰　清光緒二
十年(1894)上海同文書局石印本　八冊

210000－0702－0003412　923.2/82－2
**周書**五十卷　（唐）令狐德棻等撰　清同治十
三年(1874)金陵書局刻本　六冊

210000－0702－0003413　923.2/82－3
**周書**五十卷　（唐）令狐德棻等撰　清同治十
三年(1874)金陵書局刻本　六冊

210000－0702－0003414　923.2/82－4
**周書**五十卷　（唐）令狐德棻等撰　清同治十
三年(1874)金陵書局刻本　四冊

210000－0702－0003415　923.2/82－5
**周書**五十卷　（唐）令狐德棻等撰　清光緒三
十四年(1908)上海集成圖書公司鉛印本
四冊

210000－0702－0003416　923.2/128－1
**宋書**一百卷　（南朝梁）沈約撰　清光緒三十
四年(1908)上海集成圖書公司鉛印本　十
二冊

210000－0702－0003417　923.2/128－2
**宋書**一百卷　（南朝梁）沈約撰　清同治十一
年(1872)金陵書局刻本　十八冊

210000－0702－0003418　923.2/128－3
**宋書一百卷**　（南朝梁）沈約撰　清同治十一年(1872)金陵書局刻本　十六冊

210000－0702－0003419　923.2/128－4
**宋書一百卷**　（南朝梁）沈約撰　清同治十一年(1872)金陵書局刻本　十六冊

210000－0702－0003420　923.2/128－5
**宋書一百卷**　（南朝梁）沈約撰　清光緒二十年(1894)上海同文書局石印本　二十四冊

210000－0702－0003421　923.2/151－1
**北齊書五十卷**　（唐）李百藥撰　清同治十三年(1874)金陵書局刻本　六冊

210000－0702－0003422　923.2/151－2
**北齊書五十卷**　（唐）李百藥撰　清光緒三十四年(1908)上海集成圖書公司鉛印本　六冊

210000－0702－0003423　923.2/151－3
**北齊書五十卷**　（唐）李百藥撰　清光緒二十年(1894)上海同文書局石印本　八冊

210000－0702－0003424　923.2/151－4
**北齊書五十卷**　（唐）李百藥撰　清同治十三年(1874)金陵書局刻本　四冊

210000－0702－0003425　923.2/151－5
**北齊書五十卷**　（唐）李百藥撰　清同治十三年(1874)金陵書局刻本　四冊

210000－0702－0003426　923.2/151－6
**北史一百卷**　（唐）李延壽撰　清同治十一年(1872)金陵書局刻本　二十四冊

210000－0702－0003427　923.2/151－7
**北史一百卷**　（唐）李延壽撰　清同治十一年(1872)金陵書局刻本　二十四冊

210000－0702－0003428　923.2/151－8
**北史一百卷**　（唐）李延壽撰　清同治十一年(1872)金陵書局刻本　二十冊

210000－0702－0003429　923.2/151－9
**北史一百卷**　（唐）李延壽撰　清光緒二十年(1894)上海同文書局石印本　二十四冊

210000－0702－0003430　923.2/151－10
**北史一百卷附考證一百卷**　（唐）李延壽撰　清光緒三十四年(1908)上海集成圖書公司鉛印本　十四冊　存八十卷(一至四十五、五十二至八十六)

210000－0702－0003431　923.2/151－11
**晉書一百三十卷音義三卷**　（唐）房玄齡等撰　（唐）何超音義　清同治十年(1871)金陵書局刻本　二十四冊

210000－0702－0003432　923.2/151－12
**晉書一百三十卷**　（唐）房玄齡等撰　清光緒三十四年(1908)上海集成圖書公司鉛印本　十六冊

210000－0702－0003433　923.2/151－13
**晉書一百三十卷音義三卷**　（唐）房玄齡等撰　（唐）何超音義　清同治十年(1871)金陵書局刻本　二十四冊

210000－0702－0003434　923.2/151－14
**晉書一百三十卷**　（唐）房玄齡等撰　清光緒二十年(1894)上海同文書局石印本　三十冊

210000－0702－0003435　923.2/151－15
**晉書一百三十卷音義三卷**　（唐）房玄齡等撰　（唐）何超音義　清同治十年(1871)金陵書局刻本　二十冊

210000－0702－0003436　923.2/151－16
**南史八十卷**　（唐）李延壽撰　清光緒二十年(1894)上海同文書局石印本　九冊　存三十六卷(一至三、四十八至八十)

210000－0702－0003437　923.2/151－17
**南史八十卷**　（唐）李延壽撰　清同治十一年(1872)金陵書局刻本　十二冊

210000－0702－0003438　923.2/151－18
**南史八十卷**　（唐）李延壽撰　清同治十一年(1872)金陵書局刻本　十六冊

210000－0702－0003439　923.2/151－19
**南史八十卷**　（唐）李延壽撰　清同治十一年(1872)金陵書局刻本　十二冊

210000 – 0702 – 0003440　923.2/300 – 1

**後漢書一百三十卷**　（南朝宋）范曄撰　（唐）李賢注　（晉）司馬彪續纂　（南朝梁）劉昭續注　清光緒十三年(1887)金陵書局刻本　二十六冊

210000 – 0702 – 0003441　923.2/300 – 2

**後漢書一百三十卷**　（南朝宋）范曄撰　（唐）李賢注　（晉）司馬彪續纂　（南朝梁）劉昭續注　清光緒二十年(1894)上海同文書局石印本　二十八冊

210000 – 0702 – 0003442　923.2/300 – 3

**後漢書一百三十卷**　（南朝宋）范曄撰　（唐）李賢注　（晉）司馬彪續纂　（南朝梁）劉昭續注　清光緒十三年(1887)金陵書局刻本　十六冊

210000 – 0702 – 0003443　923.2/300 – 4

**後漢書一百三十卷**　（南朝宋）范曄撰　（唐）李賢注　（晉）司馬彪續纂　（南朝梁）劉昭續注　清光緒十三年(1887)金陵書局刻本　十六冊

210000 – 0702 – 0003444　923.2/300 – 5

**後漢書一百三十卷**　（南朝宋）范曄撰　（唐）李賢注　（晉）司馬彪續纂　（南朝梁）劉昭續注　明崇禎十六年(1643)毛氏汲古閣刻本　十六冊

210000 – 0702 – 0003445　923.2/300 – 6

**後漢書一百三十卷**　（南朝宋）范曄撰　（唐）李賢注　（晉）司馬彪續纂　（南朝梁）劉昭續注　清光緒十三年(1887)金陵書局刻本　七冊　存四十五卷(一至四十五)

210000 – 0702 – 0003446　923.2/300 – 7

**後漢書一百三十卷**　（南朝宋）范曄撰　（唐）李賢注　（晉）司馬彪續纂　（南朝梁）劉昭續注　清末金陵書局刻本　四冊　存三十三卷(五十四至八十六)

210000 – 0702 – 0003447　923.2/300 – 8

**後漢書一百三十卷**　（南朝宋）范曄撰　（唐）李賢注　（晉）司馬彪續纂　（南朝梁）劉昭續注　清光緒三十四年(1908)上海集成圖書公司鉛印本　八冊　存六十九卷(一至六十九)

210000 – 0702 – 0003448　923.2/316 – 1

**陳書三十六卷**　（唐）姚思廉撰　清同治十一年(1872)金陵書局刻本　四冊

210000 – 0702 – 0003449　923.2/316 – 2

**陳書三十六卷**　（唐）姚思廉撰　清同治十一年(1872)金陵書局刻本　四冊

210000 – 0702 – 0003450　923.2/316 – 3

**陳書三十六卷**　（唐）姚思廉撰　清同治十一年(1872)金陵書局刻本　四冊

210000 – 0702 – 0003451　923.2/316 – 4

**梁書五十六卷**　（唐）姚思廉撰　清同治十三年(1874)金陵書局刻本　六冊

210000 – 0702 – 0003452　923.2/316 – 5

**梁書五十六卷**　（唐）姚思廉撰　清同治十三年(1874)金陵書局刻本　六冊

210000 – 0702 – 0003453　923.2/316 – 6

**梁書五十六卷**　（唐）姚思廉撰　清同治十三年(1874)金陵書局刻本　八冊

210000 – 0702 – 0003454　923.2/316 – 7

**梁書五十六卷**　（唐）姚思廉撰　清光緒二十年(1894)上海同文書局石印本　八冊

210000 – 0702 – 0003455　923.2/350 – 1

**漢書一百二十卷**　（漢）班固撰　（唐）顏師古注　清光緒十三年(1887)金陵書局刻本　三十冊

210000 – 0702 – 0003456　923.2/350 – 2

**漢書一百二十卷**　（漢）班固撰　（唐）顏師古注　清光緒十三年(1887)金陵書局刻本　十六冊

210000 – 0702 – 0003457　923.2/350 – 3

**漢書一百二十卷**　（漢）班固撰　（唐）顏師古注　清光緒十三年(1887)金陵書局刻本　十六冊

210000 – 0702 – 0003458　923.2/350 – 4

**漢書一百二十卷**　（漢）班固撰　（唐）顏師古

注 清光緒二十年(1894)上海同文書局石印本 三十二冊

210000－0702－0003459 923.2/350－5
漢書一百二十卷 (漢)班固撰 (唐)顏師古注 清光緒十三年(1887)金陵書局刻本 二十冊

210000－0702－0003460 923.2/350－6
漢書一百二十卷 (漢)班固撰 (唐)顏師古注 清光緒金陵書局刻本 四冊 存十四卷(十九至三十二)

210000－0702－0003461 923.2/350－7
漢書一百二十卷 (漢)班固撰 (唐)顏師古注 清初琴川毛氏汲古閣刻本 五冊 存十九卷(一至十九)

210000－0702－0003462 923.2/441－1
三國志六十五卷 (晉)陳壽撰 (南朝宋)裴松之注 清同治九年(1870)金陵書局刻本 八冊

210000－0702－0003463 923.2/441－2
三國志六十五卷 (晉)陳壽撰 (南朝宋)裴松之注 清光緒十三年(1887)江南書局刻本 十二冊

210000－0702－0003464 923.2/441－3
三國志六十五卷 (晉)陳壽撰 (南朝宋)裴松之注 清光緒十三年(1887)江南書局刻本 十冊

210000－0702－0003465 923.2/441－4
三國志六十五卷 (晉)陳壽撰 (南朝宋)裴松之注 清光緒二十八年(1902)竢實齋石印本 四冊

210000－0702－0003466 923.2/441－5
欽定三國志六十五卷 (晉)陳壽撰 (南朝宋)裴松之注 清光緒石印本 六冊 存二十四卷(魏志四至二十七)

210000－0702－0003467 923.2/441－6
三國志六十五卷 (晉)陳壽撰 (南朝宋)裴松之注 清光緒三十四年(1908)上海集成圖

書公司鉛印本 八冊

210000－0702－0003468 923.2/727－1
南齊書五十九卷 (南朝梁)蕭子顯撰 清同治十三年(1874)金陵書局刻本 八冊

210000－0702－0003469 923.2/727－2
南齊書五十九卷 (南朝梁)蕭子顯撰 清同治十三年(1874)金陵書局刻本 六冊

210000－0702－0003470 923.2/727－3
南齊書五十九卷 (南朝梁)蕭子顯撰 清同治十三年(1874)金陵書局刻本 六冊

210000－0702－0003471 923.2/727－4
南齊書五十九卷 (南朝梁)蕭子顯撰 清光緒二十年(1894)上海同文書局石印本 八冊

210000－0702－0003472 923.2/761－1
隋書八十五卷 (唐)魏徵等撰 清同治十年(1871)淮南書局刻本 十二冊

210000－0702－0003473 923.2/761－2
隋書八十五卷 (唐)魏徵等撰 清同治十年(1871)淮南書局刻本 二十冊

210000－0702－0003474 923.2/761－3
隋書八十五卷 (唐)魏徵等撰 清光緒二十年(1894)上海同文書局石印本 二十四冊

210000－0702－0003475 923.2/761－4
隋書八十五卷 (唐)魏徵等撰 清同治十年(1871)淮南書局刻本 十二冊

210000－0702－0003476 923.2/761－5
魏書一百十四卷 (北齊)魏收撰 清光緒二十年(1894)上海同文書局石印本 二十四冊

210000－0702－0003477 923.2/761－6
魏書一百十四卷 (北齊)魏收撰 清同治十一年(1872)金陵書局刻本 二十冊

210000－0702－0003478 923.2/761－7
魏書一百十四卷 (北齊)魏收撰 清同治十一年(1872)金陵書局刻本 二十四冊

210000－0702－0003479 923.2/761－8
魏書一百十四卷 (北齊)魏收撰 清光緒三

十四年(1908)上海集成圖書公司鉛印本　十六冊

210000－0702－0003480　923.2/761－9

**魏書一百十四卷**　（北齊)魏收撰　清同治十一年(1872)金陵書局刻本　二十冊

210000－0702－0003481　923.3/393

**漢書西域傳補注二卷**　（清)徐松撰　清光緒二十年(1894)廣雅書局刻本　一冊

210000－0702－0003482　923.3/462－1

**十六國春秋一百卷**　（北魏)崔鴻撰　清光緒十二年(1886)湖北官書處刻本　十二冊

210000－0702－0003483　923.3/462－2

**十國春秋一百十六卷**　（清)吳任臣撰　清末刻本　二十四冊

210000－0702－0003484　923.5/661－1

**廿一史約編八卷首一卷**　（清)鄭元慶撰　清刻本　八冊

210000－0702－0003485　923.5/661－2

**廿一史約編八卷首一卷**　（清)鄭元慶撰　清刻本　八冊

210000－0702－0003486　923.7/727

**分類歷史揭要十二卷**　（清)蕭雨春編輯　清宣統二年(1910)石印本　四冊

210000－0702－0003487　924.2/636－1

**唐書二百二十五卷**　（宋)歐陽修等撰　清同治十二年(1873)浙江書局刻本　四十冊

210000－0702－0003488　924.2/636－2

**唐書二百二十五卷**　（宋)歐陽修等撰　清同治十二年(1873)浙江書局刻本　四十冊

210000－0702－0003489　924.2/636－3

**唐書二百二十五卷唐書釋音二十五卷**　（宋)歐陽修等撰　（宋)董衝撰釋音　清光緒二十年(1894)上海同文書局石印本　五十冊

210000－0702－0003490　924.2/636－4

**唐書二百二十五卷**　（宋)歐陽修等撰　清同治十二年(1873)浙江書局刻本　三十六冊

210000－0702－0003491　924.2/636－5

**唐書二百二十五卷**　（宋)歐陽修等撰　清同治十二年(1873)浙江書局刻本　四十冊

210000－0702－0003492　924.2/636－6

**五代史七十四卷**　（宋)歐陽修撰　（宋)徐無黨注　清同治十一年(1872)湖北崇文書局刻本　八冊

210000－0702－0003493　924.2/636－7

**五代史七十四卷**　（宋)歐陽修撰　（宋)徐無黨注　清同治十一年(1872)湖北崇文書局刻本　八冊

210000－0702－0003494　924.2/636－8

**五代史七十四卷**　（宋)歐陽修撰　（宋)徐無黨注　清光緒二十年(1894)上海同文書局石印本　十冊

210000－0702－0003495　924.2/674－1

**舊唐書二百卷**　（五代)劉昫等撰　清同治十一年(1872)浙江書局刻本　四十冊

210000－0702－0003496　924.2/674－2

**舊唐書二百卷**　（五代)劉昫等撰　清同治十一年(1872)浙江書局刻本　四十冊

210000－0702－0003497　924.2/674－3

**舊唐書二百卷**　（五代)劉昫等撰　清同治十一年(1872)浙江書局刻本　四十冊

210000－0702－0003498　924.2/674－4

**舊唐書二百卷**　（五代)劉昫等撰　清光緒二十年(1894)上海同文書局石印本　四十八冊

210000－0702－0003499　924.2/674－5

**舊唐書二百卷附考證**　（五代)劉昫等撰　清光緒鉛印本　八冊　存四十卷(六至二十八、三十九至四十、七十一至七十八、九十八至一百四)

210000－0702－0003500　924.2/731－1

**舊五代史一百五十卷目錄二卷**　（宋)薛居正等撰　清同治十一年(1872)湖北崇文書局刻本　十六冊

210000－0702－0003501　924.2/731－2

舊五代史一百五十卷目錄二卷 （宋）薛居正
等撰 清同治十一年（1872）湖北崇文書局刻
本 十五冊 缺十三卷（六十三至七十五）

210000－0702－0003502 924.2/731－3
舊五代史一百五十卷目錄二卷 （宋）薛居正
等撰 清光緒二十年（1894）上海同文書局石
印本 二十三冊 存一百四十七卷（四至一
百五十）

210000－0702－0003503 924.3/300－1
東萊先生音注唐鑑二十四卷 （宋）范祖禹撰
（宋）呂祖謙注 清光緒十八年（1892）浙江
書局刻本 四冊

210000－0702－0003504 924.3/300－2
東萊先生音注唐鑑二十四卷 （宋）范祖禹撰
（宋）呂祖謙注 清光緒十八年（1892）浙江
書局刻本 四冊

210000－0702－0003505 924.3/300－3
東萊先生音注唐鑑二十四卷 （宋）范祖禹撰
（宋）呂祖謙注 清光緒十八年（1892）浙江
書局刻本 四冊

210000－0702－0003506 925/428－1
宋史論三卷 （明）張溥撰 清光緒刻本
二冊

210000－0702－0003507 925/428－2
元史論一卷 （明）張溥撰 清光緒刻本
一冊

210000－0702－0003508 925/428－3
明史論四卷 （清）谷應泰撰 清光緒刻本
一冊 存三卷（二至四）

210000－0702－0003509 925/668
太平寰宇記二百卷目錄二卷 （宋）樂史撰
清嘉慶八年（1803）萬廷蘭刻本 三十六冊

210000－0702－0003510 925.02/21－1
宋論十五卷 （清）王夫之撰 清光緒二十五
年（1899）武昌刻本 四冊

210000－0702－0003511 925.02/21－2
宋論五卷 （清）王夫之撰 清末公興書局鉛

印本 二冊

210000－0702－0003512 925.2/122－1
元史二百十卷目錄二卷附考證 （明）宋濂等
撰 清光緒二十年（1894）上海同文書局石印
本 五十一冊

210000－0702－0003513 925.2/122－2
元史二百十卷目錄二卷附考證 （明）宋濂等
撰 清同治十三年（1874）江蘇書局刻本 四
十

210000－0702－0003514 925.2/122－3
元史二百十卷目錄二卷附考證 （明）宋濂等
撰 清同治十三年（1874）江蘇書局刻本 四
十

210000－0702－0003515 925.2/122－4
元史二百十卷目錄二卷附考證 （明）宋濂等
撰 清同治十三年（1874）江蘇書局刻本 四
十

210000－0702－0003516 925.2/122－5
元史二百十卷附考證 （明）宋濂等撰 清光
緒二十九年（1903）上海點石齋石印本 十
四冊

210000－0702－0003517 925.2/122－6
元史二百十卷附考證 （明）宋濂等撰 清光
緒二十九年（1903）上海點石齋石印本 十
四冊

210000－0702－0003518 925.2/122－7
元史二百十卷附考證 （明）宋濂等撰 清光
緒二十九年（1903）上海點石齋石印本 十
四冊

210000－0702－0003519 925.2/122－8
元史二百十卷附考證 （明）宋濂等撰 清光
緒二十九年（1903）上海點石齋石印本 十
四冊

210000－0702－0003520 925.2/122－9
元史二百十卷目錄二卷 （明）宋濂等撰 清
光緒三十四年（1908）上海集成圖書公司鉛印
本 二十五冊

210000 - 0702 - 0003521　925.2/465 - 1

**金史一百三十五卷首一卷附考證附欽定金國
語解一卷**　（元）脫脫等撰　清同治十三年
（1874）江蘇書局刻本　十八冊

210000 - 0702 - 0003522　925.2/465 - 2

**金史一百三十五卷首一卷附考證附欽定金國
語解一卷**　（元）脫脫等撰　清同治十三年
（1874）江蘇書局刻本　二十四冊

210000 - 0702 - 0003523　925.2/465 - 3

**金史一百三十五卷首一卷附考證附欽定金國
語解一卷**　（元）脫脫等撰　清同治十三年
（1874）江蘇書局刻本　二十四冊

210000 - 0702 - 0003524　925.2/465 - 4

**金史一百三十五卷首一卷附考證附欽定金國
語解一卷**　（元）脫脫等撰　清光緒二十年
（1894）上海同文書局石印本　二十四冊

210000 - 0702 - 0003525　925.2/465 - 5

**金史一百三十五卷首一卷附考證附欽定金國
語解一卷**　（元）脫脫等撰　清光緒二十九年
（1903）上海點石齋石印本　八冊

210000 - 0702 - 0003526　925.2/465 - 6

**金史一百三十五卷首一卷附考證附欽定金國
語解一卷**　（元）脫脫等撰　清光緒二十九年
（1903）上海點石齋石印本　八冊

210000 - 0702 - 0003527　925.2/465 - 7

**金史一百三十五卷首一卷附考證附欽定金國
語解一卷**　（元）脫脫等撰　清光緒鉛印本
十二冊　存一百四卷（五至三十二、四十二至
五十、五十九至六十三、七十四至一百三十
五）

210000 - 0702 - 0003528　925.2/465 - 8

**遼史一百十五卷附考證**　（元）脫脫等撰　清
同治十二年（1873）江蘇書局刻本　十二冊

210000 - 0702 - 0003529　925.2/465 - 9

**遼史一百十五卷附考證**　（元）脫脫等撰　清
同治十二年（1873）江蘇書局刻本　十二冊

210000 - 0702 - 0003530　925.2/465 - 10

**遼史一百十五卷附考證**　（元）脫脫等撰　清
同治十二年（1873）江蘇書局刻本　十二冊

210000 - 0702 - 0003531　925.2/465 - 11

**遼史一百十五卷附考證**　（元）脫脫等撰　清
光緒二十年（1894）上海同文書局石印本
八冊

210000 - 0702 - 0003532　925.2/465 - 12

**遼史一百十五卷附考證**　（元）脫脫等撰　清
光緒二十九年（1903）上海點石齋石印本
六冊

210000 - 0702 - 0003533　925.2/465 - 13

**遼史一百十五卷附考證**　（元）脫脫等撰　清
光緒二十九年（1903）上海點石齋石印本
六冊

210000 - 0702 - 0003534　925.2/465 - 14

**遼史一百十五卷**　（元）脫脫等撰　清光緒三
十四年（1908）上海集成圖書公司鉛印本
八冊

210000 - 0702 - 0003535　925.2/465 - 15

**宋史四百九十六卷目錄三卷**　（元）脫脫等撰
清光緒元年（1875）浙江書局刻本　一百冊

210000 - 0702 - 0003536　925.2/465 - 16

**宋史四百九十六卷目錄三卷**　（元）脫脫等撰
清光緒元年（1875）浙江書局刻本　九十
九冊

210000 - 0702 - 0003537　925.2/465 - 17

**宋史四百九十六卷目錄三卷**　（元）脫脫等撰
清光緒二十年（1894）上海同文書局石印本
一百冊

210000 - 0702 - 0003538　925.2/465 - 18

**宋史四百九十六卷目錄三卷**　（元）脫脫等撰
清光緒元年（1875）浙江書局刻本　九十
六冊

210000 - 0702 - 0003539　925.2/465 - 19

**宋史四百九十六卷目錄三卷**　（元）脫脫等撰
清光緒三十四年（1908）上海集成圖書公司
鉛印本　六十四冊

210000－0702－0003540　925.2/465－20

**宋史四百九十六卷目錄三卷**　（元）脫脫等撰
　清光緒鉛印本　三十六冊　存三百九十九卷（一至五十四、八十三至一百三十七、一百五十七至一百七十、二百五至三百六十七、三百八十七至四百九十六，目錄三卷）

210000－0702－0003541　925.3/151－1

**元朝秘史十五卷**　（元）□□撰　（清）李文田注　清光緒二十九年（1903）上海文瑞樓石印本　四冊

210000－0702－0003542　925.3/151－2

**元史譯文證補三十卷**　（清）洪鈞撰　清光緒二十三年（1897）鉛印本　四冊　存二十七卷（一至十八、二十二至三十）

210000－0702－0003543　925.3/434

**宋史翼四十卷**　（清）陸心源輯　清光緒三十二年（1906）刻本　十冊

210000－0702－0003544　925.3/644

**遼史拾遺二十四卷補五卷**　（清）厲鶚撰（清）楊復吉撰補　清光緒二十六年（1900）廣雅書局刻本　八冊

210000－0702－0003545　925.3/938－1

**最近支那史二卷**　（日本）河野通之　（日本）石村真一輯　清光緒二十四年（1898）上海振東室學社鉛印本　四冊

210000－0702－0003546　925.3/938－2

**最近支那史二卷**　（日本）河野通之　（日本）石村真一輯　清光緒二十四年（1898）上海振東室學社鉛印本　四冊

210000－0702－0003547　925.4/151

**遼史紀事本末四十卷首一卷**　（清）李有棠撰
　清光緒二十八年（1902）上海著易堂書局鉛印本　二冊

210000－0702－0003548　925.4/428－1

**西夏紀事本末三十六卷首二卷**　（清）張鑑撰
　清光緒十四年（1888）上海書業公所崇德堂鉛印本　二冊

210000－0702－0003549　925.4/428－2

**西夏紀事本末三十六卷首二卷**　（清）張鑑撰
　清光緒十年（1884）江蘇書局刻本　四冊

210000－0702－0003550　925.4/441－1

**宋史紀事本末一百九卷**　（明）馮琦撰　（明）陳邦瞻增訂　（明）張溥論正　清光緒十四年（1888）上海書業公所崇德堂鉛印本　八冊

210000－0702－0003551　925.4/441－2

**元史紀事本末二十七卷**　（明）陳邦瞻撰（明）張溥論正　清光緒十四年（1888）上海書業公所崇德堂鉛印本　二冊

210000－0702－0003552　925.7/65

**涑水記聞十六卷補遺一卷**　（宋）司馬光撰　清光緒三年（1877）湖北崇文書局刻本　四冊

210000－0702－0003553　925.7/151

**元朝秘史十五卷首一卷**　（元）□□撰　（清）李文田注　清光緒二十二年（1896）通隱堂刻本　四冊

210000－0702－0003554　925.7/178

**校正元親征錄一卷**　（清）何秋濤撰　清光緒二十年（1894）小湖巢刻本　一冊

210000－0702－0003555　925.7/975

**宋遼金元菁華錄十卷**　（清）納蘭常安選評　清光緒二十六年（1900）上海書局石印本　四冊

210000－0702－0003556　926/375

**二申野錄八卷**　（清）孫之騄輯　清光緒二十七年（1901）吟香館刻本　四冊

210000－0702－0003557　926.1/428

**御批資治通鑑綱目三編二十卷**　（清）張廷玉等編　清乾隆十一年（1746）刻本　六冊

210000－0702－0003558　926.2/428－1

**明史三百三十二卷目錄四卷**　（清）張廷玉等撰　清光緒三年（1877）湖北崇文書局刻本　八十冊

210000－0702－0003559　926.2/428－2

**明史三百三十二卷目錄四卷**　（清）張廷玉等

撰　清光緒三年（1877）湖北崇文書局刻本
八十冊

210000－0702－0003560　926.2/428－3
**明史三百三十二卷目錄四卷**　（清）張廷玉等
撰　清光緒三年（1877）湖北崇文書局刻本
八十冊

210000－0702－0003561　926.2/428－4
**明史三百三十二卷目錄四卷**　（清）張廷玉等
撰　清光緒二十年（1894）上海同文書局石印
本　一百十二冊

210000－0702－0003562　926.2/428－5
**明史三百三十二卷目錄四卷**　（清）張廷玉等
撰　清光緒三十四年（1908）上海集成圖書公
司鉛印本　四十冊

210000－0702－0003563　926.2/428－6
**明史三百三十二卷目錄四卷**　（清）張廷玉等
撰　清光緒刻本　十六冊　存八十三卷（一
百二十九至一百七十四、二百七至二百四十
三）

210000－0702－0003564　926.3/18
**明季稗史彙編二十七卷**　題（清）留雲居士輯
清光緒二十二年（1896）上海圖書集成印書
局鉛印本　六冊

210000－0702－0003565　926.4/177
**明史紀事本末八十卷**　（清）谷應泰撰　清光
緒十四年（1888）上海書業公所崇德堂鉛印本
八冊

210000－0702－0003566　926.4/441
**明紀六十卷**　（清）陳鶴撰　清末石印本　四
冊　存四十卷（二十一至六十）

210000－0702－0003567　926.5/370－1
**明通鑑九十卷首一卷前編四卷坿編六卷**
（清）夏燮編輯　清光緒二十九年（1903）上海
點石齋石印本　十六冊

210000－0702－0003568　926.5/370－2
**明通鑑九十卷首一卷前編四卷坿編六卷**
（清）夏燮編輯　清光緒二十三年（1897）湖北

官書處刻本　四十冊

210000－0702－0003569　926.5/966－1
**欽定明鑑二十四卷首一卷**　（清）托津等撰
清末刻本　十二冊　存十二卷（十三至二十
四）

210000－0702－0003570　926.5/966－2
**欽定明鑑二十四卷首一卷**　（清）托津等撰
清同治九年（1870）湖北崇文書局刻本　十冊

210000－0702－0003571　926.5/966－3
**欽定明鑑二十四卷首一卷**　（清）托津等撰
清同治九年（1870）湖北崇文書局刻本　十冊

210000－0702－0003572　926.7/346
**九朝野記四卷**　（明）祝允明撰　清宣統三年
（1911）時中書局鉛印本　二冊

210000－0702－0003573　926.7/674－1
**明宮史八卷**　（明）劉若愚撰　清宣統二年
（1910）上海國學扶輪社鉛印本　二冊

210000－0702－0003574　926.7/674－2
**明宮史八卷**　（明）劉若愚撰　清宣統三年
（1911）上海國學扶輪社鉛印本　二冊

210000－0702－0003575　927/128－1
**光緒政要三十四卷**　（清）沈桐生等輯　清宣
統元年（1909）上海崇義堂石印本　三十冊

210000－0702－0003576　927/128－2
**光緒政要三十四卷**　（清）沈桐生等輯　清宣
統元年（1909）上海崇義堂石印本　三十冊

210000－0702－0003577　927/164
**養吉齋叢錄二十六卷餘錄十卷**　（清）吳振棫
撰　清光緒二十二年（1896）刻本　八冊

210000－0702－0003578　927/178
**朔方備乘六十八卷首十二卷**　（清）何秋濤撰
清光緒石印本　八冊

210000－0702－0003579　927/211
**林文忠公政書五種**　（清）林則徐撰　清光緒
二十四年（1898）天津文德堂石印本　六冊

210000－0702－0003580　927/938

新譯日清海陸戰爭史 （日本）松井廣吉撰
（清）范枕石譯 清光緒二十八年（1902）上洋
會文編譯社石印本 一冊

210000－0702－0003581 927/944
支那新史攬要六卷 （日本）增田貢撰 清光
緒二十七年（1901）上洋會文堂石印本 四冊

210000－0702－0003582 927.1/393
小腆紀年坿攷二十卷 （清）徐鼒撰 清咸豐
十一年（1861）刻本 十二冊

210000－0702－0003583 927.25/253
大清一統志五百卷 （清）和珅等纂 清光緒
二十八年（1902）上海寶善齋石印本 六十冊

210000－0702－0003584 927.3/21－1
十一朝東華錄 王先謙編 清光緒二十五年
（1899）石印本 八十八冊

210000－0702－0003585 927.3/21－2
十一朝東華錄 王先謙編 清光緒二十五年
（1899）石印本 八十六冊 缺二十三卷（天
命四卷、天聰十一卷、崇德八卷）

210000－0702－0003586 927.3/98
[光緒]東華續錄二百二十卷 （清）朱壽朋編
清宣統元年（1909）上海集成圖書公司鉛印
本 六十四冊

210000－0702－0003587 927.4/21－1
十一朝東華錄 王先謙編 清光緒十四年
（1888）刻本 二百四十九冊

210000－0702－0003588 927.4/21－2
通商始末記二十卷 （清）王之春編 清光緒
二十七年（1901）上海申昌社石印本 六冊

210000－0702－0003589 927.4/556
三藩紀事本末二十二卷 （清）楊陸榮編 清
光緒十四年（1888）上海書業公所崇德堂鉛印
本 一冊

210000－0702－0003590 927.4/580
東華錄詳節二十四卷 （清）鄔樹庭編 清光
緒二十六年（1900）上海東文學堂石印本 十
六冊

210000－0702－0003591 927.4/650－1
六朝東華錄三十二卷 （清）蔣良騏編 清刻
本 十六冊

210000－0702－0003592 927.4/650－2
六朝東華錄三十二卷 （清）蔣良騏編 清善
成堂刻本 十二冊

210000－0702－0003593 927.4/650－3
六朝東華錄三十二卷 （清）蔣良騏編 清末
如不及齋刻本 十六冊

210000－0702－0003594 927.4/650－4
六朝東華錄三十二卷 （清）蔣良騏編 清刻
本 八冊 存十六卷（一至十六）

210000－0702－0003595 927.4/659
東華備遺錄十六卷 （清）蔣良騏撰 清抄本
八冊

210000－0702－0003596 927.5/761－1
聖武記十四卷 （清）魏源撰 清刻本 六冊

210000－0702－0003597 927.5/761－2
聖武記十四卷 （清）魏源撰 清光緒二十九
年（1903）上海六藝書莊石印本 五冊

210000－0702－0003598 927.5/761－3
聖武記十四卷 （清）魏源撰 清刻本 十
二冊

210000－0702－0003599 927.5/761－4
聖武記十四卷 （清）魏源撰 清刻本 十
二冊

210000－0702－0003600 927.5/761－5
聖武記十四卷 （清）魏源撰 清刻本 十
六冊

210000－0702－0003601 927.6/21－1
讀通鑑論十卷末一卷 （清）王夫之撰 清光
緒二十四年（1898）上海公興書局鉛印本
六冊

210000－0702－0003602 927.6/21－2
讀通鑑論十卷末一卷 （清）王夫之撰 清光
緒二十九年（1903）上海官書局鉛印本 八冊

210000－0702－0003603　927.7/61－1

**左文襄公奏疏初編三十八卷續編七十六卷三編六卷**　（清）左宗棠撰　清光緒十六年(1890)上海圖書集成局鉛印本　二十冊

210000－0702－0003604　927.7/61－2

**左文襄公奏疏初編三十八卷續編七十六卷三編六卷**　（清）左宗棠撰　清光緒十六年(1890)上海圖書集成局鉛印本　二十冊

210000－0702－0003605　927.7/61－3

**左文襄公奏疏初編三十八卷續編七十六卷三編六卷**　（清）左宗棠撰　清光緒十六年(1890)上海圖書集成局鉛印本　二十冊

210000－0702－0003606　927.7/122

**皇清奏議六十八卷首一卷**　題(清)琴川居士輯　清光緒二十八年(1902)雲間麗澤學會石印本　八冊

210000－0702－0003607　927.7/300－1

**硃批諭旨不分卷**　（清）鄂爾泰等輯　清光緒十三年(1887)上海點石齋石印本　六十冊

210000－0702－0003608　927.7/300－2

**硃批諭旨不分卷**　（清）鄂爾泰等輯　清光緒十三年(1887)上海點石齋石印本　六十冊

210000－0702－0003609　927.7/347－1

**平浙紀略十六卷**　（清）秦緗業等撰　清同治十二年(1873)浙江書局刻本　四冊

210000－0702－0003610　927.7/347－2

**平浙紀略十六卷**　（清）秦緗業等撰　清同治十二年(1873)浙江書局刻本　四冊

210000－0702－0003611　927.7/406

**李肅毅伯奏議二十卷**　（清）李鴻章撰　（清）章洪鈞　（清）吳汝綸編輯　清光緒二十五年(1899)上海鴻文書局石印本　二十冊

210000－0702－0003612　927.7/486－1

**彭剛直公奏稿八卷**　（清）彭玉麟撰　清光緒鉛印本　四冊

210000－0702－0003613　927.7/486－2

**彭剛直公奏稿八卷**　（清）彭玉麟撰　清光緒鉛印本　四冊

210000－0702－0003614　927.7/674－1

**江楚會奏變法摺三卷**　（清）劉坤一　（清）張之洞撰　清光緒二十七年(1901)鉛印本　三冊

210000－0702－0003615　927.7/674－2

**江楚會奏變法摺三卷**　（清）劉坤一　（清）張之洞撰　清光緒二十七年(1901)鉛印本　三冊

210000－0702－0003616　927.7/674－3

**江楚會奏變法摺三卷**　（清）劉坤一　（清）張之洞撰　清光緒二十七年(1901)鉛印本　三冊

210000－0702－0003617　928/717

**漸學廬叢書第一集十五種**　（清）胡祥鑅輯　清光緒二十三年至二十五年(1897－1899)胡氏漸學廬石印本　十一冊

210000－0702－0003618　929.2/206－1

**皇朝藩部要略十八卷世系表四卷**　（清）祁韻士撰　（清）毛嶽生編　清光緒十年(1884)浙江書局刻本　八冊

210000－0702－0003619　929.2/206－2

**皇朝藩部要略十八卷世系表四卷**　（清）祁韻士撰　（清）毛嶽生編　清光緒十年(1884)浙江書局刻本　八冊

210000－0702－0003620　929.2/206－3

**皇朝藩部要略十八卷世系表四卷**　（清）祁韻士撰　（清）毛嶽生編　清光緒十年(1884)浙江書局刻本　八冊

210000－0702－0003621　929.2/434－1

**欽定蒙古源流八卷**　（清）小徹辰薩囊臺吉撰　清刻本　四冊

210000－0702－0003622　929.2/434－2

**欽定蒙古源流八卷**　（清）小徹辰薩囊臺吉撰　清刻本　四冊

210000－0702－0003623　929.3/60－1

**[乾隆]欽定滿洲源流考二十卷首一卷**　（清）

阿桂等纂修　清光緒三十年（1904）中西書局
石印本　四冊

210000 - 0702 - 0003624　929.3/60 - 2
［乾隆］欽定滿洲源流考二十卷首一卷　（清）
阿桂等纂修　清光緒三十年（1904）中西書局
石印本　四冊

210000 - 0702 - 0003625　929.3/60 - 3
［乾隆］欽定滿洲源流考二十卷首一卷　（清）
阿桂等纂修　清光緒三十年（1904）中西書局
石印本　四冊

210000 - 0702 - 0003626　929.3/60 - 4
［乾隆］欽定滿洲源流考二十卷首一卷　（清）
阿桂等纂修　清光緒三十年（1904）中西書局
石印本　四冊

210000 - 0702 - 0003627　929.3/60 - 5
［乾隆］欽定滿洲源流考二十卷首一卷　（清）
阿桂等纂修　清光緒三十年（1904）中西書局
石印本　四冊

210000 - 0702 - 0003628　929.3/428
杭州八旗駐防營志略二十五卷　（清）張大昌
輯　清光緒十九年（1893）浙江書局刻本
六冊

210000 - 0702 - 0003629　929.7/271
明胡端敏公奏議十卷校勘記十卷　（明）胡世
寧撰　（清）孫樹禮等校勘　清光緒浙江書局
刻本　四冊

210000 - 0702 - 0003630　930.6/936
日本維新慷慨史二卷　（日本）西村三郎編輯
　趙必振譯述　清光緒二十八年（1902）上海
廣智書局鉛印本　二冊

210000 - 0702 - 0003631　930.6/938 - 1
大日本中興先覺志二卷　（日本）岡本監輔撰
　清光緒二十七年（1901）開導社刻本　二冊

210000 - 0702 - 0003632　930.6/938 - 2
大日本中興先覺志二卷　（日本）岡本監輔撰
　清光緒二十七年（1901）開導社刻本　二冊

210000 - 0702 - 0003633　931/933 - 1

東洋史要四卷　（日本）小川銀次郎撰　屠長
春譯　清光緒二十八年（1902）上海普通學書
室鉛印本　一冊

210000 - 0702 - 0003634　931/933 - 2
東洋史要二卷　（日本）桑原隲藏撰　樊炳清
譯　清光緒二十五年（1899）東文學社石印本
　四冊

210000 - 0702 - 0003635　931/933 - 3
東洋史要二卷　（日本）桑原隲藏撰　樊炳清
譯　清光緒東文學社石印本　四冊

210000 - 0702 - 0003636　931/933 - 4
東洋史要二卷　（日本）桑原隲藏撰　樊炳清
譯　清光緒東文學社石印本　四冊

210000 - 0702 - 0003637　932/934 - 1
日本全史二十二卷　（日本）中村正真撰　清
末上海教育世界社石印本　十六冊

210000 - 0702 - 0003638　932/934 - 2
日本全史二十二卷　（日本）中村正真撰　清
末上海教育世界社石印本　十六冊

210000 - 0702 - 0003639　932.12/21
日本源流考二十二卷　王先謙撰　清光緒二
十八年（1902）思賢書局刻本　十冊

210000 - 0702 - 0003640　932.12/935 - 1
日本新史攬要七卷　（日本）石村貞一編輯
題（清）游瀛主人譯　清光緒二十五年（1899）
石印本　七冊

210000 - 0702 - 0003641　932.12/935 - 2
日本新史攬要七卷　（日本）石村貞一編輯
題（清）游瀛主人譯　清光緒二十五年（1899）
石印本　七冊

210000 - 0702 - 0003642　932.12/941 - 1
中等教育日本歷史七編二卷　（日本）萩野由
之撰　劉大猷譯　清光緒二十七年（1901）教
育世界社石印本　五冊

210000 - 0702 - 0003643　932.12/941 - 2
中等教育日本歷史七編二卷　（日本）萩野由
之撰　劉大猷譯　清光緒二十七年（1901）教

育世界社石印本　四冊　缺三編(一至三)

210000－0702－0003644　932.6/841－1
**日本維新三十年史十二編附三十年間國勢進步表**　(日本)博文館輯　廣智書局譯　清光緒二十八年(1902)上海廣智書局鉛印本六冊

210000－0702－0003645　932.6/841－2
**日本維新三十年史十二編附三十年間國勢進步表**　(日本)博文館輯　廣智書局譯　清光緒二十九年(1903)上海廣智書局鉛印本六冊

210000－0702－0003646　932.6/841－3
**日本維新三十年史十二編附三十年間國勢進步表**　(日本)博文館輯　廣智書局譯　清光緒三十一年(1905)上海廣智書局鉛印本六冊

210000－0702－0003647　932.6/841－4
**日本維新三十年史十二編附三十年間國勢進步表**　(日本)博文館輯　廣智書局譯　清光緒三十一年(1905)上海廣智書局鉛印本六冊

210000－0702－0003648　934/949
**印度史攬要三卷**　(英國)寶星亨德偉良撰(清)任廷旭譯　清光緒上海廣學會鉛印本二冊　存二卷(中、下)

210000－0702－0003649　940/937
**泰西新史攬要二十四卷**　(英國)馬懇西撰(英國)李提摩太譯　清光緒二十三年(1897)上海美華書館鉛印本　八冊

210000－0702－0003650　940.1/248
**西史綱目三十五卷**　(清)周維翰撰　清光緒二十八年(1902)經世文社石印本　十八冊

210000－0702－0003651　940.3/735
**西國近事彙編二十八卷**　(清)鍾天緯輯　清光緒鉛印本　二十八冊

210000－0702－0003652　941/122
**采風記五卷附紀程感事詩附時務論一卷**　宋

育仁撰　清光緒二十一年(1895)上海書局石印本　四冊

210000－0702－0003653　941/471
**最新中等西洋歷史教科書不分卷**　祝震編清光緒三十二年(1906)上海南洋官書局鉛印本　四冊

210000－0702－0003654　941/935
**羅馬史二卷**　(日本)占部百太郎撰　(清)陳時夏等譯　清光緒二十九年(1903)上海商務印書館鉛印本　二冊

210000－0702－0003655　941/940
**泰西通史上編不分卷**　(日本)箕作元八(日本)峰岸米造撰　(清)華文祺　(清)李澂譯　清光緒二十八年(1902)上海文明編譯印書局鉛印本　四冊

210000－0702－0003656　941/943
**泰西十八周史攬要十八卷**　(英國)雅各偉德撰　(英國)季理裴譯　清光緒二十九年(1903)上海廣學會鉛印本　六冊

210000－0702－0003657　941/944
**歐羅巴通史不分卷**　(日本)箕作元八　(日本)峰岸米造撰　(清)徐有成等譯　清光緒二十六年(1900)東亞譯書會鉛印本　四冊

210000－0702－0003658　941/946－1
**西洋歷史教科書二卷**　(英國)默爾化撰(清)出洋學生編輯所譯　清光緒三十二年(1906)上海商務印書館鉛印本　二冊

210000－0702－0003659　941/946－2
**西洋歷史教科書二卷**　(英國)默爾化撰(清)出洋學生編輯所譯　清光緒三十二年(1906)上海商務印書館鉛印本　一冊　存一卷(二)

210000－0702－0003660　941/963－1
**西洋史要不分卷**　(日本)小川銀次郎撰　樊炳清　(清)薩端譯　清光緒三十二年(1906)上海金粟齋鉛印本　二冊

210000－0702－0003661　941/963－2

西洋史要不分卷　（日本）小川銀次郎撰　樊炳清　（清）薩端譯　清光緒三十二年(1906)上海金粟齋鉛印本　二冊

210000－0702－0003662　941.5/938

西國近事彙編三十六卷(清同治十二年至光緒七年)　（美國）金楷理　（美國）林樂知口譯　清光緒二十三年(1897)慎記書莊石印本　十二冊

210000－0702－0003663　942.19/866

俄國政俗通考三卷　印度廣學會撰　（美國）林樂知　（清）任廷旭譯　清光緒二十六年(1900)上海廣學會鉛印本　二冊

210000－0702－0003664　942.3/933－1

俄羅斯史二卷　（日本）山本利喜雄撰　麥鼎華譯　清光緒二十九年(1903)上海廣智書局鉛印本　二冊

210000－0702－0003665　942.3/933－2

俄羅斯史二卷　（日本）山本利喜雄撰　麥鼎華譯　清光緒二十九年(1903)上海廣智書局鉛印本　二冊

210000－0702－0003666　942.3/933－3

俄羅斯史二卷　（日本）山本利喜雄撰　麥鼎華譯　清光緒二十九年(1903)上海廣智書局鉛印本　一冊　存一卷(下)

210000－0702－0003667　943/940

英國文明史不分卷　（英國）勃克魯撰　南洋公學譯　清光緒二十九年(1903)南洋公學譯書院鉛印本　五冊

210000－0702－0003668　943/942

英吉利史二卷　（日本）須永金三郎撰　廣智書局譯　清光緒二十九年(1903)上海廣智書局鉛印本　二冊

210000－0702－0003669　943/945

英興記二卷首一卷末一卷　（英國）鄧理槎撰　（美國）林樂知　（清）任廷旭譯　清光緒二十四年(1898)上海圖書集成局鉛印本　二冊

210000－0702－0003670　945/21－1

重訂法國志略二十四卷　（清）王韜撰　清光緒十五年(1889)長洲王氏鉛印本　十冊

210000－0702－0003671　945/21－2

重訂法國志略二十四卷　（清）王韜撰　清光緒十五年(1889)長洲王氏鉛印本　十冊

210000－0702－0003672　945/21－3

重訂法國志略二十四卷　（清）王韜撰　清光緒十五年(1889)長洲王氏鉛印本　十冊

210000－0702－0003673　945/943

新譯法史攬要三編　（法國）費克度撰　劉翹翰　王文耿譯　清光緒二十八年(1902)上海會文學社鉛印本　三冊

210000－0702－0003674　953/935

埃及史不分卷　（日本）北村三郎編著　趙必振譯　清光緒二十九年(1903)上海廣智書局鉛印本　一冊

210000－0702－0003675　958/943

南阿新建國史不分卷　（日本）福本誠撰　清光緒二十八年(1902)上海廣智書局鉛印本　二冊

210000－0702－0003676　962.4/945

大美國史畧八卷　（美國）蔚利高撰並譯　清光緒二十五年(1899)福州美華書局鉛印本　二冊

210000－0702－0003677　980/761－1

海國圖志一百卷　（清）魏源撰　清光緒二十一年(1895)上海積山書局石印本　十六冊

210000－0702－0003678　980/761－2

海國圖志一百卷　（清）魏源撰　清光緒二十八年(1902)文賢閣石印本　十六冊

210000－0702－0003679　980/970－1

各國日記彙編七種　題(清)萬選樓主人輯　清光緒二十四年(1898)上海書局石印本　四冊

210000－0702－0003680　980/970－2

各國日記彙編七種　題(清)萬選樓主人輯　清光緒二十四年(1898)上海書局石印本

四册

210000 – 0702 – 0003681　980.1/178 – 1
**朔方備乘六十八卷首十二卷目錄一卷**　（清）
何秋濤撰　清光緒石印本　八册

210000 – 0702 – 0003682　980.1/178 – 2
**朔方備乘六十八卷首十二卷目錄一卷**　（清）
何秋濤撰　清光緒石印本　八册

210000 – 0702 – 0003683　980.1/178 – 3
**朔方備乘六十八卷首十二卷目錄一卷**　（清）
何秋濤撰　清光緒石印本　八册

210000 – 0702 – 0003684　980.2/148
**高等小學外國地理教科書二卷**　杜芝庭編輯
　清光緒三十三年（1907）上海會文學社石印
本　一册　存一卷（下）

210000 – 0702 – 0003685　980.2/265
**繪圖外國白話地理不分卷**　施崇恩編　清光
緒三十二年（1906）上海彪蒙書室石印本
四册

210000 – 0702 – 0003686　980.2/393
**瀛環志略十卷**　（清）徐繼畬撰　清同治十二
年（1873）揆雲樓刻本　四册

210000 – 0702 – 0003687　980.2/412
**地理不分卷**　郭廣恩編輯　清宣統二年
（1910）奉天太古山房鉛印本　一册

210000 – 0702 – 0003688　980.2/428
**地球韻言四卷**　（清）張士瀛撰　清光緒二十
三年（1897）石印本　二册

210000 – 0702 – 0003689　980.2/441
**海國聞見錄二卷**　（清）陳倫炯撰　清同治七
年（1868）粵東三元堂刻本　二册

210000 – 0702 – 0003690　980.2/650 – 1
**五洲括地歌不分卷**　（清）蔣升撰　清光緒二
十四年（1898）滬城慈母堂印書局鉛印本
一册

210000 – 0702 – 0003691　980.2/650 – 2
**五洲括地歌不分卷**　（清）蔣升撰　清光緒二
十四年（1898）滬城慈母堂印書局鉛印本

一册

210000 – 0702 – 0003692　980.2/717 – 1
**最新地理教科書四卷**　謝洪賚編纂　清光緒
三十四年（1908）上海商務印書館鉛印本
四册

210000 – 0702 – 0003693　980.2/717 – 2
**最新地理教科書四卷**　商務印書館編譯所編
纂　清光緒三十三年（1907）上海商務印書館
鉛印本　四册

210000 – 0702 – 0003694　980.2/717 – 3
**最新地理教科書卷一**　商務印書館編譯所編
纂　清光緒三十四年（1908）上海商務印書館
鉛印本　一册

210000 – 0702 – 0003695　980.2/717 – 4
**最新地理教科書卷二**　商務印書館編譯所編
纂　清光緒三十四年（1908）上海商務印書館
鉛印本　一册

210000 – 0702 – 0003696　980.2/717 – 5
**最新地理教科書卷三**　商務印書館編譯所編
纂　清光緒三十四年（1908）上海商務印書館
鉛印本　一册

210000 – 0702 – 0003697　980.2/717 – 6
**最新地理教科書卷四**　商務印書館編譯所編
纂　清光緒三十四年（1908）上海商務印書館
鉛印本　一册

210000 – 0702 – 0003698　980.2/846 – 1
**地理志略不分卷**　（清）學部編書局編纂　清
光緒三十四年（1908）武昌刻本　四册

210000 – 0702 – 0003699　980.2/846 – 2
**地理志略不分卷**　（清）學部編書局編纂　清
光緒三十四年（1908）武昌刻本　四册

210000 – 0702 – 0003700　980.2/846 – 3
**地理志略不分卷**　（清）學部編書局編纂　清
光緒三十四年（1908）武昌刻本　四册

210000 – 0702 – 0003701　980.2/933
**新撰萬國地理不分卷**　（日本）山上萬次郎
（日本）濱田俊三郎編　林子芹　林子恕譯

清光緒二十九年(1903)上海開明書社鉛印本
　　三冊

210000－0702－0003702　980.2/934－1
**世界地理志六卷首一卷**　（日本）中村五六
（日本）頓野廣太郎撰　（日本）樋田保熙譯
清光緒三十一年(1905)金粟齋譯書社鉛印本
　　三冊

210000－0702－0003703　980.2/934－2
**世界地理志六卷首一卷**　（日本）中村五六
（日本）頓野廣太郎撰　（日本）樋田保熙譯
清光緒二十八年(1902)金粟齋譯書社鉛印本
　　一冊　存五卷(乙、丙、丁、戊、已)

210000－0702－0003704　980.2/934－3
**世界地理志六卷首一卷**　（日本）中村五六
（日本）頓野廣太郎撰　（日本）樋田保熙譯
清光緒二十八年(1902)金粟齋譯書社鉛印本
　　三冊

210000－0702－0003705　980.2/935
**改正世界地理學六卷首一卷**　（日本）矢津昌
永撰　吳啟孫譯　清光緒二十九年(1903)上
海文明書局鉛印本　二冊

210000－0702－0003706　980.2/937－1
**天下五洲各大國志要不分卷**　（英國）李提摩
太撰　（清）鑄鐵生述　清光緒二十三年
(1897)上海廣學會鉛印本　一冊

210000－0702－0003707　980.2/937－2
**天下五洲各大國志要不分卷**　（英國）李提摩
太撰　（清）鑄鐵生述　清光緒二十三年
(1897)上海廣學會鉛印本　一冊

210000－0702－0003708　980.2/937－3
**天下五洲各大國志要不分卷**　（英國）李提摩
太撰　（清）鑄鐵生述　清光緒二十三年
(1897)上海廣學會鉛印本　一冊

210000－0702－0003709　980.2/938
**李傅相歷聘歐美記二卷**　（美國）林樂知譯
蔡爾康纂輯　清光緒二十五年(1899)上海廣
學會譯著圖書集成局鉛印本　二冊

210000－0702－0003710　980.2/964－1
**世界地理志六卷首一卷**　（日本）中村五六
（日本）頓野廣太郎撰　（日本）樋田保熙譯
清光緒三十一年(1905)金粟齋譯書社鉛印本
　　三冊

210000－0702－0003711　980.2/964－2
**世界地理志六卷首一卷**　（日本）中村五六
（日本）頓野廣太郎撰　（日本）樋田保熙譯
清光緒三十一年(1905)金粟齋譯書社鉛印本
　　三冊

210000－0702－0003712　980.2/972
**中外時務經濟統宗十八卷**　（□）□□編　清
光緒二十七年(1901)上海漢讀樓鉛印本　十
六冊

210000－0702－0003713　980.2/973－1
**英軺日記十二卷**　載振撰　清光緒二十九年
(1903)上海文明編譯書局鉛印本　四冊

210000－0702－0003714　980.2/973－2
**英軺日記十二卷**　載振撰　清光緒二十九年
(1903)上海文明編譯書局鉛印本　四冊

210000－0702－0003715　980.2/973－3
**英軺日記十二卷**　載振撰　清光緒二十九年
(1903)上海文明編譯書局鉛印本　四冊

210000－0702－0003716　980.3/151－1
**李氏五種合刊**　（清）李兆洛編　清光緒十八
年(1892)金陵書局刻本　十六冊

210000－0702－0003717　980.3/151－2
**李氏五種合刊**　（清）李兆洛編　清光緒十八
年(1892)金陵書局刻本　十六冊

210000－0702－0003718　980.3/151－3
**李氏五種合刊**　（清）李兆洛編　清光緒十四
年(1888)掃葉山房刻本　九冊

210000－0702－0003719　980.7/21－1
**外國地理教科書三卷**　（清）王達撰　清光緒
三十三年(1907)長沙羣治書社刻本　三冊

210000－0702－0003720　980.7/21－2
**外國地理教科書三卷**　（清）王達撰　清光緒

三十三年(1907)長沙羣治書社刻本 二冊
存二卷(一至二)

210000－0702－0003721 980.7/21－3
**外國地理教科書三卷** (清)王達撰 清光緒
三十三年(1907)長沙羣治書社刻本 一冊
存一卷(二)

210000－0702－0003722 980.7/178
**初等小學中國地理教科書三編** 何孟廬編
清光緒三十四年(1908)上海彪蒙書室石印本
三冊

210000－0702－0003723 980.7/248
**小學中國地理教科書三編附志圖** 周世棠編
輯 清光緒三十三年(1907)上海新學會社鉛
印本 四冊

210000－0702－0003724 980.7/316
**小學本國地理八卷** 澄衷學堂編 清光緒三
十二年(1906)澄衷學堂石印本 四冊

210000－0702－0003725 980.7/428－1
**中等地理教科書三卷** 張相文編 清光緒二
十七年(1901)石印本 三冊

210000－0702－0003726 980.7/428－2
**五版改良中等本國地理教科書四卷** 張相文
編 清光緒三十一年(1905)上海蘭陵社石印
本 四冊

210000－0702－0003727 980.7/556
**最新初等小學地理教科書三卷** (清)楊東陸
編 清光緒三十三年(1907)上海澄衷學堂石
印本 三冊

210000－0702－0003728 980.7/717
**最新地理教科書四卷** 謝洪賚編纂 清光緒
三十一年(1905)上海商務印書館鉛印本
四冊

210000－0702－0003729 980.7/871
**新體高等小學中外地理二卷** 國民教育社編
清宣統二年(1910)上海文明書局鉛印本
二冊

210000－0702－0003730 980.7/915

**外國地理教科書不分卷** 澄衷學堂譯編 清
光緒三十一年(1905)石印本 四冊

210000－0702－0003731 980.7/941
**外國地理講義三卷** (日本)崛田璋左右述
曹典球譯 清光緒三十三年(1907)思賢書局
刻本 五冊

210000－0702－0003732 980.8/966－1
**中外地輿圖說集成一百三十卷首三卷** 題同
康廬主人編 清光緒二十年(1894)上海順成
書局石印本 二十四冊

210000－0702－0003733 980.8/966－2
**中外地輿圖說集成一百三十卷首三卷** 題同
康廬主人編 清光緒二十年(1894)上海順成
書局石印本 二十四冊

210000－0702－0003734 981/21－1
**訂正增補中國地理教科書四卷** (清)王達編
清光緒三十二年(1906)刻本 二冊

210000－0702－0003735 981/21－2
**訂正增補中國地理教科書四卷** (清)王達編
清光緒三十二年(1906)刻本 二冊

210000－0702－0003736 981/260
**乾隆府廳州縣圖志五十卷** (清)洪亮吉撰
清光緒二十三年(1897)新化三味書室刻本
二十冊

210000－0702－0003737 981/352
**中國地理教科書二卷** 馬晉義編 清光緒三
十二年(1906)江蘇通州翰墨林編譯印書局鉛
印本 二冊

210000－0702－0003738 981/636
**輿地廣記三十八卷校勘輿地廣記札記二卷**
(宋)歐陽忞撰 (清)黃丕烈校勘 清光緒六
年(1880)金陵書局刻本 四冊

210000－0702－0003739 981/791
**方輿全圖總說五卷** (清)顧祖禹輯 (清)浦
錫齡校訂 清光緒二十七年(1901)圖書集成
局鉛印本 四冊

210000－0702－0003740 981.01/21－1

元豐九域志十卷 （宋）王存等撰 清光緒八年（1882）金陵書局刻本 四冊

210000－0702－0003741 981.01/21－2

元豐九域志十卷 （宋）王存等撰 清刻本 六冊

210000－0702－0003742 981.01/21－3

小方壺齋輿地叢鈔十二帙 王錫祺輯 清光緒十七年（1891）上海著易堂鉛印本 六十四冊

210000－0702－0003743 981.01/21－4

小方壺齋輿地叢鈔十二帙 王錫祺輯 清光緒十七年（1891）上海著易堂鉛印本 六十四冊

210000－0702－0003744 981.01/21－5

小方壺齋輿地叢鈔十二帙 王錫祺輯 清光緒十七年（1891）上海著易堂鉛印本 六十四冊

210000－0702－0003745 981.01/21－6

小方壺齋輿地叢鈔十二帙 王錫祺輯 清光緒十七年（1891）上海著易堂鉛印本 四十二冊 存四帙（九至十二）

210000－0702－0003746 981.01/21－7

小方壺齋輿地叢鈔補編十二帙再補編十二帙 王錫祺輯 清光緒上海著易堂鉛印本 二十冊

210000－0702－0003747 981.01/21－8

小方壺齋輿地叢鈔補編十二帙再補編十二帙 王錫祺輯 清光緒上海著易堂鉛印本 二十冊

210000－0702－0003748 981.01/21－9

小方壺齋輿地叢鈔補編十二帙再補編十二帙 王錫祺輯 清光緒上海著易堂鉛印本 二十冊

210000－0702－0003749 981.01/151－1

李氏五種合刊 （清）李兆洛編 清光緒二十四年（1898）掃葉山房石印本 八冊

210000－0702－0003750 981.01/151－2

歷代地理志韻編今釋二十卷附皇朝輿地韻編二卷 （清）李兆洛輯 清末上海蜚英館石印本 四冊

210000－0702－0003751 981.01/151－3

歷代地理志韻編今釋二十卷附皇朝輿地韻編二卷 （清）李兆洛輯 清末上海蜚英館石印本 四冊

210000－0702－0003752 981.01/151－4

元和郡縣圖志四十卷闕卷逸文一卷補志九卷 （唐）李吉甫撰 （清）孫星衍輯 （清）嚴觀補 清光緒六年至八年（1880－1882）金陵書局刻本 八冊

210000－0702－0003753 981.01/791－1

天下郡國利病書一百二十卷 （清）顧炎武撰 清末慎記書莊石印本 二十四冊

210000－0702－0003754 981.01/791－2

天下郡國利病書一百二十卷 （清）顧炎武撰 清末慎記書莊石印本 二十四冊

210000－0702－0003755 981.01/791－3

天下郡國利病書一百二十卷 （清）顧炎武撰 清光緒二十七年（1901）圖書集成局鉛印本 二十八冊

210000－0702－0003756 981.01/868

太平寰宇記二百卷目錄二卷 （宋）樂史撰 清光緒八年（1882）金陵書局刻本 三十六冊

210000－0702－0003757 981.02/352

中國地理教科書二卷 馬晉義編 清光緒三十二年（1906）江蘇通州翰墨林編譯印書局鉛印本 二冊

210000－0702－0003758 981.02/791－1

讀史方輿紀要一百三十卷附方輿全圖總說五卷 （清）顧祖禹撰 清光緒二十七年（1901）圖書集成局鉛印本 十三冊 存五十六卷（一至四、三十九至六十九、七十五至七十八、八十九至一百五）

210000－0702－0003759 981.02/791－2

讀史方輿紀要一百三十卷附方輿全圖總說五

卷 （清）顧祖禹撰 清光緒二十七年（1901）
圖書集成局鉛印本 三十二冊

210000－0702－0003760 981.02/791－3

**讀史方輿紀要一百三十卷附輿圖要覽四卷**
（清）顧祖禹撰 清光緒二十五年（1899）慎記
書莊石印本 三十二冊

210000－0702－0003761 981.02/791－4

**讀史方輿紀要詳節二十二卷附方輿全圖總說
五卷** （清）顧祖禹撰 清光緒二十八年
（1902）紹文石印書局石印本 十冊 缺三卷
（方輿全圖總說三至五）

210000－0702－0003762 981.02/791－5

**讀史方輿紀要序** （清）顧祖禹撰 清光緒二
十八年（1902）山東書局鉛印本 一冊

210000－0702－0003763 981.02/969

**皇朝輿地通考二十三卷** 題（清）通文主人輯
清光緒石印本 二十九冊 存十六卷（一、
三至四、六至十七、十九）

210000－0702－0003764 981.024/393

**霞客遊記十卷外編一卷補編一卷** （明）徐宏
祖撰 （清）葉廷甲補編 清光緒七年（1881）
瘦影山房木活字印本 十冊

210000－0702－0003765 981.025/21－1

**大嶽太和山紀略八卷** （清）王槩等修 （清）
姚世偣纂 清乾隆九年（1744）下荊南道署刻
本 八冊

210000－0702－0003766 981.025/21－2

**大嶽太和山紀略八卷** （清）王槩等修 （清）
姚世偣纂 清乾隆九年（1744）下荊南道署刻
本 八冊

210000－0702－0003767 981.026/98－1

**福建沿海圖說一卷附海島表** （清）朱正元撰
清光緒二十八年（1902）上海鉛印本 一冊

210000－0702－0003768 981.026/98－2

**江蘇沿海圖說一卷附海島表** （清）朱正元撰
清光緒二十五年（1899）上海鉛印本 一冊

210000－0702－0003769 981.026/98－3

**浙江沿海圖說一卷附海島表** （清）朱正元撰
清光緒二十五年（1899）上海鉛印本 一冊

210000－0702－0003770 981.026/194－1

**新編沿海險要圖說十六卷** 余宏淦撰 清光
緒二十九年（1903）鴻文書局石印本 三冊

210000－0702－0003771 981.026/194－2

**新編長江險要圖說五卷** 余宏淦撰 清光緒
鴻文書局石印本 一冊

210000－0702－0003772 981.026/260

**漢志水道疏證四卷** （清）洪頤煊撰 清光緒
十八年（1892）廣雅書局刻本 一冊

210000－0702－0003773 981.026/352

**長江圖說十二卷首一卷** （清）馬徵麟撰 清
同治十年（1871）湖北崇文書局刻本 五冊

210000－0702－0003774 981.026/393

**大興徐氏三種八卷** （清）徐松撰 清道光刻
本 六冊

210000－0702－0003775 981.026/441

**水經注西南諸水考三卷** （清）陳澧撰 清光
緒廣雅書局刻本 一冊

210000－0702－0003776 981.026/491

**今水經一卷附今水經表** （清）黃宗羲撰 清
光緒三年（1877）湖北崇文書局刻本 一冊

210000－0702－0003777 981.026/556

**水經注疏要刪四十卷補遺一卷** 楊守敬纂
清光緒三十一年（1905）觀海堂刻本 六冊

210000－0702－0003778 981.026/588－1

**水道提綱二十八卷** （清）齊召南撰 清光緒
四年（1878）刻本 八冊

210000－0702－0003779 981.026/588－2

**水道提綱二十八卷** （清）齊召南撰 清光緒
二十三年（1897）上海古香閣書局石印本
四冊

210000－0702－0003780 981.026/588－3

**水道提綱二十八卷** （清）齊召南撰 清光緒
二十三年（1897）上海古香閣書局石印本
四冊

210000 - 0702 - 0003781　981.026/598 - 1

**水經注釋四十卷首一卷附錄二卷水經注箋刊誤十二卷**　（漢）桑欽撰　（北魏）酈道元注（清）趙一清釋　清光緒六年（1880）蛟川華雨樓張壽榮刻本　二十冊

210000 - 0702 - 0003782　981.026/598 - 2

**水經注釋四十卷首一卷附錄二卷水經注箋刊誤十二卷**　（漢）桑欽撰　（北魏）酈道元注（清）趙一清釋　清光緒六年（1880）蛟川華雨樓張壽榮刻本　二十冊

210000 - 0702 - 0003783　981.026/598 - 3

**水經注釋四十卷首一卷附錄二卷水經注箋刊誤十二卷**　（漢）桑欽撰　（北魏）酈道元注（清）趙一清釋　清光緒六年（1880）蛟川華雨樓張壽榮刻本　二十冊

210000 - 0702 - 0003784　981.026/598 - 4

**水經注四十卷首一卷**　（北魏）酈道元注　清光緒十八年（1892）長沙王氏思賢講舍刻本十六冊

210000 - 0702 - 0003785　981.026/598 - 5

**水經注四十卷首一卷**　（北魏）酈道元注　清光緒三年（1877）湖北崇文書局刻本　十二冊

210000 - 0702 - 0003786　981.026/941

**最近揚子江之大勢（揚子江航路記）六章**（日本）國府犀東撰　趙必振譯　清光緒二十八年（1902）鉛印本　一冊

210000 - 0702 - 0003787　981.026/969 - 1

**南湖續圖一卷**　（清）□□輯　清光緒刻本一冊

210000 - 0702 - 0003788　981.026/969 - 2

**南湖續圖一卷**　（清）□□輯　清光緒刻本一冊

210000 - 0702 - 0003789　981.027/787 - 1

**方伯公三防備覽六十卷**　（清）嚴如熤輯　清光緒八年（1882）刻本　三十二冊

210000 - 0702 - 0003790　981.027/787 - 2

**三省邊防備覽十八卷**　（清）嚴如熤撰　清道

光十年（1830）安康張鵬蚴刻本　十二冊

210000 - 0702 - 0003791　981.027/787 - 3

**三省邊防備覽十八卷**　（清）嚴如熤撰　清道光十年（1830）安康張鵬蚴刻本　十冊

210000 - 0702 - 0003792　981.028/21

**輿地紀勝二百卷輿地紀勝補闕十卷校勘記五十二卷**　（宋）王象之撰　（清）岑建功輯（清）劉文淇撰校勘記　清道光二十九年（1849）懼盈齋刻本　五十冊

210000 - 0702 - 0003793　981.028/162 - 1

**兩浙防護陵寢祠墓錄不分卷**　（清）阮元撰清光緒十五年（1889）浙江書局刻本　二冊

210000 - 0702 - 0003794　981.028/162 - 2

**兩浙防護陵寢祠墓錄不分卷**　（清）阮元撰清光緒十五年（1889）浙江書局刻本　二冊

210000 - 0702 - 0003795　981.028/242

**吳山伍公廟志六卷首一卷附溧陽縣志十四則**　（清）金文淳纂修　（清）沈永青增輯　清光緒二年（1876）刻本　一冊

210000 - 0702 - 0003796　981.028/477 - 1

**嶽廟志略十卷首一卷**　（清）馮培編輯　清光緒五年（1879）浙江書局刻本　四冊

210000 - 0702 - 0003797　981.028/477 - 2

**嶽廟志略十卷首一卷**　（清）馮培編輯　清光緒五年（1879）浙江書局刻本　四冊

210000 - 0702 - 0003798　981.028/477 - 3

**嶽廟志略十卷首一卷**　（清）馮培編輯　清光緒五年（1879）浙江書局刻本　四冊

210000 - 0702 - 0003799　981.028/523 - 1

**西湖志四十八卷**　（清）李衛修　（清）傅玉露等纂　清光緒四年（1878）潮江書局刻本　二十冊

210000 - 0702 - 0003800　981.028/523 - 2

**西湖志四十八卷**　（清）李衛修　（清）傅玉露等纂　清光緒四年（1878）潮江書局刻本　二十冊

210000 - 0702 - 0003801　981.029/441 - 1

中國江海險要圖誌二十二卷首一卷補編五卷
圖五卷　（英國）海軍海圖官局撰　陳壽彭譯
　清光緒二十七年(1901)石印本　十五冊

210000－0702－0003802　981.029/441－2
中國江海險要圖誌二十二卷首一卷補編五卷
圖五卷　（英國）海軍海圖官局撰　陳壽彭譯
　清光緒三十三年(1907)廣雅書局石印本
十五冊

210000－0702－0003803　981.029/575
皇朝中外壹統輿圖中一卷南十卷北二十卷首
一卷　（清）胡林翼　（清）嚴樹森主持
（清）鄒世詒　（清）晏啟鎮編繪　（清）李廷
簫　（清）汪士鐸核校　清同治二年(1863)湖
北撫署景桓樓刻本　十二冊

210000－0702－0003804　981.029/787
皇朝中外壹統輿圖中一卷南十卷北二十卷首
一卷　（清）胡林翼　（清）嚴樹森主持
（清）鄒世詒　（清）晏啟鎮編繪　（清）李廷
簫　（清）汪士鐸核校　清末石印本　十六冊

210000－0702－0003805　981.03/337
三流道里表不分卷　（清）刑部修訂　清同治
十一年(1872)江蘇書局刻本　二冊

210000－0702－0003806　981.03/455
欽定五軍道里表十八卷　（清）明亮等修
（清）常泰等纂　清同治十二年(1873)江蘇書
局刻本　十八冊

210000－0702－0003807　981.03/460
晉太康三年地記一卷王隱晉書地道記一卷
（晉）□□撰　（清）畢沅輯　清光緒十七年
(1891)思賢講舍刻本　一冊

210000－0702－0003808　981.03/963
三流道里表不分卷　（清）刑部修訂　清同治
十一年(1872)湖北讞局刻本　二冊

210000－0702－0003809　981.03/964
五軍道里表不分卷　（清）刑部修訂　清同治
十一年(1872)湖北讞局刻本　二冊

210000－0702－0003810　981.07/21

訂正增補中國地理教科書四卷　（清）王達編
　清光緒三十二年(1906)刻本　二冊

210000－0702－0003811　981.07/654
高等小學中國地理教科書二卷　蔡元培校訂
　清光緒上海會文學社石印本　二冊

210000－0702－0003812　981.07/873
初等本國地理教科書三編　會文編譯社編
清光緒上海會文學社石印本　三冊

210000－0702－0003813　981.1/170－1
[乾隆]盛京通志四十八卷　（清）呂耀曾等修
　（清）魏樞等纂　清乾隆元年(1736)刻本
二十冊

210000－0702－0003814　981.1/170－2
[乾隆]盛京通志四十八卷　（清）呂耀曾等修
　（清）魏樞等纂　（清）雷以誠續纂修　清乾
隆元年(1736)刻咸豐二年(1852)重修本　二
十冊

210000－0702－0003815　981.11/242－1
[光緒]西安縣鄉土志　孟憲彝修　金正元等
纂　清光緒三十四年(1908)抄本　一冊

210000－0702－0003816　981.11/242－2
[光緒]西安縣鄉土志　孟憲彝修　金正元等
纂　清光緒三十四年(1908)抄本　一冊

210000－0702－0003817　981.11/242－3
[光緒]西安縣鄉土志　孟憲彝修　金正元等
纂　清光緒三十四年(1908)抄本　一冊

210000－0702－0003818　981.11/322－1
[光緒]西安縣鄉土志　孟憲彝修　金正元等
纂　清光緒三十三年(1907)油印本　一冊

210000－0702－0003819　981.11/322－2
[光緒]西安縣鄉土志　孟憲彝修　金正元等
纂　清光緒三十三年(1907)油印本　一冊

210000－0702－0003820　981.11/352－1
[光緒]奉天鳳凰直隸廳寬甸縣鄉土志　（清）
馬夢吉編　清光緒三十三年(1907)抄本
一冊

210000－0702－0003821　981.11/352－2

[光緒]奉天鳳凰直隸廳寬甸縣鄉土志　（清）
馬夢吉編　清光緒三十三年(1907)抄本
一冊

210000－0702－0003822　981.11/352－3

[光緒]奉天鳳凰直隸廳寬甸縣鄉土志　（清）
馬夢吉編　清光緒三十三年(1907)抄本
一冊

210000－0702－0003823　981.11/352－4

[光緒]奉天鳳凰直隸廳寬甸縣鄉土志　（清）
馬夢吉編　清光緒三十二年(1906)抄本
一冊

210000－0702－0003824　981.11/352－5

寬甸縣教科書　（清）馬夢吉編　清光緒三十
二年(1906)抄本　一冊

210000－0702－0003825　981.11/428－1

[光緒]柳河縣鄉土志　（清）張士達等編纂
清光緒三十三年(1907)抄本　一冊

210000－0702－0003826　981.11/428－2

[光緒]柳河縣鄉土志　（清）張士達等編纂
清光緒三十三年(1907)抄本　一冊

210000－0702－0003827　981.11/428－3

[光緒]蓋平縣鄉土志二卷　（清）孫國珍纂修
清光緒三十四年(1908)抄本　二冊

210000－0702－0003828　981.11/810

[光緒]海龍府鄉土志　（清）海龍府勸學所編
清光緒三十四年(1908)抄本　一冊

210000－0702－0003829　981.11/816

[光緒]興京廳鄉土志四卷　（清）孫長清修
(清)劉熙春纂　清光緒三十二年(1906)抄本
四冊

210000－0702－0003830　981.11/965－1

[光緒]遼陽州鄉土志　白永貞編　清光緒三
十四年(1908)奉天習藝所鉛印本　一冊

210000－0702－0003831　981.11/965－2

[光緒]遼陽州鄉土志　白永貞編　清光緒三
十四年(1908)奉天習藝所鉛印本　一冊

210000－0702－0003832　981.11/966－1

[宣統]西安縣志署十三卷　雷飛鵬　段盛梓
纂修　清宣統三年(1911)石印本　二冊

210000－0702－0003833　981.11/966－2

[光緒]西安縣鄉土志　孟憲彝修　金正元等
纂　清光緒三十三年(1907)油印本　一冊

210000－0702－0003834　981.11/966－4

[光緒]奉天海龍府西豐縣鄉土志　（清）□□
纂修　清光緒三十四年(1908)抄本　一冊

210000－0702－0003835　981.11/966－5

[宣統]西安縣志署十三卷　雷飛鵬　段盛梓
纂修　清宣統三年(1911)石印本　一冊　存
六卷(一至六)

210000－0702－0003836　981.11/968－1

[光緒]奉天海龍府東平縣鄉土志　（清）趙國
熙纂　清光緒末年抄本　一冊

210000－0702－0003837　981.11/968－2

[光緒]奉天海龍府東平縣鄉土志　（清）趙國
熙纂　清光緒三十三年(1907)抄本　一冊

210000－0702－0003838　981.11/968－3

[光緒]奉天海龍府東平縣鄉土志　（清）趙國
熙纂　清光緒末年油印本　一冊

210000－0702－0003839　981.11/968－4

[光緒]東豐縣鄉土志　（清）□□纂修　清光
緒末年油印本　一冊

210000－0702－0003840　981.11/968－5

[光緒]奉天省岫巖縣鄉土志　（清）□□纂修
清光緒末年抄本　一冊

210000－0702－0003841　981.11/970－1

[光緒]海龍府鄉土志　（清）海龍府勸學所編
清光緒三十三年(1907)抄本　一冊

210000－0702－0003842　981.11/970－2

[光緒]海龍府鄉土志　（清）海龍府勸學所編
清光緒三十三年(1907)抄本　一冊

210000－0702－0003843　981.11/970－3

[光緒]海龍府鄉土志　（清）海龍府勸學所編
清光緒三十四年(1908)抄本　一冊

210000－0702－0003844　981.11/970－4
[光緒]海城縣鄉土志　管鳳龢修　王壬林
趙中鵠　張文藻纂　清光緒末年抄本　一冊

210000－0702－0003845　981.11/970－5
[光緒]海城縣鄉土志　管鳳龢修　王壬林
趙中鵠　張文藻纂　清光緒末年抄本　一冊

210000－0702－0003846　981.11/970－6
[光緒]海城縣志　管鳳龢修　王壬林　趙中
鵠　張文藻纂　清宣統元年(1909)鉛印本
一冊

210000－0702－0003847　981.11/971－1
盛京典制備考八卷首一卷　(清)崇厚編　清
光緒二十五年(1899)上海雙順泰刻本　六冊

210000－0702－0003848　981.11/971－2
盛京典制備考八卷首一卷　(清)崇厚編　清
光緒四年(1878)刻本　六冊

210000－0702－0003849　981.11/971－3
[光緒]通化縣鄉土志　(清)□□纂修　清光
緒末年抄本　一冊

210000－0702－0003850　981.11/971－4
[光緒]通化縣鄉土志　(清)□□纂修　清光
緒末年抄本　一冊

210000－0702－0003851　981.11/971－5
[光緒]通化縣鄉土志　(清)□□纂修　清光
緒末年抄本　一冊

210000－0702－0003852　981.11/971－6
[光緒]通化縣鄉土志　(清)□□纂修　清光
緒末年抄本　一冊

210000－0702－0003853　981.11/971－7
[光緒]通化縣鄉土志　(清)□□纂修　清光
緒末年抄本　一冊

210000－0702－0003854　981.11/971－8
[光緒]通化縣鄉土志　(清)□□纂修　清光
緒末年抄本　一冊

210000－0702－0003855　981.11/972－1
[光緒]復州鄉土志　(清)□□纂修　清光緒
末年抄本　一冊

210000－0702－0003856　981.11/972－2
[光緒]復州鄉土志　(清)□□纂修　清光緒
末年抄本　一冊

210000－0702－0003857　981.11/972－3
[光緒]復州鄉土志　(清)□□纂修　清光緒
三十三年(1907)抄本　一冊

210000－0702－0003858　981.11/972－4
[光緒]復州鄉土志　(清)□□纂修　清光緒
三十三年(1907)抄本　一冊

210000－0702－0003859　981.11/972－5
[光緒]復州鄉土志　(清)□□纂修　清光緒
三十三年(1907)抄本　一冊

210000－0702－0003860　981.11/973
[光緒]奉天鳳凰直隸廳寬甸縣鄉土志　(清)
馬夢吉編　清光緒三十三年(1907)抄本
一冊

210000－0702－0003861　981.11/974
[光緒]蓋平縣鄉土志二卷　(清)孫國珍纂修
清光緒三十四年(1908)抄本　二冊

210000－0702－0003862　981.11/975
[宣統]撫順縣志略　趙宇航　程廷恒修　黎
鏡蓉纂　清宣統三年(1911)石印本　一冊

210000－0702－0003863　981.11/976－1
[光緒]遼陽州鄉土志　白永貞編　清光緒三
十四年(1908)抄本　一冊

210000－0702－0003864　981.11/976－2
[宣統]奉天省遼陽州鄉土志　白永貞編　清
宣統元年(1909)抄本　一冊

210000－0702－0003865　981.11/976－3
[宣統]奉天省遼陽州鄉土志　白永貞編　清
宣統元年(1909)抄本　一冊

210000－0702－0003866　981.11/976－4
[光緒]輯安縣鄉土志　(清)□□纂修　清光
緒三十三年(1907)抄本　一冊

210000－0702－0003867　981.11/979－1
[光緒]懷仁縣鄉土志三編　(清)景霖纂修
清光緒三十四年(1908)抄本　三冊

189

210000－0702－0003868　981.11/979－2

[光緒]懷仁縣鄉土志三編　（清）景霖纂修
清光緒三十四年(1908)抄本　三冊

210000－0702－0003869　981.11/979－3

[光緒]懷仁縣鄉土志　（清）景霖纂修　清光
緒三十三年(1907)抄本　一冊

210000－0702－0003870　981.12/164

[宣統]奉天備志沿革表五卷　吳廷燮纂　清
宣統稿本　二冊

210000－0702－0003871　981.12/283－1

[光緒]昌圖府鄉土志　查富璣纂　清光緒三
十四年(1908)抄本　一冊

210000－0702－0003872　981.12/283－2

[光緒]昌圖府鄉土志　查富璣纂　清光緒三
十四年(1908)抄本　一冊

210000－0702－0003873　981.12/283－3

[光緒]昌圖府鄉土志　查富璣纂　清光緒三
十四年(1908)抄本　一冊

210000－0702－0003874　981.12/283－4

[光緒]昌圖府鄉土志　查富璣纂　清光緒三
十四年(1908)抄本　一冊

210000－0702－0003875　981.12/283－5

[光緒]昌圖府鄉土志　查富璣纂　清光緒三
十三年(1907)抄本　一冊

210000－0702－0003876　981.12/441－1

[光緒]奉化縣志十四卷末一卷　（清）錢開震
修　（清）陳文焯纂　清光緒十一年(1885)刻
本　四冊

210000－0702－0003877　981.12/441－2

[光緒]奉化縣鄉土志　陳嘉言纂修　清光緒
三十四年(1908)抄本　一冊

210000－0702－0003878　981.12/441－3

[光緒]奉化縣鄉土志　陳嘉言纂修　清光緒
三十四年(1908)抄本　一冊

210000－0702－0003879　981.12/441－4

[光緒]奉化縣鄉土志　陳嘉言纂修　清光緒
三十四年(1908)油印本　一冊

210000－0702－0003880　981.12/441－5

[光緒]奉化縣志十四卷末一卷　（清）錢開震
修　（清）陳文焯纂　清光緒十一年(1885)刻
本　一冊　存四卷(三至六)

210000－0702－0003881　981.12/540

義州鄉土志　（清）陶應潤　（清）溫廣泰纂
清末抄本　四冊

210000－0702－0003882　981.12/598

[宣統]遼源州鄉土志　（清）□□纂　清宣統
元年(1909)抄本　一冊

210000－0702－0003883　981.12/613－1

[宣統]新民府志　管鳳龢纂修　清宣統元年
(1909)鉛印本　一冊

210000－0702－0003884　981.12/613－2

[宣統]新民府志　管鳳龢纂修　清宣統元年
(1909)新民府習藝所鉛印本　一冊

210000－0702－0003885　981.12/613－3

[宣統]新民府志　管鳳龢纂修　清宣統元年
(1909)新民府習藝所鉛印本　一冊

210000－0702－0003886　981.12/613－4

[宣統]新民府志　管鳳龢纂修　清宣統元年
(1909)新民府習藝所鉛印本　一冊

210000－0702－0003887　981.12/613－5

[宣統]新民府志　管鳳龢纂修　清宣統元年
(1909)新民府習藝所鉛印本　一冊

210000－0702－0003888　981.12/613－6

[宣統]新民府志　管鳳龢纂修　清宣統元年
(1909)新民府習藝所鉛印本　一冊

210000－0702－0003889　981.12/727－1

[光緒]廣寧縣鄉土志　（清）蕭雨春編　清光
緒三十四年(1908)鉛印本　一冊

210000－0702－0003890　981.12/727－2

[光緒]廣寧縣鄉土志　（清）蕭雨春編　清光
緒三十四年(1908)鉛印本　一冊

210000－0702－0003891　981.12/727－3

[光緒]廣寧縣鄉土志　（清）蕭雨春編　清光
緒三十四年(1908)鉛印本　一冊

210000－0702－0003892　981.12/727－4

[光緒]廣寧縣鄉土志　（清）蕭雨春編　清光緒三十三年(1907)油印本　一冊

210000－0702－0003893　981.12/727－5

[光緒]廣寧縣鄉土志　（清）蕭雨春編　清光緒三十三年(1907)油印本　一冊

210000－0702－0003894　981.12/727－6

[光緒]廣寧縣鄉土志　（清）蕭雨春編　清光緒三十三年(1907)油印本　一冊

210000－0702－0003895　981.12/727－7

[光緒]廣寧縣鄉土志　（清）蕭雨春編　清光緒三十三年(1907)油印本　一冊

210000－0702－0003896　981.12/813

[光緒]綏中縣鄉土志　（清）□□纂修　清光緒三十四年(1908)抄本　一冊　缺歷史、政績錄、兵事錄、耆舊錄

210000－0702－0003897　981.12/968－1

[光緒]法庫廳鄉土志　劉鳴復纂修　清光緒三十三年(1907)奉天太古山房鉛印本　一冊

210000－0702－0003898　981.12/968－2

[光緒]法庫廳鄉土志　劉鳴復纂修　清光緒三十三年(1907)奉天太古山房鉛印本　一冊

210000－0702－0003899　981.12/968－3

[光緒]法庫廳鄉土志　劉鳴復纂修　清光緒三十三年(1907)抄本　一冊

210000－0702－0003900　981.12/971－1

[光緒]康平縣鄉土志　李紹綱　徐芳修纂　清光緒三十四年(1908)抄本　一冊

210000－0702－0003901　981.12/971－2

[光緒]康平縣鄉土志　李紹綱　徐芳修纂　清光緒三十四年(1908)抄本　一冊

210000－0702－0003902　981.12/972－1

[光緒]開原縣鄉土志　（清）開原縣勸學所編　清光緒三十四年(1908)抄本　一冊

210000－0702－0003903　981.12/972－2

[光緒]開原縣鄉土志　（清）開原縣勸學所編　清光緒三十四年(1908)抄本　一冊

210000－0702－0003904　981.12/972－3

[宣統]開原縣鄉土志　（清）開原縣勸學所編　清宣統元年(1909)抄本　一冊

210000－0702－0003905　981.12/972－4

[宣統]開原縣鄉土志　（清）開原縣勸學所編　清宣統元年(1909)抄本　一冊

210000－0702－0003906　981.12/972－5

[宣統]開原縣鄉土志　（清）開原縣勸學所編　清宣統元年(1909)抄本　一冊

210000－0702－0003907　981.12/972－6

[光緒]寧遠州鄉土志草本　（清）□□纂修　清光緒三十四年(1908)抄本　一冊

210000－0702－0003908　981.12/972－7

[光緒]寧遠州鄉土志　（清）□□纂修　清光緒三十四年(1908)抄本　一冊

210000－0702－0003909　981.12/972－8

[光緒]寧遠州鄉土志　（清）□□纂修　清光緒三十四年(1908)抄本　一冊

210000－0702－0003910　981.12/972－9

[光緒]寧遠州鄉土志　（清）□□纂修　清光緒三十四年(1908)抄本　一冊

210000－0702－0003911　981.12/973－1

[光緒]義州鄉土志　（清）陶應潤　（清）溫廣泰纂修　清光緒末年抄本　一冊

210000－0702－0003912　981.12/973－2

[光緒]義州鄉土志　（清）陶應潤　（清）溫廣泰纂修　清光緒末年抄本　一冊

210000－0702－0003913　981.12/973－3

[光緒]義州鄉土志　（清）陶應潤　（清）溫廣泰纂修　清光緒末年抄本　一冊

210000－0702－0003914　981.12/973－4

[光緒]義州鄉土志　（清）陶應潤　（清）溫廣泰纂修　清光緒末年抄本　一冊

210000－0702－0003915　981.12/973－5

[光緒]綏中縣鄉土志　（清）□□纂修　清光緒三十四年(1908)抄本　一冊

210000－0702－0003916　981.12/973－6

[光緒]綏中縣鄉土志　（清)□□纂修　清光緒三十四年(1908)抄本　一冊

210000－0702－0003917　981.12/973－7

[光緒]綏中縣鄉土志　（清)□□纂修　清光緒三十四年(1908)抄本　一冊

210000－0702－0003918　981.12/973－8

[光緒]新民府鄉土志　（清)□□纂修　清光緒三十四年(1908)抄本　一冊

210000－0702－0003919　981.12/974－1

廣寧縣鄉土志十五卷　（清)蕭雨春編　清末抄本　三冊

210000－0702－0003920　981.12/974－2

廣寧縣鄉土地理教科書四十課　（清)□□編　清光緒末年抄本　一冊

210000－0702－0003921　981.12/974－3

[光緒]彰武縣鄉土志　（清)唐宗源編　清光緒三十四年(1908)抄本　一冊

210000－0702－0003922　981.12/975－1

[光緒]盤山廳鄉土志　（清)柴樸編　清光緒三十三年(1907)抄本　一冊

210000－0702－0003923　981.12/975－2

[光緒]盤山廳鄉土志　（清)柴樸編　清光緒三十三年(1907)抄本　一冊

210000－0702－0003924　981.12/975－3

[光緒]盤山廳鄉土志　（清)柴樸編　清光緒三十三年(1907)抄本　一冊

210000－0702－0003925　981.12/975－4

[光緒]盤山廳鄉土志　（清)柴樸編　清光緒三十四年(1908)抄本　一冊

210000－0702－0003926　981.12/975－5

[光緒]盤山廳鄉土志　（清)柴樸編　清光緒三十四年(1908)抄本　一冊

210000－0702－0003927　981.12/976－1

[宣統]遼源州鄉土志　（清)□□纂　清宣統元年(1909)抄本　一冊

210000－0702－0003928　981.12/976－2

[宣統]遼源州鄉土志　（清)□□纂　清宣統元年(1909)抄本　一冊

210000－0702－0003929　981.12/976－3

[宣統]遼源州鄉土志　（清)□□纂　清宣統元年(1909)抄本　一冊

210000－0702－0003930　981.12/976－4

[光緒]錦縣鄉土志　（清)田徵葵編　清光緒三十三年(1907)抄本　一冊

210000－0702－0003931　981.12/976－5

[光緒]錦縣鄉土志　（清)朱孝威編　清光緒三十四年(1908)抄本　一冊

210000－0702－0003932　981.12/976－6

[光緒]遼中縣鄉土志　（清)馬星衡修（清)李植嘉等編　清光緒三十四年(1908)抄本　一冊

210000－0702－0003933　981.12/976－7

[光緒]遼中縣鄉土志　（清)馬星衡修（清)李植嘉等編　清光緒三十四年(1908)抄本　一冊

210000－0702－0003934　981.12/978－1

[光緒]鎮安縣鄉土志　（清)張霈等纂　清光緒三十三年(1907)抄本　一冊

210000－0702－0003935　981.12/978－2

[光緒]鎮安縣鄉土志　（清)張霈等纂　清光緒三十三年(1907)抄本　一冊

210000－0702－0003936　981.12/978－3

[光緒]鎮安縣鄉土志　（清)張霈等纂　清光緒三十三年(1907)鉛印本　一冊

210000－0702－0003937　981.12/978－4

[光緒]鎮安縣鄉土志　（清)張霈等纂　清光緒三十三年(1907)鉛印本　一冊

210000－0702－0003938　981.12/978－5

[光緒]鎮安縣鄉土志　（清)張霈等纂　清光緒三十三年(1907)鉛印本　一冊

210000－0702－0003939　981.12/981－1

[光緒]鐵嶺縣鄉土志　（清)□□纂修　清光

緒三十四年(1908)抄本　一冊

210000－0702－0003940　981.12/981－2
[光緒]鐵嶺縣鄉土志　(清)□□纂修　清光
緒三十四年(1908)抄本　一冊

210000－0702－0003941　981.12/981－3
[光緒]鐵嶺縣鄉土志　(清)□□纂修　清光
緒末年抄本　一冊

210000－0702－0003942　981.12/981－4
[光緒]鐵嶺縣鄉土志　(清)□□纂修　清光
緒末年抄本　一冊

210000－0702－0003943　981.13/730
[道光]吉林外記十卷附寧古塔記畧　(清)薩
英額纂修　清光緒二十一年(1895)漸西村舍
刻本　四冊

210000－0702－0003944　981.13/978
[光緒]吉林通志一百二十二卷　(清)長順
(清)訥欽修　(清)李桂林　(清)顧雲纂
清光緒十七年(1891)刻本　四十八冊

210000－0702－0003945　981.13/979－1
[光緒]懷德縣鄉土志續補　(清)□□纂修
清光緒油印本　一冊

210000－0702－0003946　981.13/979－2
[光緒]昌圖府懷德縣鄉土志　(清)□□纂修
清光緒三十四年(1908)抄本　二冊

210000－0702－0003947　981.13/979－3
[光緒]懷德縣續補鄉土志書　(清)□□編
清光緒抄本　一冊

210000－0702－0003948　981.13/979－4
[光緒]懷德縣續補鄉土志書　(清)□□編
清光緒抄本　一冊

210000－0702－0003949　981.15/95
[嘉慶]黑龍江外記八卷　(清)西清纂修　清
光緒二十六年(1900)廣雅書局刻本　二冊

210000－0702－0003950　981.15/211
[宣統]黑龍江鄉土志地理編　林傳甲撰　清
宣統刻本　一冊

210000－0702－0003951　981.15/375－1
[宣統]洮南府鄉土志　(清)孫葆瑨編　清宣
統抄本　一冊

210000－0702－0003952　981.15/375－2
[光緒]洮南府鄉土志　(清)孫葆瑨編　清光
緒三十三年(1907)油印本　一冊

210000－0702－0003953　981.15/513
[嘉慶]黑龍江外記八卷　(清)西清纂修　清
光緒漸西村舍刻本　二冊

210000－0702－0003954　981.15/598－1
[光緒]靖安縣鄉土志　(清)趙炳南纂修　清
光緒三十四年(1908)抄本　一冊

210000－0702－0003955　981.15/598－2
[光緒]靖安縣鄉土志　(清)趙炳南纂修　清
光緒三十四年(1908)油印本　一冊

210000－0702－0003956　981.15/598－3
[宣統]靖安縣鄉土志　朱佩蘭纂修　清宣統
元年(1909)抄本　一冊

210000－0702－0003957　981.15/966
[宣統]安廣縣鄉土志　(清)□□纂修　清宣
統抄本　一冊

210000－0702－0003958　981.15/969
[光緒]奉天洮南府鄉土志　(清)孫葆瑨編
清光緒三十三年(1907)抄本　一冊

210000－0702－0003959　981.15/972－1
[光緒]開通縣鄉土志　(清)忠林編　清光緒
三十三年(1907)抄本　一冊

210000－0702－0003960　981.15/972－2
[光緒]開通縣鄉土志　(清)忠林編　清光緒
三十三年(1907)抄本　一冊

210000－0702－0003961　981.15/972－3
[光緒]開通縣鄉土志　(清)忠林編　清光緒
三十三年(1907)抄本　一冊

210000－0702－0003962　981.15/973－1
[光緒]靖安縣鄉土志　(清)趙炳南纂修　清
光緒三十四年(1908)抄本　一冊

210000－0702－0003963　981.15/973－2

[宣統]靖安縣鄉土志　朱佩蘭纂修　清宣統
元年(1909)抄本　一冊

210000－0702－0003964　981.16/151

[光緒]玉田縣志三十卷首一卷　(清)夏子鎔
修　(清)李昌時纂　(清)丁維續纂修　清光
緒十年(1884)刻本　六冊

210000－0702－0003965　981.16/330－1

[道光]承德府志六十卷首二十六卷　(清)海
忠纂修　(清)廷傑　(清)李世寅重訂　清道
光十一年(1831)刻光緒十三年(1887)印本
二十四冊

210000－0702－0003966　981.16/330－2

[道光]承德府志六十卷首二十六卷　(清)海
忠纂修　(清)廷傑　(清)李世寅重訂　清道
光十一年(1831)刻光緒十三年(1887)印本
十八冊　缺二十一卷(十八至三十八)

210000－0702－0003967　981.16/332

[光緒]臨榆縣志二十四卷首一卷　(清)趙允
祐修　(清)高錫疇纂　清光緒四年(1878)刻
本　十冊

210000－0702－0003968　981.201/869

朝市叢載八卷　(清)楊靜亭原編　(清)李虹
若重編　清光緒十七年(1891)刻本　八冊

210000－0702－0003969　981.21/62

天津指南八卷　石小川編輯　清宣統三年
(1911)天津文明書局鉛印本　一冊

210000－0702－0003970　981.21/441

皇朝直省地名四字韻語不分卷　(清)海陵學
社編　清光緒二十八年(1902)海陵學社刻本
一冊

210000－0702－0003971　981.22/151

長春真人西遊記二卷　(元)李志常撰　清末
石印本　二冊

210000－0702－0003972　981.221/556

朝市叢載八卷　(清)楊靜亭原編　(清)李虹
若重編　清光緒十二年(1886)刻本　八冊

210000－0702－0003973　981.31/347

[同治]上海縣志札記六卷　(清)秦榮光撰
清光緒二十八年(1902)松江振華德記印書館
鉛印本　六冊

210000－0702－0003974　981.32/83

[光緒]甘肅新通志一百卷首五卷　昇允　長
庚修　安維峻纂　清宣統元年(1909)刻本暨
石印本　八十冊

210000－0702－0003975　981.34/72

西湖游覽志二十四卷志餘二十六卷　(明)田
汝成撰　清光緒二十二年(1896)錢塘丁氏嘉
惠堂刻本　十二冊

210000－0702－0003976　981.34/441

嚴州圖經三卷校字記一卷　(宋)陳公亮修
(宋)劉文富纂　清光緒二十二年(1896)袁氏
漸西村舍刻本　二冊

210000－0702－0003977　981.34/661

景定嚴州續志十卷　(宋)鄭瑤等撰　清光緒
漸西村舍刻本　二冊

210000－0702－0003978　981.35/441

江西鄉土地理教科書不分卷　陳慶林編　清
光緒三十三年(1907)上海鄉土教科書總發行
所鉛印本　二冊　存二冊(一至二)

210000－0702－0003979　981.35/674

[同治]九江府志五十四卷首一卷末一卷
(清)達春布修　(清)黃鳳樓　(清)歐陽燾
纂　清同治十三年(1874)刻本　二十四冊

210000－0702－0003980　981.36/812

[光緒]湖北輿地記二十四卷　(清)湖北輿圖
局編　清光緒二十年(1894)湖北輿圖局刻本
二十四冊

210000－0702－0003981　981.37/61

湖南輿圖說六卷　(清)彭清瑋　(清)左學呂
編　清光緒二十三年(1897)刻本　二冊

210000－0702－0003982　981.37/415

龍潭山志七卷首一卷末一卷　(清)康阜等撰
清光緒五年(1879)刻本　八冊

210000－0702－0003983　981.41/650

[道光]泰安縣志十二卷首一卷末一卷　（清）徐宗幹修　（清）蔣大慶等纂　清道光八年（1828）刻本　十四冊

210000－0702－0003984　981.41/791

續山東考古錄三十二卷首一卷　（清）葉圭綬撰　清光緒八年（1882）山東書局刻本　七冊

210000－0702－0003985　981.42/332

[乾隆]德化縣志十六卷　（清）高植纂修（清）沈錫三續修　（清）羅為孝續纂　清乾隆四十五年（1780）刻本　十二冊

210000－0702－0003986　981.42/527

江蘇全省輿地圖說不分卷　（清）曾國藩（清）丁日昌纂修　清同治刻本　二十三冊

210000－0702－0003987　981.42/686

江蘇全省輿圖不分卷　（清）鄧華熙修　（清）諸可寶編　清光緒二十一年（1895）刻本　三冊

210000－0702－0003988　981.43/21－1

湖山便覽十二卷　（清）翟灝　（清）翟瀚輯（清）王維翰重訂　清光緒元年（1875）王氏槐陰堂刻本　六冊

210000－0702－0003989　981.43/21－2

湖山便覽十二卷　（清）翟灝　（清）翟瀚輯（清）王維翰重訂　清光緒元年（1875）王氏槐陰堂刻本　六冊

210000－0702－0003990　981.43/21－3

湖山便覽十二卷　（清）翟灝　（清）翟瀚輯（清）王維翰重訂　清光緒元年（1875）王氏槐陰堂刻本　六冊

210000－0702－0003991　981.43/533

[雍正]敕修浙江通志二百八十卷首三卷（清）李衛等修　（清）沈翼機　（清）傅玉露等纂　清光緒二十五年（1899）浙江書局刻本　一百二十冊

210000－0702－0003992　981.43/623

[咸淳]臨安志一百卷　（元）潛說友纂　清道光十年（1830）錢塘汪氏振綺堂刻本　二十四冊

210000－0702－0003993　981.45/441

[道光]重纂福建通志二百七十八卷首六卷（清）孫爾準等修　（清）陳壽祺纂　（清）程祖洛等續修　（清）魏敬中續纂　清同治七年至十年（1868－1871）刻本　一百四十一冊

210000－0702－0003994　981.45/568

武夷山志二十四卷首一卷　（清）董天工撰清道光二十七年（1847）刻本　五冊　存十五卷（一至十四、首一卷）

210000－0702－0003995　981.52/390

荊州萬城隄志十卷首一卷末一卷　（清）倪文蔚撰　清光緒十一年（1885）廣州節署刻本六冊

210000－0702－0003996　981.53/211

林文忠公遺集四種　（清）林則徐撰　清光緒三山林氏刻本　一冊　存三種（滇軺紀程、荷戈紀程、政書搜遺）

210000－0702－0003997　981.53/412

[光緒]湘陰縣圖志三十四卷首一卷末一卷（清）郭嵩燾纂修　清光緒六年（1880）湘陰縣志局刻本　十四冊

210000－0702－0003998　981.53/527

[光緒]湖南通志二百八十八卷首八卷末十九卷　（清）李瀚章等修　（清）郭嵩燾等纂　清光緒十一年（1885）刻本　一百六十八冊

210000－0702－0003999　981.54/527

[光緒]江西通志一百八十卷首五卷　（清）曾國藩等修　（清）劉鐸等纂　清光緒七年（1881）刻本　一百二十冊

210000－0702－0004000　981.56/717－1

[嘉慶]廣西通志二百七十九卷首一卷　（清）謝啓昆修　（清）胡虔纂　清嘉慶七年（1802）刻光緒十七年（1891）桂垣書局重修本　八十冊

210000－0702－0004001　981.56/717－2

[嘉慶]廣西通志二百七十九卷首一卷 （清）謝啓昆修 （清）胡虔纂 清嘉慶七年（1802）刻光緒十七年（1891）桂垣書局重修本 八十冊

210000－0702－0004002 981.61/122

[熙寧]長安志二十卷圖三卷 （宋）宋敏求纂修 （元）李好文繪圖 （清）畢沅校 清光緒十七年（1891）思賢講舍刻本 五冊

210000－0702－0004003 981.61/128

[雍正]陝西通志一百卷首一卷 （清）劉於義等纂修 清雍正十三年（1735）刻本 一百冊

210000－0702－0004004 981.61/415

[正德]武功縣志三卷首一卷 （明）康海纂修 （清）孫景烈評注 清同治十二年（1873）湖北崇文書局刻本 一冊

210000－0702－0004005 981.63/21

[光緒]續雲南通志稿一百九十四卷首六卷 （清）王文韶等修 清光緒二十七年（1901）四川岳池刻本 一百冊

210000－0702－0004006 981.64/808

江西全省輿圖不分卷 （清）朱兆麟等編 清宣統元年（1909）江西官紙刷印所石印本 十四冊

210000－0702－0004007 981.67/219

[道光]欽定新疆識略十二卷首一卷 （清）松筠纂修 清道光元年（1821）武英殿修書處刻本 十冊

210000－0702－0004008 981.67/615

河海崐崙錄四卷 裴景福撰 清宣統元年（1909）上海文明書局鉛印本 四冊

210000－0702－0004009 981.7/428－1

蒙古游牧記十六卷 （清）張穆撰 清同治六年（1867）壽陽祁寯藻刻本 四冊

210000－0702－0004010 981.7/428－2

蒙古游牧記十六卷 （清）張穆撰 清光緒二十年（1894）上海復古書局石印本 六冊

210000－0702－0004011 981.8/359－1

[嘉慶]衛藏通志十六卷首一卷 （清）和琳纂修 清光緒二十二年（1896）漸西村舍刻本 八冊

210000－0702－0004012 981.8/359－2

[嘉慶]衛藏通志十六卷首一卷 （清）和琳纂修 清光緒二十二年（1896）漸西村舍刻本 八冊

210000－0702－0004013 981.8/359－3

[嘉慶]衛藏通志十六卷首一卷 （清）和琳纂修 清光緒二十二年（1896）漸西村舍刻本 八冊

210000－0702－0004014 982.1/816－1

亞細亞洲志附新志 （清）學部編譯圖書局編纂 清光緒三十四年（1908）學部圖書局鉛印本 一冊

210000－0702－0004015 982.1/816－2

亞拉伯志附新志 （清）學部編譯圖書局編纂 清光緒三十三年（1907）學部圖書局鉛印本 一冊

210000－0702－0004016 982.1/816－3

小亞細亞志附新志 （清）學部編譯圖書局編纂 清光緒三十三年（1907）學部圖書局鉛印本 一冊

210000－0702－0004017 982.1/816－4

印度新志 （清）學部編譯圖書局編纂 清光緒三十三年（1907）學部圖書局鉛印本 一冊

210000－0702－0004018 982.1/816－5

瓜畦志附新志 （清）學部編譯圖書局編纂 清光緒三十三年（1907）學部圖書局鉛印本 一冊

210000－0702－0004019 982.1/816－6

蘇門答拉志附新志 （清）學部編譯圖書局編纂 清光緒三十三年（1907）學部圖書局鉛印本 與210000－0702－0004018 合冊

210000－0702－0004020 982.1/935

中學萬國地誌三卷 （日）矢津昌永撰 出洋學生編輯所譯 清光緒二十八年（1902）上

海商務印書館鉛印本　三冊

210000－0702－0004021　982.2/316

日本地理兵要十卷　姚文棟撰　清光緒二十年(1894)寶善書局石印本　五冊

210000－0702－0004022　982.2/491－1

日本國志四十卷首一卷　（清）黃遵憲撰　清光緒二十四年(1898)浙江書局刻本　十冊

210000－0702－0004023　982.2/491－2

日本國志四十卷首一卷　（清）黃遵憲撰　清光緒二十七年(1901)上海書局石印本　十冊

210000－0702－0004024　982.2/491－3

日本國志四十卷首一卷　（清）黃遵憲撰　清光緒二十七年(1901)上海書局石印本　十冊

210000－0702－0004025　982.2/491－4

日本國志四十卷首一卷　（清）黃遵憲撰　清光緒二十七年(1901)上海書局石印本　十冊

210000－0702－0004026　982.5/816

印度國志不分卷　（清）學部編譯圖書局編纂　清光緒三十三年(1907)學部圖書局鉛印本　一冊

210000－0702－0004027　982.5/937

大英治理印度新政考六卷　（英國）亨德傳良撰　（清）任保羅譯　清光緒三十年(1904)上海廣學會鉛印本　六冊

210000－0702－0004028　982.8/816－1

阿富汗土耳基斯坦志一卷　（清）學部編譯圖書局編纂　清光緒三十三年(1907)學部圖書局鉛印本　一冊

210000－0702－0004029　982.8/816－2

東土耳基斯坦志一卷　（清）學部編譯圖書局編纂　清光緒三十三年(1907)學部圖書局鉛印本　與210000－0702－0004028合冊

210000－0702－0004030　982.8/816－3

阿富汗斯坦志一卷附新志一卷　（清）學部編譯圖書局編纂　清光緒三十三年(1907)學部圖書局鉛印本　與210000－0702－0004028合冊

210000－0702－0004031　982.8/816－4

土耳基斯坦志一卷　（清）學部編譯圖書局編纂　清光緒三十三年(1907)學部圖書局鉛印本　與210000－0702－0004028合冊

210000－0702－0004032　983/122

采風記五卷附紀程感事詩附時務論一卷　宋育仁撰　清光緒二十二年(1896)袖海山房石印本　四冊

210000－0702－0004033　983/128－1

英法俄德四國志略　沈敦和撰　清光緒十八年(1892)鉛印本　一冊

210000－0702－0004034　983/128－2

英法俄德四國志略　沈敦和撰　清光緒十八年(1892)鉛印本　一冊

210000－0702－0004035　983/128－3

英法俄德四國志略　沈敦和撰　清光緒十八年(1892)鉛印本　一冊

210000－0702－0004036　983/731－1

出使英法義比四國日記六卷　（清）薛福成撰　清光緒十八年(1892)石印本　三冊

210000－0702－0004037　983/731－2

出使英法義比四國日記六卷　（清）薛福成撰　清光緒十八年(1892)石印本　三冊

210000－0702－0004038　983/937

中學歐洲地理教科書不分卷　（英國）祁爾撰　（清）陸守經譯　清光緒三十一年(1905)南洋官書局石印本　二冊

210000－0702－0004039　983.2/740－1

俄游彙編八卷　（清）繆祐孫撰　清光緒二十四年(1898)上海書局石印本　六冊

210000－0702－0004040　983.2/740－2

俄游彙編八卷　（清）繆祐孫撰　清光緒二十四年(1898)上海書局石印本　六冊

210000－0702－0004041　983.2/740－3

俄游彙編八卷　（清）繆祐孫撰　清光緒二十四年(1898)上海書局石印本　六冊

210000－0702－0004042　983.2/740－4

俄游彙編八卷 （清）繆祐孫撰 清光緒二十四年(1898)上海書局石印本 六冊

210000－0702－0004043 983.2/939－1

俄國新志八卷 （英國）陔勒低撰 （英國）傅蘭雅 （清）潘松譯 清光緒二十七年(1901)上海書局石印本 四冊

210000－0702－0004044 983.2/939－2

俄國新志八卷 （英國）陔勒低撰 （英國）傅蘭雅 （清）潘松譯 清光緒二十七年(1901)上海書局石印本 四冊

210000－0702－0004045 983.3/945

大英國志八卷 （英國）慕維廉譯 清光緒七年(1881)上海益智書會刻本 二冊

210000－0702－0004046 983.5/943－1

法國新志四卷 （英國）陔勒低輯 （英國）傅蘭雅口譯 清光緒二十七年(1901)上海書局石印本 四冊

210000－0702－0004047 983.5/943－2

法國新志四卷 （英國）陔勒低輯 （英國）傅蘭雅口譯 清光緒二十七年(1901)上海書局石印本 四冊

210000－0702－0004048 984/816－1

亞斐利加洲志附新志 （清）學部編譯圖書局編纂 清宣統元年(1909)學部圖書局鉛印本 一冊

210000－0702－0004049 984/816－2

亞斐利加洲志附新志 （清）學部編譯圖書局編纂 清宣統元年(1909)學部圖書局鉛印本 一冊

210000－0702－0004050 984/816－3

亞斐利加洲志附新志 （清）學部編譯圖書局編纂 清宣統元年(1909)學部圖書局鉛印本 一冊

210000－0702－0004051 984/816－4

英領開浦殖民地志附新志 （清）學部編譯圖書局編纂 清光緒三十四年(1908)學部圖書局鉛印本 一冊

210000－0702－0004052 984/816－5

英領開浦殖民地志附新志 （清）學部編譯圖書局編纂 清光緒三十四年(1908)學部圖書局鉛印本 一冊

210000－0702－0004053 984/816－6

英領開浦殖民地志附新志 （清）學部編譯圖書局編纂 清光緒三十四年(1908)學部圖書局鉛印本 一冊

210000－0702－0004054 986/791

巴西國地理兵要不分卷 （清）顧厚焜撰 清光緒鉛印本 一冊

210000－0702－0004055 990.01/135

泰西人物韻編不分卷 （清）汪成教編輯 清光緒二十九年(1903)上海書局石印本 五冊

210000－0702－0004056 991/178

江西忠義錄六十卷首一卷 （清）沈葆楨等修 （清）何應祺等編 清同治十二年(1873)刻本 四冊

210000－0702－0004057 991/969

高士傳三卷 （晉）皇甫謐撰 清光緒三年(1877)湖北崇文書局刻本 一冊

210000－0702－0004058 991.01/18－1

文文忠公[祥]事略四卷 （清）□□輯 清光緒八年(1882)刻本 四冊

210000－0702－0004059 991.01/18－2

文文忠公[祥]事略四卷 （清）□□輯 清光緒八年(1882)刻本 四冊

210000－0702－0004060 991.01/98

中興名臣事略八卷 朱孔彰撰 清光緒二十七年(1901)上海書局石印本 四冊

210000－0702－0004061 991.01/225

弘簡錄二百五十四卷目錄一卷 （明）邵經邦撰 （清）邵遠平重訂 清刻本 五十二冊 存二百一十一卷（三十五至一百九十二、二百二至二百五十四）

210000－0702－0004062 991.01/332

續高士傳五卷 （清）高兆撰 清光緒十九年

(1893)觀自得齋刻本　二冊

210000－0702－0004063　991.01/343

**南天痕二十六卷附錄一卷**　（清）凌雪撰　清宣統二年（1910）復古社鉛印本　六冊

210000－0702－0004064　991.01/375

**學宮譜一卷**　（清）孫錫疇輯　清同治十一年（1872）刻本　一冊

210000－0702－0004065　991.01/402

**人表考九卷**　（清）梁玉繩撰　清光緒十四年（1888）廣雅書局刻本　四冊

210000－0702－0004066　991.01/428

**高安三傳合編五十六卷**　（清）朱軾　（清）蔡世遠輯　清光緒二十一年（1895）江蘇書局刻本　二十四冊

210000－0702－0004067　991.01/441－1

**名宦鄉賢錄一卷附江夏陳氏義莊條規**　（清）□□輯　清光緒十四年（1888）都門刻本　二冊

210000－0702－0004068　991.01/441－2

**名宦鄉賢錄一卷附江夏陳氏義莊條規**　（清）□□輯　清光緒十四年（1888）都門刻本　二冊

210000－0702－0004069　991.01/477

**智囊補二十八卷**　（明）馮夢龍輯　清末刻本　十二冊　存十二卷（一至十二）

210000－0702－0004070　991.01/568

**國朝名臣言行錄三十卷首一卷**　（清）董壽纂輯　清光緒二十九年（1903）上海順成書局石印本　八冊

210000－0702－0004071　991.02/21－1

**道西齋日記二卷（清光緒十八年三月至五月）**　（清）王詠霓撰　清光緒二十二年（1896）上海書局石印本　一冊

210000－0702－0004072　991.02/21－2

**道西齋日記二卷（清光緒十八年三月至五月）**　（清）王詠霓撰　清光緒二十二年（1896）上海書局石印本　一冊

210000－0702－0004073　991.02/412

**玉池老人自敘**　（清）郭嵩燾撰　清光緒十九年（1893）養知書屋刻本　一冊

210000－0702－0004074　991.02/462

**出使美日秘國日記十六卷（清光緒十五年至十九年）**　（清）崔國因撰　清光緒二十年（1894）鉛印本　十二冊

210000－0702－0004075　991.02/527

**曾文正公手書日記不分卷（道光二十一年至同治十一年）**　（清）曾國藩撰　清宣統元年（1909）上海中國圖書公司影印本　四十冊

210000－0702－0004076　991.02/535

**人壽金鑑二十二卷**　（清）程得齡輯　清嘉慶二十五年（1820）刻本　六冊

210000－0702－0004077　991.02/622

**讀史鏡古編三十二卷**　（清）潘世恩輯　清同治十三年（1874）冶城飛霞閣刻本　六冊

210000－0702－0004078　991.02/705－1

**補疑年錄四卷**　（清）錢椒編　清道光十八年（1838）刻本　一冊

210000－0702－0004079　991.02/705－2

**三續疑年錄十卷附補遺**　（清）陸心源編　清光緒五年（1879）刻本　三冊

210000－0702－0004080　991.03/128

**國朝歷科館選錄（清順治三年至光緒二十年）**　（清）沈廷芳輯　（清）陸費墀　（清）沈世煒重訂　清光緒思賢講舍刻本　二冊

210000－0702－0004081　991.03/556

**奉省同官錄**　（清）□□編　清宣統元年（1909）奉天仁和山房鉛印本　四冊

210000－0702－0004082　991.03/598

**青樓小名錄八卷**　（清）趙慶楨輯　清宣統二年（1910）國學扶輪社鉛印本　四冊

210000－0702－0004083　991.03/720

**增廣尚友錄統編二十二卷**　應祖錫等輯　清光緒二十八年（1902）上海鴻寶齋石印本　十二冊

210000－0702－0004084　991.04/945－1

**聖諭像解二十卷**　（清）梁延年編　清光緒二十八年(1902)江蘇撫署刻本　十冊

210000－0702－0004085　991.04/945－2

**聖諭像解二十卷**　（清）梁延年編　清咸豐六年(1856)廣東味經堂書坊刻本　十冊

210000－0702－0004086　991.04/955－1

**聖諭像贊**　（清）吳高增刻石　清末耕餘樓石印本　三冊

210000－0702－0004087　991.04/955－2

**聖諭像贊三卷**　（明）呂維祺編　（清）孔憲蘭重修　清光緒四年(1878)刻本　四冊

210000－0702－0004088　991.05/211

**元和姓纂十卷**　（唐）林寶撰　清末刻本　三冊　存七卷(四至十)

210000－0702－0004089　991.05/441

**魏書官氏志疏證一卷**　陳毅撰　清光緒二十三年(1897)刻本　一冊

210000－0702－0004090　991.05/705

**元史氏族表三卷**　（清）錢大昕編　清末江蘇書局刻本　二冊

210000－0702－0004091　991.06/21－1

**朱子[熹]年譜四卷考異四卷朱子論學切要語二卷校勘記三卷**　（清）王懋竑撰　清光緒九年(1883)武昌書局刻本　四冊

210000－0702－0004092　991.06/21－2

**朱子[熹]年譜四卷考異四卷朱子論學切要語二卷校勘記三卷**　（清）王懋竑撰　清光緒九年(1883)武昌書局刻本　四冊

210000－0702－0004093　991.06/37－1

**闕里文獻考一百卷首一卷末一卷**　（清）孔繼汾撰　清乾隆二十七年(1762)刻本　八冊

210000－0702－0004094　991.06/37－2

**先聖生卒年月日考二卷**　（清）孔廣牧撰　清光緒十九年(1893)浙江書局刻本　一冊

210000－0702－0004095　991.06/190

**孟子編年四卷**　（清）狄子奇編　清光緒十三年(1887)浙江書局刻本　一冊

210000－0702－0004096　991.06/228

**三遷志十二卷**　（清）王特選增纂　清康熙六十一年(1722)刻本　四冊

210000－0702－0004097　991.06/248

**南北史表七卷**　（清）周嘉猷撰　清光緒十八年(1892)廣雅書局刻本　四冊

210000－0702－0004098　991.06/352

**昇勤直公[寅]年譜二卷**　（清）寶琳　（清）寶珣編　清道光刻本　二冊

210000－0702－0004099　991.06/441

**春秋世族譜二卷**　（清）陳厚耀撰　清光緒二十五年(1899)兩湖書院正學堂刻本　一冊

210000－0702－0004100　991.06/491

**南海學正黃氏家譜十二卷首一卷末一卷**　黃任恒編　清宣統三年(1911)保粹堂刻本　二冊

210000－0702－0004101　991.06/690

**駱文忠公[秉章]自訂年譜二卷**　（清）駱秉章撰　清光緒二十一年(1895)思賢書局刻本　二冊

210000－0702－0004102　991.09/562－1

**藏書紀事詩六卷**　葉昌熾撰　清光緒二十三年(1897)長沙學使署刻本　十二冊

210000－0702－0004103　991.09/562－2

**藏書紀事詩六卷**　葉昌熾撰　清光緒二十三年(1897)刻本　十二冊

210000－0702－0004104　991.1/135

**史外八卷**　（清）汪有典撰　清光緒三年(1877)刻本　八冊

210000－0702－0004105　991.1/162－1

**疇人傳四十六卷續六卷三編七卷附記一卷**　（清）阮元編　（清）羅士琳續編　（清）諸可寶再續編　清光緒二十二年(1896)上海錦章書局石印本　六冊

210000－0702－0004106　991.1/162－2

**疇人傳四十六卷續六卷三編七卷附記一卷**

（清）阮元編　（清）羅士琳續編　（清）諸可寶再續編　清光緒二十二年(1896)上海錦章書局石印本　六冊

210000－0702－0004107　991.1/162－3

**疇人傳四十六卷續六卷三編七卷附記一卷**
（清）阮元編　（清）羅士琳續編　（清）諸可寶再續編　清光緒二十二年(1896)上海錦章書局石印本　六冊

210000－0702－0004108　991.1/190

**孔子編年四卷**　（清）狄子奇編　清光緒十三年(1887)浙江書局刻本　二冊

210000－0702－0004109　991.1/375－1

**理學宗傳二十六卷**　（清）孫奇逢輯　清光緒六年(1880)浙江書局刻本　十二冊

210000－0702－0004110　991.1/375－2

**理學宗傳二十六卷**　（清）孫奇逢輯　清光緒六年(1880)浙江書局刻本　十二冊

210000－0702－0004111　991.1/451

**文廟史典二十一卷**　（清）莫瑞堂編輯　清道光九年(1829)刻本　八冊

210000－0702－0004112　991.1/491－1

**道學淵源錄一百卷首一卷**　（清）黃嗣東輯　清光緒三十四年(1908)鳳山學舍刻本　三十冊

210000－0702－0004113　991.1/491－2

**明儒學案十六卷師說一卷**　（清）黃宗羲撰　清光緒二十八年(1902)上海文瀾書局石印本　八冊

210000－0702－0004114　991.1/491－3

**明儒學案六十二卷師說一卷**　（清）黃宗羲撰　清光緒八年(1882)刻本　二十四冊

210000－0702－0004115　991.1/674

**文廟祀位考略六卷**　（清）劉槩撰　清同治九年(1870)桂林楊鴻文堂刻本　四冊

210000－0702－0004116　991.3/151

**日本維新名人言行錄四卷首一卷**　李盛鐸輯　清光緒三十年(1904)三樂書屋石印本

四冊

210000－0702－0004117　991.31/135－1

**越女表微錄五卷**　（清）汪輝祖撰　清光緒十八年(1892)杭州刻本　一冊

210000－0702－0004118　991.31/135－2

**越女表微錄五卷**　（清）汪輝祖撰　清光緒十八年(1892)杭州刻本　一冊

210000－0702－0004119　991.33/151－1

**國朝先正事略正編八卷續編四卷**　（清）李元度撰　朱孔彰續編　清光緒二十八年(1902)廣益書局石印本　十冊

210000－0702－0004120　991.33/151－2

**國朝先正事略正編八卷續編四卷**　（清）李元度撰　朱孔彰續編　清光緒二十八年(1902)廣益書局石印本　十冊

210000－0702－0004121　991.33/151－3

**國朝先正事略正編八卷續編四卷**　（清）李元度撰　朱孔彰續編　清光緒二十八年(1902)廣益書局石印本　十冊

210000－0702－0004122　991.33/151－4

**國朝先正事略六十卷續編四卷**　（清）李元度撰　朱孔彰續編　清光緒二十八年(1902)石印本　八冊

210000－0702－0004123　991.33/164

**安危注四卷**　（明）吳甡輯　清刻本　三冊

210000－0702－0004124　991.33/255－1

**鄂國金佗粹編二十八卷續編三十卷**　（宋）岳珂編　清光緒九年(1883)浙江書局刻本　十二冊

210000－0702－0004125　991.33/255－2

**鄂國金佗粹編二十八卷續編三十卷**　（宋）岳珂編　清光緒九年(1883)浙江書局刻本　十二冊

210000－0702－0004126　991.33/255－3

**鄂國金佗續編三十卷**　（宋）岳珂編　清光緒九年(1883)刻本　五冊　存二十四卷(七至三十)

210000－0702－0004127　991.33/428
**忠武誌十卷**　（清）張鵬翮輯　清刻本　八冊

210000－0702－0004128　991.33/705
**碑傳集一百六十卷首二卷末二卷**　（清）錢儀吉纂輯　清光緒十九年（1893）江蘇書局刻本　六十冊

210000－0702－0004129　991.33/842
**四忠遺集三十九卷**　（清）□□輯　清同治十年（1871）刻本　六冊　存八卷（諸葛武侯集一至四、首一卷,文信國公集一至二、首一卷）

210000－0702－0004130　991.333/811
**逆臣傳四卷貳臣傳十二卷**　（清）國史館纂修　清刻本　八冊

210000－0702－0004131　991.34/2
**百將圖傳二卷**　（清）丁日昌輯　清同治八年（1869）江蘇書局刻本　二冊

210000－0702－0004132　991.34/98－1
**中興將帥別傳三十卷**　朱孔彰撰　清光緒二十五年（1899）掃葉山房石印本　六冊

210000－0702－0004133　991.34/98－2
**中興將帥別傳三十卷**　朱孔彰撰　清光緒二十三年（1897）江甯刻本　八冊

210000－0702－0004134　991.34/98－3
**中興將帥別傳三十卷**　朱孔彰撰　清光緒二十三年（1897）江甯刻本　八冊

210000－0702－0004135　991.7/164－1
**昭代名人尺牘小傳二十四卷**　（清）吳修輯　清光緒三十四年（1908）西泠印社石印本　二冊

210000－0702－0004136　991.7/164－2
**昭代名人尺牘小傳二十四卷**　（清）吳修輯　清光緒三十四年（1908）西泠印社石印本　二冊

210000－0702－0004137　991.7/164－3
**昭代名人尺牘小傳二十四卷**　（清）吳修輯　清光緒三十四年（1908）西泠印社石印本　二冊

210000－0702－0004138　991.7/428－1
**國朝詩人徵略六十卷**　（清）張維屏輯　清道光十年（1830）粵東超華齋刻本　十冊

210000－0702－0004139　991.7/428－2
**國朝詩人徵略六十卷二編六十四卷**　（清）張維屏輯　清道光十年（1830）刻二十二年（1842）增刻本　十六冊

210000－0702－0004140　991.8/650
**墨林今話十八卷續編一卷**　（清）蔣寶齡撰　（清）蔣茞生撰續編　清同治十一年（1872）刻本　六冊

210000－0702－0004141　991.8/975
**國朝書人輯略十一卷首一卷**　震鈞輯　清光緒三十四年（1908）金陵刻本　八冊

210000－0702－0004142　991.99/863
**孤忠錄二卷**　（清）袁祖志輯　清光緒十二年（1886）上海還讀樓刻本　三冊

210000－0702－0004143　993.33/950－1
**俄史輯譯不分卷**　（英國）闞斐迪譯　（清）徐景羅重譯　清光緒十四年（1888）益智書會刻本　四冊

210000－0702－0004144　993.33/950－2
**俄史輯譯不分卷**　（英國）闞斐迪譯　（清）徐景羅重譯　清光緒十四年（1888）益智書會刻本　四冊

210000－0702－0004145　993.33/950－3
**俄史輯譯不分卷**　（英國）闞斐迪譯　（清）徐景羅重譯　清光緒十四年（1888）益智書會刻本　四冊

210000－0702－0004146　993.33/950－4
**俄史輯譯不分卷**　（英國）闞斐迪譯　（清）徐景羅重譯　清光緒十四年（1888）益智書會刻本　三冊　存三冊（一至三）

210000－0702－0004147　997.33/939－1
**拿破侖本紀**　（英國）洛加德撰　林紓　魏易譯　清光緒三十三年（1907）京師學務處官書局鉛印本　四冊

210000－0702－0004148　997.33/939－2

**拿破侖本紀**　(英國)洛加德撰　林紓　魏易譯　清光緒三十三年(1907)京師學務處官書局鉛印本　四冊

210000－0702－0004149　四010/2

**月河精舍叢鈔四種**　(清)丁寶書輯　清光緒歸安丁寶書月河精舍刻本　十冊

210000－0702－0004150　四010/15

**漢學商兌四卷**　(清)方東樹撰　清光緒二十六年(1900)浙江書局刻本　四冊

210000－0702－0004151　四010/84

**靈鶼閣叢書六集五十六種**　(清)江標輯　清光緒二十一年至二十三年(1895－1897)元和江氏湖南使院刻本　四十八冊

210000－0702－0004152　四010/98－1

**槐廬叢書五編**　(清)朱記榮輯　清光緒吳縣朱氏槐廬家塾刻本　八十冊

210000－0702－0004153　四010/98－2

**校經山房叢書二十七種**　(清)朱記榮輯　清光緒三十年(1904)朱氏槐廬家塾刻本　三十二冊

210000－0702－0004154　四010/106

**粵雅堂叢書二十集**　(清)伍崇曜輯　清道光至光緒南海伍氏刻本　二百六十八冊

210000－0702－0004155　四010/128

**晨風閣叢書二十三種**　沈宗畸輯　清宣統元年(1909)番禺沈氏刻本　十六冊

210000－0702－0004156　四010/135

**秘書二十一種**　(清)汪士漢輯　清嘉慶九年(1804)新安汪氏刻本　十二冊

210000－0702－0004157　四010/151

**青照堂叢書三編**　(清)李元春輯　清道光十五年(1835)朝邑劉氏刻本　一百三冊

210000－0702－0004158　四010/151.4

**惜陰軒叢書**　(清)李錫齡輯　清光緒十四年(1888)長沙惜陰書局刻本　一百十九冊

210000－0702－0004159　四010/162

**文選樓叢書十二種**　(清)阮亨輯　清道光三年(1823)刻本　四十一冊　缺三種六卷(概亭術古錄二卷、儀鄭堂文集二卷、詁經精舍文集二卷)

210000－0702－0004160　四010/164－1

**重校拜經樓叢書十種**　(清)吳騫輯　清光緒二十年(1894)孫谿朱氏校經堂刻本　十冊

210000－0702－0004161　四010/164－2

**重校拜經樓叢書十種**　(清)吳騫輯　清光緒二十年(1894)孫谿朱氏校經堂刻本　十冊

210000－0702－0004162　四010/164.3

**藝海珠塵八集一百六十四種**　(清)吳省蘭輯　清嘉慶刻本　四十八冊

210000－0702－0004163　四010/242

**粟香室叢書**　金武祥輯　清光緒至民國江陰金氏刻本　三十冊

210000－0702－0004164　四010/248

**貸園叢書初集十二種**　(清)周永年編　清乾隆五十四年(1789)歷城周永年刻本　十四冊

210000－0702－0004165　四010/271

**琳琅秘室叢書四集三十種**　(清)胡珽輯　清光緒十四年(1888)會稽董氏取斯堂木活字印本　二十四冊

210000－0702－0004166　四010/285

**宜稼堂叢書七種**　(清)郁松年輯　清道光郁氏刻本　六十四冊

210000－0702－0004167　四010/316

**咫進齋叢書三集三十七種**　(清)姚覲元輯　清光緒九年(1883)歸安姚氏刻本　二十四冊

210000－0702－0004168　四010/320－1

**武英殿聚珍版叢書五十四種**　(清)紀昀等編　清同治十三年(1874)江西書局刻本　一百二十八冊

210000－0702－0004169　四010/320－2

**武英殿聚珍版叢書一百三十七種**　(清)紀昀等編　清同治福建刻本　七百三十冊

210000－0702－0004170　四010/352－1

玉函山房輯佚書　（清）馬國翰輯　清光緒十
八年(1892)湖南思賢書局刻本　一百二十冊

210000－0702－0004171　四010/352－2

龍威秘書十集　（清）馬俊良輯　清乾隆五十
九年(1794)大酉山房刻本　八十冊

210000－0702－0004172　四010/359

漸西村舍叢書二十種　（清）袁昶輯　清光緒
袁氏刻本　三十三冊

210000－0702－0004173　四010/375－1

岱南閣叢書十七種　（清）孫星衍輯　清乾隆
至嘉慶蘭陵孫氏刻本　七十二冊

210000－0702－0004174　四010/375－2

平津館叢書十集　（清）孫星衍輯　清光緒十
一年(1885)吳縣朱氏槐廬家塾刻本　五十冊

210000－0702－0004175　四010/375－3

問經堂叢書二十一種　（清）孫馮翼輯　清嘉
慶承德孫氏刻本　十八冊

210000－0702－0004176　四010/393－1

鄦齋叢書二十種　徐乃昌輯　清光緒二十六
年(1900)南陵徐氏刻本　十六冊

210000－0702－0004177　四010/393－2

積學齋叢書二十種　徐乃昌輯　清光緒南陵
徐乃昌刻本　十六冊

210000－0702－0004178　四010/393－3

積學齋叢書二十種　徐乃昌輯　清光緒南陵
徐乃昌刻本　十六冊

210000－0702－0004179　四010/393－4

隨庵徐氏叢書十種　徐乃昌輯　清光緒至民
國南陵徐氏刻本　十二冊

210000－0702－0004180　四010/393.2

邵武徐氏叢書初刻十四種　（清）徐榦輯　清
光緒邵武徐氏刻本　二十冊

210000－0702－0004181　四010/393.28

觀自得齋叢書二十九種　（清）徐士愷輯　清
光緒徐氏觀自得齋刻本　二十四冊

210000－0702－0004182　四010/406－1

式訓堂叢書初集十四種二集十二種　（清）章
壽康輯　清光緒會稽章氏刻本　三十二冊

210000－0702－0004183　四010/406－2

式訓堂叢書第一集十四種　（清）章壽康輯
清光緒會稽章氏刻本　十六冊

210000－0702－0004184　四010/407

榆園叢刻十八種　（清）許增輯　清同治至光
緒仁和許增榆園刻本　三十二冊

210000－0702－0004185　四010/428－1

正誼堂全書六十三種續刻五種　（清）張伯行
輯　（清）楊浚重輯　清同治至光緒福州正誼
書院刻本　一百六十冊

210000－0702－0004186　四010/428－2

張氏適園叢書十四種　張鈞衡編　清宣統三
年(1911)國學扶輪社鉛印本　二十三冊

210000－0702－0004187　四010/428－3

張氏適園叢書初集七種　張鈞衡編　清宣統
三年(1911)國學扶輪社鉛印本　十冊

210000－0702－0004188　四010/428.17

昭代叢書十一集　（清）張潮　（清）張漸輯
（清）楊復吉增輯　（清）沈楙憙續輯　清道光
吳江沈氏世楷堂刻光緒重印本　一百七十
二冊

210000－0702－0004189　四010/434

十萬卷樓叢書三編　（清）陸心源輯　清光緒
歸安陸氏十萬卷樓刻本　一百一冊

210000－0702－0004190　四010/441

湖海樓叢書十二種　（清）陳春輯　清嘉慶十
四年至二十四年(1809－1819)蕭山陳氏湖海
樓刻光緒八年(1882)重印本　二十四冊

210000－0702－0004191　四010/441.3

唐代叢書十二集　（清）陳世熙輯　清宣統三
年(1911)上海銅琴鐵劍書室石印本　十二冊

210000－0702－0004192　四010/491

三長物齋叢書二十五種　（清）黃本驥輯　清
道光二十六年(1846)刻光緒四年(1878)古香
書閣重印本　七十二冊

210000－0702－0004193　四010/556

**連筠簃叢書十二種**　（清）楊尚文輯　清道光二十八年(1848)靈石楊氏刻本　三十冊

210000－0702－0004194　四010/562－1

**觀古堂彙刻書一集十三種二集八種**　葉德輝輯　清光緒二十八年(1902)湘潭葉氏刻三十三年(1907)重編彙印本　十六冊

210000－0702－0004195　四010/562－2

**觀古堂彙刻書一集十三種二集八種**　葉德輝輯　清光緒二十八年(1902)湘潭葉氏刻三十三年(1907)重編彙印本　十六冊

210000－0702－0004196　四010/562－3

**觀古堂彙刻書一集十五種二集六種**　葉德輝輯　清光緒二十八年(1902)湘潭葉氏刻民國八年(1919)重編彙印本　十三冊

210000－0702－0004197　四010/562－4

**麗廔叢書八種**　葉德輝輯　清光緒三十三年(1907)長沙葉氏刻本　八冊

210000－0702－0004198　四010/562－5

**麗廔叢書八種**　葉德輝輯　清光緒三十三年(1907)長沙葉氏刻本　八冊

210000－0702－0004199　四010/566

**嘯園叢書五十八種**　（清）葛元煦輯　清光緒葛氏嘯園刻本　三十六冊

210000－0702－0004200　四010/622

**海山僊館叢書五十六種**　（清）潘仕成輯　清道光至咸豐番禺潘氏刻本　一百二十一冊

210000－0702－0004201　四010/650.4

**心矩齋叢書七種**　（清）蔣鳳藻輯　清光緒八年至十四年(1882－1888)長洲蔣氏刻本　八冊　存四種十八卷(漢志水道疏證四卷、姑蘇名賢小記二卷、蘇詩查注補證四卷、鐵橋漫稿八卷)

210000－0702－0004202　四010/674

**聚學軒叢書五集六十種**　劉世珩輯　清光緒貴池劉氏刻本　一百冊

210000－0702－0004203　四010/705

**守山閣叢書**　（清）錢熙祚輯　清光緒十五年(1889)鴻文書局石印本　一百冊

210000－0702－0004204　四010/705.2

**小萬卷樓叢書十七種**　（清）錢培名輯　清光緒四年(1878)金山錢氏刻本　十六冊

210000－0702－0004205　四010/740

**雲自在龕叢書五集**　繆荃孫輯　清光緒江陰繆氏刻本　二十六冊

210000－0702－0004206　四010/765－1

**半廠叢書初編**　（清）譚獻輯　清光緒仁和譚氏刻本　二十冊

210000－0702－0004207　四010/765－2

**半廠叢書初編**　（清）譚獻輯　清光緒仁和譚氏刻本　二十冊

210000－0702－0004208　四010/791

**讀畫齋叢書八集**　（清）顧修輯　清嘉慶四年(1799)銅川顧氏刻本　六十四冊

210000－0702－0004209　四010/841.3－1

**崇文書局彙刻書三十三種**　（清）崇文書局輯　清光緒元年(1875)湖北崇文書局刻本　八十冊

210000－0702－0004210　四010/841.3－2

**古今叢書**　（清）崇文書局輯　清光緒三年(1877)湖北崇文書局刻本　八十冊

210000－0702－0004211　四010/844

**翠琅玕館叢書四集**　（清）馮兆年輯　清光緒羊城馮氏刻本　四十冊

210000－0702－0004212　四010/965

**正覺樓叢刻**　（清）崇文書局輯　清光緒崇文書局刻本　三十六冊

210000－0702－0004213　四010/973

**當歸草堂叢書八種**　（清）丁丙輯　清同治錢塘丁氏刻本　六冊　缺一種四卷(程氏家塾讀書分年日程三卷綱領一卷)

210000－0702－0004214　四020/2

**武林掌故叢編二十六集**　（清）丁丙輯　清光緒錢塘丁氏嘉惠堂刻本　二百八冊

210000－0702－0004215　四020/21

畿輔叢書一百七十三種　（清）王灝輯　清光緒五年(1879)定州王氏謙德堂刻本　四百二十八冊

210000－0702－0004216　四020/106

嶺南遺書六集　（清）伍元薇　（清）伍崇曜輯　清道光至同治南海伍氏粵雅堂刻本　七十六冊

210000－0702－0004217　四020/122

台州叢書七種　（清）宋世犖輯　清嘉慶至道光臨海宋氏刻本　二十冊

210000－0702－0004218　四020/393

紹興先正遺書四集　（清）徐友蘭輯　清光緒會稽徐氏刻本　四十八冊

210000－0702－0004219　四020/530

常州先哲遺書七十二種　盛宣懷輯　清光緒武進盛氏刻本　一百四冊

210000－0702－0004220　四020/972

湖北叢書三十種　（清）趙尚輔輯　清光緒十七年(1891)刻本　一百冊

210000－0702－0004221　四030.6/170

呂子遺書四種　（明）呂坤撰　清道光七年(1827)開封府署刻本　二十四冊

210000－0702－0004222　四030.7/2

頤志齋叢書　（清）丁晏撰　清道光至同治山陽丁氏六藝堂刻本　十二冊

210000－0702－0004223　四030.7/21

船山遺書　（清）王夫之撰　清同治四年(1865)湘鄉曾氏金陵節署刻本　一百二十一冊

210000－0702－0004224　四030.7/21.4

鄂宰四稿　（清）王筠撰　清咸豐二年(1852)鄉寧賀氏刻本　二冊

210000－0702－0004225　四030.7/77

安吳四種三十六卷　（清）包世臣撰　清光緒十四年(1888)刻本　十六冊

210000－0702－0004226　四030.7/78

師伏堂叢書　（清）皮錫瑞撰　清光緒善化皮氏師伏堂刻本　四十冊

210000－0702－0004227　四030.7/128

沈余遺書三種　（清）趙舒翹輯　清光緒二十二年(1896)江蘇書局刻本　四冊

210000－0702－0004228　四030.7/162

揅經室集一集十四卷二集八卷三集五卷四集二卷詩集十一卷外集五卷續集十一卷再續集六卷　（清）阮元撰　清道光三年(1823)刻本　二十四冊

210000－0702－0004229　四030.7/207

授堂遺書八種　（清）武億撰　清道光二十三年(1843)偃師武氏刻本　十六冊

210000－0702－0004230　四030.7/210

杭氏七種　（清）杭世駿撰　清咸豐元年(1851)長沙小嫏嬛山館刻本　四冊

210000－0702－0004231　四030.7/211

竹柏山房十五種　（清）林春溥撰　清嘉慶至咸豐竹柏山房刻本　四十冊

210000－0702－0004232　四030.7/211.4

修本堂叢書十種　（清）林伯桐撰　清道光二十四年(1844)刻本　十二冊

210000－0702－0004233　四030.7/260

北江全集　（清）洪亮吉撰　清光緒三年(1877)授經堂刻十五年(1889)湖北官書處印本　八十二冊

210000－0702－0004234　四030.7/312

春在堂全書三十八種　（清）俞樾撰　清光緒二十五年(1899)刻本　一百四十冊

210000－0702－0004235　四030.7/359－1

鄭氏佚書　（漢）鄭玄撰　（清）袁鈞輯　清光緒十四年(1888)浙江書局刻本　十冊

210000－0702－0004236　四030.7/359－2

鄭氏佚書　（漢）鄭玄撰　（清）袁鈞輯　清光緒十四年(1888)浙江書局刻本　十冊

210000－0702－0004237　四030.7/362

郝氏遺書　（清）郝懿行撰　清嘉慶至光緒刻

本　八十冊

210000－0702－0004238　四030.7/391
**倭文端公遺書八卷首一卷末一卷續刊四卷**
(清)倭仁撰　清光緒元年(1875)六安求我齋刻本　六冊

210000－0702－0004239　四030.7/402
**二思堂叢書六種**　(清)梁章鉅撰　清光緒元年(1875)刻本　十六冊

210000－0702－0004240　四030.7/433
**求益齋全集五種**　(清)強汝詢撰　清光緒二十四年(1898)江蘇書局刻本　八冊

210000－0702－0004241　四030.7/434
**陸子全書十八種**　(清)陸隴其撰　(清)許仁沐等輯　清刻本　三十六冊

210000－0702－0004242　四030.7/454
**味經齋遺書**　(清)莊存與撰　清光緒八年(1882)陽湖莊氏刻本　十冊

210000－0702－0004243　四030.7/454.2
**珍埶宦遺書**　(清)莊述祖撰　清嘉慶至道光刻本　十二冊

210000－0702－0004244　四030.7/471
**湯文正公全集四種**　(清)湯斌撰　清同治九年(1870)高要蘇廷魁刻本　三十冊

210000－0702－0004245　四030.7/491
**黃梨洲遺書**　(清)黃宗羲撰　清光緒三十一年(1905)杭州群學社石印本　十三冊　缺三卷(南雷文定前集一至三)

210000－0702－0004246　四030.7/525
**焦氏遺書**　(清)焦循撰　清光緒二年(1876)刻本　四十冊

210000－0702－0004247　四030.7/551
**故城賈氏躬自厚齋叢書十二種**　(清)賈臻輯　清道光至同治故城賈氏躬自厚齋刻本　十四冊

210000－0702－0004248　四030.7/562
**觀古堂所著書二集十六種**　葉德輝撰　清光緒湘潭葉氏刻本　十六冊

210000－0702－0004249　四030.7/568
**董氏叢書**　(清)董金鑑輯　清光緒三十二年(1906)會稽董氏取斯家塾刻本　十四冊

210000－0702－0004250　四030.7/575
**鄒徵君遺書六種附刻二種**　(清)鄒伯奇撰　清同治十三年(1874)鄒氏刻本　四冊

210000－0702－0004251　四030.7/674.4
**劉氏遺書八卷**　(清)劉臺拱撰　清光緒十五年(1889)廣雅書局刻本　二冊

210000－0702－0004252　四030.7/705
**嘉定錢氏潛研堂全書**　(清)錢大昕撰　清光緒十年(1884)長沙龍氏家塾刻本　八十冊

210000－0702－0004253　四030.7/749
**戴氏遺書十五種**　(清)戴震撰　清乾隆曲阜孔氏刻微波榭叢書本　四十冊

210000－0702－0004254　四030.7/791－1
**亭林先生遺書彙輯二十三種**　(清)顧炎武撰　(清)席威　(清)朱記榮輯　清光緒十四年(1888)刻本　二十四冊

210000－0702－0004255　四030.7/791－2
**顧亭林先生遺書十種**　(清)顧炎武撰　清蓬瀛閣刻本　十六冊

210000－0702－0004256　四100/21.2
**周易十卷附考證**　(三國魏)王弼注　清光緒八年(1882)長沙龍氏家塾刻十年(1884)重印本　三冊

210000－0702－0004257　四100/37
**周易注疏十三卷考證十三卷周易略例一卷略例考證一卷**　(三國魏)王弼　(晉)韓康伯注　(唐)陸德明音義　(唐)孔穎達疏　清同治十年(1871)廣東書局刻十三經注疏本　五冊

210000－0702－0004258　四100/98
**周易本義四卷**　(宋)朱熹撰　清光緒二十二年(1896)新化三味堂刻本　二冊

210000－0702－0004259　四100/128
**周易孔義集說二十卷**　(清)沈起元撰　清光緒八年(1882)江蘇書局刻本　八冊

210000－0702－0004260　四100/128.1

**易憲四卷**　（明）沈泓撰　清光緒十四年(1888)卓氏刻本　三冊

210000－0702－0004261　四100/151

**御纂周易折中二十二卷首一卷**　（清）李光地等撰　清同治十年(1871)湖北崇文書局刻本　十二冊

210000－0702－0004262　四100/253

**讀易匯參十五卷首一卷**　（清）和瑛撰　清道光二十三年(1843)刻本　十六冊

210000－0702－0004263　四100/316

**周易姚氏學十六卷首一卷**　（清）姚配中撰　清光緒三年(1877)湖北崇文書局刻本　六冊

210000－0702－0004264　四100/428

**易緯略義三卷**　（清）張惠言撰　清光緒廣雅書局刻廣雅書局叢書本　一冊

210000－0702－0004265　四100/491

**易釋四卷**　（清）黃式三撰　清光緒廣雅書局刻廣雅書局叢書本　一冊

210000－0702－0004266　四100/491.3

**象數論六卷**　（清）黃宗羲撰　清光緒廣雅書局刻廣雅書局叢書本　二冊

210000－0702－0004267　四100/535－1

**易經八卷**　（宋）程頤傳　清宣統元年(1909)學部圖書局石印本　六冊

210000－0702－0004268　四100/535－2

**易經八卷**　（宋）程頤傳　清光緒九年(1883)江南書局刻本　三冊

210000－0702－0004269　四100/671

**河上易註八卷圖說二卷**　（清）黎世序撰　清道光元年(1821)謙豫齋刻本　六冊

210000－0702－0004270　四100/674

**易經十二卷首一卷末一卷**　（宋）朱熹撰　清光緒十九年(1893)江南書局刻本　二冊

210000－0702－0004271　四100/731

**易經精華六卷末一卷**　（清）薛嘉穎輯　清道光七年(1827)刻本　六冊

210000－0702－0004272　四100/761

**周易要義十卷首一卷**　（宋）魏了翁撰　清光緒十二年(1886)江蘇書局刻本　四冊

210000－0702－0004273　四110/21

**欽定書經傳說彙纂二十一卷首二卷書序一卷**　（清）王頊齡等撰　清同治十年(1871)湖北崇文書局刻本　十二冊

210000－0702－0004274　四110/21.4

**尚書孔傳參正三十六卷序例一卷異同表一卷**　王先謙撰　清光緒三十年(1904)虛受堂刻本　六冊

210000－0702－0004275　四110/37.3

**尚書注疏十九卷附考證**　（漢）孔安國傳（唐）陸德明音義　（唐）孔穎達疏　清同治十年(1871)刻本　八冊

210000－0702－0004276　四110/78

**古文尚書冤詞平議二卷**　（清）皮錫瑞撰　清光緒二十二年(1896)思賢書局刻本　一冊

210000－0702－0004277　四110/98

**逸周書集訓校釋十卷逸文一卷**　（清）朱右曾撰　清光緒三年(1877)湖北崇文書局刻本　二冊

210000－0702－0004278　四110/111

**禹貢班義述三卷附漢糜水入尚龍谿考一卷**　（清）成蓉鏡撰　清光緒十四年(1888)廣雅書局刻本　一冊

210000－0702－0004279　四110/423

**尚書攷異六卷**　（明）梅鷟撰　清光緒十八年(1892)浙江書局刻本　四冊

210000－0702－0004280　四110/525－1

**尚書伸孔篇一卷**　（清）焦廷琥撰　清光緒十四年(1888)廣雅書局刻本　一冊

210000－0702－0004281　四110/525－2

**爾雅補註殘本一卷**　（清）劉玉麐撰　清光緒十四年(1888)廣雅書局刻本　與210000－0702－0004280合冊

210000－0702－0004282　四110/654－1

書經六卷 （宋）蔡沈集傳 清光緒三十四年(1908)學部圖書局石印本 六冊

210000－0702－0004283 四110/654－2

書六卷 （宋）蔡沈集傳 清光緒七年(1881)江西書局刻本 四冊

210000－0702－0004284 四110/654－3

書六卷 （宋）蔡沈集傳 清莆陽鄭氏刻本 三冊 存五卷(二至六)

210000－0702－0004285 四110/661

尚書大傳四卷 （漢）伏勝撰 （漢）鄭玄注 考異一卷補遺一卷續補遺一卷 （清）盧文弨撰 清光緒三年(1877)湖北崇文書局刻本 一冊

210000－0702－0004286 四110/731

書經精華六卷 （清）薛嘉穎輯 清光緒九年(1883)刻本 四冊

210000－0702－0004287 四110/761

尚書要義二十卷 （宋）魏了翁撰 清光緒十年(1884)江蘇書局刻本 六冊

210000－0702－0004288 四120/21

欽定詩經傳說彙纂二十一卷首二卷詩序二卷 （清）王鴻緒等撰 清同治十年(1871)湖北崇文書局刻本 十八冊

210000－0702－0004289 四120/37

毛詩詁訓傳三十卷 （漢）鄭玄箋 （唐）陸德明音義 （唐）孔穎達疏 清光緒四年(1878)淮南書局刻本 十六冊

210000－0702－0004290 四120/98

詩經八卷 （宋）朱熹集傳 清光緒三十四年(1908)學部圖書局石印本 四冊

210000－0702－0004291 四120/271

毛詩後箋三十卷 （清）胡承珙撰 清道光十七年(1837)刻本 二十四冊

210000－0702－0004292 四120/441

陳氏毛詩五種 （清）陳奐撰 清光緒九年(1883)刻本 十二冊

210000－0702－0004293 四120/661

詩經二十卷 （漢）毛亨傳 （漢）鄭玄箋 詩譜一卷 （漢）鄭玄撰 清永懷堂刻本 三冊

210000－0702－0004294 四120/761

毛詩要義二十卷譜序一卷 （宋）魏了翁撰 清光緒十二年(1886)江蘇書局刻本 十二冊

210000－0702－0004295 四120/761.1

詩古微上編三卷中編十卷下編二卷首一卷 （清）魏源撰 清光緒十三年(1887)席氏掃葉山房刻本 八冊

210000－0702－0004296 四120/791

毛詩訂詁八卷附錄二卷 （清）顧棟高撰 清光緒二十二年(1896)江蘇書局刻本 四冊

210000－0702－0004297 四120/846

詩經古譜二卷 （□）□□撰 清光緒三十四年(1908)學部圖書局石印本 一冊

210000－0702－0004298 四130/21

禮經箋十七卷 （漢）鄭玄注 王闓運箋 清光緒十一年(1885)成都尊經書局刻本 四冊

210000－0702－0004299 四130/748

新定三禮圖二十卷 （宋）聶崇義集注 清光緒上海同文書局石印本 二冊

210000－0702－0004300 四131/375

周禮政要四卷 （清）孫詒讓撰 清光緒三十年(1904)上海書局石印本 二冊

210000－0702－0004301 四131/513

欽定周官義疏四十八卷首一卷 （清）鄂爾泰等撰 清同治十年(1871)湖北崇文書局刻本 二十八冊

210000－0702－0004302 四131/551

周禮注疏四十二卷 （漢）鄭玄注 （唐）陸德明音義 （唐）賈公彥疏 清同治十年(1871)刻本 十四冊

210000－0702－0004303 四131/661－1

周禮六卷 （漢）鄭玄注 （唐）陸德明音義 清同治十三年(1874)湖南書局刻本 六冊

210000－0702－0004304 四131/661－2

周禮四十二卷 （漢）鄭玄注 （明）金蟠訂

明崇禎永懷堂刻清同治八年(1869)浙江書局
校修重印十三經古注本　四冊

210000－0702－0004305　四131/839
繪圖周禮便蒙課本六卷　(清)黃叔琳撰
(清)南洋官書局增訂　清光緒三十二年
(1906)南洋官書局石印本　二冊

210000－0702－0004306　四132/65
司馬氏書儀十卷　(宋)司馬光撰　(清)汪郊
校訂　清同治七年(1868)江蘇書局刻本
一冊

210000－0702－0004307　四132/115
天子肆獻祼饋食禮纂三卷朝廟宮室考一卷田
賦考一卷　(清)任啟運撰　清光緒十四年
(1888)任氏家塾刻本　二冊

210000－0702－0004308　四132/164
儀禮章句十七卷　(清)吳廷華撰　清乾隆二
十二年(1757)刻本　四冊

210000－0702－0004309　四132/170
四禮翼一卷　(明)呂坤撰　清光緒二十一年
(1895)湖北官書處刻本　一冊

210000－0702－0004310　四132/248
制服成誦篇一卷序例一卷制服表一卷喪服通
釋一卷　(清)周保珪撰　清光緒十五年
(1889)長沙芋園李氏刻本　一冊

210000－0702－0004311　四132/271
儀禮釋官九卷首一卷　(清)胡匡衷撰　清同
治八年(1869)胡肇智刻本　三冊

210000－0702－0004312　四132/271.2
儀禮正義四十卷　(清)胡培翬撰　(清)楊大
堉補　清咸豐二年(1852)陸建瀛刻同治七年
(1868)陸光祖木犀香館補刻本　二十一冊

210000－0702－0004313　四132/271.27
儀禮古今文疏義十七卷　(清)胡承珙撰　清
光緒三年(1877)湖北崇文書局刻本　四冊

210000－0702－0004314　四132/393.1
儀禮古今文異同疏證五卷　(清)徐養原撰
清光緒十七年(1891)廣雅書局刻本　一冊

210000－0702－0004315　四132/412
朱子家禮五卷　(清)郭嵩燾校訂　清光緒十
七年(1891)思賢講舍刻本　一冊

210000－0702－0004316　四132/428
儀禮喪服經傳並記一卷　(漢)鄭玄注　(清)
張爾岐句讀　清宣統元年(1909)學部圖書局
石印本　一冊

210000－0702－0004317　四132/513
欽定儀禮義疏四十八卷首二卷　(清)允祿等
撰　清光緒十四年(1888)江南書局刻本　三
十二冊

210000－0702－0004318　四132/551
儀禮注疏十七卷考證十七卷　(漢)鄭玄注
(唐)陸德明音義　(唐)賈公彥疏　清同治十
年(1871)刻本　十冊

210000－0702－0004319　四132/661
儀禮私箋八卷　(清)鄭珍撰　清光緒十七年
(1891)廣雅書局刻本　一冊

210000－0702－0004320　四132/761
儀禮要義五十卷　(宋)魏了翁撰　清光緒十
年(1884)江蘇書局刻本　十二冊

210000－0702－0004321　四133/21
大戴禮記解詁十三卷敘錄一卷　(清)王聘珍
撰　清光緒十三年(1887)廣雅書局刻本
三冊

210000－0702－0004322　四133/21.2
禮記箋四十六卷　王闓運箋　清光緒十一年
(1885)成都尊經書局刻本　八冊

210000－0702－0004323　四133/37
禮記天算釋一卷　(清)孔廣牧撰　清光緒十
五年(1889)廣雅書局刻本　一冊

210000－0702－0004324　四133/37.3
禮記注疏六十三卷考證六十三卷　(漢)鄭玄
注　(唐)陸德明音義　(唐)孔穎達疏　清同
治十年(1871)刻本　二十一冊

210000－0702－0004325　四133/78
禮記淺說二卷　(清)皮錫瑞撰　清光緒二十

五年(1899)刻本　二册

210000－0702－0004326　四133/98

**禮記訓纂四十九卷**　（清）朱彬輯　清宣統元
年(1909)學部圖書局石印本　十册

210000－0702－0004327　四133/135

**禮記節本十卷附圖一卷**　（清）汪基輯　（清）
江永校纂　清宣統元年(1909)上海會文學社
石印本　六册

210000－0702－0004328　四133/210

**續禮記集說一百卷**　（清）杭世駿撰　清光緒
浙江書局刻本　四十册

210000－0702－0004329　四133/402

**夏小正通釋一卷**　（清）梁章鉅輯　清光緒十
三年(1887)浙江書局刻本　一册

210000－0702－0004330　四133/412

**禮記質疑四十九卷**　（清）郭嵩燾撰　清光緒
十六年(1890)思賢講舍刻本　十册

210000－0702－0004331　四133/441－1

**禮記十卷**　（元）陳澔集說　清光緒二十二年
(1896)新化三味堂刻本　十册

210000－0702－0004332　四133/441－2

**禮記十卷**　（元）陳澔集說　清同治十三年
(1874)湖南書局刻本　十册

210000－0702－0004333　四133/454

**明堂陰陽夏小正經傳攷釋十卷**　（清）莊述祖
撰　清光緒九年(1883)武進劉氏刻本　四册

210000－0702－0004334　四133/486

**禮記省度四卷**　（清）彭頤纂　清光緒七年
(1881)刻朱墨印本　四册

210000－0702－0004335　四133/513－1

**欽定禮記義疏八十二卷首一卷**　（清）鄂爾泰
等撰　清同治十年(1871)湖北崇文書局刻本
四十八册

210000－0702－0004336　四133/513－2

**欽定禮記義疏八十二卷首一卷**　（清）鄂爾泰
等撰　清刻本　八十三册

210000－0702－0004337　四133/661

**禮記二十卷**　（漢）鄭玄注　清乾隆四十八年
(1783)刻本　十册

210000－0702－0004338　四133/761

**禮記要義三十三卷**　（宋）魏了翁撰　清光緒
十二年(1886)江蘇書局刻本　八册

210000－0702－0004339　四140/21

**欽定春秋傳說彙纂三十八卷首二卷**　（清）王
掞等撰　清光緒十四年(1888)江南書局刻本
二十册

210000－0702－0004340　四140/21.4

**春秋例表不分卷**　（清）王代豐撰　清光緒七
年(1881)四川尊經書院刻本　二册

210000－0702－0004341　四140/362

**春秋比二卷**　（清）郝懿行輯　清光緒十六年
(1890)刻本　二册

210000－0702－0004342　四140/441

**春秋規過考信三卷**　（清）陳熙晉撰　清光緒
十五年(1889)廣雅書局刻本　三册

210000－0702－0004343　四140/568

**春秋繁露十七卷**　（漢）董仲舒撰　清光緒三
年(1877)湖北崇文書局刻本　二册

210000－0702－0004344　四140/791－1

**春秋大事表五十卷輿圖一卷附錄一卷**　（清）
顧棟高撰　清光緒十四年(1888)陝西求友齋
刻本　二十四册

210000－0702－0004345　四140/791－2

**春秋大事表五十卷輿圖一卷附錄一卷**　（清）
顧棟高撰　清同治十二年(1873)平遠丁寶楨
刻本　二十册

210000－0702－0004346　四141/37

**春秋左傳注疏六十卷考證六十卷末一卷**
（晉）杜預注　（唐）陸德明音義　（唐）孔穎
達疏　清同治十年(1871)刻本　二十册

210000－0702－0004347　四141/78

**左傳淺說二卷**　（清）皮錫瑞撰　清光緒二十
五年(1899)刻本　二册

210000－0702－0004348　四141/148－1

**春秋經傳集解三十卷春秋名號歸一圖二卷春秋年表一卷**　（晉）杜預撰　（唐）陸德明音義　清光緒三年(1877)胡氏退補齋刻本　十二冊

210000－0702－0004349　四141/148－2

**春秋經傳集解三十卷春秋名號歸一圖二卷春秋年表一卷**　（晉）杜預撰　（唐）陸德明音義　清乾隆四十八年(1783)刻本　十五冊

210000－0702－0004350　四141/151

**春秋左氏傳賈服注輯述二十卷**　（清）李貽德撰　清光緒八年(1882)江蘇書局刻本　六冊

210000－0702－0004351　四141/316

**春秋左傳杜注三十卷首一卷**　（清）姚培謙輯　清同治十三年(1874)湖南書局刻本　十冊

210000－0702－0004352　四141/434.1

**經學教科書左傳政要不分卷**　（清）陸章瑈撰　清光緒三十三年(1907)上海均益圖書公司鉛印本　一冊

210000－0702－0004353　四141/441

**春秋述義拾遺八卷首一卷末一卷**　（清）陳熙晉撰　清光緒十七年(1891)廣雅書局刻本　二冊

210000－0702－0004354　四141/477

**左繡三十卷首一卷**　（清）馮李驊　（清）陸浩輯　清宣統三年(1911)上海會文堂石印本　十六冊

210000－0702－0004355　四141/535

**欽定春秋左傳讀本三十卷**　（清）英和等撰　清同治八年(1869)江蘇書局刻本　十冊

210000－0702－0004356　四141/674

**左傳舊疏考正八卷**　（清）劉文淇撰　清光緒三年(1877)湖北崇文書局刻本　四冊

210000－0702－0004357　四142/178－1

**春秋公羊傳十一卷**　（漢）何休解詁　（唐）陸德明音義　清光緒十二年(1886)湖北官書處刻本　四冊

210000－0702－0004358　四142/178－2

**春秋公羊傳十一卷**　（漢）何休解詁　（唐）陸德明音義　清光緒十七年(1891)湖南思賢書局刻本　六冊

210000－0702－0004359　四142/178.3

**春秋公羊注疏質疑二卷**　（清）何若瑤撰　清光緒廣雅書局刻本　一冊

210000－0702－0004360　四142/242

**春秋公羊傳二十八卷**　（漢）何休解詁　（唐）陸德明音義　（明）金蟠訂　明崇禎永懷堂刻清同治八年(1869)浙江書局重修十三經古注本　三冊

210000－0702－0004361　四142/588

**春秋公羊傳二十八卷**　（漢）何休解詁　（唐）陸德明音義　清同治十年(1871)刻本　八冊

210000－0702－0004362　四142/674

**公羊箋十一卷**　王闓運箋　清光緒十一年(1885)成都尊經書局刻本　六冊

210000－0702－0004363　四142/731

**春秋公羊傳十一卷**　（漢）何休解詁　（唐）陸德明音義　清光緒八年(1882)錦江書局刻本　四冊

210000－0702－0004364　四143/242

**春秋穀梁傳二十卷**　（晉）范寧集解　（明）金蟠校訂　明崇禎永懷堂刻清同治八年(1869)浙江書局補刻十三經古注本　三冊

210000－0702－0004365　四143/300

**春秋穀梁傳十二卷**　（晉）范寧集解　（唐）陸德明音義　清光緒十七年(1891)湖南思賢書局刻本　四冊

210000－0702－0004366　四143/556

**春秋穀梁注疏二十卷考證二十卷**　（晉）范寧集解　（唐）陸德明音義　（唐）楊士勛疏　清同治十年(1871)刻本　六冊

210000－0702－0004367　四143/731

**春秋穀梁傳十二卷**　（晉）范寧集解　（唐）陸德明音義　清光緒八年(1882)錦江書局刻本

四冊

210000－0702－0004368　四143/735

**春秋穀梁經傳補注二十四卷首一卷末一卷**
（清）鍾文烝撰　清光緒二年（1876）刻本
八冊

210000－0702－0004369　四150/151

**孝經註疏九卷**　（唐）玄宗李隆基注　（唐）陸
德明音義　（宋）邢昺校　清同治十年（1871）
刻本　一冊

210000－0702－0004370　四150/434

**孝經一卷附孝經刊誤一卷**　（唐）玄宗李隆基
注　（唐）陸德明音義　（宋）朱熹撰刊誤　清
光緒三年（1877）永康胡氏退補齋刻本　一冊

210000－0702－0004371　四160/21

**經義述聞三十二卷**　（清）王引之撰　清道光
七年（1827）京師壽籐書屋刻本　十六冊

210000－0702－0004372　四160/78－1

**駁五經異義疏證十卷**　（清）皮錫瑞撰　清光
緒二十五年（1899）刻本　二冊

210000－0702－0004373　四160/78－2

**經學通論五卷**　（清）皮錫瑞撰　清光緒三十
三年（1907）思賢書局刻皮氏經學叢書本
五冊

210000－0702－0004374　四160/78－3

**漢碑引經攷六卷附引緯考一卷**　（清）皮錫瑞
撰　清光緒三十年（1904）刻本　五冊

210000－0702－0004375　四160/375

**古微書三十六卷**　（明）孫瑴輯　清光緒二十
一年（1895）鴻文書局石印本　三冊　存二十
六卷（一至八、十九至三十六）

210000－0702－0004376　四160/393

**五經旁訓讀本**　（清）徐立綱撰　清刻本　十
六冊

210000－0702－0004377　四160/415

**新學偽經攷十四卷**　康有為撰　清光緒十七
年（1891）武林望雲樓石印本　八冊

210000－0702－0004378　四160/441.1

**經咫一卷**　（清）陳祖范撰　清光緒廣雅書局
刻本　一冊

210000－0702－0004379　四160/491

**經訓教科書教授法不分卷**　黃展雲等編纂
清光緒三十三年（1907）上海商務印書館鉛印
本　四冊

210000－0702－0004380　四160/580

**經學導言一卷**　鄔慶時撰　清光緒三十一年
（1905）刻本　一冊

210000－0702－0004381　四160/674

**通義堂集二卷**　（清）劉毓崧撰　清光緒十六
年（1890）思賢講舍刻本　一冊

210000－0702－0004382　四160/787

**石經彙函十種**　王秉恩輯　清末王秉恩元尚
居刻本　十二冊

210000－0702－0004383　四160/908

**經學講義二編**　（清）京師大學堂編　清光緒
三十年（1904）官書局鉛印本　一冊

210000－0702－0004384　四161/21

**皇清經解續編一千四百三十卷**　王先謙輯
清光緒十四年（1888）南菁書院刻本　三百二
十冊

210000－0702－0004385　四161/21.1

**十三經策案二十二卷**　（清）王謨輯　清光緒
十一年（1885）上海同文書局石印本　二冊

210000－0702－0004386　四161/78

**經學四種**　（清）皮錫瑞等撰　清光緒二十二
年（1896）思賢書局刻本　二冊

210000－0702－0004387　四161/98

**經義考三百卷目錄二卷**　（清）朱彝尊編　清
光緒二十三年（1897）浙江書局刻本　四十九
冊　缺五卷（一至三、目錄二卷）

210000－0702－0004388　四161/162－1

**重刊宋本十三經注疏附校勘記**　（清）阮元撰
　（清）盧宣旬摘錄　清同治十三年（1874）湖
南書局刻本　四十冊

210000－0702－0004389　四161/162－2

213

重刊宋本十三經注疏附校勘記　（清）阮元撰
（清）盧宣旬摘錄　清同治十二年(1873)江
西書局刻本　一百八十冊

210000－0702－0004390　四161/162－3
皇清經解一千四百卷　（清）阮元輯　清道光
九年(1829)廣東學海堂刻本　三百六十冊

210000－0702－0004391　四161/164
經學輯要二十四卷首一卷　（清）吳穎炎輯
清光緒二十六年(1900)上海點石齋石印本
三十二冊

210000－0702－0004392　四161/164.1
桐城吳先生全書　（清）吳汝綸撰　清光緒吳
氏家刻本　五冊　存六卷(易說二卷、尚書故
三卷、夏小正私箋一卷)

210000－0702－0004393　四161/370
皇清經解分經匯編十六卷　題(清)船山主人
編　清光緒二十一年(1895)上洋鴻寶齋石印
本　三十二冊

210000－0702－0004394　四161/428
澤存堂五種　（清）張士俊輯　清光緒十四年
(1888)上海蜚英館石印本　八冊

210000－0702－0004395　四161/556
十一經音訓　（清）楊國楨撰　清光緒三年
(1877)湖北崇文書局刻本　二十六冊

210000－0702－0004396　四161/565
萬充宗先生經學五書　（清）萬斯大撰　清道
光十一年(1831)同文堂刻本　四冊

210000－0702－0004397　四161/622
經學叢書十二種　（清）潘相撰　清嘉慶刻本
三十冊

210000－0702－0004398　四161/700
經典釋文三十卷攷證三十卷　（唐）陸德明撰
（清）盧文弨撰攷證　清同治八年(1869)湖
北崇文書局刻本　十二冊

210000－0702－0004399　四161/705
經苑二十五種　（清）錢儀吉輯　清道光至咸
豐大梁書院刻同治七年(1868)印本　七十

四冊

210000－0702－0004400　四161/735
古經解彙函附小學彙函　（清）鍾謙鈞等輯
清同治十二年(1873)粵東書局刻本　七十
八冊

210000－0702－0004401　四161/833
五經彙函二百七十二卷　上海書局輯　清光
緒石印本　二十四冊

210000－0702－0004402　四170/21
圈點四書旁訓　（□）□□撰　清光緒八年
(1882)竹橋齋刻本　六冊

210000－0702－0004403　四170/21.3
四書朱子本義滙參四十三卷首四卷　（清）王
步青輯　清刻本　三十二冊

210000－0702－0004404　四170/98
四書　（宋）朱熹集注　清刻本　九冊

210000－0702－0004405　四170/151
大學傳註一卷中庸傳註一卷論語傳註二卷附
傳註問　（清）李塨撰　清光緒二十五年
(1899)鉛印本　四冊

210000－0702－0004406　四170/151.1
湔哎存愚二卷　（清）李清植撰　清光緒十八
年(1892)浙江書局刻本　一冊

210000－0702－0004407　四170/164
四書經註集證十九卷　（清）吳昌宗輯　清嘉
慶二十一年(1816)刻本　十六冊

210000－0702－0004408　四170/242
四書味根錄三十七卷　（清）金澂撰　清光緒
二十一年(1895)姑蘇問竹山房刻本　十六冊

210000－0702－0004409　四170/248
四書典故辨正二十卷附錄一卷　（清）周炳中
撰　清同治五年(1866)刻本　六冊

210000－0702－0004410　四170/265－1
繪圖四書速成新體讀本　施崇恩輯　清光緒
三十一年(1905)上海彪蒙書局石印本　二十
六冊

210000－0702－0004411　四170/265－2

**四書經文**　施崇恩輯　清光緒三十一年(1905)上海彪蒙書局石印本　六冊

210000－0702－0004412　四170/412

**大學章句質疑一卷中庸章句質疑二卷**　（清）郭嵩燾撰　清光緒十六年(1890)思賢講舍刻本　三冊

210000－0702－0004413　四170/420

**四書摭餘說七卷**　（清）曹之升撰　清嘉慶三年(1798)刻本　六冊

210000－0702－0004414　四170/434

**松陽講義十二卷**　（清）陸隴其撰　清同治十三年(1874)湖南省城書局刻本　五冊

210000－0702－0004415　四170/674

**四書恒解十四卷**　（清）劉沅撰　清光緒十年(1884)豫誠堂刻本　十冊

210000－0702－0004416　四170/836

**四書古注群義彙解**　□□編　清光緒三十年(1904)上海同文升記書局鉛印本　十四冊

210000－0702－0004417　四171/394

**大學衍義四十三卷**　（宋）真德秀撰　清同治十一年(1872)浙江書局刻本　十冊

210000－0702－0004418　四171/674

**大學古本質言一卷**　（清）劉沅撰　清光緒三十一年(1905)李氏刻本　一冊

210000－0702－0004419　四173/144

**論語注疏二十卷考證二十卷**　（三國魏）何晏集解　（唐）陸德明音義　（宋）邢昺疏　清同治十年(1871)刻本　四冊

210000－0702－0004420　四173/242

**論語二十卷**　（三國魏）何晏集解　（明）金蟠訂　**孝經九卷**　（漢）鄭玄注　明崇禎永懷堂刻清同治八年(1869)浙江書局補刻本　二冊

210000－0702－0004421　四173/491

**論語後案二十卷**　（清）黃式三撰　清光緒九年(1883)浙江書局刻本　十冊

210000－0702－0004422　四173/622

**論語古注集箋十卷附考一卷**　（清）潘維城撰　清光緒七年(1881)江蘇書局刻本　六冊

210000－0702－0004423　四173/622.4

**朱子論語集注訓詁攷二卷**　（清）潘衍桐輯　清光緒十七年(1891)浙江書局刻本　一冊

210000－0702－0004424　四174/242

**孟子十四卷**　（漢）趙岐注　（明）金蟠訂　明末永懷堂刻清同治八年(1869)浙江書局重印十三經古注本　三冊

210000－0702－0004425　四174/375

**孟子注疏十四卷考證十四卷**　（漢）趙岐注　（宋）孫奭音義并疏　清同治十年(1871)刻本　六冊

210000－0702－0004426　四190/428－1

**小學集注六卷**　（明）陳選撰　清光緒至宣統京都琉璃廠龍文閣石印本　四冊

210000－0702－0004427　四190/428－2

**小學集解六卷**　（宋）朱熹撰　（清）張伯行輯注　（清）李蘭汀校訂　清同治六年(1867)楚北崇文書局刻本　三冊

210000－0702－0004428　四190/717

**小學考五十卷**　（清）謝啟昆撰　清光緒十四年(1888)浙江書局刻本　二十冊

210000－0702－0004429　四190/775

**小學韻語一卷**　（清）羅澤南撰　清咸豐六年(1856)浙江書局刻本　一冊

210000－0702－0004430　四191/21

**廣雅疏證十卷博雅音十卷**　（清）王念孫撰　（隋）曹憲撰博雅音　清光緒五年(1879)淮南書局刻本　八冊

210000－0702－0004431　四191/21.4

**釋名疏證補八卷續一卷補遺一卷補附一卷**　(漢)劉熙撰　王先謙輯　清光緒二十二年(1896)刻本　三冊

210000－0702－0004432　四191/78－1

**聖證論補評二卷**　（清）皮錫瑞撰　清光緒二十五年(1899)刻本　二冊

210000－0702－0004433　四191/78－2

**六藝論疏證一卷魯禮禘袷義疏證一卷**　（清）
皮錫瑞撰　清光緒二十五年(1899)刻本
一冊

210000－0702－0004434　四191/98

**駢雅七卷**　（明）朱謀㙔撰　清同治十一年
(1872)經綸書室刻本　八冊

210000－0702－0004435　四191/144

**爾雅注疏十一卷考證十一卷**　（晉）郭璞注
（唐）陸德明音義　（宋）邢昺疏　清同治十年
(1871)刻本　四冊

210000－0702－0004436　四191/162－1

**經籍纂詁一百六卷補遺一百六卷首一卷**
（清）阮元撰　清光緒上海漱六山莊石印本
十二冊

210000－0702－0004437　四191/162－2

**經籍纂詁一百六卷補遺一百六卷首一卷**
（清）阮元撰　清嘉慶十七年(1812)揚州阮氏
瑯嬛僊館刻本　八十冊

210000－0702－0004438　四191/242

**爾雅十一卷**　（晉）郭璞注　（明）金蟠訂　明
末永懷堂刻清同治八年(1869)浙江書局重印
十三經古注本　三冊

210000－0702－0004439　四191/248

**佛爾雅八卷**　（清）周春撰　清宣統二年
(1910)國學扶輪社鉛印本　二冊

210000－0702－0004440　四191/362

**爾雅郭注義疏二十卷**　（清）郝懿行撰　清光
緒十四年(1888)湖北官書處刻本　八冊

210000－0702－0004441　四191/375

**倉頡篇三卷倉頡篇續本一卷倉頡篇補本二卷**
（清）孫星衍輯　（清）任大椿輯續本
（清）陶方琦輯補本　清光緒十六年(1890)江
蘇書局刻本　二冊

210000－0702－0004442　四191/412

**爾雅圖三卷**　（晉）郭璞注　（清）姚之麟摹圖
清光緒十年(1884)上海同文書局石印本

二冊

210000－0702－0004443　四191/454

**急就章考異一卷**　（清）莊世驥撰　清光緒十
七年(1891)廣雅書局刻本　一冊

210000－0702－0004444　四191/460

**釋名疏證八卷附續釋名一卷補遺一卷校議一
卷**　（清）畢沅撰　（清）吳翊寅撰校議　清光
緒二十年(1894)廣雅書局刻本　二冊

210000－0702－0004445　四191/622

**爾雅正郭三卷**　（清）潘衍桐撰　清光緒十七
年(1891)刻本　一冊

210000－0702－0004446　四191/661

**親屬記二卷**　（清）鄭珍撰　清光緒十八年
(1892)廣雅書局刻本　一冊

210000－0702－0004447　四191/674

**釋穀四卷**　（清）劉寶楠撰　清光緒十四年
(1888)廣雅書局刻本　一冊

210000－0702－0004448　四191/741

**刊謬正俗八卷**　（唐）顏師古撰　清光緒三年
(1877)湖北崇文書局刻本　一冊

210000－0702－0004449　四191/787

**爾雅匡名二十卷**　（清）嚴元照撰　清光緒十
六年(1890)廣雅書局刻本　四冊

210000－0702－0004450　四192/21－1

**文字蒙求四卷**　（清）王筠撰　清光緒十三年
(1887)刻本　二冊

210000－0702－0004451　四192/21－2

**說文韻譜校五卷**　（清）王筠撰　清光緒十六
年(1890)劉氏刻本　二冊

210000－0702－0004452　四192/21－3

**說文解字句讀三十卷補正三十卷**　（清）王筠
撰　清光緒八年(1882)刻本　十四冊

210000－0702－0004453　四192/21－4

**說文解字句讀三十卷補正三十卷**　（清）王筠
撰　清同治刻本　十六冊

210000－0702－0004454　四192/21－5

說文釋例二十卷附補正二十卷　（清）王筠撰
清同治四年(1865)刻本　十冊

210000－0702－0004455　四192/21－6
說文釋例二十卷附補正二十卷　（清）王筠撰
清光緒九年(1883)成都御風樓刻本　十
二冊

210000－0702－0004456　四192/115
字林考逸八卷附錄一卷字林考逸補本一卷補
本附錄一卷　（清）任大椿撰　（清）丁小山撰
附錄　清光緒十六年(1890)江蘇書局刻本
四冊

210000－0702－0004457　四192/151
十三經集字一卷　（清）李鴻藻撰　清光緒二
十四年(1898)愛蓮堂刻本　一冊

210000－0702－0004458　四192/162
積古齋鐘鼎彝器款識十卷　（清）阮元編錄
清光緒三十三年(1907)上海醉二堂石印本
五冊

210000－0702－0004459　四192/164
說文古籀補十四卷附錄一卷　（清）吳大澂撰
清光緒二十四年(1898)刻本　二冊

210000－0702－0004460　四192/229－1
廣潛研堂說文答問疏證八卷　（清）承培元撰
清光緒廣雅書局刻本　一冊

210000－0702－0004461　四192/229－2
說文引經證例二十四卷　（清）承培元撰　清
光緒廣雅書局刻本　六冊

210000－0702－0004462　四192/301
苗氏說文四種　（清）苗夔撰　清道光至咸豐
祁氏漢碑亭刻本　八冊

210000－0702－0004463　四192/322
說文解字注三十二卷附汲古閣說文訂一卷
（清）段玉裁撰　清同治十一年(1872)湖北崇
文書局刻本　十八冊

210000－0702－0004464　四192/364－1
說文解字義證五十卷　（清）桂馥撰　清同治
九年(1870)湖北崇文書局刻本　三十二冊

210000－0702－0004465　四192/364－2
繆篆分韻五卷補五卷　（清）桂馥撰　清嘉慶
元年(1796)刻本　二冊

210000－0702－0004466　四192/393
說文解字十五卷附說文通檢十四卷首一卷末
一卷　（漢）許慎撰　（宋）徐鉉校定　清同治
十二年(1873)廣州番禺陳昌治刻光緒十四年
(1888)掃葉山房印本　十冊

210000－0702－0004467　四192/393.3
從古堂款識學十六卷　（清）徐同柏撰　清光
緒三十二年(1906)蒙學報館石印本　八冊

210000－0702－0004468　四192/393.4
說文解字通釋四十卷　（五代）徐鍇撰　清光
緒九年(1883)江蘇書局刻本　八冊

210000－0702－0004469　四192/441
說文引經考證七卷說文引經互異說一卷
（清）陳瑑撰　清同治十三年(1874)湖北崇文
書局刻本　二冊

210000－0702－0004470　四192/456
班馬字類五卷附班馬字類訂一卷　（宋）婁機
撰　清光緒十七年(1891)思賢書局刻本
二冊

210000－0702－0004471　四192/460－1
六書通十卷　（明）閔齊伋撰　（清）畢弘述篆
訂　清乾隆六十年(1795)刻本　十冊

210000－0702－0004472　四192/460－2
六書通十卷首一卷　（明）閔齊伋撰　（清）畢
弘述篆訂　清末掃葉山房石印本　五冊

210000－0702－0004473　四192/518－1
段氏說文注訂八卷　（清）鈕樹玉撰　清同治
十三年(1874)湖北崇文書局刻本　二冊

210000－0702－0004474　四192/518－2
說文解字校錄十五卷　（清）鈕樹玉撰　清光
緒十一年(1885)江蘇書局刻本　十四冊

210000－0702－0004475　四192/522
六藝綱目二卷附字原附錄　（元）舒天民撰
清光緒十七年(1891)思賢書局刻本　二冊

210000－0702－0004476　四192/661

說文本經答問二卷　（清）鄭知同撰　清光緒
十六年(1890)廣雅書局刻本　一冊

210000－0702－0004477　四192/683

字學舉隅一卷　（清）龍啟瑞撰　清同治十三
年(1874)湖北崇文書局刻本　一冊

210000－0702－0004478　四192/731

潛齋堂說文答問疏證六卷　（清）薛傳均撰
清光緒廣雅書局刻本　一冊

210000－0702－0004479　四192/791.3

隸辨八卷　（清）顧藹吉撰　清同治十二年
(1873)刻本　八冊

210000－0702－0004480　四193/2

集韻十卷　（宋）丁度等撰　清康熙四十五年
(1706)揚州詩局刻棟亭五種本　二十冊

210000－0702－0004481　四193/34

詞林正韻三卷發凡一卷　（清）戈載輯　清光
緒十七年(1891)思賢講舍刻本　二冊

210000－0702－0004482　四193/52

韻字略十二集　（清）毛謨撰　清光緒元年
(1875)湖北崇文書局刻本　二冊

210000－0702－0004483　四193/83

韻徵十六卷　（清）安吉纂輯　清道光十七年
(1837)刻本　六冊

210000－0702－0004484　四193/84

韻歧五卷　（清）江昱撰　清光緒七年(1881)
刻本　二冊

210000－0702－0004485　四193/98

佩文詩韻釋要五卷　（清）周兆基輯　（清）朱
蘭重輯　清光緒元年(1875)湖北崇文書局刻
本　一冊

210000－0702－0004486　四193/151

佩文廣韻滙編五卷　（清）李元祺輯　清同治
十一年(1872)金陵書局刻本　二冊

210000－0702－0004487　四193/434.1

佩文詩韻釋要五卷　（清）周兆基輯　清宣統
三年(1911)上海商務印書館石印本　二冊

210000－0702－0004488　四193/654

佩文韻府一百六卷韻府拾遺一百六卷　（清）
張玉書等編　（清）張廷玉等拾遺　清光緒十
七年(1891)上海同文書局石印　六十冊

210000－0702－0004489　四193/791

音學五書三十八卷　（清）顧炎武撰　清光緒
十一年(1885)刻本　十二冊

210000－0702－0004490　四210/15

史記注補正一卷　（清）方苞撰　清光緒二十
年(1894)廣雅書局刻本　一冊

210000－0702－0004491　四210/21.3

十七史商榷一百卷　（清）王鳴盛撰　清光緒
二十九年(1903)點石齋石印本　四冊

210000－0702－0004492　四210/65

史記一百三十卷附方望溪評點史記四卷
（漢）司馬遷撰　（南朝宋）裴駰集解　清光緒
四年(1878)刻本　二十八冊

210000－0702－0004493　四210/65.2

史記索隱三十卷　（唐）司馬貞撰　清光緒十
九年(1893)廣雅書局刻本　四冊

210000－0702－0004494　四210/100－1

金史一百三十五卷首一卷附考證附欽定金國
語解一卷　（元）脫脫等撰　清光緒二十九年
(1903)上海點石齋石印本　八冊

210000－0702－0004495　四210/100－2

金史一百三十五卷首一卷附考證附欽定金國
語解一卷　（元）脫脫等撰　清光緒二十九年
(1903)上海點石齋石印本　八冊

210000－0702－0004496　四210/100－3

遼史一百十五卷附考證　（元）脫脫等撰　清
光緒二十九年(1903)上海點石齋石印本
六冊

210000－0702－0004497　四210/100－4

遼史一百十五卷附考證　（元）脫脫等撰　清
光緒二十九年(1903)上海點石齋石印本
六冊

210000－0702－0004498　四210/122

元史二百十卷目錄二卷 （明）宋濂等撰 清光緒三十四年(1908)上海集成圖書公司鉛印本 十九冊 存一百六十三卷(四十八至二百十)

210000－0702－0004499 四210/128.4－1

後漢書疏證三十卷 （清）沈欽韓撰 清光緒二十六年(1900)浙江官書局刻本 十六冊

210000－0702－0004500 四210/128.4－2

漢書疏證三十六卷 （清）沈欽韓撰 清光緒二十六年(1900)浙江官書局刻本 二十四冊

210000－0702－0004501 四210/151.3

史記評林一百三十卷首一卷 （明）凌稚隆輯 清光緒二十七年(1901)上海天章書局石印本 十八冊

210000－0702－0004502 四210/151.4－1

北史一百卷附考證一百卷 （唐）李延壽撰 清光緒三十四年(1908)上海集成圖書公司鉛印本 十六冊

210000－0702－0004503 四210/151.4－2

南史八十卷附考證八十卷 （唐）李延壽撰 清光緒三十四年(1908)上海集成圖書公司鉛印本 十二冊

210000－0702－0004504 四210/178

前漢書注考證一卷後漢書注考證一卷 （清）何若瑤撰 清光緒二十年(1894)廣雅書局刻本 一冊

210000－0702－0004505 四210/208

隋書八十五卷附考證 （唐）魏徵等撰 清光緒三十四年(1908)上海集成圖書公司鉛印本 十二冊

210000－0702－0004506 四210/212

史記正譌三卷 （清）王元啟撰 清光緒十六年(1890)廣雅書局刻本 一冊

210000－0702－0004507 四210/248－1

三國志注證遺四卷 （清）周壽昌撰 清光緒十七年(1891)廣雅書局刻本 一冊

210000－0702－0004508 四210/248－2

後漢書注補正八卷 （清）周壽昌撰 清光緒十七年(1891)廣雅書局刻本 一冊

210000－0702－0004509 四210/248.1

晉書校勘記五卷 （清）周家祿撰 清光緒十四年(1888)廣雅書局刻本 一冊

210000－0702－0004510 四210/265

金史詳校十卷首一卷末一卷 （清）施國祁撰 清光緒六年(1880)會稽章氏刻本 十冊

210000－0702－0004511 四210/311－1

三國志補注續一卷 （清）疾康撰 清光緒十七年(1891)廣雅書局刻本 一冊

210000－0702－0004512 四210/311－2

後漢書補注續一卷 （清）疾康撰 清光緒十七年(1891)廣雅書局刻本 一冊

210000－0702－0004513 四210/316

梁書五十六卷附考證 （唐）姚思廉撰 清光緒三十四年(1908)上海集成圖書公司鉛印本 四冊

210000－0702－0004514 四210/350

前漢書一百二十卷附考證 （漢）班固撰 （唐）顏師古注 清光緒三十四年(1908)上海集成圖書公司鉛印本 二十冊

210000－0702－0004515 四210/370

明通鑑九十卷首一卷前編四卷坿編六卷 （清）夏燮編輯 清光緒二十三年(1897)湖北官書處刻本 四十冊

210000－0702－0004516 四210/402

三國志旁證三十卷 （清）梁章鉅撰 清光緒十五年(1889)廣雅書局刻本 六冊

210000－0702－0004517 四210/428

明史三百三十二卷目錄四卷 （清）張廷玉等撰 清光緒三十四年(1908)上海集成圖書公司鉛印本 四十冊

210000－0702－0004518 四210/428.1

校刊史記集解索隱正義札記五卷 （清）張文虎撰 清同治十一年(1872)金陵書局刻本 二冊

210000－0702－0004519　四210/441.2

**廿四史論贊七十八卷目錄一卷**　（清）陳闌輯
清光緒二十八年（1902）文淵山房石印本
十二冊

210000－0702－0004520　四210/441.4

**史緯三百三十卷明史緯六十八卷**　（清）陳允
錫刪修　清光緒二十九年（1903）上海英商順
成書局石印本　三十五冊　存二百六十五卷
（一百三十四至三百三十、明史緯六十八卷）

210000－0702－0004521　四210/465－1

**宋史四百九十六卷目錄三卷**　（元）脫脫等撰
清光緒三十四年（1908）上海集成圖書公司
鉛印本　六十四冊

210000－0702－0004522　四210/465－2

**遼史一百十六卷附考證**　（元）脫脫等撰　清
光緒三十四年（1908）上海集成圖書公司鉛印
本　八冊

210000－0702－0004523　四210/465－3

**金史一百三十五卷附考證附欽定金國語解一
卷**　（元）脫脫等撰　清光緒三十四年（1908）
上海集成圖書公司鉛印本　十六冊

210000－0702－0004524　四210/481

**晉書校勘記三卷**　（清）勞格撰　清光緒十八
年（1892）廣雅書局刻本　一冊

210000－0702－0004525　四210/556.4

**遼史拾遺補五卷**　（清）楊復吉撰　清光緒三
年（1877）江蘇書局刻本　二冊

210000－0702－0004526　四210/568

**唐書釋音二卷**　（宋）董衝撰　清刻本　一冊

210000－0702－0004527　四210/598－1

**廿二史劄記三十六卷補遺一卷**　（清）趙翼撰
清光緒二十六年（1900）上海書局石印本
八冊

210000－0702－0004528　四210/598－2

**廿二史劄記三十六卷補遺一卷**　（清）趙翼撰
清光緒二十五年（1899）湖南書局刻本　十
六冊

210000－0702－0004529　四210/598－3

**廿二史劄記三十六卷補遺一卷**　（清）趙翼撰
清光緒二十五年（1899）湖南書局刻本　十
六冊

210000－0702－0004530　四210/598－4

**廿二史劄記三十六卷補遺一卷**　（清）趙翼撰
清光緒二十四年（1898）石印本　六冊

210000－0702－0004531　四210/622

**三國志考證八卷**　（清）潘眉撰　清光緒十五
年（1889）廣雅書局刻本　二冊

210000－0702－0004532　四210/636－1

**五代史七十四卷附考證**　（宋）歐陽修撰
（宋）徐無黨注　清光緒三十四年（1908）上海
集成圖書公司鉛印本　六冊

210000－0702－0004533　四210/636－2

**唐書二百二十五卷附考證**　（宋）歐陽修等撰
清光緒三十四年（1908）上海集成圖書公司
鉛印本　三十二冊

210000－0702－0004534　四210/636－3

**唐書二百二十五卷附考證**　（宋）歐陽修等撰
清光緒三十四年（1908）上海集成圖書公司
鉛印本　八冊　存六十卷（一至六十）

210000－0702－0004535　四210/644

**遼史拾遺二十四卷附遼史紀年表一卷西遼紀
年表一卷**　（清）厲鶚撰　清光緒元年（1875）
江蘇書局刻本　八冊

210000－0702－0004536　四210/654

**漢書人表攷校補一卷史記毛本正誤一卷**
（清）蔡雲　（清）丁晏撰　清光緒十八年
（1892）廣雅書局刻本　一冊

210000－0702－0004537　四210/661

**廿一史約編八卷首一卷**　（清）鄭元慶撰　清
光緒六年（1880）得月樓刻本　八冊

210000－0702－0004538　四210/674

**舊唐書二百卷附考證**　（五代）劉昫等撰　清
光緒三十四年（1908）上海集成圖書公司鉛印
本　三十冊

210000－0702－0004539　四210／705－1

三史拾遺五卷　（清）錢大昕撰　清光緒十七年(1891)廣雅書局刻本　一冊

210000－0702－0004540　四210／705－2

諸史拾遺五卷　（清）錢大昕撰　清光緒十七年(1891)廣雅書局刻本　一冊

210000－0702－0004541　四210／705.2－1

三國志辨疑三卷　（清）錢大昭撰　清光緒十五年(1889)廣雅書局刻本　一冊

210000－0702－0004542　四210／705.2－2

後漢書辨疑十一卷續漢書辨疑九卷　（清）錢大昭撰　清光緒十四年(1888)廣雅書局刻本　三冊

210000－0702－0004543　四210／705.2－3

漢書辨疑二十二卷　（清）錢大昭撰　清光緒十三年(1887)廣雅書局刻本　五冊

210000－0702－0004544　四210／705.4

三國志證聞三卷　（清）錢儀吉撰　清光緒十一年(1885)江蘇書局刻本　二冊

210000－0702－0004545　四210／727

南齊書五十九卷　（南朝梁）蕭子顯撰　清光緒三十四年(1908)上海集成圖書公司鉛印本　六冊

210000－0702－0004546　四210／731

舊五代史一百五十卷目錄二卷　（宋）薛居正等撰　清光緒三十四年(1908)上海集成圖書公司鉛印本　十二冊

210000－0702－0004547　四210／963

欽定遼金元三史語解四十六卷　（清）□□撰　清光緒四年(1878)江蘇書局刻本　十冊

210000－0702－0004548　四210／967

宋遼金元菁華錄十卷　（清）納蘭常安選評　清光緒二十六年(1900)上海書局石印本　四冊

210000－0702－0004549　四210／968

欽定金史語解十二卷　（清）□□撰　清光緒四年(1878)江蘇書局刻本　二冊

210000－0702－0004550　四210／976

欽定遼史語解十卷　（清）□□撰　清光緒四年(1878)江蘇書局刻本　二冊

210000－0702－0004551　四214／65

資治通鑑二百九十四卷附釋文辨誤十二卷　（宋）司馬光撰　（元）胡三省音注　清同治八年(1869)江蘇書局刻本　一百冊

210000－0702－0004552　四214／98

御批資治通鑑綱目五十九卷前編十八卷續編二十七卷　（宋）朱熹等撰　清光緒十三年(1887)上海同文書局石印本　二十三冊　缺四卷(續編二十四至二十七)

210000－0702－0004553　四214／151－1

續資治通鑑長編拾補六十卷　（宋）李燾撰　清光緒九年(1883)浙江書局刻本　十六冊

210000－0702－0004554　四214／151－2

續資治通鑑長編五百二十卷目錄二卷　（宋）李燾撰　清光緒七年(1881)浙江書局刻本　一百二十冊

210000－0702－0004555　四214／164

尺木堂綱鑑易知錄九十二卷明鑑易知錄十五卷　（清）吳乘權等輯　清光緒三十年(1904)上海校經山房鉛印本　十六冊

210000－0702－0004556　四214／231－1

皇清開國方略三十二卷首一卷　（清）阿桂等撰　清末鉛印本　八冊

210000－0702－0004557　四214／231－2

皇清開國方略三十二卷首一卷　（清）阿桂等撰　清光緒十五年(1889)上海廣百宋齋鉛印本　六冊

210000－0702－0004558　四214／271

欽定明鑑二十四卷首一卷　（清）托津等撰　清同治九年(1870)湖北崇文書局刻本　十冊

210000－0702－0004559　四214／320

歷代史表五十九卷　（清）萬斯同撰　清光緒十九年(1893)上海古香閣石印本　八冊

210000－0702－0004560　四214／359

袁王加批綱鑑彙纂三十九卷首一卷資治明紀綱目二十卷 （明）袁黃 （明）王世貞編纂 清末至民國上海掃葉山房石印本 二十四冊

210000－0702－0004561 四214/393－1

竹書紀年統箋十二卷附前編一卷雜述一卷 （清）徐文靖撰 清光緒鉛印本 二冊

210000－0702－0004562 四214/393－2

資治通鑑後編一百八十四卷附校勘記十五卷 （清）徐乾學撰 （清）夏震武校勘 清浙江書局刻本 五十二冊

210000－0702－0004563 四214/393－3

資治通鑑後編一百八十四卷附校勘記十五卷 （清）徐乾學撰 （清）夏震武校勘 清刻本 四十二冊 存一百五十七卷（一至一百十五、一百五十八至一百八十四,校勘記十五卷）

210000－0702－0004564 四214/406

讀通鑑綱目劄記二十卷 （清）章邦元撰 清光緒二十八年（1902）鑄記書局石印本 四冊

210000－0702－0004565 四214/428

通鑑宋本校勘記五卷通鑑元本校勘記二卷 （清）張瑛撰 清光緒八年（1882）江蘇書局刻本 二冊

210000－0702－0004566 四214/441

明紀六十卷 （清）陳鶴撰 （清）陳克家參訂 清同治十年（1871）江蘇書局刻本 二十四冊

210000－0702－0004567 四214/460

續資治通鑑二百二十卷 （清）畢沅撰 清乾隆至嘉慶鎮洋畢氏刻嘉慶六年（1801）桐鄉馮集梧補刻同治八年（1869）江蘇書局重修本 六十冊

210000－0702－0004568 四214/523

御批歷代通鑑輯覽一百二十卷 （清）傅恒等纂 清同治十一年（1872）湖北崇文書局刻本 六十冊

210000－0702－0004569 四214/525

御批歷代通鑑輯覽一百二十卷 （清）傅恒等纂 清光緒二十九年（1903）上海通元書局石印本 二十冊

210000－0702－0004570 四214/580

東華錄詳節二十四卷 （清）鄔樹庭編 清光緒二十六年（1900）上海東文學堂石印本 十六冊

210000－0702－0004571 四214/674

資治通鑑外紀十卷目錄五卷 （宋）劉恕撰 （清）胡克家注補 清同治十年（1871）江蘇書局刻本 十二冊

210000－0702－0004572 四214/787

資治通鑑補正二百九十四卷首一卷 （宋）司馬光撰 （元）胡三省音注 （明）嚴衍補正 清光緒二十八年（1902）上海益智書局石印本 四十八冊

210000－0702－0004573 四214/968

明通鑑目錄二十卷 （清）夏燮編輯 清光緒二十五年（1899）湖北官書處刻本 八冊

210000－0702－0004574 四217/151－1

金史紀事本末五十二卷首一卷 （清）李有棠編纂 清光緒二十八年（1902）上海著易堂書局鉛印本 四冊

210000－0702－0004575 四217/151－2

遼金紀事本末九十二卷 （清）李有棠編纂 清光緒二十五年（1899）上海書局石印本 八冊

210000－0702－0004576 四217/151－3

遼金紀事本末九十二卷 （清）李有棠編纂 清光緒十九年（1893）同文書局石印本 十冊

210000－0702－0004577 四217/177

明史紀事本末八十卷 （清）谷應泰撰 清同治十三年（1874）江西書局刻本 二十冊

210000－0702－0004578 四217/332

左傳紀事本末五十三卷 （清）高士奇撰 清同治十二年（1873）江西書局刻本 十二冊

210000－0702－0004579 四217/352－1

繹史一百六十卷世系圖一卷年表一卷　（清）
馬驌撰　清光緒二十三年(1897)武林尚友齋
石印本　二十四冊

210000－0702－0004580　四217/352－2
繹史一百六十卷世系圖一卷年表一卷　（清）
馬驌撰　清光緒二十三年(1897)武林尚友齋
石印本　二十四冊

210000－0702－0004581　四217/352－3
繹史一百六十卷世系圖一卷年表一卷　（清）
馬驌撰　清光緒三十年(1904)浙江書局刻本
五十冊

210000－0702－0004582　四217/359－1
通鑑紀事本末二百三十九卷　（宋）袁摳撰
（明）張溥論正　清光緒十四年(1888)上洋書
業公所崇德堂鉛印本　二十四冊

210000－0702－0004583　四217/359－2
通鑑紀事本末二百三十九卷　（宋）袁摳撰
（明）張溥論正　清同治十二年(1873)江西書
局刻本　八十冊

210000－0702－0004584　四217/441
元史紀事本末二十七卷　（明）陳邦瞻撰
（明）張溥論正　清同治十三年(1874)江西書
局刻本　四冊

210000－0702－0004585　四217/477
宋史紀事本末一百九卷　（明）馮琦撰　（明）
陳邦瞻增訂　（明）張溥論正　清同治十三年
(1874)江西書局刻本　二十冊

210000－0702－0004586　四217/722－1
前蒙古紀事本末二卷後蒙古紀事本末二卷
（清）韓善徵輯　清光緒三十一年(1905)上海
春記石印本　四冊

210000－0702－0004587　四217/722－2
前蒙古紀事本末二卷後蒙古紀事本末二卷
（清）韓善徵輯　清光緒三十一年(1905)上海
春記石印本　四冊

210000－0702－0004588　四217/761
聖武記十四卷　（清）魏源撰　清道光二十四

年(1844)刻本　十二冊

210000－0702－0004589　四217/835
九朝紀事本末六百五十八卷　（□）□□輯
清光緒二十八年(1902)上海玉麟書局石印本
五十四冊

210000－0702－0004590　四220/320－1
欽定續通志六百四十卷　（清）嵇璜等纂　清
光緒十二年(1886)浙江書局刻本　二百冊

210000－0702－0004591　四220/320－2
欽定續通志六百四十卷　（清）嵇璜等纂　清
光緒二十七年(1901)上海圖書集成局鉛印本
六十冊

210000－0702－0004592　四220/661－1
通志二百卷欽定通志考證三卷　（宋）鄭樵撰
清光緒二十二年(1896)浙江書局刻本　二
百冊

210000－0702－0004593　四220/661－2
通志二百卷　（宋）鄭樵撰　清光緒貫吾齋石
印本　二十四冊

210000－0702－0004594　四220/775
路史前紀九卷後紀十三卷國名紀七卷發揮六
卷餘論十卷　（宋）羅泌撰　清光緒二年
(1876)刻本　二十冊

210000－0702－0004595　四225/164
國語韋解補正二十一卷　（三國吳）韋昭注
吳曾祺補正　朱元善校訂　清宣統二年
(1910)上海商務印書館鉛印本　四冊

210000－0702－0004596　四225/287－1
國語二十一卷札記一卷考異四卷　（三國吳）
韋昭注　（清）黃丕烈撰札記　（清）汪遠孫撰
考異　清同治八年(1869)湖北崇文書局刻本
五冊

210000－0702－0004597　四225/287－2
國語二十一卷札記一卷　（三國吳）韋昭注
（清）黃丕烈撰札記　清光緒二十七年(1901)
上海鴻寶齋石印本　三冊

210000－0702－0004598　四225/287－3

國語二十一卷札記一卷　（三國吳）韋昭注
（清）黃丕烈撰札記　清光緒二十一年（1895）
刻本　五冊

210000－0702－0004599　四225/332－1
戰國策三十三卷札記三卷　（漢）高誘注
（清）黃丕烈撰札記　清末寶善書局刻本
七冊

210000－0702－0004600　四225/332－2
戰國策三十三卷札記三卷　（漢）高誘注
（清）黃丕烈撰札記　清同治八年（1869）湖北
崇文書局刻本　五冊

210000－0702－0004601　四225/332－3
戰國策三十三卷札記三卷　（漢）高誘注
（清）黃丕烈撰札記　清光緒二十七年（1901）
上海鴻寶齋石印本　五冊

210000－0702－0004602　四225/332－4
戰國策補注三十三卷　（漢）高誘注　清宣統
三年（1911）上海商務印書館鉛印本　四冊

210000－0702－0004603　四225/441
國語翼解六卷　（清）陳瑑撰　清光緒十八年
（1892）廣雅書局刻本　二冊

210000－0702－0004604　四225/765
明大政纂要六十三卷　（明）譚希思輯　清光
緒刻本　二十八冊

210000－0702－0004605　四231/971－1
十朝聖訓九百二十二卷　（清）□□輯　清光
緒刻本　二百五十冊

210000－0702－0004606　四231/971－2
硃批諭旨不分卷　（清）鄂爾泰等輯　清光緒
十三年（1887）上海點石齋石印本　六十冊

210000－0702－0004607　四232/2
丁文誠公洋務奏稿二卷　（清）丁寶楨撰　清
光緒二十七年（1901）雲間麗澤學會石印本
一冊

210000－0702－0004608　四232/61
左文襄公奏疏初編三十八卷續編七十六卷三
編六卷　（清）左宗棠撰　清光緒十六年

（1890）上海圖書集成局鉛印本　二十冊

210000－0702－0004609　四232/77
孝肅奏議十卷　（宋）包拯撰　清同治二年
（1863）李瀚章刻本　四冊

210000－0702－0004610　四232/135
唐陸宣公奏議讀本四卷首一卷　（唐）陸贄撰
（清）汪銘謙編輯　（清）馬傳庚評點　清宣
統元年（1909）石印本　二冊

210000－0702－0004611　四232/211
畿輔水利議一卷國史本傳一卷　（清）林則徐
撰　清光緒二年（1876）三山林氏刻本　一冊

210000－0702－0004612　四232/271
明胡端敏公奏議十卷校勘記十卷　（明）胡世
寧撰　（清）孫樹禮等校勘　清光緒十九年
（1893）浙江書局刻本　四冊

210000－0702－0004613　四232/370
桂洲夏文愍公奏議二十一卷補遺一卷　（明）
夏言撰　清光緒十七年（1891）江西書局刻本
十二冊

210000－0702－0004614　四232/406
李肅毅伯奏議二十卷　（清）李鴻章撰　（清）
章洪鈞　（清）吳汝綸編輯　清光緒二十五年
（1899）上海鴻文書局石印本　二十冊

210000－0702－0004615　四232/428
奏議初編十二卷　（清）張之洞撰　清光緒二
十七年（1901）上海圖書集成印書局鉛印本
六冊

210000－0702－0004616　四232/486
彭剛直公奏稿八卷　（清）彭玉麟撰　清光緒
鉛印本　四冊

210000－0702－0004617　四232/527
曾惠敏公奏疏十卷　（清）曾紀澤撰　清光緒
二十七年（1901）麗澤學會石印本　三冊

210000－0702－0004618　四232/598
歷代名臣奏議選　（清）趙承恩輯　清光緒五
年（1879）刻本　二十冊

210000－0702－0004619　四232/690

駱文忠公奏議湘中稿十六卷續刻四川奏議十一卷附錄三卷　（清）駱秉章撰　清光緒四年（1878）刻本　二十四冊

210000－0702－0004620　四232/761

魏鄭公諫錄五卷續錄二卷魏文貞公故事拾遺三卷年譜一卷附魏徵列傳　（唐）王方慶輯　（清）王先恭校注　（元）翟思忠撰續錄　清光緒九年（1883）長沙王氏刻本　六冊

210000－0702－0004621　四232/972－1

皇清奏議六十八卷首一卷　題（清）琴川居士輯　清光緒二十八年（1902）雲間麗澤學會石印本　八冊

210000－0702－0004622　四232/972－2

皇清奏議六十八卷首一卷　題（清）琴川居士輯　清光緒二十八年（1902）雲間麗澤學會石印本　八冊

210000－0702－0004623　四232/982

變法奏議叢鈔　上海書局輯　清光緒二十七年（1901）上海書局石印本　三冊　缺一冊（三）

210000－0702－0004624　四241/2

湖北詩徵傳略四十卷　（清）丁宿章輯　清光緒七年（1881）孝感丁氏涇北草堂刻本　二十冊

210000－0702－0004625　四241/21

歷代名臣言行錄二十四卷　（清）朱桓輯錄　清光緒三十年（1904）上海錦章書局石印本　八冊

210000－0702－0004626　四241/98

中興名臣事略八卷　朱孔彰撰　清光緒二十七年（1901）上海書局石印本　四冊

210000－0702－0004627　四241/151

國朝耆獻類徵初編四百八十四卷首二百四卷總目二十卷通檢十卷賢媛類徵十二卷　（清）李桓輯　清光緒十年至十六年（1884－1890）湘陰李氏刻十七年（1891）增刻本　三百冊

210000－0702－0004628　四241/162

疇人傳四十六卷續六卷　（清）阮元編　（清）羅士琳續編　清光緒八年（1882）海鹽常惺齋張氏刻本　十二冊

210000－0702－0004629　四241/393

兩浙名賢錄六十二卷　（明）徐象梅撰　清光緒二十六年（1900）浙江書局刻本　六十二冊

210000－0702－0004630　四241/491

湖北節義錄十二卷補遺一卷　（清）黃昌輔編　（清）陳瑞珍彙纂　清同治九年（1870）崇文書局刻本　十三冊

210000－0702－0004631　四241/568

國朝名臣言行錄三十卷首一卷　（清）董壽纂輯　清光緒二十九年（1903）上海順成書局石印本　八冊

210000－0702－0004632　四241/674

古列女傳八卷　（漢）劉向撰　清光緒三年（1877）湖北崇文書局刻本　四冊

210000－0702－0004633　四241/966

國朝江西節孝錄八十七卷　江西書局輯　清光緒五年（1879）江西書局刻本　四十冊

210000－0702－0004634　四241/972

滿洲名臣傳四十八卷漢名臣傳三十二卷　（清）國史館編　清刻本　八十冊

210000－0702－0004635　四261/441

[道光]重纂福建通志二百七十八卷首六卷　（清）孫爾準等修　（清）陳壽祺纂　（清）程祖洛等續修　（清）魏敬中續纂　清同治七年至十年（1868－1871）刻本　一百四十一冊

210000－0702－0004636　四261/791

天下郡國利病書一百二十卷　（清）顧炎武撰　清道光刻光緒五年（1879）蜀南桐花書屋薛氏家塾重修本　五十冊

210000－0702－0004637　四261/791.1

讀史方輿紀要一百三十卷輿圖要覽四卷　（清）顧祖禹撰　（清）彭元瑞校定　清嘉慶刻光緒五年（1879）蜀南桐花書屋薛氏家塾重修本　五十冊

225

210000－0702－0004638　四275/21－1

唐會要一百卷　（宋）王溥撰　清光緒十年(1884)江蘇書局刻本　二十四冊

210000－0702－0004639　四275/21－2

五代會要三十卷　（宋）王溥撰　清光緒十二年(1886)江蘇書局刻本　六冊

210000－0702－0004640　四275/48

欽定大清會典一百卷　（清）允祹等修　清光緒二十五年(1899)上海書局石印本　六冊

210000－0702－0004641　四275/52

皇朝政典挈要八卷　（日本）增田貢撰　（清）毛淦補編　清光緒二十七年(1901)知新書局石印本　四冊

210000－0702－0004642　四275/148－1

通典二百卷　（唐）杜佑撰　清光緒二十二年(1896)浙江書局刻本　五十冊

210000－0702－0004643　四275/148－2

通典二百卷考證一卷　（唐）杜佑撰　清光緒二十七年(1901)上海圖書集成局鉛印本　十六冊

210000－0702－0004644　四275/335

皇朝政典類纂五百卷目錄六卷　（清）席裕福輯　清光緒二十九年(1903)上海圖書集成局鉛印本　一百二十冊

210000－0702－0004645　四275/352－1

文獻通考三百四十八卷考證三卷　（元）馬端臨撰　清光緒二十八年(1902)貫吾齋石印本　二十一冊

210000－0702－0004646　四275/352－2

文獻通考三百四十八卷考證三卷　（元）馬端臨撰　清光緒二十七年(1901)上海圖書集成局鉛印本　四十四冊

210000－0702－0004647　四275/352－3

文獻通考三百四十八卷考證三卷　（元）馬端臨撰　清光緒二十二年(1896)浙江書局刻本　一百五十冊

210000－0702－0004648　四275/393－1

西漢會要七十卷　（宋）徐天麟撰　清光緒十年(1884)江蘇書局刻本　十冊

210000－0702－0004649　四275/393－2

東漢會要四十卷　（宋）徐天麟撰　清光緒十年(1884)江蘇書局刻本　八冊

210000－0702－0004650　四275/420－1

皇朝通志一百二十六卷　（清）嵇璜等纂修　清光緒八年(1882)浙江書局刻本　四十冊

210000－0702－0004651　四275/420－2

皇朝文獻通考三百卷　（清）嵇璜等纂修　清光緒二十七年(1901)上海圖書集成局鉛印本　四十八冊

210000－0702－0004652　四275/420－3

皇朝文獻通考三百卷　（清）嵇璜等纂修　清光緒八年(1882)浙江書局刻本　一百六十冊

210000－0702－0004653　四275/420－4

欽定續文獻通考二百五十卷　（清）嵇璜等纂修　清光緒二十八年(1902)石印本　十四冊

210000－0702－0004654　四275/420－5

皇朝通典一百卷　（清）嵇璜等纂修　清光緒二十七年(1901)上海圖書集成局鉛印本　十二冊

210000－0702－0004655　四275/420－6

欽定續通典一百五十卷　（清）嵇璜等纂修　清光緒二十七年(1901)上海圖書集成局鉛印本　十二冊

210000－0702－0004656　四275/420－7

欽定續文獻通考二百五十卷　（清）嵇璜等纂修　清光緒十三年(1887)浙江書局刻本　一百二十冊

210000－0702－0004657　四275/441

皇朝通典一百卷　（清）嵇璜等纂修　清光緒八年(1882)浙江書局刻本　四十冊

210000－0702－0004658　四275/787

三通考詳節七十六卷　（清）嚴虞惇輯　清光緒二十七年(1901)鴻寶齋書局石印本　二十冊

210000－0702－0004659　四280/402

西清古鑑四十卷附錢錄十六卷　（清）梁詩正
等輯　清光緒三十四年（1908）集成圖書公司
石印本　二十四冊

210000－0702－0004660　四280/841

西清續鑑甲編二十卷附錄一卷　（清）王傑等
輯　清宣統三年（1911）上海商務印書館影印
本　四十二冊

210000－0702－0004661　四350/527

曾文正公手書日記不分卷（道光二十一年至
同治十一年）　（清）曾國藩撰　清宣統元年
（1909）上海中國圖書公司影印本　四十冊

210000－0702－0004662　四350/705

十駕齋養新錄二十卷餘錄三卷錢辛楣先生年
譜一卷竹汀居士［錢大昕］年譜續一卷　（清）
錢大昕撰　清光緒二年（1876）浙江書局刻本
八冊

210000－0702－0004663　四360/650－1

欽定古今圖書集成一萬卷目錄四十卷考證二
十四卷　（清）陳夢雷　（清）蔣廷錫等編　清
光緒十六年至二十年（1890－1894）上海同文
書局石印本　五千四十四冊

210000－0702－0004664　四360/650－2

欽定古今圖書集成一萬卷目錄三十二卷
（清）陳夢雷　（清）蔣廷錫等編　清光緒十年
（1884）上海圖書集成鉛版印書局鉛印本　一
千六百二十八冊

210000－0702－0004665　四360/650－3

欽定古今圖書集成一萬卷目錄三十二卷
（清）陳夢雷　（清）蔣廷錫等編　清光緒十年
（1884）上海圖書集成鉛版印書局鉛印本　一
千六百二十八冊

210000－0702－0004666　四370/979

相宗八要直解八卷　（清）釋智旭撰　清初釋
通瑞刻本　二冊

210000－0702－0004667　四400/98－1

楚辭辯證二卷　（宋）朱熹撰　清光緒三年
（1877）湖北崇文書局刻本　一冊

210000－0702－0004668　四400/98－2

楚辭八卷辯證二卷後語六卷　（宋）朱熹集注
清光緒八年（1882）江蘇書局刻本　四冊

210000－0702－0004669　四400/164

離騷草木疏四卷　（宋）吳仁傑撰　清光緒三
年（1877）湖北崇文書局刻本　一冊

210000－0702－0004670　四400/705

離騷不分卷　（宋）錢杲之集傳　清光緒三年
（1877）湖北崇文書局刻本　一冊

210000－0702－0004671　四410/151

駢體文鈔三十一卷　（清）李兆洛編　清光緒
八年（1882）滬上刻本　八冊

210000－0702－0004672　四410/316

惜抱軒今體詩選十八卷　（清）姚鼐輯　清同
治五年（1866）金陵書局刻本　二冊

210000－0702－0004673　四410/412

樂府詩集一百卷目錄二卷　（宋）郭茂倩編
清同治十三年（1874）湖北崇文書局刻本　十
六冊

210000－0702－0004674　四410/428

賦鈔六卷賦鈔札記六卷　（清）張惠言輯
（清）朱錦綬記　清光緒二十三年（1897）江蘇
書局刻本　五冊

210000－0702－0004675　四410/674

歷朝詩約選九十二卷　（清）劉大櫆輯　清光
緒二十一年至二十三年（1895－1897）文徵閣
刻本　二十二冊

210000－0702－0004676　四410/784

律賦類纂十四卷　（清）蘇輿輯　清光緒二十
七年（1901）思賢書局刻本　八冊

210000－0702－0004677　四410/971

御選唐宋詩醇四十七卷目錄二卷　（清）高宗
弘曆選　清光緒七年（1881）浙江書局刻本
二十冊

210000－0702－0004678　四410.2/21

八代詩選二十卷　王闓運撰　清光緒十六年
（1890）江蘇書局刻本　八冊

210000－0702－0004679　四410.2/428

漢魏六朝百三名家集　（明）張溥輯　清光緒三年(1877)刻本　一百十八冊

210000－0702－0004680　四410.2/441

文選補遺四十卷　（宋）陳仁子輯　清道光二十五年(1845)刻本　十六冊

210000－0702－0004681　四410.3/21.2

唐賢三昧集三卷　（清）王士禛選　（清）吳煊　（清）胡棠輯注　清光緒九年(1883)翰墨園刻朱墨印本　三冊

210000－0702－0004682　四410.3/260

唐人萬首絕句選七卷　（宋）洪邁輯　（清）王士禛選　清同治十二年(1873)刻本　二冊

210000－0702－0004683　四410.3/335

唐詩百名家全集　（清）席啟寓編錄　清康熙四十一年(1702)洞庭席氏琴川書屋刻光緒八年(1882)重修本　六十四冊

210000－0702－0004684　四410.3/347－1

唐人三家集二十六卷　（清）秦恩復編　清宣統三年(1911)藏古圖書館影印本　八冊

210000－0702－0004685　四410.3/347－2

唐人三家集二十六卷　（清）秦恩復編　清宣統三年(1911)藏古圖書館影印本　八冊

210000－0702－0004686　四410.3/420－1

全唐詩九百卷目錄十二卷　（清）彭定求等輯　清光緒元年(1875)雙峰書屋刻本　一百二十冊

210000－0702－0004687　四410.3/420－2

全唐詩三十二卷　（清）彭定求等輯　清光緒十三年(1887)上海同文書局石印本　三十二冊

210000－0702－0004688　四410.3/434－1

唐文拾遺七十二卷目錄八卷　（清）陸心源輯　清光緒十四年(1888)刻本　二十冊

210000－0702－0004689　四410.3/434－2

唐文續拾十六卷　（清）陸心源輯　清光緒刻本　六冊

210000－0702－0004690　四410.3/535

妙香軒集唐詩鈔六卷　（清）程祖潤撰　清咸豐七年(1857)刻本　一冊

210000－0702－0004691　四410.3/613

讀雪山房唐詩三十四卷　（清）管世銘輯　清光緒十二年(1886)湖北官書處刻本　十二冊

210000－0702－0004692　四410.3/674

貴池唐人集十六卷　劉世珩輯　清光緒三十一年(1905)劉氏唐石簃彙刻貴池先哲遺書本　三冊

210000－0702－0004693　四410.4/128

沈氏三先生文集六十二卷　（宋）高布輯　清光緒二十二年(1896)浙江書局刻本　十冊

210000－0702－0004694　四410.4/170

宋文鑑一百五十卷目錄三卷　（宋）呂祖謙輯　清光緒十二年(1886)江蘇書局刻本　二十四冊

210000－0702－0004695　四410.4/406

古文苑二十一卷　（宋）章樵註　清光緒十二年(1886)江蘇書局刻本　四冊

210000－0702－0004696　四410.4/441

陳太僕批選八家文鈔　（清）陳兆崙撰　清宣統二年(1910)上海石竹山房石印本　六冊

210000－0702－0004697　四410.4/454

南宋文範七十卷外編四卷附作者考二卷　（清）莊仲方編　清光緒十四年(1888)江蘇書局刻本　十六冊

210000－0702－0004698　四410.4/535

古文約編十卷附錄一卷　（清）倪承茂訂　清乾隆五年(1740)清芬書屋刻本　十二冊

210000－0702－0004699　四410.4/568

南宋文錄錄二十四卷　（清）董兆熊輯　清光緒十七年(1891)蘇州書局刻本　六冊

210000－0702－0004700　四410.4/760

唐宋十大家全集錄　（清）儲欣輯　清光緒八年(1882)江蘇書局刻本　三十二冊

210000－0702－0004701　四410.4/971

御選唐宋文醇五十八卷　（清）高宗弘曆選
清光緒三年(1877)浙江書局刻本　二十冊

210000－0702－0004702　四410.5/21

漁洋山人古詩選三十二卷　（清）王士禎選
清同治五年(1866)金陵書局刻本　八冊

210000－0702－0004703　四410.5/428

金文最六十卷　（清）張金吾輯　清光緒二十
一年(1895)蘇州書局刻本　十六冊

210000－0702－0004704　四410.5/784

元文類七十卷目錄三卷　（元）蘇天爵輯　清
光緒十五年(1889)江蘇書局刻本　十冊

210000－0702－0004705　四410.6/98

宋元明詩三百首不分卷　（清）朱梓　（清）冷
昌言輯　清光緒元年(1875)虞山鮑氏抱芳閣
刻本　二冊

210000－0702－0004706　四410.6/423

明選古文神駒六種三十卷　（明）梅之煥輯
清光緒二十七年(1901)京城鴻文齋石印本
二十冊

210000－0702－0004707　四410.6/428

弘正四傑詩集　（清）張百熙輯　清光緒二十
一年(1895)長沙張氏湘雨樓刻本　十六冊

210000－0702－0004708　四410.6/705

列朝詩集六集八十一卷　（清）錢謙益輯　清
宣統二年(1910)上海神州國光社鉛印本　五
十六冊

210000－0702－0004709　四410.6/731

明文在一百卷　（清）薛熙輯　清光緒十五年
(1889)江蘇書局刻本　十冊

210000－0702－0004710　四410.6/965

四忠遺集三十九卷　（清）□□輯　清光緒二
十三年(1897)湘南書局刻本　二十四冊

210000－0702－0004711　四410.7/2

西泠五布衣遺著　（清）丁丙輯　清同治至光
緒錢塘丁氏當歸草堂刻本　十冊

210000－0702－0004712　四410.7/21－1

駢文類纂四十六卷　王先謙輯　清光緒二十

八年(1902)思賢書局刻本　二十四冊

210000－0702－0004713　四410.7/21－2

湖海文傳七十五卷　（清）王昶輯　清道光十
七年(1837)刻同治五年(1866)印本　十六冊

210000－0702－0004714　四410.7/21－3

續古文辭類纂三十四卷　王先謙纂輯　清光
緒十八年(1892)掃葉山房刻本　八冊

210000－0702－0004715　四410.7/128

國朝文匯甲前集二十卷甲集六十卷乙集七十
卷丙集三十卷丁集二十　上海國學扶輪社
輯　清宣統元年(1909)上海國學扶輪社石印
本　一百一冊

210000－0702－0004716　四410.7/135－1

東軒吟社畫像附記傳題跋　（清）費丹旭繪
（清）黃士珣記　（清）諸可寶傳　清光緒二年
(1876)錢塘汪氏振綺堂刻本　一冊

210000－0702－0004717　四410.7/135－2

清尊集十六卷　（清）汪遠孫輯　清道光十九
年(1839)錢塘汪氏振綺堂刻本　四冊

210000－0702－0004718　四410.7/164－1

涵芬樓古今文鈔一百卷　吳曾祺纂錄　清宣
統二年(1910)上海商務印書館鉛印本　一
百冊

210000－0702－0004719　四410.7/164－2

八家四六文註八卷首一卷補註一卷　（清）孫
星衍撰　（清）許貞幹註　清光緒十八年
(1892)上海圖書集成印書局鉛印本　八冊

210000－0702－0004720　四410.7/248

歷代宮閨文選二十六卷　（清）周壽昌輯　清
宣統三年(1911)上海群學社鉛印本　六冊

210000－0702－0004721　四410.7/316－1

國朝文錄八十二卷　（清）姚椿輯　清光緒二
十六年(1900)掃葉山房石印本　十六冊

210000－0702－0004722　四410.7/316－2

古文辭類纂七十四卷　（清）姚鼐編　清光緒
十八年(1892)席氏掃葉山房刻本　十二冊

210000－0702－0004723　四410.7/337

古文翼八卷　（清）唐德宜編　清光緒二十八年(1902)姑蘇崇德公所刻本　十六冊

210000－0702－0004724　四410.7/375－1

小謨觴館詩集注八卷詩續集注二卷詩餘附錄注一卷詩餘續附錄注一卷文集注四卷文續集注二卷　（清）彭兆蓀撰　（清）孫元培（清）孫長熙纂輯　清光緒二十年(1894)泉唐汪氏刻本　十冊

210000－0702－0004725　四410.7/375－2

續古文苑二十卷　（清）孫星衍輯　清光緒九年(1883)江蘇書局刻本　六冊

210000－0702－0004726　四410.7/423

古文詞略二十四卷　（清）梅曾亮編　清光緒三十四年(1908)學部圖書局鉛印本　五冊

210000－0702－0004727　四410.7/434

初級古文選本四編　陸基輯　清宣統元年(1909)上海中國圖書公司鉛印本　二冊

210000－0702－0004728　四410.7/441

正氣集三卷　（清）陳慶林輯　清光緒三十年(1904)刻本　三冊

210000－0702－0004729　四410.7/506

皇朝經世文編一百二十卷姓名總目二卷（清）賀長齡輯　清道光七年(1827)刻本　八十冊

210000－0702－0004730　四410.7/566

皇朝經世文續編一百二十卷　（清）葛士濬輯　清光緒二十七年(1901)上海久敬齋鉛印本　二十四冊

210000－0702－0004731　四410.7/575－1

歷朝二十五家詩錄三十七卷首一卷　（清）鄒湘倜編　清光緒元年(1875)新化鄒氏得頤堂刻本　三十六冊

210000－0702－0004732　四410.7/575－2

最新經世文編一百三十卷　（清）鄒王賓輯　清光緒二十八年(1902)上海寶善齋石印本　三十二冊

210000－0702－0004733　四410.7/654

古文雅正十四卷　（清）蔡世遠選評　清同治七年(1868)湘鄉曾氏刻本　六冊

210000－0702－0004734　四410.7/717

謝疊山先生文章軌範七卷　（宋）謝枋得輯　清光緒二十一年(1895)湖北官書處刻三色套印本　二冊

210000－0702－0004735　四410.7/760

重訂七種文選　（清）儲欣輯　清乾隆五十年(1785)二南堂刻本　二十冊

210000－0702－0004736　四410.7/963－1

三賢文集十二卷　（清）張斐然等輯　清道光十六年(1836)刻本　十二冊

210000－0702－0004737　四410.7/963－2

三賢集　（清）張斐然等輯　清光緒二十四年(1898)臨安俞廷獻刻本　十二冊

210000－0702－0004738　四410.7/965

汪羅彭薛四家合鈔　（清）國學扶輪社編　清宣統二年(1910)上海國學扶輪社鉛印本　六冊

210000－0702－0004739　四410.7/969

皇朝經世文統編一百七卷　（清）邵之棠編　清光緒二十七年(1901)上海寶善齋石印本　五十一冊　存一百六卷(一至五十八、六十至一百七)

210000－0702－0004740　四420.3/148－1

杜詩鏡銓二十卷讀書堂杜工部文集註解二卷附錄一卷　（唐）杜甫撰　（清）楊倫輯　清同治十一年(1872)望三益齋刻本　十二冊

210000－0702－0004741　四420.3/148－2

樊川詩集四卷補遺一卷樊川外集一卷樊川別集一卷　（唐）杜牧撰　（清）馮集梧注　清光緒十六年(1890)湘南書局刻本　五冊

210000－0702－0004742　四420.3/151

李太白文集三十六卷　（唐）李白撰　（清）王琦輯註　清乾隆二十四年(1759)文聚堂刻本　十六冊

210000－0702－0004743　四420.3/151.1

230

玉谿生詩詳注三卷首一卷　（唐）李商隱撰
（清）馮浩注　清乾隆四十五年（1780）刻本
四冊

210000－0702－0004744　四420.3/228

孟東野集十卷附錄一卷　（唐）孟郊撰　追昔
遊集三卷　（唐）李紳撰　清宣統二年（1910）
上海著易堂石印本　四冊

210000－0702－0004745　四420.3/281

柳河東詩集二卷　（唐）柳宗元撰　清宣統二
年（1910）時中書局石印本　四冊

210000－0702－0004746　四420.3/287

韋蘇州集十卷　（唐）韋應物撰　清宣統三年
（1911）冰雪山房石印本　六冊

210000－0702－0004747　四420.3/540

溫飛卿詩集九卷　（唐）溫庭筠撰　（明）曾益
原注　（清）顧予咸補注　清宣統二年（1910）
上海國學扶輪社等石印本　四冊

210000－0702－0004748　四420.3/722

韓昌黎詩集編年箋注十二卷　（唐）韓愈撰

（清）方世舉考訂　清宣統二年（1910）石印本
十二冊

210000－0702－0004749　四420.5/29

元遺山詩集箋注十四卷首一卷末一卷　（元）
元好問撰　（清）施國祁箋注　清道光七年
（1827）苕溪吳氏醉六堂刻本　六冊

210000－0702－0004750　四420.7/162

學海堂集初集十六卷二集二十二卷三集二十
四卷四集二十八卷　（清）阮元等輯　清道光
五年至光緒十二年（1825－1886）廣州啟秀山
房刻本　四十八冊

210000－0702－0004751　四420.7/441

碧城僊館詩鈔十卷附岱游集一卷　（清）陳文
述撰　清宣統三年（1911）國學扶輪社鉛印本
四冊

210000－0702－0004752　四430.3/316

唐文粹一百卷補遺二十六卷　（宋）姚鉉纂
（清）郭麐補遺　清光緒九年至十一年（1883－
1885）江蘇書局刻本　二十冊

# 書名筆畫字頭索引

## 六畫

## 七畫

## 十二畫

241

## 十八畫

## 十九畫

## 二十畫

## 二十一畫

## 二十二畫

# 書名筆畫索引

## 一畫

## 二畫

247

# 四畫

# 五畫

255

# 六畫

258

# 七畫

263

# 八畫

267

# 九畫

# 十畫

# 十二畫

# 十三畫

293

# 十四畫

## 十六畫

# 十七畫

# 十八畫

# 十九畫